濤石文化

濤石文化

輔導與諮商概論

Introduction to
Counseling and Guidance
FIFTH EDITION

Robert L. Gibson
Marianne H. Mitchell
原著

李亦欣/吳芝儀/許維素
黃俊豪/趙祥和/李素芬　譯

濤石文化事業有限公司
WaterStone Publishers

國家圖書館出版品預行編目資料

輔導與諮商概論／Robert L. Gibson,
Marlanne H. Mitchell原著/吳芝儀等譯.
－－初版.－－
嘉義市：濤石文化，2005【民94】
　　面；　　　公分
　　參考書目：面
　　ISBN　986-81049-3-9　　　（精裝）
　1.諮商　2.輔導（教育）
178.4　　　　　　　　　　　　94017268

本書磁附光碟內容：
·附錄

譯者簡介

吳芝儀
國立嘉義大學輔導與諮商系副教授兼
系主任兼家庭教育所所長
英國雷汀大學社區研究博士

許維素
國立台灣師範大學教育心理與輔導系副教授
國立台灣師範大學教育心理與輔導研究所博士

李亦欣
私立東吳大學諮商中心兼任諮商師
國立暨南大學輔導與諮商研究所碩士

黃俊豪
國立中央大學英美語文學系碩士

趙祥和
國立中山大學諮商輔導中心輔導老師
國立台灣師範大學教育心理與輔導碩士

李素芬
國立台灣師範大學學生輔導中心輔導老師
國立高雄師範大學輔導研究所碩士

譯者序

　　翻譯專業書籍其實是一件苦差事，大家之所以願意投入此行列，不外乎是希望引進國外最新的重要資訊，讓更多國內的同好者與專業工作者皆能有所受惠之。而本書就是一本值得介紹給國人的專業用書。

　　在參與此書翻譯工作的過程中，特別被每一個章節裡深富理論與實務的架構與內容所觸動；作者清晰地描述輔導與諮商相關的實地實務經驗，涉及學校場境與非學校場境的輔導與諮商相關主題，並且，能以有組織、有架構的條理方式呈現，而同時又能與理論相互呼應，所以本書的內容豐富多元、兼具廣度與深度，是屬難得的佳作。

　　而引薦翻譯此書的關鍵人物即是國立嘉義大學輔導與諮商系的吳芝儀主任，而使此書能順利問世的功臣即是李亦欣、黃俊豪、趙祥和、李素芬等實務工作者，尤其是李亦欣先生負責大半篇幅，以及協助校對工作的暨大輔諮所朱素芬同學。此外，濤石文化的耐心與協助，更是成就此書的幕後力量。在此一併誠摯致謝之。當然，讀者若對本書的翻譯與內容有任何意見，也希望能不吝給予我們指教，以使本書的可讀性與精確性都能更上一層樓。

　　　　　　　　　師大心輔系　　許維素副教授　　94.9

作者簡介

*Robert L. Gibson*博士是教育學教授，服務於美國印第安那州立大學諮商與教育心理學系。除了從事諮商師教育工作之外，他也同時是一位高中教師、學校諮商師、輔導主任，以及學院諮商師。他所參與的服務工作還包括：北區中心學校和學院協會之輔導諮商委員會的理事長，兩個州政府的輔導顧問委員會顧問，兩個州諮商學會的理事長，諮商師教育和督導學會的監事，以及許多全國性專業組織的成員等。

*Gibson*博士的研究包括：主持學童學業成就領域之國際研究專案，青少年和中輟學生之教育問題研究等。最近的研究則是有關執業諮商師的理論偏好，以及不同場域的諮商功能。

*Marianne H. Mitchell*博士也是美國印第安那州立大學諮商與教育心理學系的教授。她曾經擔任美國諮商學會的理事長，以及諮商師教育和督導學會的理事長。

*Mitchell*博士的研究包括一項有關學童人事服務方案、學業成就與教育問題的國際性調查。她也從事生涯資訊傳遞系統、生涯安置方案、及青少年對於職業教育之態度方面的研究。她也擔任蘇格蘭教育、健康及社會服務部的諮詢顧問。

原書序

　　本書是爲諮商與輔導概論課程、以及試圖尋找諮商服務之綜合概述者而撰寫的。在本書中，讀者會看到有關諮商領域的一般性論述，而不是主修諮商的學生在其特定領域儲備課程中會再深入研習的處遇方法。

　　本書的主旨，在於提供讀者對於諮商專業領域的概述和一般性理解，包括：(1) 諮商師的活動，(2) 諮商師在不同場域中的角色與功能，(3) 諮商師所運用的技術，(4) 諮商中的多元文化考量，(5) 諮商方案的組織結構，以及(6) 法律和倫理指南等。

　　雖然服務於學校場域和非學校場域的諮商師，基本上都堅守相同的原則和實務應用，但仍會因諮商師所服務的場域有別而有其特殊的關注，本書第三章（學校）和第四章（社區和機構）中將加以論述之。因此，我們相信，無論是服務學學校或非學校場域的諮商師，都會發現這本書是相當適切的概論性書籍。

　　本書的前兩章將引導讀者透過諮商師所從事的活動，來探討諮商運動的歷史背景；接著，我們會從這些活動，進一步檢視諮商師在學校和非學校場域中所扮演的角色和發揮的功能（第三和第四章）。第五章聚焦於探討諮商師最基本和與眾不同的活動–個別諮商；第六章討論多元文化諮商；第七章說明諮商師所帶領的團體活動；第八章到十一章則探討諮商師的其他基本活動，包括標準化評量和非標準化評量的技術、生涯諮商，以及諮詢等。第十二章討論到當前諮商師愈來愈關注預防和全人健康的趨勢。第十三章和十四章則說明藉由績效責任、評鑑和研究，促進諮商和輔導方案的發展與管理、及改進等。最後，第十五章則論述倫理和法律上的考量。本書致力於提升讀者的多元文化覺察。諮商專業的特殊議題和當前關注，皆一一闡述之。

　　作爲一本概論性的書籍，我們的寫作風格盡可能讓讀者感到流暢可讀、輕鬆愉快、且內容豐富。對於你的評論、建議和回饋，我們都至表謝忱！

R.L.G

M.H.M

iv

目　　錄

第一章

諮商的歷史發展

諮商：對人類需求之回應

歷史的遺產

諮商和輔導在美國教育中的發展

諮商方案在機構中的發展

諮商：對人類需求之回應

在你們之中，許多人也許剛決定以「諮商師」(*counselor*)作為職業生涯；有些人也許正在考慮是否做此決定；其他人也許正準備進入不同的職業生涯，但發現具備一些有關諮商領域的入門知識，可能甚有助益。在此歷程中，你可能會問自己：為什麼我會選擇這個領域？有時候，你甚至會想：為什麼我必須要工作？這兩者都是陳年老問題了，多年以來已被廣泛地討論和研究過無數次。

也許另一個具有等量齊觀的重要性、但卻未被廣泛研究過的問題是：為什麼特定的職業生涯會如此地存在著？是什麼因素促使其被需求和被創造出來？這些問題的答案其實是相當淺顯的，就如同醫療(*medicine*)和法律(*law*)等領域，從遠古文明記載伊始，社會對醫生和律師的需求就普遍受到重視。較沒有那麼清楚的，則是較不知名的職業，例如鳥類學、人口統計學、細胞科技等。雖然，對職業生涯的普遍理解和接受度並不是必要的或可預期的，但那些想探究諮商(*counseling*)所涵蓋之一般領域的學習者，將能從瞭解諮商或諮商師(*counselor*)如何回應社會需求，以獲知諮商師的責任和諮商之性質。

識此之故，本書第一章乃在於簡要地回顧促成諮商方案及其專業之發展的歷史事件。你可以據此判斷諮商和諮商師是否能真正回應人類的需求，或只是一些不切實際的想像。

歷史的遺產

人類最早尋求諮商師的情況（即使並未經證實），很可能是亞當在伊甸園大啖蘋果之後。即使此一諮商發軔的根源已無法證

實，但許多證據都顯示任何年齡層的人都會尋求他人的建議或諮商，而這位提供諮商者大多被認為擁有卓越的知識、智慧或豐富的經驗。

和現今諮商師類同的角色，是古代原住民部落中的首領或長老，年輕人多會向其請求建議或指導。在這些原民社會中，部落居民共同經營基本的經濟活動，如打獵、捕魚、耕作等。當時，精細的生涯輔導方案並無發展的必要，因為年齡(*age*)和性別(*sex*)是限制職業的兩項標準。稍後，當技能(*skills*)逐漸受到社會的重視，世襲的職業則更為常見。因此，製陶工人會將該行業的秘訣和技能傳承給其子孫，鐵匠和木匠亦同；而女性則將其女紅手藝傳承給女兒，即使女性的職業機會少之又少。

對早期原民生活的研究，讓我們下一個結論：現今社會中所存在的與生涯決定(*career decision making*)有關的衝突，在早期原民社會是不存在的。然而，未發生生涯決定的困境，並不表示工作者都很樂在工作。有關人類生存的最早證據同時顯示了工作者的愉悅和驕傲，係源自於在工作中展現了技能–發展其個人潛能。

早期文明社會中，哲學家、祭司、和其他神職人員，都肯定提供建議、勸告和諮商的功能。發展個人潛能的概念源起於早期希臘社會，強調透過教育(*education*)來發展和強化個人知能，使其能將潛能發揮到極致，以服務社會。據信，個人內在的能量可以被激發，並導向有益於個人和社會的目標。在早期希臘諮商師中，柏拉圖(*Plato*)被認為是最早將心理洞察(*psychological insights*)組織成有系統的理論的學者之一 。*Belkin* （*1975*)提及柏拉圖的興趣是：

他非常廣博而多樣地檢驗了個人心理學的複雜性：如道德議題、在教育上、關於社會、理論性觀點等等。他處理此類問題：「是什麼讓一個人具備良善的德行？––其天賦資質、其後天教養，或其正式教育？」(*Meno*)、「兒童如何能被有效地教導？」(*Republic*)、以及「為什麼可運用技術來成功

地說服或影響人們的決定和信念？」（*Gorgias*）。然而，並不是這些特定的問題本身，對諮商師而言是重要的，而是柏拉圖用於處理這些問題的方法。在人類思想史上，是此一方法為諮商關係鋪設了道路。透過人類真實互動關係中的動力，來處理這些問題。在此一方法中，人物和其所言之事一樣重要。（*p.5*）

早期文明社會的第二位諮商師，是柏拉圖的學生亞里斯多德（*Aristotle*），他對於後來被視為是心理學的領域貢獻良多，其中之一是他對人類如何與其所處環境互動的研究。此外，*Hipocrates*和其他希臘醫生們則提出關於心理疾患（*mental disorder*）的想法，認為心理疾患是一種源自於自然肇因的疾病（*diseases*）。但醫生的處遇（如止血或滌洗傷口等）則很難被視為人性化的。

稍後，在古代*Hebrew*社會，個體性（*individuality*）和自決權（*the right of self-determination*）受到保障，早期的基督教社會（至少在理論上）也強調許多人本的理想，並成為後來民主社會、以及二十世紀「諮商運動」（*counseling movement*）的基礎。

哲學家（同時也是教育家）如*Luis Vives*（*1492-1540*）體認到依據其態度和性向引導人們的必要性。作為晚近女性平等運動及早期女性自由運動的先驅，*Vives*甚至提出女性應該為有用的職業做準備的要求（*Mallart, 1955, p.7*）。

在中古世紀，在教堂的主導之下，對諮商的嘗試漸增，對年輕人的忠告和引導成為教區牧師或神父的職責，提供教育亦是教堂的權責。將年輕人安置於適當職業的努力，則盛行於歐洲帝國，且擴展於其殖民小國。以協助年輕人選擇職業為目的的書籍，最早出現於十七世紀（*Zytowski, 1972*），還有一些描繪不同行職業的圖畫書。其中最知名的出版品當推*Powell*的《行行出狀元》（*Tom of All Trades: Or the Plain Path Way to Performance*），於

1631年的倫敦出版。「*Powell*提供許多有關行職業的資訊，以及如何獲得進入的管道，甚至也建議可尋求的財務資源和有助於準備進入該行職業的最好學校。」（*Zytowsky, 1972, p.447*）。

此一時期，*Rene Descartes*（*1596-1650*）和其他人開始研究人類的身體，視其爲對不同刺激做出反應或行爲的有機體。這些研究可最爲後期更精確和更科學化心理學研究的先驅。

在十八世紀，*Jean-Jacques Rousseau*（*1712-1778*）主張當成長中的個體依照其自然的衝動而自由地發展時，可以有最佳的學習；於是倡議容許個體自由的學習和「由做而學」（*learning through doing*）。幾乎同一時期，知名的瑞士教育學家*Johann Pestalozzi*（*1746-1827*）相信，只有在社會中的個體可以被引導來自我發展時，始能達成社會的革新。

幾世紀以來，許多有精神疾病或是有肢體疾病的人被嚴重地忽視且受到不當處理。雖然有錢的人可以受到醫生的關照，但大多數有心理疾病的人幾乎都被安置在家中；只有宗教贊助的醫院才會收容和處遇窮人們。即使是美國建國以來的前七十五年間，也甚少公立機構提供精神疾病的處遇。

然而，這個新建立的獨立國家，確實在引導公民接受諮商的觀點上有相當的貢獻。「有一位多才多藝的公民*Thomas Jefferson*提出教育其男性青年成爲國家領導人才的計畫」（*Gibson & Higgins, 1966, p.4*）。第二任總統*John Adams*則立法爲年輕人，特別是較低社會階層的年輕人，提供自由教育，並認爲若非如此即是一種浪費。

十九世紀美國最知名的教育家*Horace Mann*在其敘述美國普通學校系統之優點的《第十二週年年度報告》（*Twelfth Annual Report*）中提出，這些學校系統的優點將促使下一個世紀的美國教育，重視諮商和輔導方案的發展。*Mann*報告說，「在教導盲人、聾人和啞人，在點燃潛藏於愚笨者心靈的智慧火花，在轉化那些

被遺棄兒童的神聖工作中，教育已證明了是最榮耀的實驗所能成就的。」（*Johansen, Collins, & Johnson, 1975, p.280*）。*Mann*也相信教育的目標之一在於社會的革新，並在其提給*Massachusetts*州教育部的報告中持續地強調其觀點。

十九世紀中下旬，由於政治的腐敗和基督教德行的衰落，道德教學（*moral instruction*）的方法和道德教育（*moral education*）更凸顯其重要性。在1872年，知名教育家*A.D. Mayo*說明道德和良好的公民表現是不可分割的，而且公立學校的道德教育應該奠基於美國社會中基督教傳統所揭櫫的概念、原則和模式。

此一時期，生物學家*Herbert Spencer*（*1820-1903*）提出其「調適」（*adjustment*）之概念（*Hinshaw, 1942*），說明無法適應其環境的生命形式終將趨於滅亡，而且完美的生命包含完美的調適。換句話說，生物調適是生命之準則，適應行為（*adaptive behavior*）維繫了生命之延續。

對於行為的科學研究同樣重要，且對於諮商發展成為以心理學為基礎的專業有特殊貢獻，是十九世紀末期心理學領域本身的崛起。由物理學者和生理學者所實施的實驗研究，促成對行為之物理和生理層面的可靠資訊，於是十九世紀末期的心理學也採取類似的實驗研究。心理學作為一門獨立的科學，係起始於1879年，*Wilhelm Wundt*在萊比錫大學（*University of Leipzig*）創立了心理實驗室，也開啟了對人類行為進行系統性探究的運動。接著，早期美國心理學的領導者*William James*（*1892-1920*）則促成其後的100年間，心理學發展成為一被認可的學門，具有其獨立的專門領域、研究方法和訓練。

精神醫學（*psychiatry*）作為一個醫學專業，是這段時期所發生的另一個重要且關係密切的發展。由於精神醫學主張人體器官的原因應接受器官的處遇，使得對精神疾患者的道德處遇日漸衰微。同時，由*Dorothea Dix*所領導的精神病院運動，促成精神醫療機構的發展，並將罹患嚴重精神疾病患者從社區中移至精神病院

（*Goshen, 1967*）。

　　對精神醫學領域和所有心理健康（*mental health*）領域的主要貢獻之一，是二十世紀初期澳洲*Sigmund Freud*的研究和著作。他的著作成就了心理分析理論（*psychoanalytic theory*），並影響了其後許多著名的學者，如*Alfred Adler, Albert Ellis*以及*Fritz Perls*。（*Freud*於1939年病逝於英國倫敦）

　　當美國進入二十世紀，美國社會也變得更為複雜，於是在其間找到一個適當的安置處所，並有所調適，變得益發困難。許多成人向一些傳統的輔導資源尋求協助，例如家庭醫生、牧師或雇主。不過，二十世紀也為科學取向的心理學所主導，為諮商和其他心理學導向之方案的發展奠定根基。現在就讓我們一同來檢驗二十世紀中這些學派和機構的興起。

諮商和輔導在美國教育中的發展

　　當一個人擁有了某些想法，正好遇到了需要這些想法的機會，經常就創造了歷史。在1908年，*Frank Parsons*組織其波士頓職業局（*Boston Vocational Bureau*），對年輕人提供職業的協助，並訓練教師作為職業諮商師（*vocational counselor*）。這些教師的任務是協助選擇適合職業學校的學生，並協助學生明智地選擇職業，且從學校順利轉換至適當的工作。不久，*Parsons*（*1909*）出版了《選擇職業》（*Choosing a Vocation*）一書，成為這個領域書籍的先驅。在他的著作中，他討論了諮商師的角色，以及可被應用於職業諮商的技術。全書分成三大部分：個人探究（*personal investigation*）、工業探究（*industrial investigation*），以及組織和工作（*the organization and the work*）。

　　*Parsons*的書讀起來充滿趣味，他認為做成明智的職業選擇的

三項必要條件，也很少人不以爲然：

(1)對自我、性向、能力、興趣、抱負、資源、限制和其他因素有清楚的瞭解；(2)對成功所要求的條件、優缺得失、補償、機會和工作前景的知識；(3)對兩組事實之關係作眞實的推理(*true reasoning*)(*p.5*)。

*Parsons*進一步建議在展開個人探究之時，案主應藉由回答「個人資料表」中的問題來進行廣泛地自我研習，然後由諮商師來塡寫細節。*Parsons*認爲此一方法應該可以發現可能的疏失，如語文記憶的缺損，且顯現自動化的反應。此類案主可能是「有困難成爲一位速記專家」，所以*Parsons*所運用的量表題項包括：「你可以步行多遠？抽煙的習慣？喝酒？使用藥物？任何形式的浪費？你多久洗一次澡？」等。

在其接案晤談(*intake interview*)中的一個不尋常的特徵，是觀察案主的身體外觀：

當我詢問申請者有關他的健康、教育、閱讀、經驗等等，我小心地觀察他的頭形、耳朵四周、他的體態和表情、顏色活力、聲音、態度、姿勢、其生命力和熱情等等。

如果這位申請者耳朵後面的頭部面積甚大、有較大頸項、較低的前額、和較小的上頭部，他可能是屬於動物類型，而且如果其他徵候相符合的話，他所接受的處遇應該以此爲基礎。

*Parsons*主張應引導案主正確地省視他自己，並提供案主可用於自我改善的方法，例如，閱讀適當的書籍以發展分析力；他也建議可利用知名人物的自傳，找出與該案主共通之處，以作爲激勵的方式。他堅持諮商師應該要非常熟悉與工作機會有關的細節、工商業之配當，以及研究的課程。一個細部的分析應包括工商業機會、場所和需求、工作條件和待遇等。對於職業學校中的

機會，也應該有如此細部的分析。

　　*Parsons*堅持諮商師應該非常熟悉所有與工作機會有關的細節、工商業界需求的分佈、以及學習的課程。而且應該為男性和女性提供對於工商業機會的細部分析，包括工作的地區和需求、工作條件、和薪資等。此外，還包括就讀職業學校的機會。

　　他也說明了訓練職業諮商師的必要性。他認為該訓練應該為期一到三個學期，申請者應該具備相關的職業背景和成熟度。良好的判斷能力、個性特質、和成熟度，是*Parsons*(1909)認為職業諮商師的基本條件；此外，職業諮商師還應該具備下列特質：

　　1.對現代心理學的基本原則和方法，具有實務性的知識。

　　2.需有和人接觸的充分經驗，使其對不同成長階段的人類本質具有相當的瞭解；他也必須瞭解主控人類生活的動機、興趣、和抱負，且能辨識一些重要性格之有或無的徵候。

　　3.能以同理、誠摯、探索、公平公正、和吸引人的方式來協助年輕人的能力。

　　4.對於不同工商業的要求和成功之條件、補償機會、發展前景、利弊得失等的知識。

　　5.具有關於學習課程，以進入該課程之準備方法的資訊。

　　6.具備研究的科學方法和分析方法，可瞭解因果關係和法則、歸類事實和做出正確的結論。諮商師需能夠辨認每一個個案中所涉及的基本事實和原則，依據其真實的關係來歸類群組，並做出結論。

　　*Parsons*先驅性的努力成功地推動了一個嶄新的助人專業：輔導諮商師(*the guidance counselor*)。現今，*Parsons*常被稱為「美國教育中輔導運動之父」，但他可能也沒想到此一運動從他所訓練的數十位諮商師，在八十年後，成長到已有超過50,000位諮商師

在學校中服務。

在1913年之前，輔導運動(*guidance movement*)無論在數量上或在專業性上均有長足的發展，美國職業輔導協會在兩年之後出版了名為《職業輔導》(*Vocational Guidance*)的第一本輔導期刊。於是，在其後的五十年之間，「輔導」(*guidance*)一詞成為學校中諮商運動的通用名詞。然而，在最近這數十年來，「輔導」則被視為落伍的標籤。此外，早期的輔導運動具有職業導向，主要是關注青年人與職業選擇、準備和安置有關的輔導層面。（六十年之後，許多此類特徵則在生涯教育與輔導運動中再次被視為重要的資產。）所以，早期的輔導運動實則為職業輔導運動。

依據*Rockwell*和*Rothney*(*1961*)的說法，在美國輔導運動中的先驅還包括*Jessie B. Davis, Anna Y. Reed, Eli W. Weaver*和*David S. Hill*等人。他們的貢獻也應該要加以表彰。

*Davis*的方式是進行自我研習和職業研習。他對諮商的描述(*Rockwell & Rothney, 1961*)似乎主張應該要引導學生深入發掘其對努力工作的道德價值、企圖心、誠實和發展良善的美德，這些是任何一個準備進入工作世界者的重要資產。

同一世紀中，*Anna Reed*對於工作世界的倫理和開放自由的工商業體系為重視。她相信輔導服務對於西雅圖的學校體系應該是非常重要的，可作為達成最佳教育成果的有效方法。迥異於今日的哲學，她將系統（工作世界）的需求至於個人需求之上，結果，她所發展的輔導方案主要係以一個人的「受雇力」(*employability*)來判斷其價值。

令一位先驅學者*Eli Weaver*成功地在紐約的每一所高中學校建立了「教師輔導委員會」(*teacher guidance committee*)，以積極主動地協助青年人發現其能力，以及學習如何運用這些能力以獲得最適當的職業。

第四位先驅*David Hill*是新奧良學校體系中的一位研究者，他

運用科學方法來研究人們。由於他的研究指出了學校學生人口中的多樣性,他極力倡導一個多樣化的課程,並以職業輔導總其成。

二十世紀的前四分之一時期,在心理學領域中的兩項重要發展,對學校輔導運用有深廣的影響,一是標準化、可團體施測之心理測驗(*psychological tests*)的開發,二是心理健康運動(*mental health movement*)。

法國心理學家*Alfred Binet*及其同事*Theodore Simon*於1905年引介第一個普通智力測驗。在1916年,該測驗由*Lewis M. Terman*及其史丹佛大學同事翻譯成英文,且以修正版本在美國發行,而被廣泛地用在學校體系中。然而,接著因美國進入第一次世界大戰,軍事單位尋找可用於篩選和分類新收士兵的工具,一項通稱為團體智力評量的「陸軍阿爾發測驗」(*Army Alpha Test*)則成為主要的測驗工具。應用這些和其他心理計量技術於學生評量的可能性,使得標準化測驗在第一次世界大戰之後的十年中,在教育領域迅速地擴展。

1920年代在許多方面都是一個活力充沛的世代。對於教育專業人員而言,進步教育運動(*the Progressive movement*)促成了一個活力四射的世紀。此一進步教育運動的思維,影響了「人群導向」(*people-oriented*)的哲學,強調個別學生的獨特性和尊嚴,重視催化性班級環境的重要性,並建議學習可以有許多種不同的方式。許多今日的諮商師也涵融了進步教育的主張,認為學生和教師應該一起來規劃,以改善孩子們所處的社會環境;同時必須審慎考量學生的發展性需求和目的,營造班級中的心理環境成為一正向的、具鼓勵性的氣氛。

有組織的輔導方案也迅速地在1920年代的中等學校中開展,但由於不願意此類方案被等同於大專學院中的人事服務方案,他們也盡可能遠離行政人員的頭銜,以避免負擔諸如規訓、記錄學生出席率、及其他相關的行政責任。以致於這個世代中的許多輔

導方案更爲強調補救性(remedial)，只有在學生經驗到學業上或個人上的難題時，才會被送到輔導人員的手中，協助其改變行爲或矯正其缺失。如果有一位1920年代的諮商師乘坐時光機來到八十年後的學校諮商師會議中，他可能會和其現今的諮商伙伴們抱持著相反的意見，至少在他們對職業或生涯諮商的關注和投入、標準化測驗工具的運用、協助學生發展其教育計畫、對更具關懷性學校環境的需求，以及作爲規訓者和半行政人員的角色等方面，會有相當大的歧異。

小學學校諮商運動也很可能是在1920年代中期和1930年代初期發軔的，受到*William Burnham*的寫作所啓發。*Faust*(*1968*)指出*Burnham*強調教師在促進小學兒童心理健康上的重要角色。雖然這時期小學輔導的發展甚少被提及，但也有少數方案甚受矚目，其中之一是伊利諾州的*Winnetka*建立了一個小學諮商部門，並設置有輔導人員，包括（即使並非都是全職人員）精神醫師、心理計量專家、心理師、教育諮商師、社工師、以及文書佐理員等。他們的基本任務在於諮商、兒童研究、心理治療、學生分析、家長協助和轉介。

大學校園也顯現出1920年代輔導運動的影響，學生人事工作者開始應用標準化測驗於篩選和安置學生，少數機構更開始提供職業輔導。到了1920年代末期，早期輔導先驅們相信學生確有接受輔導服務的需求，而學校是提供輔導服務最適當的場所，應該將所有年級的學生納入學生輔導的服務對象。

同時要注意的是，由於「輔導」一詞被廣泛應用於指涉引導學生和其他案主進行適當的教育選擇和生涯決定，「諮商」一詞在早期幾乎甚少被提及。兩個名詞在前後期顯現出截然不同的接受度，在*Hoyt*(*1993*)的一篇論文《輔導不是一個見不得人的詞彙》(*Guidance is Not a Dirty Word*)可見一斑。最早對諮商作爲心理歷程有較爲詳盡描繪的，很可能應推*Proctor, Benefield and Wrenn*等人魚1931年出版的《職業工作手冊》(*Workbook in Vocations*)一書

中（引自*Lewis, Hayes, & Lewis, 1986*）。

當美國一般民眾正在論辯*FDR*政策和希特勒對世界和平的威脅時，1930年代的輔導運動持續地發展，愈來愈受到矚目，成為教育界探討和論辯的主題之一。關於輔導活動的問題和批評，在本世紀的專業文獻中逐漸受到重視。教育組織開始著手研究此一運動，許多出版的報告曾對輔導和輔導服務做了定義和說明。紐約州教師協會於1935年出版一份宣告，將「輔導」界定為「協助個人進行生活適應的歷程。在家庭、學校、社區和其他個人環境中，均是必要的。」（p.10）

如同1960年代有許多人表達其對於「輔導」和「諮商」二詞異同的關注，在1930年代，人們則是探討「學生人事」（*student personnel*）和「輔導」二詞之間的異同。更令人困惑的是，在此一時期對輔導運動的輿論領袖，如*John Brewer*（*1932*）等人，則將「教育」和「輔導」二詞視為同義詞。

Sarah M. Sturtevant（*1937*）企圖處理這些爭議，她提出幾個有關此一發展中之「中等學校輔導運動」（*secondary school guidance movement*）的問題：輔導運動對我們而言，意味著什麼？一個有功能的輔導方案的本質為何？在一個優良的輔導方案中，輔導人員應該具備什麼條件或資格？以及，此一個別化教育的成本為何？這些問題在六十年後仍然發人深省。

在1930年代晚期和1940初期，特質因素的諮商取向（*trait-factor approach to counseling*）逐漸受到歡迎。由於受到*E. G. Williamson*《如何諮商學生：臨床諮商技術手冊》（*How to Counsel Students: A Manual of Techniques for Clinical Counseling, 1939*）的影響，此一諮商取向經常被稱為「指導性理論」（*directive theory*）。然而，對此一測量導向之諮商策略的批評則認為它過於嚴格且違反人性。*Williamson*強調其價值在於：「你試圖應用最少錯誤機率的資料，例如測驗資料，來增進你的瞭解，而不是具有較大變異性和錯誤率的判斷（*Ewing, 1975, p.84*）。

同時在*1930*年代，小學中的輔導也因受到兒童研究運動（*child study movement*）的影響而往前推進，主張在自給自足的班級教室中，教師應扮演為每一位學生提供輔導的角色。*Zirbes*（*1949*）和其他人的文章中則描述如何引導兒童擴展其學習經驗的方式，且建議教師應對每一位學生進行深度研究，以瞭解兒童是否達成其特定的發展任務。此一受歡迎的諮商取向也在中等學校層級受到重視，以致於有「每一位教師都是輔導人員」（*every teacher as a guidance worker*）的建議。

當美國度過第二次世界大戰之後，諮商和輔導運動也邁入新的方向。有一位學者對於學校和非學校場域的諮商均有相當重要的貢獻，他是*Carl R. Rogers*（*1920-1987*）。*Rogers*在他的兩本重要的書籍中，提出了一個新的諮商理論，分別是《諮商和心理治療》（*Counseling and Psychotherapy, 1942*）和《案主中心治療》（*Client-Centered Therapy, 1951*）。在《諮商和心理治療》一書中，*Rogers*提供了「非指導性諮商」（*nondirective counseling*）以取代舊有的、較為傳統的諮商方法。他也強調案主對於覺察其自身問題和提升自我的責任。此一自我理論和傳統諮商師中心取向正好相反，因此很快地被稱為「非指導性策略」。

*Rogers*建議案主需擔負解決其自身問題的主要責任，而非治療者解決案主的問題，激起在學校輔導和諮商運動領域中的第一次強烈的理論性爭議。*Rogers*稍後出版的《案主中心治療》一書則是其持續的諮商研究和應用的成果，使非指導性諮商轉變成案主中心諮商，但更重要的是更強調案主成長改變的可能性。

也許*Rogers*對於美國諮商師與案主的互動方式，比任何其他人都更影響深遠。比諸歐洲本位的諮商理論，他平等對待案主的觀點以及其對人類潛能的正向觀點，似乎與美國人的生活方式與民主傳統更為一致。

*Rogers*的影響程度最顯而易見的，是以諮商取代測驗作為主要的輔導功能。接下來，在未來幾年內，諮商將更為重

要，且將與輔導形成彼此競爭的局面，在諮商師時間的運用、及整體諮商和輔導目的方面，均將和輔導一較短長。諮商一開始是作爲輔導的輔助性工具，而今則有其自身的一席之地（*Aubrey, 1977, p.292*）。

　　數年之後，*Rogers*持續不懈地研究、檢驗、修正和挑戰其他人，以檢驗其理論。簡言之，*Carl Rogers*對二十世紀諮商運動的影響和貢獻，堪可比擬*Henry Ford*對自動化工業發展的貢獻。

　　*1940*年代晚期諮商技術的發展，另一個重要面向是團體諮商（*group counseling*），而*Rogers*仍是主要的貢獻者。其他，應用軍事服務體系所蒐集到的研究資料，探討小團體動力（*small group dynamics*），建立了一個理論架構，使得學校諮商師可以將個別諮商的技巧和歷程，與團體場域中個人的動力性角色和互動加以整合。

　　其他一些機會也在諮商輔導運動的水平線上凸顯出來。*Feingold*(*1947*)在《學校評論》（*School Review*）中所寫的論文，建議輔導需要有嶄新的策略，他指出輔導諮商師不能滿足於教育目標，他們必須超越此一目標，必須提供輔導，「不只是附加的服務，而是爲了那些眞正需要它的學生–那些無法遵守學校規定和條例的學生」（*p.550*）。*Feingold*和其他人也尋找「全兒童的輔導」（*guidance of the whole child*），可視爲1930年代兒童研究運動的擴展。三年之後，*Traxler*（*1950*)在同一期刊中也寫下其對輔導趨勢的觀察：

　　1.對輔導人員提供更爲充分的訓練。

　　2.輔導是學校各部分應發揮的功能。

　　3.與家庭和社區機構建立更爲密切的聯繫。

　　4.對個人資訊作有系統的彙整和紀錄。

5. 運用客觀的評量。

6. 以可作廣泛比較的標準化測驗爲基礎，對成功的可能性作區別性的預測。

7. 更有興趣於改善技術，以對學生的個人特質進行衡鑑，和對適應不良提供處遇。

8. 「折衷式」（*eclectic*）輔導的趨勢。

9. 體認到補救性工作和輔導之間的關係。

10. 改善個案研究技術。

11. 提供充分的職業–教育資訊，並作有效運用。

在1957年，蘇俄成功發射第一枚人造衛星*Sputnik I*，由此一成就所導致的一個間接但重要的結果是諮商和輔導運動在美國的突飛猛進。此一結果是因爲美國民眾開始對美國教育，及其無法爲各行各業提供訓練有素的人力，發出強烈的質疑和批判，而透過立法來要求高品質的教育。此一「國防教育法案」（*National Defense Education Act*）即於1958年立法通過，體認到國家富強、人員需求和教育之間的重要關連性。

該法案十章中有五章，對青年人的輔導提供了特殊的利益，其中，第五章對於諮商和輔導方案的發展是重要的關鍵。*Gibson and Higgins*（*1966*）指出它提供了(1)經費補助以建立和維持地方性輔導方案，以及(2)補助高等教育機構訓練輔導人員，以使地方輔導方案擁有充裕的人力資源。

*Gibson and Higgins*接著指出，在該法案通過的六年之後（1964年9月），法案的影響可見諸於美國健康部門、教育部門和社會福利部門的各項措施，顯示該法案在很短時間內即達成了下列數項成就：

‧ 提供將近三億美元的經費，使全職的高中學校諮商師從1958年的12,000位（每一位負責960個學生），提高到1964年的

30,000位（每一位諮商師負責510個學生）。

· 在1964-1965年底，有480所高等教育機構提供諮商課程，有超過15,700位中等學校諮商師和教師準備要成為諮商師。

· 從1959年到1964年，有十一億美元的經費撥給公私立中等學校，責成其為學生提供性向和成就測驗。

· 提供600,000位學生學費貸款，協助其完成大學教育。

· 訓練42,000位技術人員，符合人力需求。

· 提供了8,500位研究獎勵金，滿足許多大學教師的需求。

受到諮商和輔導領域快速成長的刺激，對學校諮商師的資格和工作表現的要求標準，也不斷地更新，專業協會用於評鑑學校輔導方案的規準更為強化，諮商師訓練更有長足的進步。許多學者都發現輔導已進入一個嶄新的紀元。

例如，*Donovan(1959)*指出「測驗專家和專業諮商師進入這幅圖像中，提供科學化的工具，協助每一個兒童能有效因應其課程，且自由地施展其能力。」(*p.241*)。他更進一步討論到此一運動旨在將每一個兒童視為一個人，以致諮商人員成為行政人員和教師不可或缺的助手。

接下來，*Klopf(1960)*認為高中諮商師的角色應更為擴展。他指出「由於人口增加，學校變得更為大型，許多社區的稅金也更多了。社區中的教育服務增加了，但輔導方案卻未隨之增加。」(*p.418*)。因此他建議家庭式團體輔導、小型討論團體和團體諮商等的新取向都應值得加以探索。他也主張輔導工作者應不只視自己為諮商師，而應是一個人，關注全體的學習，包括與學生之間的個人和社會關係。

如果他具備個人行為、學校和社區之社會結構的知識，瞭解今日和未來的世界，這些都是他在學校中應該持續進行的

活動。(*p.418*)

在1960年代，學校諮商和輔導運動的最重要發展之一，是「美國學校諮商師協會」(*American School Counselor Association, ASCA*)提出官方政策說明《中等學校諮商師政策說明》(*Statement of Policy for Secondary School Counselors, 1964*)，致力於明確界定學校諮商師的角色和功能。

*C. Gilbert Wrenn*對於1960年代的貢獻是以《變遷世界中的諮商師》(*The Counselor in a Changing World*)一書檢驗諮商師在一個對人類行為的想法不斷改變的社會中和學校中，所扮演的角色。*Wrenn*(*1962*)注意到諮商師工作任務的複雜性：

諮商師不能像以前一樣，只是瞭解處在孤立狀態的青年人。諮商師不只必須瞭解學生，更要瞭解他自己，以及和他一樣努力要適應這個快速變遷工業社會和世界秩序的成人。(*p.8*)

C. Harold McCully(*1965*)說明，如果學校諮商師要成為真正的專業人員，他們不能以過去諮商師所從事的如同技術人員一般的工作來界定其功能。他提出了諮商師必須有新的導向，如作為諮詢顧問(*consultant*)和改變的主導者(*agent for change*)，對文化和社會變遷有紮實的研究和瞭解。

到了1970年代，學校輔導諮商師已經繼承了許多的刻板化定型，且以此來判斷其價值和效能。對於1970年代輔導的歷史紀錄，彰顯了這些被普遍概化的刻板化定型，例如：

責任的刻板化定型(*stereotype of responsibility*)：學生家長和其他人都相信，諮商師具有特定的責任，諸如確保學生選修「對的」課程，選擇適當的大學院校，接受必要的標準化測驗，在期限之前申請學校等等。

失敗的刻板化定型（*stereotype of failure*）：人們相信諮商師有責任協助個人避免失敗－諮商師是成功和失敗之間的緩衝器。諮商師藉由對決定結果的預判，可準確評估風險和成功或失敗的機會。

職業選擇的刻板化定型（*stereotype of occupational choice*）：也許最具有一致性和最被廣泛認知的，是諮商師應該能告訴學生要選擇進入何項職業－他能為學生做出此一「一生中只有一次」的決定。而且，諮商師最清楚許多不同的興趣和性向測驗，及不同的職業領域，經常被要求提供有關工商業、軍事服務和教育機會等材料。（*Munson, 1971, pp. 16-17*）

在1973年，在全美中等教育改革委員會（*National Commission on the Reform of Secondary Education*）所出版的報告中，提出32項改善中等教育的建議。雖然，大部分建議都對中等學校諮商師的功能有所啟示，但下列建議特別重要：

‧建議6，處理諮商中的偏見（*bias*）。

‧建議9，聚焦於生涯教育（*career education*）。

‧建議10，在生涯教育中強調適當的工作安置（*job placement*）。

‧建議12，建議設置完成高中學業的選替性路徑（*alternative routes*）。

在1970年代中期和1980初期，許多發展影響了學校諮商師和服務於其他場域的諮商師。如第十四章中將更為詳細說明的，這個時期的績效責任運動（*accountability movement*）使得許多學校諮商方案須以客觀的需求評量資料作為發展方案的基礎。這個時期所出版的重要著作，《學校中的輔導與諮商》（*Guidance and Counseling in Schools*）（*Herr, 1979*）是由美國人員和輔導協會（*American Personnel and Guidance Association*）和美國聯邦教育部

諮商與輔導署(*Counseling and Guidance Office*)共同補助經費，由 *Edwin L. Herr*所領導的全國性調查所發展而來的。

雖然美國各州在這個時期都有對學校諮商師實施資格檢定的法令，學校諮商師仍愈來愈有興趣於取得在學校場域之外執業的證照。到了1997年，44州加上哥倫比亞特區均通過授予諮商師執業證照的立法，而其他州也在作立法的準備。

在1983年，由美國總統指示成立的「全美追求卓越教育委員會」(*National Commission on Excellence in Education*)出版了一本報告書《危機邊緣的國家》(*A Nation at Risk*)（*Bell, 1983*），提出全美學生標準化成就測驗結果退步師的重要證據，並建議延長學校的上課時間，實施更有效的學校規訓措施，回歸教育基本等。雖然在該報告書中並未提及學校諮商方案，但對於學校諮商方案仍有相當的啓示。另一份由「大學入學委員會」(*College Entrance Examination Board*)於1986年出版的重要報告書《開放選擇機會》(*Keeping the Options Open*)中，則完全聚焦於學校諮商和輔導方案的提供。

在1980年代和1990年代，許多與兒童福利有關的社會關注，使小學諮商快速地成長茁壯。一些如藥物濫用、兒童虐待、性侵害和鑰匙兒童等社會問題，促使美國在1997年之前已有十七個州均明令小學諮商的實施，以預防此類問題的發生或惡化。

另一項最近對學校諮商方案的影響，是1994年通過的「學校到工作機會法案」(*School-to-Work Opportunities Act*)，要求各州均須建立學校到工作的機會體系，而生涯諮商和輔導則視是爲具有高度重要性的活動。

諮商方案在機構中的發展

心理健康運動(*mental health movement*)，如同職業輔導運動一般，在1900年代初期受到一個人的努力所啓動，此人即是*Clifford Beers*，他既不是醫師，也不是心理學家，而是一位被收容在心理疾病機構相當多年的精神分裂患者。在他被監禁期間，*Beers*(*1908*)寫道：

我很快地觀察到，較不會受到凌虐的病人，是最不需要關照和處遇的人。暴力、吵鬧和製造麻煩的病人會遭到凌虐，因爲他是暴力、吵鬧和麻煩製造者。而體力上或心理上太過於虛弱而無法關注到自身需求的病人，也會遭到凌虐，因爲非常無助的狀態會使那些看護人員隨時等著要處理他。通常，一位粗暴或麻煩的病人來到這個充滿暴戾的診療單位後，第一天就會被攻擊，這似乎已是這裡不成文的規定了。看護人員想像要控制病人最好的方式，就是從第一天就把他當作牛一般看待。事實上，這些人員-幾乎都漠不關心且缺乏訓練-似乎相信，根本不可能有其他方式來處理暴力的個案。(*pp. 164-165*)

在另一段敘述中，*Beers*(*1908*)又提到：

大部分心智正常的人會認爲，心智不正常的人都不可能邏輯地推理。但實際上並非如此。即使當我的心靈處於最扭曲的狀態之下，我仍能奠基於一些不合理的前提，做出大多是合於理性的演繹。就像是我在我認爲是一月份時，讀到一份標記著二月一日日期的報紙，我可能不會相信這份報紙中的記載。也許我會推論那份應該正常出刊的報紙已經被收回了，我所拿到的這份報紙是兩個星期之後的。現在，如果心智正常的人在二月一日收到一份日期爲二月十四日的報紙，

他一定有理由認為某些事出了差錯，也許是出版者，也許是他自己。然而，這份根植在我心靈中的變動的日曆，對我的意義，就像是真實的日曆對任何心智正常的商人一般。在我罹患憂鬱症的這七百九十八個日子以來，我做出了數不清的錯誤演繹，但本質上，這樣的心理歷程並無異於任何功能正常的心靈。(pp. 57-58)

這些和類似的描述，喚起一般大眾發動人性化的改革，且對心理疾病和其處遇方法進行科學化的探究。藉助於當時幾位心理學家如 *William James* 和 *Adolph Meyer* 的協助，推動了心理衛生運動(*mental hygiene movement*)，教育一般大眾對心理病人有較佳的瞭解和提出較好的處遇策略。

在此同時，將人們視為環境和遺傳兩者共同產物的觀點，也再次受到強調，促成一種新型態的地區性機構的設立，以處理心理疾病(*mental illness*)。這就是現今「社區心理健康中心」(*community mental health center*)的前身，在當時被稱為「精神病院」(*psychopathic hospital*)。依據 *Bloom*(1984)的說法：

它設置於社區之中，提供處遇，而不僅是戒護。設立精神病院的理論基礎，在於當時還相當激進的想法。首先，病人應該在出現心理違常之後立即被辨認出來並加以處遇；其次，病人不應該孤離於其家人、朋友和其他支持力量之外；三者，病人的家屬可提供非常有用的資訊予為病人實施處遇者，如果處遇設施設置於社區之中，此類資訊即可更輕易取得；最後，精神病院的設置，可刺激當地醫生更加關注心理疾病的問題。(p.15)

伴隨著精神病院的設置，為出院精神病人所提供的「社區癒後照護服務」(*community aftercare services*)也開始出現，當地醫

院也開始發展精神病理診斷和非住院性的診所。社區也致力於促進心理違常病人的處遇和預防標準，並爲有心理困擾的兒童設立地區性診所。當社會大眾逐漸明白心理疾病的程度和影響，如何預防或提供早期處遇的可能性，也受到廣泛的討論。

第一次世界大戰不只刺激了標準化團體心理測驗的發展和使用，也促成了對早期諮商專業化發展–復健諮商(*rehabilitation counseling*)–具有重要意義的兩項行動。其一是1921年在「公眾法47」(*Public Law 47*)之後所頒佈的「公民職業復健法案」(*Civilian Vocational Rehabilitation Act*)，其二是由退伍軍人輔導局(*Veteran's Bureau*)所提出，要求對退伍軍人提供持續性職業復健服務，包括諮商和輔導：

爲退伍軍人提供諮商，是退伍軍人行政局有關職業復健和教育方案的最重要特色之一。在此一職業復健方案中，爲第一次世界大戰傷殘的退伍軍人提供良好的職業諮商和輔導，是相當重要的。在爲第二次世界大戰退伍軍人立法時，此一功課更不能忽視。公眾法16中要求受訓練者必須在接受正式的職業評鑑和諮商之後，選擇其職業目標。而公眾法346則要求該訓練必須在接受諮商服務之後提供。(*Obermann, 1965, p.190*)

然而，「復健諮商師」一詞直到1930年代末期才開始出現在專業文獻中，當時，復健諮商已普遍被認可是爲具有身體上及社會和情緒問題的人實施復健所提供的基本心理諮商。在其發展史上，復健諮商的實務似乎可包含數個模式，如同*Jacques*(*1969*)所描述者：

1.職業仲介者、訓練者、或工作者模式。

2.職業諮商師，或服務協調者模式。

3.心理治療模式。

4.以社區爲中心的團隊諮商模式。

從1904年到1929年的四分之一世紀之間，是科學研究在許多不同領域均快速成長的時期。如同*Mueller*(*1979*)所言：

許多人對數學的推理程序及其可臻就的成果，抱持著過度樂觀的觀點，在此時期，諸如因素分析、理論考驗、測量等技術均受到廣泛的使用。在醫學、感官心理學、人類及動物學習、社會及變態心理學上，將心理學作爲科學的實徵性基礎，愈加鞏固。這段期間，心理學被視爲可被驗證的科學，而不是『原理上』的科學。(*p.20*)

這段期間最受矚目的理論家，是另一位澳洲人*Alfred Adler*，他曾經是*Freud*的學生，爲了躲避納粹對其國家的控制，於*1932*年移民到美國。他的演說和著作，是「阿德勒學派諮商」(*Adlerian counseling*)的基礎。*Adler*是家庭諮商的先驅者之一，而他的理論對兒童諮商也有相當重要的影響。

在二十世紀的前半期，社區心理健康運動相當程度反映了心理學理論和實務工作上的多樣性。*Jeger*和*Slotnick* (*1982*)提到：

作爲一種哲學，它根基於社會精神醫學和公眾健康的領域，它體認到機構化的效應，重新將『心理疾病』界定爲社會問題，提倡醫院收容之外的替代性作法，並以預防心理健康問題爲目的而致力於社區改變。作爲一種方法論，社區心理健康指涉將此一理想付諸於實行的特定方案。(*p.15*)

在第二次世界大戰之後，美國聯邦政府透過一系列的立法，明令規定社區心理健康機構的設置，也爲社區心理健康實務提供了操作性的定義。聯邦政府藉由1946年通過的「全國心理健康法案」(*National Mental Health Act*)首次介入公眾心理健康的領域，設置了「國立心理健康研究院」(*National Institute of Mental Health*)。此一全國心理健康法案也同時鼓勵每一個州必須設置一

個機構，以作為州立心理健康當局，並透過經費補助，協助這些機構改善其社區心理健康服務。

在1944年，退伍軍人行政局(*Veterans Administration, VA*)設立數個中心，為領取福利金的退伍軍人提供諮商、教育和訓練，於是許多諮商師紛紛接受由VA所支持的諮商服務方案的相關訓練。退伍軍人行政局對於職業諮商師角色的擴展和專業化，貢獻良多。在1951年，*VA*受到心理學及相關學科一些嶄新概念的影響，也設置「諮商心理師」(*counseling psychologist*)的職位(*Borow, 1964*引自*Humes, 1987, p.16*)

第二次世界大戰之後，諮商師在*VA*的職業復健和教育服務方案中找到了許多機會，以符映美國軍事服務人員和退伍軍人的需求。

諮商，作為心理學領域中被認可的專門學科，遂逐漸受到重視。在 *1946*年，美國心理學會(*American Psychological Association*)的第17分會（諮商心理學*Counseling Psychology*）受到認可，由*E. G. Williamson*博士擔任第一任理事長。在1951年由美國西北大學(*Northwestern University*) *C. Gilbert Wrenn*博士所主辦的一場研討會中，諮商心理學更受到廣泛的重視和認可。此一運動的另一位重要貢獻者*Carl R. Rogers*博士，則促成心理學界和社會大眾對於心理治療的興趣。

另一項諮商的專門學科，婚姻和家庭諮商(*marriage and family counseling*)也在1950年代開始顯現。雖然就歷史上而言，此一運動似乎在1930年代初期就已經開始發軔了，但直到二次世界大戰之後，由於年輕夫妻分居和離婚率遽增，使促成婚姻治療的快速發展。在1960年代，嶄新型態的伴侶、婚姻和同居關係，進一步激發人們對伴侶和家庭提供專業性諮商協助的興趣。此一時期，婚姻治療也從個別分析轉向聯合式的婚姻治療(*Brown & Christensen, 1986*)。

在二次世界大戰之後，我們也看到社區心理健康服務的迅速擴展。在1955年，美國國會通過「心理健康研究法案」（*Mental Health Study Act*），建立了心理疾病和健康的服務宗旨，並提出一份名為《心理健康行動》（*Action for Mental Health*）的報告（*1961*），促成1963年通過「社區心理健康中心法案」（公眾法88-164）（*Jeger & Slotnick, 1982*）。

初期設立的2,000個中心預期可提供五項主要的服務：

1.住院患者（短期居留）

2.非住院患者。

3.部分時間醫院（即，白天和/或夜間醫院）。

4.緊急照護（即，24小時危機服務）；以及

5.諮詢（即，間接服務）和社區教育（即，預防）

但一個綜合性的中心，仍須具備五項額外的服務：(a)診斷，(b)復健，(c)癒前照護和癒後照護，(d)訓練，和(e)研究和評鑑（*Jeger & Slotnick, 1982*）。

於是州立心理健康機構所收容的患者數量，在1955年出現首次的減少，並在其後二十年間穩定地持續遞減。此一趨勢顯然開啓了地區性心理健康服務的成長。

越南戰爭的創傷又使得許多退伍軍人及其家屬需要尋求心理健康諮商。在1960年代和1970年代，藥物濫用的問題漸增，社會大眾更加明白此一問題對各年齡層人口的嚴重性，促成對藥物濫用問題的研究、訓練方案的發展，以及相關專門學科的成長。矯正諮商（*correctional counseling*）和老人諮商（*counseling the elderly*）也反映了這些群體的特殊需求。

1975年通過的「社區心理健康中心修正案」（公眾法94-63）重新界定綜合性社區心理健康中心的概念，從前述五項基本服務及五項可選擇的服務，擴展到十二項法定服務，包括下列各項：

1.對兒童提供特殊服務

2.對老人提供特殊服務

3.機構處遇前的篩選和替代性處遇

4.已出院患者的追蹤服務

5.協助已出院患者轉換生活

6.酒癮服務（預防、處遇、和復健）

7.藥物濫用服務

此外，1975年的修正案也強制要求各中心需撥付2%的運作經費，進行方案的評鑑。

這十二項法定服務的傳遞方式，在1978年「社區心理健康擴大法案」（公眾法95-622）中，有進一步的修正。新設置的中心被要求必須提供六項服務（住院患者、非住院患者、緊急、篩選、已出院患者的追蹤，以及諮詢/教育等），但其他六項服務則可在前三年逐步規劃實施（即，部分時間醫院、兒童服務、老人服務、中途之家、酒精濫用、和藥物濫用服務）。

從1970年代立法明定提供各類服務之後，社區心理健康運動的精神已甚為顯而易見。*Bloom*（*1984*）曾描繪了十項特徵，以區別社區心理健康和傳統的臨床實務，可作具現此一運動的理念和實際運作情形：

· 首先，迥異於機構化實務（即，精神病院），社區（*community*)提供了實務的場域。

· 其次，全部人口(*total population*)或社區才是服務的標的群，而不僅是個別患者；因此，「服務區」(*catchment area*)一詞意指某一中心的責任區域。

· 第三項特徵是有關傳遞服務的型態，即，提供預防性服務

(*preventive services*)，而不僅是處遇。

- 在所有綜合性服務體系的內涵中，持續照護（*continuity of care*)是其第四個面向。
- 強調間接服務(*indirect services*)，意即諮詢(*consultation*)，是其大五項特徵。
- 第六項特徵是臨床上的革新(*clinical innovations*)-短期心理治療(*brief psychotherapy*)和危機介入(*crisis intervention*)。
- 強調服務的系統性規劃(*systematic planning*)，考量人口的分佈狀況、釐清未獲滿足的需求、辨認「高風險」群(*high-risk groups*)，是其第七項特徵。
- 運用新的人力資源(*person-power resources*)，特別是非專業的心理健康工作者，構成其第八個面向。
- 第九個面向是依據社區控制(*community control*)的概念，強調在建立服務優先序列和評鑑方案中，消費者需扮演核心的角色。
- 最後，第十項特徵將社區心理健康界定為尋找困擾的環境肇因(*environmental causes*)，迥異於傳統對個人精神內在的強調。(*Jeger & Slotnick, 1982, p.17*)

　　雖然大多數的社區心理健康工作者可能都會同意這些特徵能反映出社區心理健康的導向，但在實務工作上如何強調這些概念則有諸多不同的意見(*Bloom, 1984, p.38*)。

　　在1970年代，美國國會通過並由美國總統*Carter*頒佈的「心理健康系統法案」*(Mental Health System Act)* ，是一項重要的聯邦立法。該法案除了持續原有法案所提供的重要服務之外，也擴展了對心理困擾兒童和青少年的照護範疇。於1980年當選就任的美國總統*Reagan*引導新的美國經濟政策，包括賦予該法案預算優先權，於是1980年代各州和地方社區紛紛撥付心理健康照護設施

和方案充裕的經費補助。

美國政府帶著許多方面的成就進入1990年代，並延續到之後的十年間。但不可忽略的一項事實是，美國也面臨相當重要的社會問題，對其公民造成莫大的衝擊。

這些社會問題包括急遽增加的*AIDS*流行病，持續對藥物和酒精的濫用和成癮，大量的受虐兒童和配偶，青少女懷孕、青少年自殺、和青少年犯罪問題的激增，長期性的中途輟學問題，許多無家可歸者，不同形式的偏見紛紛浮出檯面，從政治領域到私密領域的價值崩解，以及所有年齡群體和社經群體的多樣性生涯需求。美國已成為在心理上和社會上都處於危機邊緣的國家。

進而言之，在檢驗這些問題時，我們應該注意到的是，這些議題所需要的不只是補救性處遇(*remedial treatment*)，更重要的是，諮商專業能提供預防性服務(*preventive services*)。處遇或懲罰性的行動，並不能解決這些社會問題。唯有預防，有希望能消減這些社會疾病的潛在受害者。於是，在此一脈絡場域之下，我們可以說，大部分的這些問題都在我們的專業範疇之內。在所有助人專業(*helping professions*)之中，諮商師要比其他專業人員更有機會接觸和處理這些問題，而且強調預防，以及早期介入和處遇。

所以，當我們開始一個新的世紀，我們看到諮商有機會成為這樣的助人專業，並切實反應社會的需求。接下來的各章，將引導你熟悉諮商師為了服務社會心理健康需求所必須具備的技能和知識，以及諮商師提供其服務的場域，以迎接未來更大的挑戰。

摘要

我們檢驗了從亞當夏娃時代至今，人類對忠告和諮商的需

求，以瞭解自我及與其他人類同儕的關係，以發展他們個人的潛能。古代部落社會的酋長和長老，對於這些需求的回應或許是現代諮商師的最早先驅。稍後，在早期的公民活動中，哲學家、牧師、或其他神祇的表徵，常作為提供忠告和諮商的角色。那時，所謂心理疾患的處遇通常是粗暴的，即使是由醫生所施行的處遇亦然。宗教對於年輕人提供諮商和忠告的角色，從中古世紀持續至今，伴隨著對天賦能力的辨認和發展，以及有計畫的生涯安置。從中古世紀迄今，教師也被期待為學童提供輔導，通常以指導性的輔導居多。從十八世紀以降，許多書籍也愈來愈多以提供年輕人忠告和諮商為重點，以符應當時年輕人的許多難題，特別是那些關於職業選擇的問題。同時，許多在當時居於領導地位的說明、哲學家、科學家和教育家們，也為心理學作為一種科學和學術派別奠定了哲學基礎，並對學校和社區場域產生了莫大的影響。

學校諮商和輔導運動（*school counseling and guidance movement*）多年以來一直都是美國教育體系中相當獨特的一環，從強調職業輔導開始，在短時間內受到其他運動的多元性所影響，特別是心理測驗、心理健康，及進步教育。稍後在二十世紀，此一運動的科際整合取向，更受到團體動力、諮商心理學、資賦優異學生教育、生涯教育和安置等的進一步影響。

心理健康運動的公眾或社區層面，剛開始是聚焦於家庭拘禁和處遇。早期重要的發展則是十九世紀各州對州立心理醫療院所的支持。然而，本世紀之初（*1908*），心理健康運動係由*Clifford Beers*的著作所啓動，地區性心理健康處遇中心開始出現，社區癒後照護服務即成為現今社區心理健康中心的濫觴。

三項重要的法案進一步啓發了諮商運動，那是公民職業復健法案（*1920*）、心理健康研究法案（*1955*）、以及社區心理健康中心法案（*1963*）。稍後，社會大眾的需求促成婚姻與家庭、藥物濫用、矯正諮商和老人諮商等專門領域的發展。

這麼多年以來，諮商運動有著許多先驅者和英雄人物推波助瀾，當然，歷史上的偉大人文導師–耶穌、穆罕默德、釋迦牟尼–以及真知灼見的領導者如伯拉圖、亞里斯多德、盧梭、和裴斯塔洛齊等，均是他們那個時代諮商組織的領袖人物。在美國，任何人都可以想像總統*Franklin, Jefferson, Lincoln*和*Roosevelt*父子，應該可以在美國諮商學會榮獲榮譽終身會員資格，因為有他們的貢獻，才能促成此一運動的成長和發展。但真正的英雄可能是*Parsons, Beers, Davis, Reed, Weaver*和*Hill*等人，這些高瞻遠矚的先驅人物的努力，在二十世紀後期更因數位學者的帶動而有更大的擴展，這些學者是：*Carl R. Rogers, E. G. Williamson, C. Gilbert Wrenn, Albert Ellis*以及*Donald Super*。

也就是說，一項運動的成功，必須有一個肇因和領導人物。本文對美國諮商和輔導之歷史發展的探討，可見二者缺一不可。由於過去照亮了未來，我們可能可以預料到，不論科學和技術上如何進步，許多人都會尋求專業的諮商和忠告，其他人則尋求自我瞭解，以發展其個人的潛能，或解決其所面臨的難題。同時，當我們省視當前的主要社會問題，我們會看到諮商專業可服務社會的絕佳機會。所以，下一章就讓我們一起來探討由訓練有素的專業諮商師所進行的活動。

問題討論

1. 討論影響你決定進入或考慮進入諮商專業領域的因素或事件。

2. 你曾經算過命嗎？如果有，那是誰幫你算命的？什麼時候？有多準確？以及結果如何？你相信下列哪一項在預測未來時可能最準確？看手相、臉相、占星、或紫微斗數？說明你的選擇？

3. 美國全國和各州的立法對諮商專業有重大的影響。檢視當前全國社會問題，你會建議諮商專業應推動什麼法案的制訂呢？

4. 討論諮商在學校場域和社區機構場域的歷史發展，及其異同。

課堂活動

1. 到圖書館找出一些早期有關諮商和輔導主題的相關文章。向全班報告你所找到的文章，包括日期、作者、出版和內容。

2. 檢視今日社會的重要特質，看看它們對任何新興職業領域的發展有些什麼啓示？對諮商專業發展的啓示又是什麼？在小組中討論。

3. 檢視當前的新聞和流行文學，看看這些報導或文章對於諮商專業在回應今日社會之人類需求所能扮演的角色有些什麼啓示？

4. 到圖書館檢視現今輔導與諮商領域的重要期刊。選出三本期刊，檢視現今所關注的議題，並將之與二、三十年前所討論的議題相比較。在內容上，你看到哪些變化？

可進一步閱讀的文獻

Adler, A. (1959). *Understanding human nature*.

New York: Premier Books.

Anastasi, A. (I 954). The measurements of abilities. *Journal of Counseling Psychology, 1*, 164-168.

Conant, J. (1959). T*he American high school today*.

New York: McGraw-Hill.

Cross, H. 1. (1964). The outcome of psychotherapy: A selected analysis of research findings. *Journal of Consulting Psychology, 28*, 413-417. Dugan, W (1962). An inward look: Assumptions and expectations. Counselor Education and Supervision, 1, 174-180.

Dymond, R. F (1953). Can clinicians predict individual behavior? *Journal of Personality, 22*, 151-161.

Ellis, A. (1 9 5 7). Outcome of employing three techniques of psychotherapy. *Journal of Clinical Psychology, 13*, 334-350.

Gummere, R. (1988). The counselor as prophet: Frank Parsons. *Journal of Counseling and Development, 66*, 402-405.

History of psychology [Special section] (1997,

July). *American Psychologist, 52* (7).

Hooper, D. (1996). Counselling psychology: Into the new millenium. In R. Wootfe & W Dryden (Eds.), *Handbook of counselling psychology* (pp. 630-648). London: Sage.

Howard, G. S. (1992). Behotd our creation! What counseling psychology has become and might yet become. *Journal of Counseling Psychology, 39*,419-442.

Murphy, G. (1955). The cultural context of guidance. *Personnel and Guidance Journal, 34*, 4-9.

Odegaard, C. (1987). A historical perspective on the dilemmas confronting psychologists. *American Psychologist, 42,* 1048-105 1.

Professional counseling: Spotlight on specialties [Special issue].

(1995, November/December). *Journal of Counseling and Development, 74* (2).

Strawbridge, S., & Woolfe, R. (1996). Counselling psychology: A sociological perspective. In R. Woolfe & W Dryden (Eds.), *Handbook of counselling psychology* (pp. 605-629). London: Sage.

Tiedeman, D. V, & Field, F L. (1962). Guidance: The science of purposeful action applied through education. *Harvard Educational Review, 32*, 483-501.

Watkins, C. E. (1994). On hope, promise, and possibility in counseling psychology or some simpte, but meaningful observations about our specialty. *Counseling Psychologist, 22*, 315-334.

Whitely, J. (Ed.). (1984). Counseling psychology: A historical perspective. *The Counseling Psychologist, 12*, 1-126.

Williamson, E. G. (1964). An historical perspective of the vocational guidance movement. *Personnel and Guidance Journal, 42*, 854-859.

Woolfe, R. (1996). The nature of counselling psychology. In R. Woolfe & W Dryden (Eds.), *Handbook of counselling psychology* (pp. 3-20). London: Sage.

Wynkoop, T E, & Dixon, D. N. (1994). Organizational and political issues in counseling psychology: An accounting of the Georgia Conference recommendations. *Counseling Psychotogist, 22*, 342-356.

第二章

諮商師的任務和活動

吳芝儀

諮商作為一項助人專業
專業諮商師
諮商作為一項學門
傳統活動
基本原則
諮商專業的未來導向

在探討任何專業領域時，我們可能都會詢問：「這項（如諮商）專業是什麼？」、「他們（如諮商師）做什麼？」本章的目的即在於回應這些問題。我們將諮商作爲助人專業，並透過由專業諮商師在執行其職責時所實施的活動，來界定此一專業領域。

諮商作爲一項助人專業

基於諮商師作爲一項助人專業（*helping profession*）的概念，奠定了諮商師在今日社會中的角色與功能。助人專業領域中的成員乃受過特殊訓練，並取得專業證照或經資格檢定，足以爲人群提供獨特的和所需要的服務。

此類助人專業包括醫療、法律、教育、心理學和社會工作。各項專業的根基源於過去和現在之人類和社會的本質，據此來斷定哪些服務是需要的，並據此發展提供此類服務的方案。我們將簡要地探討關於人類和社會的一些基本概念，作爲一般助人專業和諮商專業的基礎。

探討助人專業，包括諮商，最好是由該專業之所以存在的根本源頭–人類案主談起。案主有些明顯的特徵，可作爲諮商專業和諮商機構的基礎，使此一專業得以貢獻其特殊知識和技能。雖然試圖要界定人類此一各色各樣且持續變化的物種的任何努力，都有莫大的風險，還是有一些穩定且獨特的特質，使人類不同於其他的生物，我們不妨將這些稱爲人類的特權，對我們所是、所言、所行提供了相當重要的基石。也對人類在協助其同儕群體時所應扮演的角色，有所建議。這些明顯的特徵包括下列各項：

· 人類是最脆弱的生物

我們從出生就不具備其他生物形式所擁有的遺傳銘印行爲。在叢林中生活的其他年幼動物，不需要成年動物協助就可以存

活；而年幼的人類則否。我們生命初期能否存活，完全取決於其他人的注意、關懷和愛。人類需要被愛和關懷，其擁有愛和關懷的程度，會成為其終身生活適應的重要基石。

　‧人類是所有生物中最具有成長和發展之潛能者

　　隨著兒童的成長和發展，人類大腦本身會成長三倍，而其容量更是數倍於此。腦力和其所發揮的能量，賦予我們幾乎無所限制的可能性。人類潛能的實現，並非僅取決於人類本身，而是仰賴許多環境變項的協助，使我們能體認並發揮潛能。

　　‧人類具有最高度的溝通技能，使我們能對其他人表達我們的
　　　想法，教其他人學習我們的語言，可以記錄、傳送和接收。

　　藉由語言和姿態進行傳送和接收的二元能力，形成人類關係技能、愛與關懷的基礎，並成為最原初的刺激來源。與其他人發展關係的能力，成為經營一個快樂和良好適應之生活的核心。

　‧人類比任何其他生物顯現出更廣泛的差異性

　　這些差異不只明顯地將每一個人和其他人區辨開來，而且擴展社會的潛能，刺激人類文明的進展。個別差異的概念提供助人專業對受輔者進行分析的基礎。

　‧人類操弄環境，同時也受到環境的操弄

　　如欲正確地瞭解人類行為，絕不能脫離該行為所發生的環境脈絡。因此，環境分析愈來愈受到專業諮商師所重視。

　‧人類是唯一能掌握時間之流的生物

　　我們能記憶過去、行動於現在，並規劃未來。這使我們有能力奠基於過去經驗、避免再犯過去的錯誤、預測未來，並為發展潛能做好規劃。

　‧人類具有推理和洞察的能力

　　這兩項因素使我們能做出合於理性的選擇，並促成改變。在

個人發展和社會適應（與同儕關係）的範疇中，規劃個人改變的
能力是相當重要的。吾人瞭解自己和理性行動的能力，有助於促
進成熟的歷程。

從這些對於人類物種的觀察，*McCully*(1969)對諮商和其他助
人專業領域的推論如下：

1. 所有人從一出生就具備了人類的獨特潛能。

2. 個人從出生就經驗到的環境條件，可能會擴大或壓抑其潛能實
   現的可能性。(*pp. 134, 135*)

依據這些前提，我們建議要發展諮商方案應根基於對人類案
主之特徵和需求的瞭解，並瞭解塑造案主的環境。對於諮商師而
言，這意味著要學習有關人類成長和發展的知識，以及社會文化
基礎的知識。

社會需求和期待在一項專業的發展和運作中，也扮演了相當
重要的角色。第一章簡要的歷史回顧，指出了諮商專業發展歷程
中的社會影響。

專業諮商師

作為一位剛開始進入諮商師準備方案中的學生，你可能已對
進入諮商專業有了充分的心理準備。一項專業的會員資格，明令
規定會員必須具備該專業的特徵，並擔負該專業的期待。「專業
諮商師」(*professional counselor*)一詞，在使肩負「諮商師」名銜
的專業人員，可與其他職業區隔開來（如貸款諮商師、銷售諮商
師、投資諮商師等）。專業人員是該專業的全職且主動的代表，接

受該專業的職責。對於專業諮商師而言,這些職責包括:

1. 專業諮商師必須具備充分的訓練和資格,以符合他所決定要服務的族群的需求。因此,提供諮商師專業訓練的適當學歷(至少是碩士)方案,要包括對於引導專業實務之系統理論的瞭解。

2. 專業諮商師必須要專業地和個人地投入於經常性的更新與提升其技能和知識,以反映該專業領域最新近的和持續的進展。

3. 專業諮商師需透過研究的實施和參與,對該專業的進展有所覺察和貢獻,以促進專業知能的發展。此外,他也必須藉由專業書寫並在專業會議中發表,向專業人員傳播其研究成果。

4. 專業諮商師是各層級(全國性、地區性、當地)適當專業組織的主動參與成員。

5. 專業諮商師明白且嚴格遵守與專業和諮商實務有關的所有法律和倫理守則。應該注意的是,在美國大多數州,使用「諮商師」名銜是受到法律所規範的。

諮商作為一項學門

當檢視諮商作為一項助人專業之根基和其發展時,也同時要注意到諮商作為一項學門(*counseling as a discipline*)的基礎。此一基礎大部分來自於心理學領域,包括諮商理論和歷程,標準化評量、個別和團體諮商技術,以及生涯發展和決定理論。

在心理學領域中的專門學科,也對諮商師所需具備的知識基礎有進一步的貢獻,包括**教育心理學**(*education psychology*),和其對學習理論與人類成長和發展的研究,及其對教育場域的啟示

和應用。**社會心理學**(*social psychology*)有助於我們瞭解到社會情境對個人的影響，包括環境對行為的影響。**生態心理學**(*ecological psychology*)與環境的研究有關，使我們瞭解到個人如何之決環境並受到環境所塑造，進而影響其環境。**發展心理學**(*developmental psychology*)則幫助我們瞭解個人在其人生全程中為何和如何成長和改變。

雖然諮商與心理學領域具有最強而有力的學術連結，我們也必須體認到其他學門對諮商專業的貢獻。例如，社會學(*sociology*)有助於我們瞭解人類群體，及其對人類行為的影響；人類學(*anthropology*)可諮商師瞭解到人們的文化，進而為其成員的行為和觀點提供指導原則（第九章討論到社會學和人類學對人類評量的貢獻）。生理學(*biology*)有助於我們瞭解人類有機體，及其獨特性。健康專業(*health professions*)則促使我們明白身心健康和預防的重要性。

傳統活動

第一章對諮商運動之歷史回顧，提到許多學科對諮商的貢獻和影響，使諮商領域所強調的重點能持續地擴充和延伸，如職業或生涯輔導、心理健康、標準化測驗、教學即輔導、團體活動，以及資賦優異學生的界定和安置。其他運動包括社區心理健康運動，諮商心理學運動，為復健、藥物濫用、矯正、婚姻與家庭和老年人諮商所發展的特殊諮商方案；環境對個人成長和發展的強調，重視預防性介入(*preventive intervention*)等。然而，即使諮商成為一門專業的時間並不長，一些傳統活動、基本原則、和方案組織的組型均已有跡可尋。對於這些活動的瞭解，有助於我們明白一些問題：為什麼諮商師會以這樣的方式來進行其工作？

因為許多早期的諮商師訓練方案，強調學校諮商師的準備，

許多深具影響力的文章都有類似的導向。這些作者依據諮商師所提供的服務，來討論其功能。例如，將近四十年前，*Froehlich*(1958)討論到在學校中為學童提供的諮商和輔導服務，涵蓋以團體和個別形式提供給學童的基本服務、對教學人員的服務、對行政人員的服務，以及研究服務。由於1958年美國通過國防教育法，1960年代成為諮商方案迅速發展的時期，特別是在學校中。這個時期所出版的文章，像*Hatch and Costar*(1961)也提到：

較為令人期待的是，將輔導方案視為提供服務的方案-可以被界定、辨認、實施、和評量的方案。或者，將輔導方案界定為特別設計以促進個人適應的服務方案。(*p.14*)

這些作者也提出了下列各項建議：

· 為所有人提供輔導服務。

· 為所有學校層級提供輔導服務。

· 輔導服務本質上是預防性的。

· 教師應在輔導方案中扮演重要角色。

· 輔導服務方案需要訓練有素的人員。

· 輔導服務方案有賴協調整合。

· 輔導服務應用且改善現有的實務工作。

· 輔導服務並非一附加的活動。

· 輔導服務是一組促進性的服務。

· 輔導人員應具備相關的訓練背景。

*Hatch and Costar*的結論是：一個學校諮商方案應包含下列五項服務內涵：

·學童測驗服務（*pupil inventory service*）

·資訊服務（*information service*）

·諮商服務（*counseling service*）

·安置服務（*placement service*）

·追蹤及評鑑服務（*follow-up and evaluation service*）

　　這個時期的其他參考文獻，包括*Zeran and Riccio*（*1962*），將基本的諮商服務界定為個人分析、諮商、安置、和追蹤及資訊服務。*Gibson & Higgins*（*1966*）提到雖然學者使用了不同的語言標籤，基本諮商服務經常包括學童分析、個別諮商、資訊活動、團體輔導、安置和追蹤，以及評鑑和研究等。

　　稍後，在*1980*年代，*Sheryzer and Stone*（*1981*）則列舉出學校中所實施的輔導方案，包括下列各項：(1)衡鑑元素，(2)資訊元素，(3)諮商元素，(4)諮詢元素，(5)計畫、安置、和追蹤元素，以及(6)評鑑元素。*Blocher and Biggs*（*1983*）在其有關社區諮商的討論中提到，提供個別和小團體諮商的諮商心理師多聚焦於數項重要的關注議題，包括教育和生涯規劃、個人問題解決和做決定、家庭難題，及其他與個人成長、預防、諮詢等有關的活動，偶而也會扮演心理教育人員的角色。他們認為，諮商心理師必須發展評量策略，並精熟個人與環境互動的知識。同時，諮商師也必須瞭解在個人和社會組織團體中的人類發展歷程。

　　對於諮商師和諮商方案所應提供的基本服務內容，諮商及相關教育方案認證局（*Council for Accreditation of Counseling and Related Educational Programs, CACREP*）規定所有諮商師都必須要研習八大核心課程領域：人類成長和發展（*human growth and development*）、社會文化基礎（*social-cultural foundation*）、助人關係（*helping relations*）、團體工作（*group work*）、生涯和生活型態發

展(*career and lifestyle development*)、衡鑑(*appraisal*)、研究和方
案評鑑(*research and program evaluation*)，以及專業導向
(*professional orientation*)等。

　　簡言之，過去數年來許多學者均指出諮商師在各類諮商場域
中所從事的傳統或基本活動內容，雖然強調的重點可能有所不
同。這些核心而重要的活動，　包括個別評量、環境評量、個別諮
商、團體諮商和輔導、生涯協助(*career assistance*)，以及安置和
追蹤等。就現階段而言，這些傳統活動已擴展到包括轉介、諮
詢、研究、評鑑、和績效責任，以及預防等。預防性介入更是持
續受到關注。本章將簡述這些活動，並在後續章節中詳細說明討
論之。

個別評量

　　個別評量(*individual assessment*)旨在有系統地辨識每一位案
主的個性和潛能。通常被視為專業諮商師的首要技能，因為它提
供一些資料庫，使諮商師能更為瞭解諮商情境中的受輔者，使團
體諮商活動的規劃能有效地反映出案主的興趣和需求，提出促進
個人生涯和潛能發展的方案，以及建構有系統的安置和追蹤方案
等。通常，量表、評量或衡鑑等活動，都能促進案主的自我瞭
解，也有助於諮商師或其他助人專業者能更加瞭解案主。

　　評量活動多利用標準化測驗的結果作為個人分析的客觀資
料。其他常用的技術包括觀察和觀察報告，以及如自傳等自陳報
告技術、和價值澄清技術等。而其他助人專業者也同時具備診斷
的技術和責任。例如，學校諮商師常須向學校心理學家和心理計
量學者諮詢有關心理評量的作法，向學校社工師諮詢有關環境及
個案分析的作法。第八章和第九章將深入探討這些評量人類資源
的技術。

個別諮商

從諮商運動伊始，個別諮商(*individual counseling*)就一直被認定為諮商專業的核心活動項目之一。透過一對一的助人關係，關注個人成長和適應、問題解決和做決定的需求等。個別諮商是一項以案主為中心的歷程，諮商師藉由真誠一致(*genuineness or congruence*)、尊重(*respect*)和同理的瞭解(*empathic understanding*)案主內在參考架構等態度，與案主之間建立起一種心理接觸的狀態或關係，相當重視保密(*confidentiality*)的要求。

雖然每位諮商師都會逐漸發展出自己的個人理論，以引導其諮商實務的實施，現有的諮商理論則提供了學習諮商專業的重要基礎。有效的諮商有賴諮商師具備了高水準的專業訓練和技巧，同時也需具備瞭解、溫暖、人性化和對人抱持正向的態度等個人特質。第五章將對個別諮商做更深入的探討。

團體諮商和輔導

團體因能對人們廣泛的需求提供有組織和有計畫的協助，而愈來愈受歡迎。諮商師係透過團體諮商(*group counseling*)或團體輔導(*group guidance*)來提供此類服務。從諮商運動開展伊始，學校中的學生就以班級團體的方式來接受團體輔導，教師在課程教學或團體聚會時傳達職業相關的資訊。然而，當*H. C. McKown*於1934年出版《家庭輔導》(*Home Room Guidance*)一書之後，學校中的課外活動就愈來愈受到重視，亦被視為團體輔導活動之一類。

雖然許多不同的活動都被標定為「團體輔導」，但對於團體輔導的一致性定義，則是將團體輔導視為經過特別設計以提供促進個人之生涯或教育發展、個人成長和社會適應所需的資訊或經

驗。高中學生最熟悉的團體輔導活動，大約是「生涯日」（*career days*）、「大學日」（*college days*）和「新生始業式」（*orientation days*）等。

最近數十年來，團體諮商則被視為是不同於團體輔導的活動。由於團體輔導聚焦於提供資訊和發展性的經驗，團體諮商透過非常類似於個別諮商的歷程，更關注於個人之問題解決和適應的需求。*Gazda*（*1984*）曾將學校場域中的團體輔導和團體諮商活動做出明確的區分：

團體輔導

團體輔導旨在預防難題的發展，主要內涵包括一般學科課程中未曾有系統教導學生的教育-職業-個人-社會資訊。而其典型的活動場域是在班級教室中，典型的班級人數約在20-35人之間。團體輔導重視的是提供正確的資訊，以促進對於自我和他人的瞭解，而態度的改變通常只是間接的結果或目標。實施團體輔導的主要角色是班級教師或諮商師，應用多樣化的教學媒材或團體動力概念，以激勵學生且促進團體互動。常用的教學媒材包括：未完成故事、玩偶戲、電影、影片、動畫、演講、訪談錄音帶、學生心得報告等。團體動力概念則指團體輔導中運用了諸如社會劇、討論、辯論、和其他相關技術等。（p.6）

團體諮商

不同於團體輔導旨在提供正確的資訊，以協助學生擬定適切計畫和生活決定之預防導向（*preventive oriented*）；團體諮商則同時兼具促進成長（*growth engendering*）、預防（*prevention*）和補救導向（*remediation oriented*）。團體諮商的預防導向在於案主仍具有良好的社會能力，但在其生活中遭遇了一些困難點。如果諮商是成功的，這些困難點即會迎刃而解，不至於造成人格損傷。

團體諮商能促進成長，在於提供參與者改變的誘因和動機，使參與者能採取行動來擴展其潛能，以達成自我實現。

團體諮商的補救導向在於有些參與者陷入自我挫敗的惡性循環中，透過諮商介入的協助，可以扭轉此一循環，使案主從情緒的創傷中更快速有效地復原起來。

雖然團體諮商的內涵非常近似於團體輔導—均包括教育、職業、個人和社會關注—許多其他的因素是相當不同的。首先，團體輔導最好能以定期方式提供予所有的學生；而團體諮商則特別適用於遭遇持續性和暫時性難題的學生，只有提供資訊並無法解決其所遭遇的難題。

團體輔導係透過正確的資訊或強調認知功能，間接地達到改變態度和行為的目的；而團體諮商則直接以改變態度和行為為主。團體輔導適用於班級團體；而團體諮商甚為重視團體凝聚力的發展和分享個人所關注的議題，因此較適用於小型的、親密性的團體。（pp.7-8）

我們的結論是，團體輔導活動在學校中俯拾即是；而團體諮商則在機構場域中較受歡迎；團體治療（*group psychotherapy*）則最常出現在臨床或醫療機構中。團體諮商和諮商師的其他團體任務，將在第七章中詳細說明之。

生涯協助

無論是學校輔導運動或諮商心理運動的最初期，職業的議題均發揮了強大的影響力。傳統上而言，此一活動常被視為應用標準化測驗進行生涯評量和生涯規劃，因此累積了相當大量的媒材，可被廣泛應用於團體活動或個別諮詢和諮商中。

在學校場域中，多年來此一活動都被稱為「資訊服務」

(*information service*)，以提供職業和教育資訊爲主。在1970年代，資訊服務的概念則被擴展和更新爲「生涯輔導」(*career guidance*)，與快速發展的「生涯教育運動」(*career education movement*)同時並進，反映出學校諮商方案的重要任務之一，是促進學生的生涯發展。此一發展性的取向，旨在爲每一個成長階段的學生，建立有助於其後續生涯規劃和決定的良好基礎。

爲案主提供生涯協助，在諮商專業中具有相當的獨特性。工作世界的劇烈變化，大幅度地改變了職場的結構和影響了數以萬計工作者的生涯組型。因此，諮商專業人員也必須隨之更新此一傳統服務領域，以爲所有年齡階層的人提供生涯輔導和諮商，而非僅是人生全程中的某一階段而已。

在學校場域和非學校場域中執業的諮商師，常被要求爲案主提供生涯規劃和適應性協助。在社區生涯中心和特殊族群生涯中心等某些機構中，諮商的重點幾乎都在回應他們的生涯需求。而在政府就業輔導中心服務的諮商師，更有責任要爲案主提供生涯諮商和輔導。即使服務於社區諮商中心、中等學校、和高等教育機構的諮商師，也被期許要爲他們所服務的對象提供適切的生涯協助。

安置和追蹤

傳統上，安置(*placement*)和追蹤(*follow-up*)服務就是學校諮商方案的服務項目之一，強調在課程和方案中的教育安置。實務上，許多學校諮商師有責任爲學生安排課程表，這是個相當耗費時間且行政功能多於諮商功能的任務，經常引起爭議。另一項教育安置服務，則是與大學入學許可申請有關的活動。

安置服務的其他重要內涵–就業安置–則在學校中較不受重視。然而，由於1990年代青年失業問題嚴重，始喚起學校對於此

一議題的關注。在學校諮商方案中實施工作安置，在致力於協助尋求兼職或固定工作的學生，都能找到適當的工作。通常也是一種轉介的形式，將尋求工作者轉介到特定的工作場域中。

追蹤活動則用於評量安置活動的效能。由於學校愈來愈重視生涯教育和生涯規劃，安置和追蹤活動也愈形重要。當然，就業諮商師和復健諮商師對於受輔者的轉介、安置和追蹤會相當主動積極；而受雇於工商業界的諮商師，更需提供這類服務。幾乎所有場域的諮商師均應運用追蹤程序，來評量其諮商方案的成果。在第十章中我們將會做詳細的探討。

轉介

轉介(*referral*)是協助學生找到他需要但諮商師無法提供的專業協助。這些專業協助諸如提供案主較高水準的訓練，或回應案主特殊需求的專業知能。所有場域的諮商師都會發現，為轉介案主之目的而建立合格助人專業者網絡，是相當重要的。當然，諮商師本身因有其不同工作場域和服務對象，也是轉介的接收者之一。

諮詢

諮詢(*consultation*)是透過第三者來協助案主的歷程，或協助一個組織體系來改善其對案主所提供的服務。前者常被稱為「三角諮詢」(*triadic consultation*)，如與遭遇困擾兒童之父母或老師一起工作。後者則可稱為「歷程諮詢」(*process consultation*)，基本上是關注機構如何能落實其行動宗旨的歷程。因此，諮詢也是一種外展的形式，諮商師作為團隊的一份子，來協助個人或組織為案主提供適切的服務。

在社區和其他機構中，諮詢常被視為預防嚴重心理疾病的方

法之一,而愈來愈受重視。事實上,「社區心理健康中心法案」即要求中心必須提供諮詢,是五項基本服務要項之一。在學校場域中,特別是小學,諮商師常被期待要為家長和老師提供諮詢服務。在第十一章中將有深入探討。

研究

研究(*research*)對於諮商專業的精進,是相當必要的,能提供重要的實徵研究證據,以支持實施有效諮商的目標。透過研究所產出的知識,能提供有力的資料,來增強或導引諮商師的專業判斷,解答諮商專業所關注的議題。研究結果和研究歷程,對於方案管理者和諮商師而言,均甚為重要。

無論諮商師本身是否即是主動積極的研究者,諮商專業不能忽略此一專業領域的重要研究。不同的案主群體、案主所帶來的各式各樣複雜的難題,再加上諮商師的多樣化背景和所採用的處遇方法,在在提供諮商師–研究者探討獨特且重要研究的機會。而美國於1975年所通過的「社區心理健康中心修正案」,亦強調各地區發展本土化的研究。

最近數年來,諮商學界對於結果研究(*outcome research*)–用以評量不同諮商實務和活動之結果的研究–的興趣漸增。美國諮商學會基金會持續投入經費支持諮商結果的研究。美國諮商學會和美國心理學會所出版的專業期刊,均定期報告諮商研究的重要發現。本書在每一章末尾均提供諮商研究的重點摘述,並在第十四章中專章討論之。

評鑑和績效責任

雖然評鑑和績效責任並非同義詞,但二者息息相關,無論是

諮商師或諮商方案均被期許要完成此二項任務。評鑑(*evaluation*)係用於評量諮商師活動的歷程和效能，有助於改善諮商專業和方案工作的品質。

績效責任(*accountability*)一詞，則用於要求學校或其他政府機構，必須對其所實施的行動負起績效責任。也就是說，納稅人要求學校或政府單位必須提供其完成預期工作的充分證據。

績效責任建立了評鑑方案或機構之效能和效率的基礎，因此，評鑑亦被視爲績效責任的重要一環。我們也會在第十四章中深入探討績效責任和評鑑。

預防

過去這二十年來有許多重要的研究報告指出，社會心理取向(*social-psychological perspective*)的初級預防策略，可有效促進心理健康。而在兒童遭遇壓力和不利情境時，許多防護因素的運作則可用於培育出較不易受到傷害或具有較大抗壓性的兒童(*Garmezy, 1978; Rutter, 1980*)。

這些研究均證實，最有效且不同於傳統補救性心理健康實務的措施，即是初級預防，在違常行爲萌發的初期即力求避免其發生。由於學校和家庭是影響人類早期行爲發展最鉅的社會機制，因此，以初級預防爲目標的心理健康方案之發展，即將學校視爲重要的初級預防機制。

在學校中設計能促進正向心理健康及高層認知發展的方案，對整個社會均具有潛在的助益。對青少年而言，學校不僅是促進智能發展的重要資源，更重要的是形塑了整個社會群體。因此，學校藉由有效的初級預防策略，對於增進正向的心理健康，扮演了相當重要的角色。

　　社區和其他心理健康中心也開始積極地為家庭、及其他易於遭受壓力的群體，如離婚者、喪偶者等提供服務，以抒解可預期的壓力。未來，工作於各個專業領域的諮商師，愈來愈有必要為他們所服務的案主，發展和實施預防性策略。第十二章將進一步探討預防和全人健康。

　　與預防關係密切的概念是「全人健康」(*wellness*)，強調個人心理和身體層面的健康。雖然專業諮商師對於案主的協助較多聚焦於心理上的健康，但心理和身體健康二者間的密切關連實不容小覷。因此，諮商師最好與健康照顧專業人員建立合作關係，從身體、心靈、情緒等整體全面性地關照全人的健康。

基本原則

　　原則(*principles*)為方案的組織和活動的發展提供了哲學架構，是從專業人員的經驗和價值體系中所提煉的指導原則，反映了此一專業中大多數成員的觀點。因此，原則揭櫫了某一專業領域中，有關其專業角色、功能和活動的基本假定或信念體系。

對學校而言

　　以下所羅列的原則，說明了學校諮商方案如何做出更有效的貢獻：

　　1.學校諮商和輔導方案，係設計來服務所有青少年之發展性和適應性需求。

　　2.學校諮商方案應關照學生的整體發展。由於個人發展是一連續不斷的歷程，學校諮商方案本身也必須是發展性的。

3. 在正規教育體系中，學生輔導應被視為一持續發展的歷程。

4. 訓練有素的專業諮商人員，對於確保專業的能力、領導和方向均甚為重要。

5. 某些基本活動，對於諮商方案的效能甚是重要，因此必須妥善規劃。

6. 學校諮商方案必須反映出所服務對象及其服務場域的獨特性，因此，就像是個人的個別差異一般，每一個學校輔導方案均有所區別。

7. 學校諮商方案應定期且有系統的評估學生的需求，以及方案實施環境場域的特性。

8. 學校中有效的教學方案，有賴對於學生提供有效的輔導和諮商方案。良好的教育和良好的輔導是息息相關的，二者相輔相成，以學生最大的利益為考量。

9. 教師對於學校諮商方案的瞭解和支持，是方案得以成功的關鍵。

10. 學校諮商方案應重視績效責任，並提供成功的客觀證據和價值。

11. 學校諮商師是團隊成員之一，與心理師、社會工作師、教師、行政人員、和其他教育專業人員，共同關注青少年的需求。

12. 學校諮商方案必須體認到個人做決定與規劃的權利和能力。

13. 學校諮商方案必須尊重每位個體的價值和尊嚴。

14. 學校諮商方案必須體認到個人的獨特性和個人擁有該獨特性的權利。

15. 學校諮商師應該扮演正向人群關係的角色楷模－公正平等地對待每一個人。

對社區機構而言

在社區或其他機構場域中所實施的諮商方案，反映出此一專業傳遞服務的多樣化取向。諮商服務的發展和實施係奠基於特定的假定和基本原則之上。*Bloom(1984)* 對於服務於社區心理健康機構的專業人員，提出七項指導原則：

原則一：無論是誰雇用了你，都要記得你是為社區服務的。

原則二：如果你想要知道社區的心理健康需求為何，就去詢問社區居民。

原則三：當你學到了社區心理健康相關需求時，你有責任告訴社區居民你學到了什麼。

原則四：協助社區建立其自身的優先排序。

原則五：你能夠協助社區的是，讓他們努力去解決自己的問題，在數項不同的行動方案中做出自己的決定。

原則六：如果你所要協助的社區分崩離析，一時找不到社區各層面的代表人物，你有責任協助社區將這些代表人物找出來。

原則七：你應該致力於為社區中的權力均衡分配而奮鬥。

諮商專業的未來導向

當我們進入一個嶄新的世紀，我們要銘記在心的是未來的改變是無可避免的。諮商專業本身的進步取決於新知識的產生，以及新知識所激發的改變。這些改變對於諮商專業的影響已近在眼前。現在就讓我們一起來看看諮商專業的未來導向：

1. 準備成為諮商師的標準日益增加。20世紀末期，作為諮商師先備課程的碩士學程已從32-36學分擴展為45-48學分，而進

入21世紀之後很可能會增加到65學分。這是由於新知識的增加和諮商師任務的加重,使得課程要求愈來愈多。而且,如同其他專業,諮商師也必須重視終身學習,持續更新其技能和知識,以提供最佳的服務。

2. 愈來愈重視特殊領域。一旦此一專業的發展爭取到大眾的信賴之後,特殊領域就會愈加分化。例如,醫療和法律專業已有愈來愈多特殊領域,諮商亦然。諸如婚姻與家庭諮商(*family and family counseling*)、多元文化諮商(*multicultural counseling*)、危機諮商(*crisis counseling*)、藥物濫用諮商(*substance abuse counseling*)、生涯諮商(*career counseling*)、小學諮商(*elementary school counseling*)、中學諮商(*secondary school counseling*)、社區諮商(*community counseling*)、老人諮商(*gerontological counseling*)、復健諮商(*rehabilitation counseling*)、心理健康諮商(*mental health counseling*)等。當我們放眼未來,這些特殊領域將會愈來愈受重視,也將會有更多特殊領域會浮上檯面。

3. 科技運用愈為廣泛。21世紀的科技爆炸無疑衝擊了所有助人專業,包括諮商。電腦、自動化測驗方案、電子郵件、遠距學習等都對諮商工作場域產生重大而深遠的影響。而這些可能只是冰山一角,未來可預見的是,案主將在家中透過網路視訊即可接受面對面的諮商,也能在自己家中搜尋生涯機會且評量其生涯能力。不過,許多諮商專業人員仍會質疑科技的運用阻礙了諮商師和案主之間的人際互動,而透過網路溝通的方式也很難確保隱私權。

4. 愈來愈重視實徵研究結果。長期以來,諮商老是被批評缺乏實徵性研究證據來支持諮商的效能。最近數年來,此一專業則致力於運用實徵性研究結果來說服大眾支持諮商師的活動和諮商效能。此一趨勢隨著大眾愈來愈關注預防性方案的效能和全人健康,將愈為明顯。

5. 更新諮商專業的傳統理論。最近數年來，由於社會和工作世界的快速變遷，諮商和生涯發展的傳統理論受到嚴格的檢視和挑戰，質疑這些理論所奠基的資料已經不再適用。許多學者積極投入於研究和更新此一專業的理論，因此預期會有愈來愈多的嶄新理論將被開創出來。

6. 擴展生涯諮商的範疇。工作世界在上一世紀已產生了劇烈變革，有些傳統職業消失無蹤，更多全新的職業一一浮現。全球化經濟的競爭、景氣浮動和人力的縮減，在在影響個人終身生涯徑路發展的穩定性。隨著退休門檻的瓦解，人生全程生涯諮商的概念亦受到考驗。而政府立法要求學校提供學生「從學校到工作轉銜」的規劃活動，也使得青少年對於生涯和進入工作世界的規劃發生改變。於是，此一專業將更為重視生涯諮商特殊領域的專業訓練，也使得生涯諮商專業必須為廣泛的大眾提供更為多樣化的服務。

7. 大眾傳播和政治活動愈受重視。諮商專業的許多領導者已呼籲諮商師要在政治上更為主動積極，向大眾傳播諮商師所從事的工作、所完成的任務等。如果我們要在大眾服務領域中與其他專業競爭，讓大眾知道我們在做些什麼、我們的專業技能和貢獻為何，將是相當重要的。

8. 愈來愈強調方案的切合性。過去二十年來風起雲湧的績效責任運動，已使我們認知到為了有效地服務我們的受輔者，我們必須切合案主者的需求。也就是說，方案的設計必須以滿足案主真正的需求為考量，而不是理論或假設性需求。在發展方案之前先進行客觀的需求評量，有助於諮商方案的切合性和績效。

9. 愈來愈重視多元文化的敏覺力和活動。雖然諮商師喬為人群關係的專家，但卻仍無法將我們對於個別諮商和小團體關係的技能，轉換到較廣大的社區或國家關係的議題之上。當然，最近數年來，諮商學者對於種族關係上的努力已有所進

展，但整體的人群關係仍有相當大的進步空間。從微妙的種族偏見，到極端的暴力，仍經常威脅著國家的穩定性和全民的福祉。作為促進正向人群關係的專業人員，我們確實應該要向前邁進一步，擔負起領導角色，協助因應當前人類的種種危機。

摘要

本章中所提出的許多基本原則和傳統活動，對於整個諮商專業的發展，具有其歷史性。雖然在不同的工作場域中，個別評量、面對面諮商、團體活動、生涯資訊、安置和追蹤等活動會以不同的形式加以組織，但均具有相當的重要性。此外，最近數年來，我們也將諮詢視為專業服務的一環，而對於預防的重視，意味著在未來，諮詢將是諮商師所從事的重要任務之一。

切合性是諮商方案活動和服務能否成功的關鍵之一。例如，當我們第一次進入這項專業時，我們所具備的諮商技能和理解仍是有限的，並不盡然切合今日青少年的需求，因此我們需隨時更新諮商的知能，真正瞭解當代的青少年及其所生活的世界。

我們將結束這一章對於諮商師活動的廣泛介紹，進入更特定地檢視諮商師如何在學校場域中發揮其功能（第三章），以及在社區場域中的諮商活動（第四章）。

問題討論

1. 當你聽到「專業」一詞時，它意味著什麼？「專業」對你而言，有何意義？

2. 請討論助人專業（醫療、法律、牙醫、教育、心理和社會工作）的特性。以及這些特性如何助益和/或阻礙其專業表現？

3. 當前的社會需求對於教育和社會服務的新方向有何啓示？說明並討論之。

4. 列舉五項對於人類潛能發展具有正向影響的環境變項，以及五項對於人類潛能發展造成阻礙的環境變項。並進一步檢視現今社會的環境變項如何影響人類潛能發展？

5. 一項專業對於大眾應該承擔哪些特定的責任？說明並討論之。

6. 對於當前社會需求而言，傳統的諮商師角色和功能可能會產生哪些改變？

課堂活動

1. 將班級學生分成數個小組，分別訪談醫療、法律、護理和教學等專業人士。訪談者必須尋求有關(1)訓練、(2)專業法規，及(3)專業傳統等相關資訊。並將小組發現對全班進行口頭報告。

2. 請小組成員訪談在不同場域工作的諮商師，瞭解專業諮商師所從事的主要活動內容。將小組發現對全班進行口頭報告。

3. 請小組成員討論其過去在小學、中學、高中時期接觸諮商方案的經驗。奠基於小組成員的經驗，請每一小組列舉如何改善學校諮商方案的建議。

可進一步閱讀的文獻

Etringer, B. D., Hillerbrand, e., & Claiborn, C. D. (1995). The transition from novice to expert counselor. *Counselor Education & Supervision, 35*(1), 4-17.

Herr, E. L. (1982). Why counseling? {Monograph}. Washington, DC: American Personnel and Guidance Association.

Hollis, J. W. (1997). *Counselor preparation, 1996-1998: Programs, faculty, trends* (9th ed.). Washington, DC: Accelerated Development/NBCC (National Board for Certified Counselors).

Hutson, P.W. (1962). On professionalism. *Personnel and Guidance Journal*, 41(1), 63-64.

McCully, C.H. (1962). The school counselor: Strategy for professionalization. *Personnel and Guidance Journal, 40*(8), 681-689.

Meier, S. T., & Davis, S. R. (1997). *The elements of counseling* (3rd ed.). Pacific Grove, CA: Brooks/Cole.

Miller, G. M. (1988). Counselor functions in excellent schools: Elementary through secondary. *The School Counselor, 36*(2), 88-93.

Pedersen, P., & Leong, F. (1997). Counseling in an international context. *Counseling Psychologist, 25*, 117-121.

Tiedeman, D. V. (1980). Status and prospect in counseling psychology: 1962. In J. M. Whiteley (Ed.), *The history of counseling psychology* (pp. 125-132). Monterey, CA: Brooks/Cole.

Whiteley, J. M. (1980). Counseling psychology in the year 2000 A.D. *Counseling Psychologist, 8* (4), 2-62.

第三章

學校諮商師的角色與功能

許維素

諮商師的訓練課程
學校諮商師的資格檢定
在學校環境中諮商師的角色和功能
學校諮商方案中的教師和行政人員角色
諮商師與其他助人專業的關係
教育情境中的諮商方案組織模式
學校諮商方案未來的方向
學校的生態

　　各種工作環境中的諮商師都必須了解學校諮商師和學校諮商所能提供的服務，因此，本章的目的在於引導儲訓的諮商師熟悉學校輔導中受到關注的焦點。包括：

1.諮商師的訓練。

2.諮商師的資格檢定。

3.諮商師的角色與功能，以及在不同教育環境中所需的專業知識。

諮商師的訓練過程

　　如同前文所提，學校的諮商和輔導方案是二十世紀中一項重大的教育進展，而且，在近幾年，對美國與加拿大的教育系統來說，已然成為一項獨特之處。諮商師訓練課程亦然。國防教育法案(*1958-1960*)剛開始的這幾年，諮商師的訓練方案的數目及規模都有急速的成長。一項已被證實的消息指出，在1964年，共有327個高等教育學術機構，支持了706位從業諮商師的儲備課程；而*Hollis*和*Wants*(*1994*)的報告則指稱，在1992年之前，諮商員儲備課程的數目已經增至798個。再者，如果你參加1964年的諮商師培訓課程，你很可能會發現參與訓練的教員裡大約只有兩位是全職的；但是到了1990年才加入受訓的話，你可以期待，平均來說，大概有八位的全職教員。

　　由於你們當中可能有許多人已經登記參加諮商師教育的課程，所以本章開頭的討論僅提醒各位，需要與你的指導教授討論即將開始的課程作業與其他課程不同之處。不論如何，我們非常確信你將會了解所接受的訓練課程與諮商師工作上的角色與功能之間的重要關係，尤其一旦你投入諮商師的工作時。再者，如同*Thomas*(*1973*)在《未來學校》(*The schools next time*)期刊中所

言：

　　大學對於較低學府（小學及中學）的控制乃十分明顯，因為你會發現幾乎所有的合格人員皆是在大學中受訓過的－若沒受此訓練就無法取得執照。所有老師、諮商師和管理人都被要求適應學術界的文化偏見(*p.216*)。

　　哪一種人能在哪個層次上發揮功用？其又受過何種訓練或擁有何種專業知識？表格3－1即顯示出有著合適經驗或訓練的人、有著溝通技巧的人，以及能在給予建議的層次上發揮作用的人所受的訓練與責任。舉例來說，在學校的情境裡，所有老師和大多數的職員皆能勝任在許多情況下的指導工作，而且，也應該在學校的學生輔導計劃中扮演一個重要角色。而第二層級的人，則至少需要碩士學歷的特殊訓練，包括成為一位學校諮商師特定的專業知識。這樣的專業知識能夠將諮商師與學校其他的專業人員區分開來，並且建立其獨特的資格來與學生互動，或者能考量學生權益，提供滿足學生一般發展、適應、計劃和做決定的需求。第三層級代表著有效專業訓練的最高學位，通常是獲得博士學位。實務諮商師這種專業人員，通常是作為提供轉介和諮詢的人力資源。他們的受輔者通常患有嚴重的人格疾患，需要密集和長期的諮商。除了諮商，這些受高等訓練的諮商師也可能在學術研究上或大學教職中尋找生涯發展，或是擔任督導者的職位。

表3—1　訓練與責任的各個層級

層級	訓練	責任
第一層	有適當的教育和（或）經驗的背景	建議：提供資訊
第二層	有諮商和輔導的碩士學位	發展性和正常適應問題的諮商
第三層	擁有諮商和輔導、臨床心理健康或諮商心理學的博士學位，或是擁有精神病學專長的醫學博士學位	嚴重的人格疾患

　　訓練層級與諮商師的角色和功能之間的關係，還有另一種觀點；在表3-2以他們初期的就業狀況表示之，其顯示出碩士學位方案的畢業生在學校諮商方面的初期之安置情況。在第四章的表4-1則將描述主修社區和其他心理健康的畢業生之初期就業情形。

　　在檢視現有有效訓練方案的內容時，我們不能不注意到橫跨美國和加拿大所有碩士課程內容中的一致性。無疑地，在美國，這種一致性的出現，可能因為對學校諮商師是採州立資格檢定模式所致；而此也反映出對訓練的一種預期心理，即使會有些微偏差，所期望的訓練是能表現出第二章所提到的傳統基本服務。

表3-2　學校諮商初級碩士課程之畢業生，畢業後第一年安置情形

安置情境	1993		1996	
	報告安置方案數目	全部畢業生所佔百分比	報告安置方案數目	全部畢業生所佔百分比
高等研究所方案	152	7	116	5
管理性照顧	0	0	1	0
私人執業（機構）	0	0	17	0
公立機構	0	0	17	1
小學	225	29	229	30
國中	211	23	220	21
高中	207	34	238	37
高等教育學生事務	0	0	29	2
其他情境	74	7	50	5
總計百分比	0	100		101
提供資料方案數目	235		248	

資料來源：*Counselor preparation, 1996-98: Program, Faculty, Trends*, p.121, by J. W. Hollis, 1997, Muncie, IN: Accelerated Development, Inc, and National Board for Certified Counselors.

　　許多諮商師訓練機構也提供了專家或六年制的學位證明。在

很多州裡，這個學位能使有合適經驗的人有資格通過輔導活動的指導者或督導者，或者取得學生人事服務指導者的證書。由於當今潮流傾向於兩年取得碩士學位，因此可能會造成機構中的專家學位被淘汰化。

　　美國和加拿大約有175家諮商師訓練機構，提供能夠取得博士學位的方案。根據課程的性質，這些課程都是在儲備他們的博士候選人，以能在未來順利獲取心理衛生診所、醫院、危機與治療機構的職位；或者成為大學諮商師教育或諮商心理學學系的一員；或者進入學院和大學諮商中心與復健諮商單位、高等教育的學生人事工作，以及在其他機構或學會的情境中工作；當然其中的一些人可能選擇去做私人執業的工作。這些課程的重心和準備模式的變異性，是比碩士層級的課程更具一致性。此外，在許多機構裡，因提供專門化的訓練(例如諮商師教育、復健諮商、諮商心理學、婚姻與家庭等)，而有了一些諮商師教育或是相關課程的存在。

學校諮商師的資格檢定

　　在今日，諮商師這個頭銜似乎在許多不同情境中都有越來越高的出現頻率：房屋仲介諮商師、財經諮商師、造景諮商師、二手車諮商師和營養諮商師等。也有些諮商師因為有資格檢定和合法執照的基礎，而與前述人員有所區隔，這些諮商師包括了法律諮商師、投資諮商師、心理諮商師和學校輔導諮商師等。執照和資格檢定之間的差異將在第四章討論。執照或資格檢定表示持有者已經成功地完成相關學習課程與獲取相關專業經驗，並且通過具有代表性的職業組織及特定發照部門或機關所要求的標準了。已故的*C. Harold McCully*在他的經典論述《學校諮商師：專業化的策略》(*1962*)如此建議：

所謂的專業就是一種藉由制定與實行篩選、訓練、執照或資格檢定標準，以確保其團體成員具有進入執業的最低職業能力(*p.682*)。

資格檢定是一種證明個人從事某項專業實務能力的過程，通常是指在特定情境中執行專業工作（如學校），而使認證機構授權其某種頭銜。教育與其附屬的專業通常是透過國家教育部門來認證其資格，而且在許多情形下都是透過國家立法的條例來認證的；學校諮商師便是其中的一個例子。除了國家法律的認可外，認證通常是授與代理機構和義工組織來辦理的，學校諮商師需要依據各州認證的指導方針來取得資格。

這樣的過程，需要申請認證者出示能夠符合認證標準的證據。至少，對於那些想要通過諮商師認證的人來說，認證的過程需要有適當的、已被認可的學術課程證明；在某些州，需要有高等教育學會的區域性證明。此外，在這樣的文件中，有21州要求教學經驗，雖然其中10州認為可以用學校實習代替此一要求；有5州要求要有教育的學士學位；少數州也要求特定領域方面的課程工作，例如各州歷史、特殊教育、電腦等等；35州也要求申請認證者在寫作測驗上有不錯的成績。

由於學校諮商師通常是經由資格檢定的過程，而有關認證---獲取執照---另一個檢定的方式，在下一章討論到非教育情境的諮商師時將會論及。

不論是資格檢定或是執照，在認證過程中相當具有重要性的一項活動即是：鑑定。就這點上，簡單來說，大部分培育學校諮商師的課程都已被該地區的認證機關檢定過了。學校裡的諮商師訓練課程或大學教育可能也被全國師資教育檢證局(*NCATE*)認可過了；不論是教育性或非教育性的課程都會經由諮商和教育相關方案檢證局(*CACREP*)來取得資格檢定。培育諮商心理師的博士學位課程也會尋求美國心理學會(*APA*)的認證。另外許多州的公

共教育部門在他們的權限裡可以認可高等教育的訓練課程。

如前所提，所有州均要求即將成為學校諮商師的人一定要通過檢定。一般來說，每州的辦法都十分相似，而且其規定也具有相當程度的互惠作用，因為在某一州通過檢定的申請人也會有機會在其他州通過檢定。舉例來說，大多數的檢定課程需要諮商師完成最低的碩士學位要求。再者，大部分的認證模式要求課程作業符合基本的輔導服務，例如包括被鑑定過的課程；或者包括標準化測驗、生涯和教育資訊、生涯輔導或生涯發展、個別諮商、團體輔導和諮商，以及諮商和輔導的原則等內容；學校諮商方案的諮詢和組織方面的課程通常也是必備的條件；當然，一些在督導下的實務實習經驗是最為典型的要求。再者，有12州也都要求申請人必須在申請前具有一到三年的教學經驗，以通過學校諮商師的檢定，然而，有越來越多州最近修訂了檢定的要求，讓實習成為教學經驗以外的另一項選擇。

要確認訓練是否真正影響了實務抑或反之，可能是類似雞生蛋的問題，而本章也沒有欲爭論此一論點的意圖。我們有選擇性地先討論了訓練和檢定過程的主題，接下去的篇幅將要敘述在不同教育情境下的諮商實務。您可能會發現實務和訓練模式之間的關係已經在之前討論過了，但是請記得，這個討論只是一個簡短的概述，後面將會呈現更多的細節和特性。

優點

以下列出從檢定過程中所產生的一些優點：

1. 認證可以保護大眾不會被那些偽裝擁有專業技巧和受訓經驗的人所欺騙：

數年前，在舊雜誌《瞧》（*Look*）中的一篇標題為「當心心理密醫」的文章裡，曾舉例許多人冒充諮商師或是心理醫生的頭銜

而犧牲了大眾的權益。許多人看過《超級大騙子》(*The Great Imposter*)的書或電影,其描寫一個人能成功地假扮許多不同行業的人。雖然這樣的報導有時聽來有趣,而且通常能吸引一些愛好抨擊體制的人,但是很少人會真的想讓一個不是醫生的醫生看診,或委託一個不是律師的律師,或諮詢一個不是諮商師的諮商師。這些例子提醒我們需要設定某些程序來保護社會大眾,以防堵職業詐欺人士的有心欺騙。

2.認證過程至少規定了申請者所需擁有最基本的訓練和經驗:

認證和訓練的規定(和經驗)是密切相關的,這樣的相互關係形成了學習經驗及預期成就的共同核心;此乃與進入專業的前備標準裡之專業概念有所相關。這些標準不僅對考慮進入訓練課程的人會有幫助,避免他們誤導訓練組織;同時,他們也提供了雇主和使用此服務的廣大群眾一個再保證的證明。

3.認證檢定能夠提供一個合法的基準來保障此一專業成員:

由於檢定所設定的標準,是有益於大眾的;立法的本質傾向於提供這個專業及其從業人員一個特定合法形式的保障。舉例來說,沒有人能未得執照就合法行醫,律師們也需要有執照才能合法地擁有與委託人專屬溝通的權利。許多州對於私人執業的領域,如心理學和專業諮商,都設有法令限定。

4.認證可提供特定利益的基礎:

除了合法的利益外,對通過認證的專業從業人員來說,還可能符合某些經濟利益。醫生和律師的費用(醫療費和訴訟費)皆能取得保險給付的資格。醫生,包括精神科醫生,也都取得國家健康保險給付的資格,如醫療補助。在某些州裡,心理學家也可

像心理健康提供者一樣，取得保險給付的資格。通過認證的學校
諮商師，不擁有被允許參加特別訓練以增加實力的機會。因爲檢
定使個人能在職業機構中取得會員的資格，而使得他們得以享受
到會員身分所提供的各項優惠（例如特殊訓練、出版刊物和團體
保險等）。

學校環境中諮商師的角色和功能 概論

美國學校諮商師協會對諮商師的角色和功能的正式陳述，收
錄在附錄*A*。

學校諮商師如何分配他們的時間，是一個思考其角色與功能
的觀點。*Partin*（*1993*）所做的一份研究確認了以時間向度作爲小
學、國中和高中學校諮商師的劃分（見表3-3）。稍後本章將呈現
我們最近所進行的一項關於學校諮商師角色和功能的研究結果。

個別諮商、輔導活動、諮詢和團體諮商都是以時間投注程度
來評量的重要活動，而行政和書記的責任則隨著國小到高中逐漸
增加。事實上，*Partin*（*1993*）在其研究中提到：「對高中諮商師來
說，文書工作、行程安排和行政事務瓜分掉他們許多的時間，且
妨礙他們撥出更多時間來進行個人及團體諮商。」（*p.279*）

學校環境的多樣化當然也造成了諮商員在角色執行上的一些
差異，但是無論何種環境，有些常見的影響因素決定了諮商師的
角色和功能。第一個因素可能就是被稱爲「專業定律」
（*professional constants*）或決定因素，指出什麼對諮商師的角色來
說是合適的要素，什麼又是不合適的要素；其中包含了專業組織
的輔導原則和政策的陳述、執照或檢定的限制、認證的輔導原則
和要求，以及專業訓練課程的期望。除了這些專業定律外，個人

因素也不可避免地影響其角色和功能，這些個人因素包括：諮商師本身的興趣，像是他或她喜歡做什麼；諮商師被鼓勵去從事什麼和做什麼會得到學校、社區或同儕的回饋；諮商師擁有什麼資源去執行工作；諮商師體認到在此一特定環境中所謂適當的角色和功能之內涵；最後，一般來說，怎樣的生活是適合諮商師的。諮商師在工作上和工作以外的態度、價值觀與經驗都會影響他或她如何看待此一工作。

諮商師和其他專業的輔助人員越來越認知到：在人類服務

表3-3　諮商師知覺的時間分配表

活動	小學		中學		高中	
	M%	SD	M%	SD	M%	SD
測驗與評量	6.29	6.70	7.27	5.39	6.68	4.02
輔導活動	24.19*	21.16	13.18a	11.75	11.47a	8.23
個別諮商	27.31	18.99	28.60	13.91	30.96	16.56
團體諮商	11.21	8.19	12.44	11.94	8.77	6.26
專業發展	3.64	2.92	3.78	2.71	4.55	2.98
諮詢	12.10	6.45	13.50	8.11	11.32	6.24
資源統整	5.43	4.58	6.38	5.38	6.11	3.30
行政書記工作	7.02a	7.42	11.38	10.16a	17.27*	13.06
其他和非輔導活動	4.43	12.99	5.08	5.31	3.98	7.18

a標記表示明顯低於 * 標記

$p<.05$

資料來源："School Counselor's Time: Where Does It Go?" by L. Partin, 1993, *The School Couselor,40(4)*, 1993, p.278.

上，傳統的角色和運作系統，已經壓迫到他們直接有效處理急切需求的能力，並造成了實際上的限制。我們也留意到近來對諮商

師和諮商方案在預防性介入和發展性輔導上已產生更爲積極的需求。因此，當我們更深入來看諮商師的角色和功能時，乃一直在努力尋找一個能夠讓讀者統整思維的觀點，其不僅能提供一些這幾年來已被驗證的概念，還會同時針對諮商師能否在學校環境中生存下來的必要條件等層面，呈現當前有希望的方向。

教育環境下的諮商師如何分配時間

在1996到1997這一年中，我們領導了一個有關學校和非學校情境中執業諮商師的角色與功能的研究。研究參與者是從美國諮商學會的會員名冊中任意選出的。研究參與者被要求完成一項工作時間分配比較的問卷調查，以了解他們在十四項可能參與的活動上所花的時間（包括很多、平均至稍多、很少、不參與等向度），也同時提供其他可能參與的活動選項。這些學校的應答者依教育層級而分（如國小、中學、中等教育），所花費的時間長短以數字來表示（很多=3，中等至稍多=2，很少=1，不參與=0），再將每個活動的總分做成一覽表。這個方式並不科學，卻是具有合理的精確性指標，能呈現出各種特定情境中執業諮商師從事的各項活動所花時間的排行榜。表3-4呈現了對小學、初中、高中諮商師所做調查的結果。

表3-4　執業諮商師時間分配表

活動	小學	國中	高中
1. 個別諮商	2.5	2	2
2. 組織與領導諮商團體	10	10	10.5
3. 班級和其他團體輔導活動	4	6	10.5
4. 標準化測驗的實施和解釋	7	6	
5. 非標化的評量（如個案研究、觀察、資料蒐集的訪談、問卷等）	5	4	
6. 需求評量（決定標的人口的首要需求）	9		
7. 諮詢活動	1		8
8. 提供生涯輔導和資訊		3	5
9. 提供教育性輔導和資訊（包含獎學金，大學介紹、學生生活安排等）		9	1
10. 預防計劃和活動執行	2.5	8	4
11. 發展性活動	7	10.5	9
12. 行政活動	6	1	3
13. 資訊傳播、大眾傳播和公共關係	8	5	7
14. 其他			

資料來源：根據Robert L. Gibson and Marianne H. Mitchell(1997)所做的調查。

　　Hardesty 和 *Dillard*(*1994*)在早先的研究中，檢視不同年級諮商師對其任務和功能的看法，是相當重要的一篇研究。共有369名小學與初高中的諮商師接受關於校內活動的調查，他們發現小學諮商師與初高中的諮商師在排行榜上有三項重大的差異：(1)小學諮商師多半從事較為諮詢和協調的活動；(2)小學諮商師也較少從事行政性的活動（如行程安排和文書工作）；(3)中等學校的諮商師則傾向於以個人為基礎，從事學生關注的事項，而小學老師則

傾向於和家庭、老師和社區機構一起做系統化的工作。

小學諮商師

　　小學在人類發展中是一股強大的社會化力量；不論其好壞與否，實際上，現代社會的所有成員終其一生都受到小學時期留下來的重要觀念所影響。在這樣的情境中，年幼的學子被期待要能學會不斷增加難度的各種知識，以及同時學會符合學校行為和社會期許的言行。無法成功學習者將會產生行為問題，就像不適當的行為和社會技巧將會削弱學習一樣。

　　在70年代，小學學齡孩童的發展性需求越來越明顯地被忽略，甚至不被承認（*Stevens & Phil, 1982; White, 1985*）。因此，很多州(1997年的十五個州)已經強制執行小學的學校諮商師制度；我們相信這個潮流將會持續，因為大家越來越注意到國小在最基本的預防教育上所扮演的重要角色。

　　小學學生與小學學校的某些特色，凸顯了方案組織的某些特徵，讓小學的學校諮商方案和中等學校其他不同教育層級的諮商方案有所區分，因此小學諮商師的角色和功能也將會反映出這些差異的存在。這些差異並不在於小學諮商師做了什麼工作，而在於他們「如何」做這些工作。

　　舉例來說，諮商師和其他小學專家都必須和班級導師密切而有效率地工作。輔導活動通常是教室課程導向的，且是一個費時最多的活動（見表3-5小學諮商師所進行的活動排行表）。此種學校脈絡自然而然地導向對諮詢和協調的看重與強調。除了諮商、諮詢和協調的功能，小學諮商師對於學童的適應性、評量、生涯及其他發展需求都要負起責任，同時也要特別注意預防不良習慣和行為的產生。

表3-5　小學諮商師的主要功能

排序	功能	所佔百分比
1.	個別諮商	98.8
2.	團體輔導和諮商	81.0
3.	與家長合作	79.2
4.	與教師和行政人員諮詢	78.9
5.	班級輔導教學	65.5
6.	評量活動	39.3
7.	與社區機構合作	39.1

資料來源：翻印自"Prevention and the Elementary School Counselor", by Gibson, R. L., 1989, *Elemntary School Guidance and Counseling, 24(1)*, p.34. 美國諮商學會版權所有。

1.諮商師

　　雖然相對來說，小學一對一的諮商工作比其他活動花掉諮商師更多時間，諮商師仍應撥空以個別或團體的方式諮商由師長或家長轉介而來的學生，或與被諮商師和其他專業協助者認定有必要接受諮商的孩子會面。同樣地，小學諮商師可預期學生來到諮商室是為了尋求協助、建議或支持，像物質濫用、兒童虐待、離婚和種族歧視如此盛行的社會問題，常常是小學個別諮商的基本議題。

2. 諮詢顧問

　　作為一個諮詢顧問時，諮商師可能要直接與老師、家長、行

政人員和其他專業協助者商量--如何來幫助一個學校情境中的「第三者」，如學生。在這個角色中，諮商師幫助其他人一起協助受輔學生更有效率地處理發展上或適應上的需求。

3. 協調者

　　小學諮商師有責任做好學校裡各種輔導活動的協調工作，協調輔導活動和學校教室內進行的活動亦是一般性的需求。身為唯一有建構基礎的專業協助人員，小學諮商師可能會被指定來協調學校心理醫生、社工人員和其他人的力量，其他統整活動可能還包括校內和機構之間的轉介工作。

4. 協助適應的行動者

　　作為人類發展催化者，小學諮商師需體認到協助孩童去瞭解小學的目標以及適應小學環境的重要性。孩童的最初受教經驗是否為正面是十分重要的。由此看來，諮商師需要計劃一些團體活動與提供老師諮詢，來幫助孩子學習與練習學校裡所需的人際關係技巧。

5. 評鑑執行者

　　小學諮商師將會預期被指派去做測驗或非測驗的解釋或收集。諮商師還要能研讀資料，並從資料中發覺核心焦點；不單是看資料，還要能解釋學童的整體狀況。除了傳統用來了解學童的資料內容外，諮商師也應該了解文化的衝擊、學校的社會生態，及其他環境對學童行為的影響。

6. 生涯發展促進者

　　小學是個人未來做出重大決定的重要基礎，所以也加強了我

們希望對學童生涯發展能產生計劃性效益的關注。即使生涯教育
規劃的責任大都由課堂的教師來決定，但是小學諮商師仍能以協
調和諮詢的方式，在發展有持續性、延伸性及完整性的方案中，
做出很大的貢獻。

7.預防教育推廣者

就小學孩童來說，有一些是在未來會形成問題的早期警訊：
如學習困難、情緒不穩（悲傷或沮喪）、外顯性行為（打架、口
角、崩潰、急躁不安、衝動、固執）。成堆的證據顯示，不能在小
學調適得當的孩子，有極大的危險可能會在將來產生各種問題。
再者，物質濫用、同儕暴力、野蠻行為、鑰匙兒童等問題在小學
學童身上越來越多見，這也引起了很多的大眾關注及呼籲，強調
應努力做好相關防範工作。

一項由各州公共教育部門評鑑優良的96所小學課程的研究指
出（*Gibson, 1989*），防治工作在所有課程中佔了百分之八十五。小
學諮商師將更常被請求與被挑戰地要來發展方案，以尋求預期介
入和防止這些問題的發生。表3-6將1989年研究的課程重點做了排
序。

在我們1996-1997年的角色與功能的研究中，調查了224位小
學諮商師如何分配以下活動所投入的時數：

1.與教師、家長和其他教育人員諮詢。

2.預防計劃和執行；個別諮商。

3.教室和其他團體輔導活動。

4.非標準化的學生評量，如個案研究、觀察、個別訪談等等。

5.行政責任，例如做紀錄、報告和準備材料。

6.發展性活動。

7.資訊提供與傳播、公共關係與溝通。

8.需求評估。

9.組織與執行諮商團體。

表3-6　小學諮商師的主要功能

排序	功能	所佔百分比
1.	兒童性虐待的預防	69.7
2.	藥物濫用的預防	64.9
3.	自我概念發展的提升	35.8
4.	人身安全的提升	17.6
5.	社會技能的發展	15.0
6.	青少年懷孕的預防	6.3
7.	學業中輟的預防	4.4
8.	校園暴力的預防	2.1

資料來源：翻印自"Prevention and the Elementary School Counselor", by Gibson, R. L. , 1989, *Elementary School Guidance and Counseling, 24(1)*, p.34.美國諮商學會(*1989*)版權所有。

　　其他活動通常是行政性工作、標準化測驗的解釋、教育輔導的提供（如學習技巧、同儕指導）、參與適應與定向課程，以及多種親職教育團體。一些小學諮商師提到他們也參與一些非專業的活動，如午餐餐廳的監督、休息時間與遊樂場的管理、交通導護及交通車的工作等。

小學諮商方案的益處如表3-7所列。

表3-7　小學諮商方案的益處

小學應提供的	小學諮商方案可有所貢獻的	隱含的意義
1.學習和生活的根基	1.提供教育輔導活動來加強學習並以相關學習做準備	1.1 教育輔導 1.2 與教師、行政人員諮詢
2.文化和歷史傳承的傳達	2.發展多元文化的認知，以己身文化的多樣性為榮，並尊重所有文化和種族的獨特性。	2.1 班級領導活動 2.2 與老師、行政人員諮詢 2.3 團體輔導和諮商
3.心理社會生物的發展	3.提供孩童社會化的環境（社會發展），包括尊重自己和他人。	3.1 著重預防、發展和治療的團體輔導和諮商 3.2 個別諮商 3.3 與父母諮詢
4.公民教育的搖籃	4.提供每一個體人類潛能的發展。	4.1 生涯發展 4.2 個別評估 4.3 加強才藝和技巧

資料來源：From Gibson, R. L. Mitchell, M. H. and Basile, S. K., *Counseling in the Elementary School: A Comprehensive Approach*, p.20。

8.概論小學諮商師之角色

以下是對一位小學諮商師一天生活的描述，由*Sherry K. Basile*博士所描述。她當時為南卡羅來納州的蒙克卡諾城的柏克萊小學的諮商師，*Basile*博士目前是印第安那大學教育專業的助理教授。

孩童零散地走在人行道上，笑著、玩著、叫喊著，有些孩子則抱著竿子。這是清晨的時候，當我通過警衛大門時，有

上千對的手臂像洪水般向我擁來。遠處有許多帶著期盼眼神的孩子，等著與我的眼神交會。

對一位諮商師而言，小學是一個能愉快地實現理想的環境。我認爲小學諮商師是數百位孩童的基礎人力資源。我們在孩子眼中，是一個不會評斷或看輕他們的成人。我們是他們的朋友，孩子靠我們來學習愛人、體貼、快樂、總是願意助人、充滿可塑性和純眞。基本上，我們是充分能發揮職位功能的人。

由衷來說，我們的工作是充滿生氣、能量和有回報的。在許多孩子的生活裡，我們甚至可能是他唯一的正向力量，由於我們存在於學校當中，使得所有孩子都能體驗溫暖、庇護和被接納的感受。

小學諮商師具有各式各樣的身分，其角色轉換在我一踏進校園時就開始了。當我昂首闊步地走入學校後，多數歡迎我的是老師，因爲他們需要在紀律問題有所諮詢或是轉介孩子給我。他們跟著我進去，一旦進入我的辦公室時，我就拿起了紙筆，記下了重要的筆記。

解決了所有老師的需求後，我準備要去家長座談會，那是下一個行程。許多家長有工作，放學時間不能前來，所以他們偏好會面的時間是設定在一大清早的時段；老師則可能會根據議題決定是否出席家長座談會。

這種座談會的形式是一個介入型態。當有問題或是憂慮存在時，諮商師就會介入，以提供修正行爲方式或其他解決問題方法的建議。

除了介入，另一個主要的重點是防治工作，其目的和內含的希望是能幫助孩童及早在他們的生命裡，能成爲問題解決者、發展自信與責任心，以及極盡發揮所能。

我們的預防策略主要是結合於教室的輔導活動裡；在我的學校裡，教師可以選擇早上第一節課或午餐前的那一段時間

進行班級輔導活動。

　　我現在帶著一些視聽設備，匆促地準備進入一個教室。有時我攜帶一個錄音機、玩偶、海報、講義單、書和貼紙，且都是活力充沛並帶著笑容。我的學校也同樣規定，當諮商師經過時，不可以越距地去擁抱他。當我經過時，他們全都舉起手與我擊掌。這樣就省了老師還得挫折地要學生重新排隊，而我也能準時參加活動計劃。

　　當我開門走進教室時，聽見許多掌聲也見到愉快開心的臉蛋，孩子們對於我的到來十分興奮。老師們則坐在教室後排或在他們桌前。我邀請孩子進入情意教育的世界－感情、想法、抉擇、了解自己以及如何成為最棒的自己。透過熟練的、非教學形象的教學技巧，無論是聽音樂或變魔術，將可幫助孩子習得對自己的認識和終生受用的技巧。此外，他們感到振奮、高興，並且渴望學習。

　　在回辦公室的路上，無可避免地，有一兩位老師攔住我，請我為他們轉介而來的孩子做個簡短的建議和追蹤性的評論。既然我常在去教室或從教室回來的路上被攔下，在他們活動時間或放學後，邀請他們去我的辦公室也是必然之舉。

　　在前往下一個活動前的幾分鐘空檔，我會停在就學報到處，歡迎一些剛註冊的新生。

　　接下來是為因相似問題轉介而來的孩子所組成的小團體諮商時間，我的小團體規模限定在六人以下，且遵循著團體諮商的指導原則。

　　團體結束後，我得回電話給家長、其他諮商師、地區辦公室的人員、學校心理醫生、醫生等。

　　在前往下一個班級輔導活動之前，現在輪到執行一連串的篩選測驗和個別諮商，如果時間許可，我會與某個班級同學一同用餐。諮商師肯多撥出時間給孩子，對孩子來說，總是件令他們高興的事情。

　　用餐過後，仍然得回些電話和查看訊息，我可能需要做些教室觀察或者處理緊急情況。這時間也可用來做文書工作，當我需要做有關兒童虐待與忽視的個案報告給社會服務部時，我就必須將報告影印三份，並寄給合適的機關。下午的行程安排則是個別諮商和小團體的諮商。

　　當孩子離開後，通常教師們會不斷地湧進輔導室。此段時間也可用來開親師會，或安排學生進入殘障學生課程。

　　當學校心理醫師到學校工作時，我會和她密切合作，當成與一個轉介孩子來做心理測驗的老師產生連結。教師們依賴諮商師寫一份關於他們學生特殊需要的精確報告給心理醫生，通常也會給心理醫師一些時間去觀察班級的情形。

　　做完測驗並對測驗結果適當地討論後，我們會舉行教師會議跟家長座談會，以解釋測驗分數並提出建議。我會在會議前一週寄邀請函給家長和老師，行政人員也在受邀名單內。

　　到了這個時候，學校的一天也接近尾聲，我收拾起包包，和大家相互擁抱道別。晚上，有可能我需要在校內主持親職課程，如果是這樣的話，家裡的事就得快速解決，我才能再度出發到學校去。在親職課程中會看到有些父母有點緊張但渴望學習如何更妥善地照顧孩子，而且能在聽了其他家長分享悲痛時感到紓解。親職教育團體是教導家長以支持和鼓勵的方式來接觸孩子，有了這樣的團體成效，我們的工作就會輕鬆多了。

　　小學諮商師是十分特別、關心人們的，他們也致力於教育兒童在情意領域的發展。小學諮商師幫助孩子變成更有自信、更具生產力以及成為成功的成年人。因著我們對孩子、家長、教師生活中的關注焦點有所貢獻，他們經常會給予我回饋，致使我們的一天在成就感中結束。小學諮商師說：孩子都渴望擁有這一切。

中等學校或初中諮商師

在1970年代，有一股朝流將初中（*junior high school*）的概念，轉而趨向中等學校（*middle high school*）的概念。因著這些改變的發生，爭論隨之而至，但是中等學校在概念上或功能上並不是全然與傳統的初中有所不同。舉例來說，許多人主張：初中最早的構思是要讓青春期轉變至成年期的青少年，以及小學轉變到中學的學生，能夠在發展性和過渡性的需求上獲得滿足。在中等學校早期的運動中，認為中等教育學校概念的基礎理論是根據一些資料而來，那些資料顯示出現代少年比起前幾個世代的人，能在年紀較小的時候就達到生理上、社會上和智能上成熟的現象，所以初中的設計卻可能無法滿足現在這些學生在發展上的需求。

不管學校制度是採用中級學校的中等學校形式或是仍保留傳統初中的形式，這兩種學制都會反映出一些共同的特徵，例如提供：（1）過渡性與導向性的需求；（2）此族群的教育性和社會發展之需求。在這樣的情境下，中等學校或是初中諮商師將積極參與下列工作角色：

1. 新生訓練（Student Orientation）

這可能包括學生剛開始的適應，以及家長對新學校、課程、政策、設施和諮商活動的適應。之後，他們即將參與進入高中的入學導向座談。

2. 評估或評量活動

除了典型的學校記錄和標準化測驗的數據之外，諮商師可能逐漸被鼓勵使用觀察法和其他技巧，以認定個別學生在發展關鍵期所顯露的特質。

3.諮商

在這個層面上，學校諮商師應同時運用個別和團體諮商的方式。實際上，中等學校和初中諮商師較常使用團體諮商勝於個別諮商。

4.諮詢

根據個別學生在發展上和適應上的需求，諮商師將對教職人員、家長提供諮詢，有時也會提供給學校的行政人員。同時，諮商師也會對其他學校制度的學生、教職人員和團隊的成員進行諮詢。

5.安置

諮商師經常參與學生的課堂和課程安置，不只是在他們自己的學校，也與其他中等學校等相關人員合作。

6.學生發展

根據中等學校角色功能之一，中等學校相當重要的是學校諮商師、教職人員和其他的專業協助者（如社工人員、心理醫師等等）應對學生的發展特別關注。這同時也意味著應了解此一年齡層的發展特徵和他們應完成的主要發展任務，而發展足以相對應的合適計劃。

71位中等學校和初中諮商師報告（在我們96年到97年的調查中）他們在下列活動所花的工作時間，由多至少依序是：

1. 行政活動；

2. 個別諮商；

3．提供生涯輔導的協助和資料；

4．使用非標準化的程序來評量學生；

5．關於課程、公共關係活動等資訊之傳播；

6．團體輔導活動；

7．標準化測驗的施行和解說；

8．預防工作的計劃和執行；

9．提供教育性輔導和資訊；

10．團體諮商；發展性活動。

有很多應答的諮商師提到重要且大量的時間花在應付、處理或主持相關委員會、家長座談會和學生組織。

7. 概論初中諮商師之角色

下列對初中輔導原則的敘述是由印第安那州卡倫布斯的中央中學諮商師*Rochelle House*所寫。

身為中學諮商師的快樂，一部份來自於無窮的多變性；部分的挑戰是因為我不但必須有所充分準備，同時還要面對多元變化有所變通自如。根本沒有所謂標準的諮商師的一天，如果真的有，可能是早起對早到的員工微笑；為年輕人的一天做準備；留意一下前晚剩下的工作；與老師討論一個需要被鼓勵繼續努力的學生，雖然他的成績低得令人沮喪；討論一個在重大家庭變故中需要更多支持的學生；支持一位尋求建議的老師，其想協助一位難以取得聯繫的學生提升其學習動機，並能連絡上他；答謝行政人員轉達家長關心的資訊；及感謝秘書們昨天的協助並祝他們有很棒的一天。

早上七點四十五分，鐘聲敲響了一天的開始。學生蜂擁地進入輔導室領取會面預約證明，以討論關心事項、尋找和歸

還失物、打電話回家請父母找到他們忘了帶的東西並送過來等。每一天的這個時段,有很多的線索提示著這些青少年可能是相當健忘和貧窮的,多一點的關心能帶來他們開心的笑容,也使學生有個開朗的一天。

一天才開始沒多久,就有新來的學生和家長要註冊。與教務長見面、完成註冊之後,就辦理所有需要的文件,這時就輪到我來招待這學生和家長,如:找到他們的喜惡和偏好、介紹他們將會參與及體驗的學業方案、討論可以有選擇的選項、修訂一個時程表、讓他們參觀學校一番(如果可以的話,請個學生助手充當大使)、然後介紹一兩個將會替他上課的老師。像這樣一個典型的新生導向活動會大概需要一個小時。我有一個非常重要的角色,就是呈現一個開放且溫暖的氣氛,使得學生能夠覺得受到歡迎和重視。

回去辦公室後,迅速檢查來電和當日行程表。今天已經設定的活動包括:和一個教學團隊討論學生需求和教師擔憂的會議;與家長或團隊討論特定學生的特殊需求的座談會;有關職業技巧的教室演講;約學生追蹤其學業發展報告等。我們工作的焦點中有一個很重要的部分即是:協助確保所有學生成功的所在;要使這焦點發生,通常會藉由個別諮商來幫助學生學習擔負責任,並協助學生提升動機、建立技巧,鼓勵學生參與小團體諮商、教室輔導活動,以及投入於家長、教師、教學團隊、外聘諮商師和行政人員們諮詢等活動來達成。

隨著時光的流轉,學生通常會表現出渴望獲得協助,以能在同儕衝突議題中談論家庭或個人的關注,或者想知道如何在老師的課堂上學習有成,特別是當學生相信老師不喜歡他或她的時候。與教務長、校護和兒童保護個案工作者的電話和個別諮詢,填補了行事曆上的會議、教室參訪及學生座談會以外的空閒時間。參訪學生是在「午餐日」的督導、偶然

的會議裡，或在走廊上擦身而過的時候。學生們在走廊上被我看到時，對我的「哈囉」和呼喊他們的名字反應好好。一個有七百多人的學校對年輕人來說，似乎是擠太多人了，有大人認識他們，可以減少他們的恐懼。

當一天結束，學生離開的時候，就該回電話給家長和打電話給那些尋求生涯活動上協助的社區成員。即將上場的活動包括：我們的課程—「抓緊你的夢」，以給予學生和家長在生涯興趣探索上的回饋；另一個活動是「真實故事」，是當地商業界和職業婦女協會通力合作讓學生體驗成人的一天生活；生涯日是讓學生聽到各種不同行業工作者的演講。每一項活動的企劃與組織，需要很多電話聯絡、追蹤電話及會議，來完成這些重要的大事。

有些日子裡，有其他的會議要舉行，如：社區委員會「關懷小組」、全區的K-12輔導指導委員會、區域學童服務網、中等學校家長建議委員會、小組代表委員會、矯正委員會以及教職人員會議等。這些會議對於一間中等學校的功能和諮商方案發展的功效來說，是有相當的價值。

除此之外，我自己的專業發展對於我能有效率地工作所需的精力提供了支持。參加專業的研討會及會議，能加強我身為中學諮商師的效能。我所做的方向是：藉著努力，積極地支持所有學生的成就。能參與這樣的一份工作真是一種榮幸！

高中諮商師

雖然高中諮商師的角色和功能在這些年間已然擴展，但是，很清楚的，高中諮商師是最傳統的、最被肯定的，甚至比起小學或大學諮商師，也最常受到嚴重的挑戰。然而，不管這些挑戰如何，都不太可能會有激烈的變革。雖然工作重點和技巧無疑地將會改變，但是高中諮商師的角色和功能會如第二章中所討論的，將持續地依據傳統期望而被建立起來。大部分的期待，是在 *Mole*(*1991*)所發表的一份有關高中諮商方案之目標的研究(見表3-8)，以及在我們較新的1996-1997的研究（如表3-4）中被加以確認了。

109位高中諮商師回答我們有關其功能和角色調查(*1996-1997*)，研究結果報導了他們在下列活動中參與的程度，時間由多至寡依序是：

1. 提供教育輔導和資訊，包括學生日程安排表、大學安置和獎學金分配。

2. 個別諮商；

3. 行政活動和紀錄；

4. 預防活動；

5. 提供生涯輔導和協助；

6. 標準化測驗的實施和（或）解釋；

7. 資訊傳播：公共傳播和人際關係；

8. 諮詢活動；

9. 學生發展活動；

10. 團體輔導、團體諮商。

與小學、初中及中學諮商師比較，高殿諮商師以前從事較多

非諮商的活動，例如分擔辦公室的職責和監督學生午餐室是最突出的例子，還有些是擔任代課老師的工作。

在一項有關教師對高中諮商方案的意見調查中，*Gibson*(*1989*)報告教師認為諮商師最重要的功能在於：（1）提供個別諮商；（2）提供生涯計劃協助和資訊；（3）實施和解釋標準化測驗的結果；（4）協助大學輔導和安置。

表3-8　高中諮商方案的目標

目標	近年來的重點	輔導人員的期望	校內行政人員的期望	教師的期望	家長的期望
在高中協助學生學業成就	2.7	2.6	3.2	3.6	2.9
幫助學生計畫與準備中高中之後的就學	2.7	2.3	2.4	2.1	2.2
在學生的個人成長和發展上給予幫助	2.5	3.1	2.4	2.6	2.6
幫助學生計畫及準備高中之後的工作角色	2.0	2.0	2.0	1.7	2.3

備註：1是最不受重視的，4是最受重視的。

標上a表示「幫助學生加強高中課程成績」，在2-5那段所討論的問題。

資料來源：Guidance Program in American High School: A Descriptive Portrait, By O.C. Moles, 1991, *School Counselor, 38(3)*, p.167. 美國諮商學會版權所有。

　　高中的諮商師之角色和功能與小學、初中(中學)的諮商師並沒有太大差異。但是最大的差異在於高中諮商師完成角色與功能的過程與方式，以及因應高中多樣化情境的工作重點。舉例來說，高中層級的著重點，在處理許多共通的輔導議題時，由預防性質些微地轉移至矯正性質。高中許多輔導的議題通常是潛在而嚴重的生活問題，像是毒癮或酒癮、性問題及人際關係調適問題等。再者，較少受輔者會看重為未來的決定做準備，反而較多的學生看重立即能做的決定，這些決定包含了立即或急切的職業選擇，或是繼續深造的決定，或關於與異性相處的人際關係，或可能是婚姻和關於發展個人價值系統的決定。

　　除了諮商需求對比的重點不同於其他教育層次之外，高中諮商師期待能有更多的工作重心能放在諮詢，以及深入了解學生行為受到環境衝擊的影響；一個轉變中的工作重心是與學校環境中的班級導師發展更為密切的關係，而不同於傳統的「醫療」模範(有需要的案主才來辦公室尋求「處方」)；最後，還有一個轉變是：在學校和社區中，皆從一個「反應性」的機構，轉變到「前置性」的改變機制。

1. 概論高中諮商師的角色

　　De Klocke 女士，印第安那州佛爾特威尼城的北邊高中諮商師，列出了她身為高中諮商師典型的一天活動。

　　高中諮商師典型的一天的活動：

・通常是早上七點鐘到校，下午五點鐘離開。

・寄宿家庭的父母打電話來解釋她的外國學生弄斷了手肘，並提前回巴西了。

・生涯協會(*Career Academy*)的總召集人打電話來說，被推薦參加特殊課程的學生以及上學期在候補名單上的學生，是否仍然有興趣參加。

- 捷克來的學生討論行程變更的事情。

- 德國來的學生在第二學期要加選兩堂課；詢求教師的同意。

- 應屆畢業生（四年制）來拿大學申請入學表格，希望學校的推薦函能在明天前完成。

- 當地某一雇主打電話來詢問一位求職的1993年畢業生是否值得推薦。

- 對兩百多位高二、高三生解釋*PSAT / NMSQT*的測驗結果。

- 與一位關心孫女狀況的校友家長進行會談（她的女兒在1979年畢業，她的孫女最近才剛入學）。

- 與一位高二學生進行會談，他有興趣在高三那年參加國際交換學生方案。

- 與一位在申請大學上需要幫助的應屆生會談。

- 接聽電話：與高中父母討論*REFAFSA*表格，以及經濟援助工作坊。

- 與一位要在北邊高中念第八個學期的應屆畢業生會談（剛從我們在日本的姊妹校完成一個學期的研習回來），他也需要協助申請大學事宜。

- 與一位應屆生及協助此學生的諮商師針對其家長可能已有的虐待行為進行會談。

- 與一位家長（他的女兒畢業於1993年）、女兒、及其想取得*GED*證書的未婚夫進行會談。

- 與一位從我們西班牙的交換學生處借了足球比賽錄影帶但尚未歸還的足球教練講電話。

- 與一位有興趣接待一位日本女孩的高三女生會談。

- 與一位校友（曾是同儕輔導員，現在是南邊高中的教師）講電

話，他有興趣在他的學校舉辦這樣的課程，而且希望在寫提案的方面獲得協助。

· 與一位日本商人會談，他從我們的交換學生家長處帶給我禮物。

· 與一位學生會談，他正在寫有關*FAFSA*和經濟支援的期刊文章。

· 與一位應屆美式橄欖球選手談話，查看一下他的成績；之前我依照他的要求將他從基礎英文班調到學術英文班，他最近得了*B+*。

· 與一位高二的足球選手會談，看看他家裡能否考慮在第二學期時接受一位從土耳其扶輪社的交換學生。

· 與教育機會中心的諮商師以電話討論我們的一位學生。

· 與鎮上的緩刑監督官以電話討論一位正轉到北邊高中來做*SAT*測驗的學生。

· 與佛爾特威尼社區學校20號頻道的媒體服務人員有約，討論製作一個關於*PURSUITS*事業發展節目的錄影帶（由我負責統籌）。

· 與教育測驗服務處以電話討論為進階學術能力評估課程（適合六年級生）提供測驗。

· 與高二輟學生的家長談論關於下學期重返學校的事。

· 文化交換中心的區域協調者必須為將就讀於北邊高中第二學期的阿根廷學生簽署。

· 與印第安那大學入學處以電話討論應屆生未被核准入學的上訴程序；接著以信件來確認電話談話內容。

· 與一個有適應問題的轉學生的母親打電話。

· 一名家長要求學生的進步報告；要求秘書準備好報告。

- 與教師晤談，討論要為學習進階生物學的學生找一個安身之處。

- 與貝那特學習中心的家教老師討論他所教的一名學生。

- 與現在是厄爾漢大學教授的北邊高中畢業生談話。

- 與一位高二生的家長談論弱勢學生進入大學教育的機會。

- 與運動輔導員討論有關學生運動員的大學運動聯盟票據交換所事宜。

- 準備好備忘錄，提醒科學和數學教師全國工程師週的事，並且記得推薦一位非常關切找尋工程方面工作的應屆生。

- 應屆生面試（所有諮商師協助每個應屆生個別面試）。

- 與即將講授「擁有健康的嬰兒」課程的營養師*Purde*作電話討論。

- 與學生運動員及其母親、老師進行個案研討，以討論他的不適當行為和態度。

- 與學生討論性行為傳染病的可能性；轉介給衛生局；排定預約。

- 寫信給市長有關市長青年成就獎的提名之事宜。

- 撰寫有關「美國女孩」州代表及代理人之相關信件與申請表格。

- 會見兩位社區顧問和協助學生的諮商師，討論衝突處理訓練課程的相關計劃。

- 與新聞報記者就青少年和「90年代的性」等主題會面。

- 與我們有關的中等學校的兩位諮商師電話討論，安排11位日本高中的學生和一位教師的寄宿接待家庭。

- 經濟救助工作坊，晚上七點到九點，96位家長參與。

‧眞是典型的一天！

除了例行基本責任及額外責任外，每月例行的會議還包括：

‧教職人員建議委員會（每月第一個週二下午2：45-4：00）。

‧教職人員會議（每月第一個週四，教師的計劃時段）。

‧家庭兒童服務處成員會議（每月第三個週四，11：30-1：00）；發薪名單委員會(*PR Committee*)第二個週二午餐時間會面。

‧姊妹市委員會會議（每月第一個週三，5：00-6：15）。

‧統合諮商方案工作人員會議（每月第一個週二，8:00-10:00AM）。

‧課程和教學部門會議（每月第二個週二，8:00-10:00AM）。

其他的會議：

‧北邊高中行政人員和輔導人員每週聚會兩小時。

‧表現合格評審會議，每週一在早上七點會面；學校組織氣氛會議（由我所主持），每週在早上七點或下午2：45舉辦一次。

‧同儕輔導員訓練，週二，週四和週五早上七點。

‧*PURSUITS*（職業發展課程）委員每季開會一次；我是此一由私人基金會成立的方案總召集人，最近服務所有亞倫縣的高中和11個威尼社區的中學，並且輔導一所小學的職業發展課程。

‧大衛海尼國際基金會，每年開會兩次；我擔任會長。

‧印第安那輔導協會基金，每年開會一次，我擔任總務。

‧北區輔導領袖計劃（依利基金專款三年的計劃）核心小組每季

開會一次；北邊高中*CAIT*（兒童倡導調查小組）有固定的聚會。

· 例行參加專業研討會和工作坊以及多元特殊服務的會議（如印第安那週*GED*學習團體）。

· 為美國大學測驗、學術性向測驗、*ASE*技術測驗、PLUS和美國郵政服務考試成立測驗指揮中心。

· 準備大學申請表格和獎學金推薦表格，可一直接受申請（通常是放學後或週末的時候）。

· 參加或指揮各種藝術課程、運動盛事和其他課程。

職業學校的諮商師

職業教育的形象和重要性在1970年代顯著地有所變動。職業教育課程曾被視為是為那些低成就、低學習動機的學生所設的收容場所（而其設施常符合此形象），目前已有了巨幅的轉變。今日，職業教育課程具有國內最棒的教育設施，能吸引各個能力層級的學生，也為學生未來就業的要求做準備。學校諮商師需要注意職業教育課程的本質和那些完成職業教育的人現在所擁有的機會。另外，儲備諮商師需要體認到職業學校諮商師的角色和功能上具有區分性的幾個特色。

高等教育的諮商師

在美國和加拿大有許多多樣化的服務是提供給高等教育的學生。在生涯中心、大學入學處與安置辦公室等機構中的諮商師，其功能有其特定性。然而，大部分的諮商師乃受雇於大學諮商、心理健康或心理服務中心。雖然團體諮商近年來逐漸風行，但是

這些中心一般來說都會提供個人的、學業的和職業的諮商。而且，許多中心的人員與業務之間，都會相互支援與協同合作。

有關在大學校園的諮商師所被預期的責任，可以藉由 *CACREP* 對大學諮商師訓練的標準，來加以洞悉。這些標準指示著大學諮商師將需要幾方面的準備：（1）職業諮商；（2）團體工作；（3）預防與介入的方法和程序；（4）其他額外的研究（如學業的協助、人際關係的促進、領袖氣質的訓練、諮詢的技巧等）。

在大學諮商中心方案的活動中有一個特別值得注意的潮流即是：越來越趨向於透過像外展方案、特別的工作坊、住宿學生團體，以及同儕諮商等活動，來協助大學校園內更多數的學生。

社區大學和專科的諮商服務

社區大學的諮商師在學生的教育、社會和情緒等發展上扮演一個重要的角色。他們提供各種不同的服務給不同社經和文化背景、不同層次的學術能力以及不同受教動機的學生。

社區大學和專科通常都是教育那些尚未發展好足以應付大學生活所需技巧的學生，而這樣的任務是一種挑戰（*Higbee, Dwinell, McAdams, Goldberg Belle & Tardola, 1991*）。*Higbee* 等人解釋：普遍來說，這些學生事前都沒有計劃好要進入大學，所以在高中時沒有選修必備的學業課程，甚至因而休學，但是後來又認為多念點書是有必要的；因此，這些學生往往離開學校生活過久，或者經歷了高中的劣質教學或很差的課程，或者只是有著一點點的學習動機而已。藉由關注下列幾個議題，他們堅持對於這些學生的諮商服務必須要同時滿足其智力上和情緒上的發展：

1. 學業政策和程序；

2. 研究技巧；

3. 時間管理策略；

4. 溝通技巧發展；

5. 多元文化理論；

6. 關係的提升；

7. 壓力的減輕；

8. 健康和幸福；

9. 職業探索；

10. 生涯決策的技巧；

11. 目標設定策略；

12. 提升動機策略；

13. 個人賦能策略。

*Burnham*和*Satcher*（1990）注意到在密西西比州、阿拉巴馬州、喬治亞州、田納西州等超過40所社區大學裡，有許多提供給學習障礙者教育機會的諮商服務。其活動包含給予建議、矯正技巧課程、訓練課程、支持小組、新生訓練課程、職業發展、研究技巧等課程。透過參與這些活動，學生有更好的機會能從教育當中獲得最大的利益。再者，這些活動幫助他們可以投入於一種生涯當中，這不僅能滿足其社會需求，也是能讓他們認為自己可以成為對社會有所貢獻的重要因素，進而能對自己產生正面的形象。*Delco*宣稱強化自我形象就跟強化教育技能一樣重要，而諮商師在這提昇正向自我形象中扮演著舉足輕重的角色。

當美國的經濟變得越來越依賴科技時，社區大學在商業界和企業界的人員訓練和在職訓練上扮演了一個不可或缺的角色（*Hirshberg, 1991*）。*Hirshberg*確認了管理和科技協助的活動、高中預備科技的課程、合作教育課程、州立機構的夥伴關係，以及為企業所訂做的工作訓練和契約等，如同社區大學所扮演的角色

之一，能提昇我們社會的經濟發展。她更進一步強調，諮商服務對提昇適當教育及參與方案學生的訓練方面，所扮演的角色乃是十分重要的。

Quimbita（1991）主張，在增進科學行業上的人數和提昇各式各樣的種族和性別組合上，社區大學應具佔有舉足輕重的角色與位置。她認為在這些策略中，社區大學有效地運用職業諮商和生涯輔導服務，成功地招募與教育了很多女性與弱勢團體，願意進入科學、數學及工程等方面的二年制學院課程。

學校諮商方案中的教師和
行政人員角色

班級教師

許多學校並沒有設置諮商師，這種現象對諮商專業來說像是異教論，但卻會一直存在也可能繼續發生。許多學生可能因此無法發揮潛能、解決他們的問題、或是做正確的選擇和計劃，但是大部分的學生仍然會學習、進步且被視為是受過教育的。甚至有些學校可能沒有設置一個更為重要的人物—學校校長。雖然毫無疑問地，教師因為負擔過重的行政責任而影響其教學效率，但是學生仍然會受教、學習（也許以較慢的腳步）、畢業（甚至沒和校長握手），且被視為是受過教育的。

然而，學校如果沒有老師存在，就不能算是學校，若沒有老師，學校反而成了拘留中心、社會社團或是暫時庇護所，任何學習都將是偶發和意外的。所以，很明顯地，從學校一成立開始，老師就是其中最不可或缺的專業人員。教師的支持與參與任何有關學生的課程，都是十分重要的。學校諮商方案的涉入也不例外。今日的教師，如同一個研究指出的（*Gibson, 1990*），學校教

師應該負責班級課程以外的學校諮商方案。

Gibson（1990）也提及：

儘管教師的角色和期許都已朝新的方向改變，也可以推論說中等學校教師會持續相信諮商和輔導方案對學校所有的課程皆有積極的貢獻。訪談內容更進一步地確認，教師對其校內諮商師的技巧和奉獻有著高度的尊崇，特別是在諮商師每學期至少一次與每位教師有一對一互動的那些學校（*p.254*）。

檢驗諮商方案中班級教師的角色和功能相當重要，當然也預期在不同教育層級和不同情境中會有其差異存在。

1.傾聽者──建議者

大部分班級教師整天都看著他們的學生，一週五天，一天至少45分鐘，一年平均有180天，通常持續好幾年；這代表除了父母之外，沒有其他成人會和孩子有這麼多的接觸時間，就連父母本身可能也都沒有跟自己的孩子有這麼多的相處。不可避免地，教師比起學校其他職務的人更能了解學生，並且基於每日的相處而更能與他們溝通，或者基於互信互敬的基礎而能與之建立關係。教師因而成為與學生和學校諮商方案接觸的第一線；教師時常被要求要能提供傾聽和建議等服務。

2.轉介與受理行動者

學校老師通常是轉介學生給諮商師的最大來源。因為諮商師與學生每日的接觸有相當的限制，因此諮商師對需要諮商的學生的個人判斷，也同樣地有所限制。諮商方案必須倚賴警覺的人員來確認有那些需要諮商的學生不會被忽略或是沒被諮商到。學校諮商師需要鼓勵校內的教師同事積極地尋找這樣的學生，因為有

很多證據顯示諮商師盡力接觸到的只是冰山的一角，而其實有很多非常需要諮商的學生沒有被發掘。

當然光是確定這些學生需要接受諮商可能還不夠。從許多例子看來，老師必須引導與鼓勵學生尋求諮商師的協助。當學生開始進入了一個諮商關係，教師的責任也不算完全結束，教師仍然需要涉入，即使只是扮演支持學生持續接受諮商的角色而已。

教師也許會擔負起一種受理者的角色，不只是為了那些他們轉介的學生也為了班上其他的學生。像這種情形，在某種意義上，教師把諮商後的學生接回到教室環境，並且希望能支持與強化諮商的效果。這個強化者角色的重要性再怎麼強調也不為過。在學生轉介研究小組成員中，教師同樣可扮演一種非常具有功能的角色。

3. 人類潛能的發現者

教師每年都會目睹自己班級的一場才藝遊行。大部分的老師都有專業知能來判別誰擁有從事某種特定行業的特定天賦。教師這種專業知能，加上許多職業特長的相得益彰，讓教師成為一隊的才藝童子軍人才發掘者；教師必須確保每一位學生的長才和潛能都能夠被確認，而且他們的發展是被鼓勵且能得到協助的。這樣的教師角色像是人類潛能的發現者，不單是滿足學校諮商方案的任務，還同時達到對個人和社會的教育責任。

4. 生涯教育者

與前述密切相關的是，教師在學校生涯教育課程中亦為唯一核心角色。因為生涯教育被認為是學生整體教育的一部份，所以，很重要的，班級教師有責任去體認到：需將生涯教育統整入其教學科目中。生涯教育若沒有生涯輔導是不能成功的，反之亦然。生涯輔導方案的成功，與生涯教育的成功緊密相關，也因之取決於班級的教師。

　　教師在生涯教育上的責任，包括對所有正當工作的發展給予正向態度與尊重；其中學生們不斷面臨到許多成人既存的偏見，正是教師極具挑戰性的責任。再者，關於學生對教育與生涯預備、抉擇之間的關係所需的積極態度，亦是教師必須促使其對應性發展有所提昇之；學生也必須有機會去檢視和測試自己的觀念、技巧和角色，以及發展順應他們以後生涯計劃的價值觀。班級團體的安全提供了上述體驗的理想環境。

5.人類關係的促進者

　　學校諮商方案的潛在成功因素，絕大部分依賴學校的氣氛，以及一種對發展積極練習人類關係具有傳導力的環境。班級教師在那樣的環境影響下是有主導性的，如同 *Haim Ginott* 的巧妙說明：

> 我下了一個令人害怕的結論
> 我是教室裡最具決定性的因素
> 是我個人的方法創造了這個氣氛
> 是我每日的心情製造了這個境遇
> 身為教師，我具有使孩子一生悲傷或快樂的巨大能力
> 我能夠羞辱或幽默、傷害或治癒他們
> 所有情況中，我的回應能夠決定擴大或縮小他們的機會
> 以及決定孩子成為有教化或是喪失人性的人（節錄自

Gross & Gross, 1974, p.39）

　　Benjamin Bloom 的書《人類特徵和學校學習》（*Human Characteristics and School Learning*）(*1976*)提出了所有強調有利學習的良好班級和學校環境的研究。*Bloom* 指出，要有百分之九十五的學生學習到所有學校必須教導的事情並達成相同的成就層次，是可能發生的事實。他的研究指出：當有良好條件和學習環境提

供給學生時，大部分學生在學習成就與學習動機的表現大致是相似的；他的研究也同樣顯示出：當班級的環境不利時，就會加大高成就者和低成就者之間的鴻溝與差異。在這個人類關係促進者的角色上，班級教師有機會成為展示正向人類關係的模範。當老師在計劃和指導能為每個參與者增進積極人類關係體驗的團體互動時，教學和技巧演練應像是班級規律的程序，會自然地發生。

6.諮商方案支持者

有人曾說過：「諮商師是人類中最通人性的人。」雖然也許如此，但諮商師就像所有人一樣，需要有夥伴的鼓勵和支持，並需要對這些鼓勵與支持有所回應。因此，班級教師可以對學校諮商方案產生一個重要的貢獻就是：提供給諮商師鼓勵和支持，並且製造一個有動力的環境。教師的支持特別能影響學童如何看待學校諮商師，及如何使用學校諮商方案的服務。教師的回應也不應被學校的行政人員和督導所忽略。當然，教師支持諮商的事實，理想上，應該延伸其影響至家長和社區中的其他人。

班級教師對任何教育層級的任何學校諮商方案有不可忽視的重要性，但是，有證據顯示，到目前為止有太多學校的班級教師仍非有意圖地參與學校諮商方案。許多班級教師對於學校課程的目標有著不確定感，並且缺乏相互溝通和對諮商方案的參與度。在這種情形下，學生是真正的輸家，而諮商師和教師都得為此負責。

因為學校諮商方案的推展是諮商師的責任，諮商師必須開啟與教職人員之間的溝通與互動，必須積極地追求教師的參與和協助，也必須向人類關係的教師專家解說與闡述之。 *Blum*(1986)指出諮商師的知名度及能見度是很重要的---能被看見---以及社交性---能被學校中的老師所認識。諮商師也必須體認到，雖然大部分教師是願意接受諮商師在學校諮商方案上的角色，但如同許多研究所指出的，教師也可能缺乏對諮商師角色和功能的認識。

當然不是所有老師將會或能夠成為這節所提到的「全都包」的角色，但是希望大部分老師能夠以及將會接受這多重的角色。若能讓教師有心理準備來認同、接受和享受他們在學校諮商方案上的角色，那麼教師願意與能夠扮演這些角色的機會，就會大大的提昇了。

學校首要行政人員

不管是一所之長或是大學校長，首要的行政人員對於各自所屬環境中的所有教育課程發展，有可能成為（通常也是）那位最重要的人。多數學校職員(包括校長和大學校長)都以權力的角度來看首要的行政人員－首要行政人員允許他們做什麼和不准做什麼。先前的研究（*Gibson, Mitchell & Higgins, 1983*）曾經提出，對於學校諮商方案的建立和發展來說，行政上的支持被列為是排序最高的項目；這些研究皆強調學校校長和其他教育領導者在他們管轄權內的任何諮商方案上所應該及能夠扮演的角色。這個角色也許可以透過領袖氣質、諮詢、建議和資源支持等活動適切地表現出來；這些活動的特色描述如下：

1. 課程領導和支持者

學校校長的領導行為及支持學校諮商方案的表現，是一個展望方案能否成功的重要決定因素。因為學校行政人員代表了學校和社區的教育領導者，他們有責任給予學校課程一些清楚、開明及明確的支持；這應包含溝通方案特色、具體成就、學校與其他教育系統下的委員需求，以及所有納稅人需求等責任。

2. 方案諮詢及建議提供者

首要學校行政人員應對學院中所有活動和計劃具有最佳的遠

見。依據學校需求（可由學校方案達成的）、學校政策（可影響諮商方案功能的）、問題的再解決歷程（方案所面對的）及方案發展與改進的程序與方向等，首要行政人員所擔任的方案諮詢與建議提供者角色，將能使其對學校諮商方案提供彌足珍貴的貢獻。

3. 資源提供者

首要學校行政人員通常負責學校預算的安排與運用。在這個角色上，他們對於學校所有課程的相關預算、人員的職責、硬體設施與教學設備等，皆須提供建議和方向。他們也可能知道校外的可能資源，例如州立或聯邦基金等學校諮商方案希望能開發的資金。

諮商師與其他助人專業的關係

前文曾提到學校諮商師的一個重要角色是團隊中的一員。不像天生的運動員有時只能加入一個團隊的限制，諮商師可以在好幾個團隊中同時運作，其中最重要和最必然的團隊就是學生人事服務或是學校助人專業團隊。這個團隊的代表性人物包括學校心理醫師、社工人員、語言治療專家、健康人員。為了與其他成員有效率地工作，每一成員必須了解其他隊員的專業技術和職責，以及他們如何互相支援的形式與方法。這並不是一件容易的事，因為這些隊員之間角色通常似乎是重疊的，尤其是在小學層級上。1975年的殘障兒童法令在過去20年內對小學人員的角色定位有一定程度的影響力。不幸的是，含括各專業合作的計劃訓練方案是不多見的，因此，能夠啟發和發展與其團隊概念相容的、正向的、合作的工作關係，就成為學校諮商師和其他專業助人者的重責大任。

學校心理師

　　根據近日的估算，有超過22000位學校心理醫師在美國執業
（*Fagan & Wise, 1994*），而且這些心理醫師接受儲備訓練中一些訓
練方案，皆是針對學生在校時學業方面、行為方面和社會方面問
題心理學專業與教育基礎等知識應用的訓練課程。

　　在1970到1980年間，學校心理醫師在公立學校的數字有戲劇
性的成長，這是導源於州立和聯邦法律為身心障礙學生委任免費
且合適的教育服務之結果。由於特殊教育這種擴張性的成長現
象，大部分學校心理醫師所提供的角色和服務，也一直受到聯邦
及各州如何評價與決定學生是否具有接受特殊教育服務資格所影
響。像個別身心障礙教育法案（*IDEA*）的聯邦法律，指示了學校
心理醫師應有的服務包含：心理衡鑑、諮詢，以及對於身心障礙
學生與家庭的心理服務等（*Humes & Hohenshil, 1987*）。最近的研
究報導學校心理醫師大約花百分之五十的時間在與心理衡鑑相關
的活動上，而剩下的百分之五十平均花在諮詢和介入活動上，而
與法律的規定相當一致（*Smith, 1984；Reschly & Wilson, 1993*）。

　　當特殊教育和其他矯正教育課程的焦點，從1980年代看重候
選資格和識別證明，轉換到重視為輕微身障學生和其他在校適應
困難的學生進行介入和防範的工作時，學校心理醫師就變得更常
參與為所有學生舉辦的介入和矯正課程。學校心理醫師的技巧和
評量學生的工具－－－包括認知能力的測量；學術成就；行為上、人
格上或是適應性行為的測量－通常被用來達到特定學生的需求和執
行其他可能的介入方案。這些評量技巧逐漸地擴展到個人測驗與
行政工作之外，而包括了訪談、觀察和其他可替代性的技巧（如
依據課業資料的評量）。

因為學校心理醫師在臨床工具的使用上受過很多訓練，像是測量個人心理和人格特質，諮商師可能時常會發現，轉介學生給學校心理醫師進行臨床診斷，會是令人滿意的。而且學校心理醫師將會經常透過她或他的診斷評估，來判定學生是否需要諮商服務。

學校諮商師在提供心理和支持服務給身心障礙的學生、家庭，以及這些學生的班級教師時，經常直接與學校心理醫師有所接觸。因此，學校諮商師和心理醫師經常在基礎建構中與學生支持團隊一起合作，此團隊提供教師和家長諮詢，並且提供直接服務給在學校有學業和（或）行為問題的學生。

學校社工師

Crouch（1979）定義社會工作為「意圖幫助那些無法獲得人類存活或到達最高自主境界方法的人」（*p.46*）。學校社工師提供協助服務給那些無法適當運用教育機會，以及難以在學校環境有效發揮功能的學生。在這個角色上，學校社工師是一個轉介資源者，提供服務給因情緒或社會問題而妨礙其學習和學校適應的兒童。學校社工師在學校---兒童---家長的情境中有其特定的訪談和個案工作技巧。學校社工偵與社區機構、非學校的專業協助者（如醫師、律師和牧師）之間，是很密切合作的。

Mears（1977）發表一篇研究，將學校社工師從事的職務做重要性的高低排序，確認四項主要相關的優先活動是：（1）澄清兒童問題的本質和社會工作的變項；（1）評估兒童的特殊問題；（3）促進學校、社區內和學童間的關係；（4）與兒童及其家長做教育諮商。大部分活動都強調社工師角色連結的重要性。因此，社工師的工作取向，從最初臨床的個案工作，轉變成幫助學校的兒童，再變成幫助家庭--學校---社區連結的兒童，以及對兒童和家長進行教育諮商（*p.198*）。

學校社工師在學校服務團隊中是一個重要成員。諮商師和其他專業協助者有時也會需要依靠社工師，提供對兒童更為深入的了解，特別是關於家庭環境和兒童行為問題的性質。

特殊教育者

在1975年，全體身心障礙兒童教育法案（公共法94-142）被編入法律中，這條法令的用意是提供正常而統合的教育機會給身心障礙的兒童。由於希望能在最不受限制的環境下教育學生，這個法案的一個重大影響是：多數身心障礙的學生能進入正規教室學習。普通班的老師也必須為其班上的身心障礙生的進步負責，而且這個法令禁止任何分類的標籤（例如情緒錯亂、智障等等）。這個法令的其他面向提供了身心障礙人們應受到同等權力的公平保障，以及設計了能讓每位學生的潛能都發揮到極致的個別化課程。

這些法令條款的效應中，有一則即是將學校特殊教育者納入學校協助服務小組中。很明顯地，學校諮商師有其評量與安置、個別諮商、團體輔導和生涯協助等專業知能，都很能幫助這群人。與家長諮詢也同樣有幫助。從各方面來看，學校諮商師將會與特殊教育者、提倡給予殘障學生最大教育機會的關心者等，有密切的合作。

學校健康服務人員

多數學校體制會僱用專業的健康服務人員，至少會有兼職人員。普遍僱用的是學校護士和牙醫；在許多學校體制裡，也會聘請校醫。你個人對這些專業協助者的回憶，可能包含了免疫注射、張嘴說「啊」、壓舌板的味道，還有當牙醫發現你沒刷牙時的

諄諄忠告等。這些回憶即是為學校兒童服務的基礎預防健康人員最顯著的特徵。這些專業人員也會判定哪些孩子需要特殊醫學治療，或轉介兒童至進行矯正和缺陷減緩的單位。諮商師將發現這些醫療專業人員是一項資源，可提供轉介服務，以及判定外在生理失調或缺陷會否阻礙學生預期的發展或適應。

精神科醫師

精神科醫師是在異常行為治療上受過專門訓練的醫師。身為醫師，精神科醫師能夠合法地用藥，或使用其他對付心理問題的生理治療方法。如果懷疑孩子可能有情緒不穩、需要使用到藥物治療時，諮商師通常會建議父母將子女帶去給精神科醫師看。對於學生人事工作人員來說，許多精神科醫師扮演了一個重要的諮詢角色。其如：

顯然有很多功能都是重複的－特別是學校諮商師、學校心理醫師和學校社工人員，尤其在小學更明顯。不論如何，每一個專業仍然有其獨特性。那麼就得問一個問題：誰該做什麼呢？ 這個問題可以被討論的緣故，是因為有太多的事情需要完成，只要有學生與學校存在時。學生的不適應和社會的不幸事件暗示著心理健康專業人員並不足夠，那麼爭議是什麼？問題似乎在於領域之爭。在學童需要廣泛多元服務的真實情況下，三種專業人員（小學諮商師、學校心理醫師、學校社工人員）雖然其相似性是被承認的，但是仍渴望專業領域的界線能有所保障。或許對團隊工作的兩難情境來說，最好的解決方法是檢視此團隊在組織模式與成員關係中的專業領域之交流與整合（*Kameen, Robinson & Rotter, 1985, cited in Humes & Hohenshil, 1987, p.43*）。

像團隊般一起工作，顯然是大家都期待的事；團隊工作能使每位專業協助者增強彼此的貢獻。

學校中電腦與諮商

不同專業助人者的合作，近幾十年，隨著電腦科技的來臨，已經大大地被提昇了。這項發展已經促進在今日學校中大量使用電腦，而且，諮商師也開始提供學生各種不同的電腦輔助服務。

起初（在1980年代），諮商師剛開始使用電腦主要是為了職業諮商和輔導。然而在1990年代，電腦和電腦程式逐漸增加運用於協助學生的發展性需求、做決定和解決問題及預防方案上。

Gerler（*1995*）提到：

使用網路和網際網路最有展望的新方法是使用像 *NETSCAPE*或*Mosaic*這樣的軟體程式，這些程式通常對非營業組織是不收費的。這些程式可與大眾主流軟體相容，並且可以輕鬆操作（如*Quick Time*的電影以及視聽設備和令人印象深刻的圖表）。舉例來說，給*Macintosh*使用者使用的大眾主流軟體，就包括：*GraphicConverter, JPEGView, Simple Player, Sound Machine and Sparkle*等。

圖片轉換器是一個由*Thorsten Lemke*發展而成的大眾主流軟體，其為將不同格式的圖片轉換成能夠在特定電腦系統裡讀取的影像所發展而成。

對*JPEG, GIF*和*PICT*影像來說，*JPEGView*是一種既快速又容易使用的影像讀取程式。關於這課程的資訊可以寄信至 *182E. 95th Street 11E, New York, NY10128*給*Aaron Giles*來索取之，或是寄信至此電子信箱：*giles@med.cornell.edu.*

*Simple Player*是由*Rich Williams*和*Chris Thorman*所開

發而成，用來播放和編輯電影。關於此程式的資訊可以打1-8000-762-7775蘋果電腦公司索取。

　　*Sound Machine*是一個能夠播放聲音，包括人的聲音的程式。它是由*Rod Kennedy*所開發的。寄信至以下網址可獲得更多資訊：*rod@faceng.anu.edu.au*

　　*Sparkle*是由*Naynard Handley*所開發。寄信至此網址可獲得更多資訊：*maynard@ekwubg.itagi.ac.nz*

　　所有的程式都能輕鬆下載至有網路連結的個人電腦裡。整體說來，無論是幼稚園或是博士班，這些程式使得網路變成教育工作者的工具。學校諮商師和輔導教育者將會需要能夠接觸和使用網路上可用資源的硬體，以能充分的參與與運用諮商員的相關網站；未來，這一定非常具有使用價值。學校諮商師將需要適當RAM（隨機存取記憶體）的硬體和足夠的硬碟來儲存容量，以及創造、獲取和溝通這些視聽化的呈現（*p.11*）。

　　了解了如*Nintendo*家庭娛樂軟體的影響後，許多諮商師已經開始使用電動遊戲來提昇與學生建立關係的過程。舉例來說，*Print Shop*遊戲用來鼓勵不願配合的求診者表達他們的情感；*Wheel of Fortune and MacConcertration*則是用來鼓勵身心障礙學生與諮商師建立情感，而能提高諮商師輔導的成功機會。不透過語言的非文字遊戲，如*Hot Air Balloon*，被那些和學生使用不同語言的諮商師，用來成為和學生兩人之間一個共通性的媒介。

　　很顯然地，電動遊戲已經變成眾多學生生活中最具主導性的一環。*Gifford*（*1991*）歸類出能夠在諮商和學習上貢獻良多的電動遊戲之六種屬性，這些遊戲可以：（1）允許學生脫離現實世界的限制，而盡情地幻想與自由的玩耍；（2）鼓勵電子微小世界間一個圖片環境，快速移向另一個環境；（3）提供立即重複播放的功能，讓學生能夠學習、編輯，或是在一個安全的環境中去嘗試

冒險犯難；（4）讓兒童保持不失控，即使在沮喪地把遊戲關掉時；（5）在學習過程中扮演學生夥伴的角色；（6）提供一個朝向明確目標努力的機會，並可促進動機。

另一項電腦輔助輔導的應用牽涉到一項*MacMentoring*計劃。為了聯繫被褫奪公權的青年，透過運用這個計劃可以讓他們回到學校來；當學生在學習必備的電腦技巧時，諮商師已經成功地促進與發展學生的個人自尊（或自我肯定）（*Casey & Ramsammy, 1992*）。參與的學生在任務行為上已經顯現他們的進步，在文字處理和電腦影像的程序上獲得了知識和技巧，同時還因為電腦的使用，促進了諮商關係的發展，並使學生從他們與諮商師的間接關係中獲益良多。

電腦在教育系統中是一項重要的資源，而且，所有的學生也都必須知道如何使用與習慣這個工具。*Campbell*和 *Dobson*（*1987*）解釋了為何學生可能會對電腦產生焦慮，避免與電腦互動，因而減少了目前的教育機會和未來的工作選擇機會。他們堅持諮商師必須主動去了解學生，並提供適當的介入來協助學生處理這些問題。*Crosbie-Burnett*和*Pulvin*（*1990*）支持*Campbell Dobson*的論點；缺乏電腦技能的孩子會在學校和就業市場上吃大虧。他們推薦學校使用多樣式的團體諮商方式，使諮商師能夠幫助那些不太會用電腦的學生，以對電腦產生更多的信心與熟悉。有個課程叫做*PRO-TECH*，是含括下列基礎內容（*Crosbie-Burnett & Pulvino, 1990*）：

P- practice，電腦實際操作。

R-risking taking，經由電腦，採用冒險性的影像和行為。

O-organization，電腦方案的組織與計畫。

T-tactile，以電腦做為觸覺探索。

E-emotion，嘗試新奇事物產生的情緒。

C-cognitions，認知或發展正向自我談話。

H-helping，幫助其他人學習。

透過參與這樣的團體活動，學生將有機會得知其他人也是對使用電腦，抱持著相類似的恐懼與懷疑，而能在學習電腦的過程固著接觸到這些具有支持性的同儕，增加與體驗到自己使用電腦的自我效能感。諮商師能提供一個環境，促使學生變得較不害怕、較有動機地與電腦工作；在此種環境的佈置與提供上，諮商師扮演著一個重要角色。

學校諮商師也在校內的溝通網絡中扮演著重要角色，因為諮商師負責傳達學校的政策、畢業標準、學校提供的特殊課程和活動等資訊（*Lucking & Mitchum, 1990*）。*Lucking*和 *Mitchum*認定電腦已然成為促進學生、家長、行政人員及其他有意者之間溝通網絡的必要資源。一種新術語，「桌上列印」（*desktop publishing*），「是以近代科技和最新發展的列印技術所製造的文件列印技術」（*p.270*），成為提供高品質列印的電腦工具。「桌上列印」使得諮商師能夠印製出高品質的文件，省去了商業文件的花費，並且有更多時間可以用來提供諮商服務給學生。

評量工作是學校諮商師的日常任務之一。現在已有電腦程式可協助分析所有可評量的資料、產生假設、進行解說，以及給受試者建議。*Sattler*（*1992, p.790*）提出警告：任何想要使用這種電腦化評量策略的人必須小心其限制所在；這些限制如：「電腦化報告通常是根據一個、兩個或三個測驗而來，通常不考慮受試者獨特的臨床紀錄，或是不能夠完整地評估結果（*Matarazzo, 1986*）。」因此，諮商師仍應負責以非科技性和能被理解的方法來傳達測驗結果。如果一份電腦報告被一位不瞭解這種報告的限制和未受過使用方法的訓練者使用，測驗結果將可能會被錯誤解釋，而介入方案就會根據這些不正確的結論而形成。這種情形明

顯地對學生有害無益。此外，諮商師應負責確認以電腦為基礎的
評量程式能夠正常運作，如此才能得到精確的結果（*American
Counselor Association, ACA, 1995*）。

使用電腦輔助輔導策略需要更進一步地考量保密方面的問
題。當學生資料是以電子資料儲存保留於電腦系統時，無法保密
的現象就很有可能發生，即使諮商師能夠藉著使用辨識的密碼和
通行的密語，以及限制可能接觸學生資料的人來避免（*Zunker,
1990*）。學校諮商師必須採取嚴密的防範措施來確保學生資料以維
持保密性。

ACA（*1995*）在專業倫理守則上提出關於使用電腦的考量
（參見附錄*B*--美國諮商學會倫理法則和執業標準）。在使用以電腦
為主的評量過程中，諮商師得負額外的責任（*ACA, 1995*）。雖然
諮商師需要提供如何在諮商中應用電腦評量的測驗結果，但是我
們還是必須確定受測者在接受評量時，是在智能上、情緒上、生
理上能夠完成電腦行政工作的，同時，這個評量工具應該要適合
委託人的需求，而受測者亦應對活動的目的和步驟有著充分完整
的了解，並且懂得相關限制。最後，諮商師必須負責追蹤受測者
是否對於電腦評量的結果，產生了應用上的誤解或誤用。當然我
們也要注意一點，電腦和科技是補充和升級諮商師所參與的活
動，而非予以取代。在整個諮商服務中，人為因素十分重要，不
能以任何科技取代窄化之。

教育情境中的諮商方案組織模式

之前提過，學校諮商方案必須反映學校人口與情境的特殊
性，因而，假定這些特殊性也會造成諮商方案組織結構上的不
同，應是很合理的推論。因此我們必須體認到，在各教育層級

中，存在著許多成功但卻不同的方案組織模式，且這些結構的差異是根據所屬教育層級（小學、初中、高中，或是更高等教育）的不同而有分別。以下，將簡短地描述一些最為傳統和普遍的方案模式。

小學

有關美國教育上諮商發展的部分在之前已經提過，諮商方案在美國小學不過是剛剛起步而已，儘管這五十年來都一直有支持這種理念的人。由於小學的諮商方案尚未建立起來，我們可以輕鬆地以學校諮商方案的屬性來介紹傳統的組織模式，以讓我們檢視一些可能的考量。

小學教育者在確認哪些取向適合小學諮商方案的組織與發展時，他們已經考慮過小學的特色和目標，特別是那些強調小學是一個教育機構中特殊角色觀點。這包含了導引小學兒童適應教育的環境，以及提供學童最基礎的教育與發展性質的經驗，尤其是那些在學童的未來發展中是非常必要的經驗。小學其他特殊的特徵，也是其諮商方案組織與發展的重要考量點，其如：

1. 大部分小學是一個班級配有一位固定的導師。在一天中的大多數時間，小學學童是在一個自我控制的教室裡，與固定一位老師相處，且至少相處一個學年。正因如此，比起其他更高的教育層級，在小學裡，學童與老師之間必須更加互相了解。

2. 小學強調透過活動來學習。以肢體活動和運動來連結學習，是小學的特色。

3. 小學生理論上是穩定團體的成員。雖然有些學校的族群相對來說是容易變動的，但是普遍來說，大多數的孩子在每一學

年中，多與相同的夥伴一起成長，甚至許多小學的孩子，在
幾年內都與固定的同伴在一起學習。

4.小學通常比中等教育學校的規模小，也比較單純。

5.一般而言，在小學裡家長的關心和參與是比較多的。

　　小學的教育取向與結構更進一步地反映出小學生的特徵。任
何曾經進入過小學的人都應該注意到，絕對沒有「典型小學生」
這種東西。每日與這些孩子相處的家長和老師能夠再加證明，因
為要將這個年齡層歸類是相當困難的。因此，甚至可以這樣說，
小學生普遍的特色是：沒有兩個孩子會是一樣的。儘管如此，稍
微注意到這群兒童需要大量的、已被認同的各種需求和特色，不
會是不恰當的；即使已經注意到了，仍會有持續地、數不盡的研
究和著作會以兒童需求為主題。

　　身為小學輔導的基礎，我們將從兩點立場來看這些需求：（1）
持續需要滿足的基本需求；（2）必須在不同人生階段中達到的發
展需求。

　　*Maslow*以階層呈現或排序人類的基本需求，唯有當低階需求
被完全滿足時，人類才會產生高階的需求。*Maslow*指出，抑制人
類更高階層動機出現的最好辦法就是讓那人挨餓、沒有安全感、
以及不受到愛護。根據*Maslow*的理論，當老師和諮商師觀察小學
生的自我實現及潛能發展的能力時，老師或諮商師必須關心學童
的低階需求是否已被滿足了。

　　根據人類的人生階段理論，人類的發展性需求已在*Havighurst*
（*1953*）著名的《發展性任務》中被詳細地說明。小學的諮商師和
教師應該注意童年中期的發展性任務，如：

1.學習一般遊戲所需的身體技巧；

2.對自我建立健全的態度，以能作為一個具成長性的有機體；

3.學習與同年齡朋友相處；

4.學習適當的男性或女性的社會角色；

5.發展閱讀、寫作和算數的基本技巧；

6.發展每日生活所需的必要概念；

7.發展良知、道德和價值觀標準；

8.達成個人的獨立；

9.發展對社會團體和機構的態度。

　　*Maslow*和*Havighurst*的理論強調，兒童需求中的個人及文化的本質，都會隨著他們的成長而發展。教育方案也隱含有發展性任務：提供小學兒童符合這些需求的學習經驗，包含基本性的和發展性的。

　　除了兒童的需求外，小學諮商計畫應該將下列的學生特徵列入考量：

1.小學生正在經歷持續地成長、發展和改變；

2.小學生不斷地在整合其經驗；

3.小學生相對地在口語能力上受到限制；

4.小學生的推理能力尚未發展完全；

5.小學生長時間專注在某事情上的能力也受到限制；

6.小學生的興趣和熱情很容易就被燃起；

7.小學生的決定和目標就是立即達成的目的－她或他還不會做長程規劃；

8.小學生表達感情幾乎都是開放的。

　　這些特徵的涵義和小學諮商方案的需求，必須在諮商方案結構以及諮商師角色和功能中同時反映出來。

　　任何小學皆以小學的明顯特色以及小學生的特色和需求為基

礎。小學中聚焦於學生的成功方案，必然不只擁有教職人員的贊成，還同時需要他們的參與；這絕對是以教師為中心的。再者，與家長密切頻繁的接觸必須被期待的，特別是一開始就學的前幾年。故若要依賴「與小學生說話」的課程，甚至是在影片或其他媒體與輔助材料補充下，都將註定失敗。小學是活動導向，在此環境下的諮商方案必須「入境隨俗」。最後，小學這幾年被視為是具發展性的時期，因此小學諮商方案必須回應相關發展性而不是偏重矯正的---如較不強調個人適應的諮商，而是更看重發展性的團體輔導活動。

中等學校

在*Parsons*之後的20年間，學校諮商和輔導方案才開始發展。其在早期開始發展時是有時膽怯、有時微弱的，30年代和40年代---實驗性成長的年代，到了50和60年代---一個突然高漲的時代，學校諮商師和諮商方案幾乎是美國高中獨有的東西。雖然中等學校以及諮商與輔導運動，二者不同的影響和重點，已經經常改變方案結構和功能的概念，但是在20世紀後半期，這運動在數字和職業化上保持了穩定的成長，並且發展了已被認同的方案結構、角色和功能的形象。然而，如果一個人重新認識中學、高中學生的特色，前述內容可能會更容易被了解；此在*Keyes*（1976）《高中後有無生活？》（*Is There Life After High School*）一文中，被大力頌揚過。

即使青少年被視為是處於青春期和成年期之間的一段時期，但是很難標準地定義或描述青少年的特徵。就像青少年的同儕團體一般，青少年是多變的、不可預測的，以及無法被控制的。青少年對「代溝」一詞賦予意義，且對此感到驕傲。在青年期結束時，許多成人都很感謝它。.大部分成人認為他們的青年期跟今日的青少年太不相同。他們或許是與現在的青少年不同，因為現代

的青少年不是展現出變化多端的個人特色，就連所屬團體的特色，似乎也一代變換過一代。舉一個極端的例子，許多成人回想起一些人的祖父似乎是直接從兒童期就跳躍到成年期與工作期；今天，一些年輕人將他們的青春期延伸到20多歲，甚至是拒絕長大、抗拒獨立或是不願意接受責任。在如魔術般的青少年歲月裡，對於所有關心年輕人的人，對於那些想要減緩時光流逝的人，確認出青年的一些特色是相當重要的：

1. 一段生理持續成長的時期，至少生理衝動容易被喚起。女孩們研究男孩們，男孩們研究那些研究男孩們的女孩們。純純的愛成了沉迷的愛戀，又變成了不朽的愛（至少在那一刻是的）。

2. 是一段運用獨立、責任和自我約束朝向成熟邁進的運動；這對某些父母來說是非常難捱的時候，尤其對那些想把小莎莎綁在媽媽的圍裙上，或是讓小強尼仍然傳球給老「奶油手指」爸爸的家長來說。

3. 沉迷於他們最新習得的獨立、快速發展的推理與假設能力的新發現。許多青年誇大他們解決世上問題及個人問題的能力。同時，許多人也變得對成人解決社會問題、生活形式和價值觀的方式多有批評，但是卻否認成人站在評量青年生活的位置上。

4. 除此之外，習得了成人的特權－獨立、責任心、自我管理－那是一個從孩子氣轉變為成人形式的表達、回應和行為。不論好壞，成人行為是被模仿且通常是被誇大的。

5. 自己選擇（非成人強迫的）的同儕團體的會員資格對青年來說是十分重要的。同儕團體變成他們重要社會娛樂活動的中心。在很多家長眼中（還有許多權威人士眼中），同儕是他們最初的性教育「課程」。在父母和其他成人要求青少年應獨立的控管下，青少年也許會反過來將他們大部分獨立性和

個體性交出來，以順應同儕團體。

6. 這是他們尋找方向、尋找一套價值觀，以及形成個人認同的一段時期。個人認同往往需要青少年自己來處理－此為家庭和學校經常會忽略的需要。為了尋找新的認同，青少年與同儕一起遭遇到這段旅程上很多共同的問題。雖然多數的研究曾經調查過青少年最關切的事，大部分都在發表後就不合時代潮流了，由於體認到這樣的限制，我們將從最近的研究中，用三項分類來歸納青少年共同問題的一致性。

(1) **發展成社會個體**：這包括了一對一的個人關係，特別是男女交往、愛情、性和婚姻，也牽涉到團體生活和包容；總合來說，就是人類關係技巧的發展。

(2) **發展為獨特個體**：青少年在意他們的獨立性且希望被認為是獨特的個體。當他們找尋如何發展自身的價值體系的同時，往往卻發現他們面對了價值的衝突。一些焦慮的產生，通常是為了要達到一些持續性的要求；這些要求來自於一些想要使青少年能規格化的手段、評量性的測試與其他評價性的手法。當家長或其他人不支持青少年的新自我時，青少年也會在意之。

(3) **發展成為一個有生產力的個體**：關於這一點，年輕人關心他們教育的適應和成就，以及他們的就業選擇、未來教育方向、急迫的經濟需求與工作展望等。許多青少年會如此關心是因為發現學校無法提供他們符合就業市場的技巧，或者會覺得待在學校會延遲工作賺錢的時機。

　　讓我們簡要地看一下中等學校的一些重要特色。當然，即使在任何教育層級上都希望能把學校弄得有點特色，可是下列的觀察普遍適用於美國和加拿大許多的中等學校：

1. 學校大多是規模較大的、以異質學生為主體組成的複雜單位，

中等學校的規模和綜合性也孕育了諮商方案發展和課程活動的意涵。多數的學生主體具高度異質性，通常也代表了許多文化弱勢團體，所以這些團體的認同及對其需求的回應，就成為這方案的一項大挑戰。

2. 中等學校的教職人員是各種不同學術專家的代表，傾向於擅長某個特定科目的領域。因此中等學校的教職人員代表著各種不同的專業，可提供學校諮商方案在就業上、教育上和學生的個人–社會發展上各種用得到的資源庫。

3. 在中等學校就讀的這幾年，對學生來說是做決策的關鍵時機。在這幾年中，學生通常會面臨到影響一生的決定，至少會有兩個：第一，是否要完成中等學校學業；許多關於中輟學生的研究指出，大約有四分之一的青少年決定在完成他們中等學校學業之前離開學校。第二，有許多學生在選擇就業或者進大學之間做了重大決定。在大多數的中等學校裡，提供了各式各樣的課程和活動，同時也給予學生一連串、幾乎是不間斷的副修選擇，學生也同樣面臨了關於性與婚姻、吸煙、酒精和藥物、朋友和友誼方面等重要的個人選擇。

4. 中等學校是學科成就導向的，許多中等學校的行事曆和課表都是正式且嚴密規劃的，相當著重學術標準、家庭作業和成績（較不重視個人成長），在標準化測驗的成就和學校紀律上的強調也是可以被預期的。在小學時學生經歷導師全日帶班的情況在多數的中等學校已不復見，除了在行政方面的檢查之時。所以，當學生正在加速發展成為社會個體的這個時候，中等學校結構通常藉由把他們放在一連串正式的、學業的及學科成就導向的班級經驗，來企圖抑制他們這樣的成長和發展。同時，許多學校無法提供學生一個有規劃的、事先預定好的團體空間（例如會客室），以讓他們能夠在此處發展社會技巧和態度。這暗示了對於學科成就導向教師和諮商師之間的合作來說，將社會發展經驗併入學術課程中會是一大挑

戰。

5. 學校精神，或是團隊精神，比起其他教育機構來說，在中等
教育學校通常更為顯著，這種學校精神經常反映在為求贏得
運動競賽、冠軍隊伍和其他公開的勝利指標項目之上。學生
之間搶著進入好學校的競爭通常是很激烈的。在這些活動
中，社會分類經常只會將其分成已經達成的人以及尚未達成
的人。從積極的一面來說，不管怎樣，在競爭性的活動中，
學校精神經常有一個提高學生動機的潛在因素，能使得學生
留在學校，也使得他們尋求更高的學術成就，並興起留在學
校裡的驕傲。近來，也有許多希望能提高學業競爭之能見度
的建議和努力。

6. 在中等教育學校環境下，校長是最具影響力的人。所有決定、
發展方針和執行都須經由校長的准許，且成敗與否也多取決
於他。不像小學校長一樣，中學的校長常常需要幾位助理校
長、督察和各部門部長，以及專業主席的協助。此外，在為
學校和學校相關人士營造氣氛和風格上，可能沒有其他人會
像校長這麼重要。

　　雖然青少年和他們的學校有許多共同的特色，但是種種的變
異性也在其中有所勝出。在中等教育學校的諮商方案上似乎反應
了這些矛盾衝突，如諮商師從事許多相同的基本活動，但卻是在
一個多樣化的組織結構裡。圖3-1到3-3呈現了三個學校諮商方案
中較為傳統的組織代表。規模較大的學校體系中的學校行政辦公
室裡，也許會有資源專家和專門化服務（如電腦和資料處理、測
驗評分），這些資源對當地的諮商師來說，都可作為支援性的力
量。規模小的學校通常得與其他人員共用諮商和其他專業資源，
這些人員也許在學校體制的行政核心辦公室以外運作，而且只有
特定的幾天才會在他們提供服務的學校內出現。

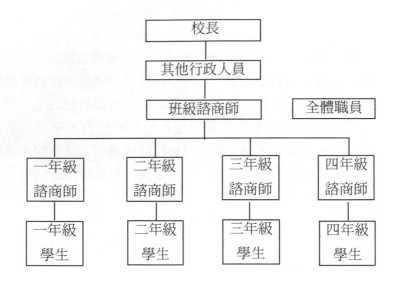

圖3-1　班級諮商師的模式

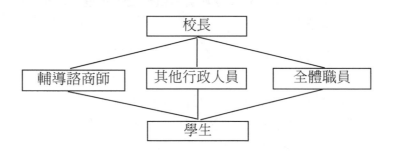

圖3-2　輔導諮商師（最普遍的）模式

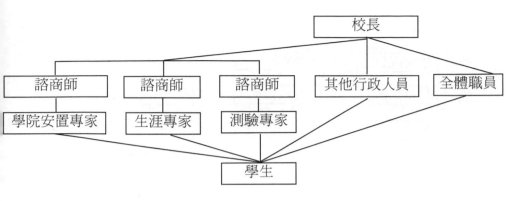

圖3-3　輔導諮商師（專家）模式

高等教育學府

　　雖然從象牙塔中的一般眼光來說，多數在美式足球場上常常受到注意的焦點是引人注目的學生，而有時候（但是不常）是傑出的教授；嚴肅地巡視一下大多數的學院和大學的校園，便能確認諮商師的存在、諮商方案的舉辦、和其他學生服務或是學生發展活動，就像現在所被稱呼的一樣。可以預期的是，這些方案如他們所代表的學院一樣地傳統如昔或特異非凡。正在萌芽的專科和社區大學的運動，對於發展性的方案來說，似乎像是在暗示著一個介於中等學校諮商方案的要素與傳統大學學生人員服務課程之間的公開聯姻。四年制的學院和大學雖然經常有一些有趣的創新之舉，但就方案的運作來說，仍是依循傳統學生人員服務的模式───其諮商方案經常透過校園諮商中心或診所、宿舍諮商師，以及生涯諮商中心提供諮商服務。而在今日，這個領域仍持續地成長著。

　　圖3-4指出一個四年制學院的組織圖表中，諮商服務的提供是學院或大學的學生服務中的一環。圖3-5顯示出諮商服務是一所大型大學方案中的一個單位。

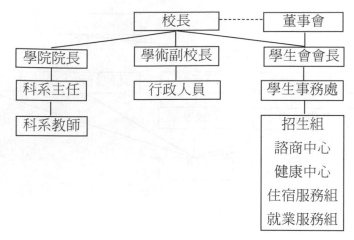

圖3-4　一所四年制學院的組織圖

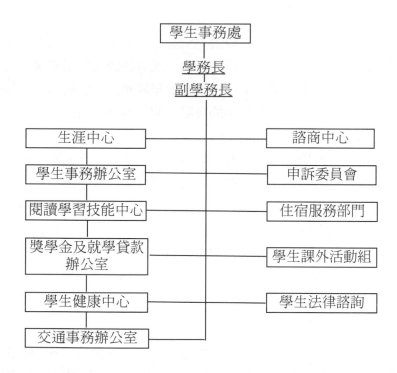

圖3-5　在大型大學中學生事務處的組織圖

學校諮商方案未來的方向

我們都會去預測未來。我們當前的許多推論，當然都是短程的－－我們預測明天天氣會更好、咖啡的價格下個月又會上漲了，或是美式足球隊在秋天時將會贏球。

預測未來很有趣，但也很冒險，特別是如果有人大膽到去發行出版這些推測。然而，即使是最具科學效益的預測（如備受推崇的科學學院現在也從事這樣的研究），仍然有許多的不確定性會發生。人們仍然會閱讀星座分析和每年一度的新年預測，去看手相或是分析測字，而且還會注意到像《20世紀的預測》（*Naisbitt & Aburdene's Megartends 2000*）（*1990*）這類書已經暢銷國際了。

即使我們對於未來會發生什麼有著高度的興趣，尤其我們的社會在這幾世紀以來對預測未來的興趣似乎也沒有縮減，但是洞悉未來的本質和需求已經經歷了重大的轉變。自從二次世界大戰的未來派科學之後，我們注意到此趨勢的浮現，它著重科學、資料庫、電腦輔助預測，以及組織的發展，如：未來學會（米斗城，康乃狄克州）、世界未來社會（在華府成立，華盛頓特區）、休士頓學會（印第安那帕立，印第安那州）。對於合理、精確的未來預測的需求已經越來越明顯了。

有一個指標，將會在產品、活動或是組織上可能發生的改變；這個指標對於他們的現況有著強力且重要的批評。舉例來說，即使是那些「不看、不聽、不說邪惡」的人，在這幾年對於教育也有非常清楚的、非常多且非常強烈的批評；批評已造成改變，也會繼續在未來帶來改變。

舉例來說，在雷根總統於1984年通過教育強制任務法案後，對基礎層面的強調逐漸在增加。這次的強制任務發表成書－《危機邊緣的國家》（*A Nation at Risk*）（*Bell, 1983*），造成了全國教

育改革運動，而回歸到有意義的基礎上，如更注意學生紀律和管理，或進行標準化的成就測驗以測量學生學習等。學校諮商師特別有興趣的就是大學入學考試委員會在大學入學前的輔導與諮商。在《開放選擇機會》（*keeping the options open*）（*1986*）一書中發現：

1. 適當的諮商和輔導服務對所有的學生都非常重要，尤其是那些出身貧窮、弱勢種族，以及有家庭壓力或因家庭分裂而處於劣勢的孩子。

2. 諮商專業的處境甚為艱難（大多時候諮商師會被分派的任務，如例行行政工作、做記錄和監督學生---這些都誤用了他們的技巧和才華。在許多州裡，學生和諮商師的比率，已經不成比例到讓諮商師無法有效發揮的情況了）。

3. 輔導和諮商服務的提供，與公共服務分配的模式甚為雷同－最需要的人得到最少的協助和服務（大學入學考試委員會，*1986, pp.2-3*）。

　　大學入學委員會對於學校未來進行的行動計劃，提出了四項應優先排序的建議：

1. 在每所學校的當地區域建立一個具廣度基礎的程序，以確認每所學校學生的特定諮商和輔導需求，以及計劃如何能最有效地達成這些需求。

2. 在每所學校校長的領導之下發展一個方案，這個方案是能提升輔導諮商師身為一個學生潛能的監察者和促進者之功能，以及身為學校輔導計劃的總召集人之重要性。

3. 展示方案讓家長和其他家庭成員了解到：他們在學生的選擇、計劃、決定以及學習活動上的影響力。

4. 在學校就讀這幾年，尤其是一開始和中間時段，提供學生一個

　　輔導和諮商的方案，特別是對那些之前是在傳統學校沒有接受過完善服務的學生（大學入學考試委員會，*1986, pp.5-6*）。

　　他們也對各種行動者和學校以外的機構，提出了四項重要建議，並強力支持以學校爲基礎（*school-based*）的改變：

1. 加強學校、社區機構、大學、業界和其他社區資源間的團結力量，以強化提供給學生的服務品質。

2. 在各州建立一個明確程序，以決定哪些特定學生族群應尋找輔導和諮詢的協助，並且對呼應其需求的地方倡導，應給予支持。

3. 更加支持幫助弱勢學生進入大學，並發展助其念完大學的課程。

4. 修正學校諮商師的訓練，包括必備的特殊技巧和知識，使他們能夠在學校扮演更爲中立的角色（大學入學考試委員會，*1986, p.6*）。

　　我們也必須體認到有一股諮商師的新風潮正要傳入校園，因爲許多在國防教育法令中受訓過（在1960年代）的諮商師即將要退休，而且小學諮商師的漸增需求是一種全國性的現象，凡此，皆能夠大量地提高諮商師在學校的就業機會。許多州也修正了學校諮商師訓練和資格檢定的要求。

　　新一代的諮商師必須會操作電腦，並能在上一資訊時代處處留意與他們工作相關之先進科技。電子和多媒體的運用與學習，將會大大地影響與產生各式各樣的新學習方法。同樣地，諮商師亦會逐漸地透過網際網路來與當地的、全國的以及全球的諮商師建立組織網，以相互交換意見、解決方法和資訊。

　　對科技和職業課程與日俱增的重視以及對藝術的重新重視，都將包含在新的課程重點中。學校也強調環境對話的重要性。越

來越多的國際導向化也將會被期待。有關上課的一日和一學年的時間將會延長，乃是未來美國教育系統重要的一環。最後，學校正被假想成終生學習的中心。

　　如同以往，諮商師將持續地進行諮商和諮詢工作，以及注意學生族群的生涯發展需求。無論如何，這些需求將會大大地與過去一個人只有一個職業不同；我們看到在這個世紀裡，當個人進入職場時（伴隨著職業的期許），在他們工作的一生裡，會有三到七個明顯不同的職業。因此，將會有許多需求會回到教育環境下被要求回應與滿足，例如適應新的科技和移向新的地理位置。學校職業教育也必須使年輕的工作者擁有調適和適應能力的準備，諮商師也得確定青年對明日的就業環境（而不是昨日的）做好了準備。

　　未來將會增加許多著重在預防和及早介入的方案，因為像兒童虐待、濫用物質、青少女懷孕、愛滋病和其他性方面的問題，以及看起來像是永遠存在於學校的中輟生問題和青年失業問題等，已經成為社會關心的焦點議題。與其對這些社會議題進行事後補救工作，我們逐漸體認到，不如先行設立預防方案的必要性----而且更有遠景，這將會提供學校諮商師前所未有的機會來建立他們的獨特性，以及他們對社會的全新價值。同樣地，由於身為學校人類關係的專家，諮商師也將會被期待能藉由提昇多元文化的了解和關係，使他們在偏見預防上扮演著更為積極的角色。如前所提，我們從事的是一個致力於關心和尊重每個個體成長的工作；再進一步說，以專業角度來看，我們是一群有關溝通和人類關係的專家。因此，我們的價值和技巧，在所有種族/文化/民族和宗教族群中，於促進其正面和豐富生產力的關係上，都在在顯示出諮商師專業角色的重要性，將會不斷地提高。

　　目前諮商師角色上最急切的需求是，雖然在立法設定上和司法決定上有了長足的進展，但卻越來越發現在個人的察覺、了解、尊重和接受的層次上尚未有大進展。當我們注意到約25%的

人口為弱勢族群時，這個程序的緊急性又更重要了。具體來說，到了2010年會有32%的弱勢人口，而到了2050年就會有47%的弱勢人口（美國商業、經濟和行政統計部門，統計局，1993）。我們再一次看到破除偏見、尊重以對，以及對於人類關係的了解等，都必須在學校環境下開始實踐。為了達成這個目標，諮商師自己得先成為察覺、了解和接受的模範。千禧年的諮商師也將被期許能在所接觸的不同環境中（例如社區、學校等等），和對於當事人的影響上，都能有專業勝任能力。

績效的需求，將使得諮商師必須增加測量和標準化測驗的知識。發展迅速的家庭治療領域，將在緊接下來的數十年中影響學校諮商。關於這方面，*Peeks*（1993）寫到：

在諮商和教育領域上所產生的變化，乃於美國公立學校的城牆內被阻隔著。當諮商已經朝向體制典範轉換時，學生即被視為一個較大單位，也就是他的家庭中的一部份。當教育朝著擴大效力的轉換時，在教育過程當中，家長也被視為一個重要而必須的角色。這兩個轉變都告知著一種重要性的存在：欲能使教育成功，須延伸至學生的社會單位。學生是一個家庭裡的頭號成員（*p.128*）。

學校諮商師在不久的將來，會被要求在家庭的生活形式上以及家庭對學校青年的影響上投入更多關注。*Peeks*（1993, *p.249*）預測：

教育方面不斷新增的改變和已擴張的諮商功能，將使諮商和教育在學校的情境下更為緊密相關。有人預測未來的學校將變成家庭中心（*Cetron, 1985*），它將提供給滿載壓力的家庭一些家庭健康和就業的服務。一個典型的校區可能可提供訓練給3到21歲的學生和21到80幾歲的成人。這些擴大的服務將透過人造衛星或由多元功能的專業人員來提供。學校會需要提供能保護孩童免於社會混亂和瓦解家庭的方案（*London,*

1987)。

設立這樣的方案，將會藉由了解學生和家庭間強力系統連結的學校諮商師，而讓家庭的參與成為學校情境中的必需品。家長對於學校任何形式事務的參與，似乎在學生的成就上都能產生預期的效益（*Henderson, 1988*）。

另外，在美國絕大部分有孩子的家庭通常是雙薪或單親家庭。這種新的家庭生活典型蘊含許多意義，其重要之一：孩子會發生什麼事？目前為止，一些提供給鑰匙兒童的計劃仍在持續進行。很明顯地，若沒有適當的準備，必然會給個人和社會帶來悲慘的結局。學校諮商方案必須再發展出適合所有學校青少年的多元與有效的課程，包括對鑰匙兒童。

據*Peeks*（*1993, p.248*）所言，在接下來的數十年中，對於諮商師來說，努力使家長參與孩子在學業上的努力是十分重要：

數十年的研究證明，家庭對學生的學業成功相當具有關鍵性。研究已經指出，對大多數學生而言，他們所就讀的學校對其學業成就上的影響力不如他們出身的家庭（*Gandara, 1989*）。更近一步的研究顯示出家長和學校間的座談會不只加強了家庭和學校的關係，也對學生的表現造成衝擊（*Turnbull & Turnbull, 1990*）。

我們相信未來的學校諮商師將逐漸地被要求去從事一個研究：在學校情境下如何加速解決許多長久以來的青少年問題，如先前所提的。唯有透過一個精銳盡出的專業努力，我們才有可能有希望在這些方面的問題處理上有真正的進步。

除此之外，學校另一項未來的責任就是：讓學生能夠準備好進入變化快速的就業市場。如果美國將持續與全球的市場競爭，美國工人將需要接受比目前更為高度的訓練。學校將負責使學生

具有適應性，對於新科技不停變化的要求能夠迅速回應之。許多就業者的工作將巨幅改變，這往往就在短短幾年內發生；這表示學校將需要對青少年和成人進行訓練和再訓練工作。如前所提，未來的工作者將會經常地被取代，他們也將會不斷地從一個工作換到另一個工作，所以他們將需要定期性的再訓練，因為每一個新的工作都將與之前的工作有所不同。

學校的生態

　　討論學校的生態，實際上我們是在檢視學校的氣氛，也就是它的環境。在 *Kurt Lewin*（*1936*）發表之後，生態心理學強調環境對個人行為的重要性。在生態心理學這領域的專家逐漸增多，其關心的是個人如何接受、評估與影響他們的環境，以及如何被環境影響和塑造。

　　當然，學校是一個重要的環境，而且它將影響其就讀學生的行為、價值觀和計劃。然而 *Conyne*（*1987*）指出：最近把這個觀點應用於諮商實務上，有趨增的興趣。在這樣的脈絡下，學校諮商師能藉著體認以下的概念，來增加對其學生當事人族群的了解：

1. 環境對行為有極大的影響力。因此，學校諮商師必須了解這樣的影響力，如果他們想要去預測、修正或是防止他們不想要的行為在其學生當事人身上發生的話。

2. 因為像學校這樣穩定、長期的環境，能夠傳達對於行為、價值觀和態度的期許和標準，所以學校諮商師與他們的教學夥伴必須據此而進行相關計畫。

3. 對於環境的了解，為饒富意義的預防方案之發展提供了一個重要的基石。

4. 學生就如所有人一般，追求著最佳環境，並在此一環境中發展出合適的個人概念，滿足他們的需求，以及使其潛能發揮極致而努力。這樣的環境提供支持的關係和一個充滿動機和歡樂的氣氛。

　　我們不能單以記錄和資料來作為了解學校和學生的基礎（即測驗分數、成績、出席率等）。他們是人生舞台上的表演者，為了解他們所扮演的角色，我們就必須了解這個環境。因此，藉由生態心理學探索學生心理與環境的相互作用，將能更幫助我們了解學生。

摘要

　　在《更好的家與花園》（*Better Homes and Gardens*）這篇文章曾提到：「如果你在1960年之前完成高中學業，大概你認識的學校諮商師，就是你孩子的學校諮商師」（*Daly, 1979, p.15*）。本章假設大部分在1960年之前就從高中畢業的人，對他們的諮商師是如何受訓或是取得執照只有些微的認識，也對他們的角色和功能不甚熟悉。也許就是社會大眾對諮商專業所缺乏的了解，造成諮商專業人員在過去十年內更活躍地移往到公共舞台上，來「宣告諮商究竟是什麼」，以及提昇他們的訓練，並且藉著資格檢定和執照，尋找可以使他們的專業不被資格不符的侵入者干擾之庇護。在這邁向20世紀的時候，我們已經達到了許多成就。大約在100年之間增加到20萬個左右的學校諮商師之後，我們可以證明諮商師的訓練、資格檢定和執業有著巨幅的進步。

　　今日的諮商師訓練有碩士、專家和博士層級，也有可能會有學士班和博士後的課程。除了中等教育學校後的機構之外，所有

州均詳加記載諮商師在學校情境下就業的準備工作和資格檢定的形式。這些要求普遍反映了對於諮商師角色和功能的期望，各種學校層級、環境和當事人不同特色，造成了諮商師角色和功能上的異同。無論如何，學校諮商師能特立獨行，他們必須將自己視為學校團隊中的成員，並且為了那些攸關任何學校諮商方案成敗的教師、行政人員和其他專業協助者的合作和貢獻而努力。

　　最後，我們提到學校諮商師和學校諮商方案必須能夠順應未來的要求，如果諮商師希望對他們想要服務的族群來說，是一個舉足輕重的角色的話。當然，這對於服務於各種社區和機構情境下的諮商師來說也很適用。第四章將會敘述在這幾種場境下的諮商師。

問題討論

1. 請你回想，在就學時與不同專業助人者接觸的情形（如學校心理醫師、學校社工人員、學校諮商師、校護和其他健康服務人員）並進行討論，以比較他們在學校方案上的角色差異。

2. 即將作為諮商師的你，有哪些特別的準備或是主題，是你想要在訓練方案當中看到的？請明確指出並說明理由。

3. 學校諮商師應該具有教學經驗嗎？為什麼需要或為什麼不需要？

4. 討論你本身所經驗過的小學、中學學校和（或）高中諮商方案。

5. 你能想像在2025年時，一位學校諮商師的專業活動會是什麼？

6. 學校輔導和諮商方案如何回應重大社會方案，如物質濫用、兒童虐待、愛滋病和流浪漢等問題？還有其他學校諮商方案應該

涉及的重要社會問題嗎？如果有，是哪些問題？學校諮商方案
應該如何回應呢？

課堂活動

1. 跟隨一位學校諮商師一整天或兩天，並對全班報告你的觀察。

2. 針對（教師、校長或其他專業協助者）與學校諮商方案的關係
   及其貢獻，訪問其中一位，並報告你的發現。

3. 假設你們（這一班）是被要求制定一個21世紀的學校諮商方案
   的一群專家。請略述這樣一個方案的內涵。

可進一步閱讀的文獻

Bell, T.(1983.) *A nation at risk : The imperative for educational reform*. Washington, DC：The national Commission on Excellence in Education.

Casey, J.A.(1995) Developmental issues for school counselors using technology. *Elementary School Guidance and Counseling, 30(1)*, 26-34.

College Entrance Examination Board. (1986). Keeping the options open. NY: Author, Commission on Percollege Guidance and Counseling.

Dean, L..,&Meadows, M. (1995). College counseling : Union and intersection. *Journal of Counseling and Development ,74(2)*, 139-142.

Dennis, D. L. , Buckner, J. C.,Lipton ,F .R. , & Levine,I. S. (1991). A decade of research and services for homeless mentally ill persons. *American Psychologist, 46*, 1120-1138

Gibson, R.L. (1990). Teacher opinions of high school guidance programs: Then and now. *The School Counselor, 37*, 248-265.

Kelly,J.A., Murphy, D.A., Sikkema, K.J.& Kalichman, S. C. (1993). Psychological interventions to prevent HIV infection are urgently needed: New priorities for behavioral research in the second decade of AIDS. *American Psychologist, 48*, 1023-1034

McAuliffe,G.J.(!992). A case presentation approach to group supervision for community college counselors. Counselor Education and supervision. *Counselor Education and Superivision,31*,163-174.

Milburn,N., & D'Ercole, A. (1991). Homeless women. *American Psychologist, 46*, 1161-1169.

Neukrug,E.S. (1991). Computer-assisted live supervision in counselor skills training. *Counselor Education and Supervision,31*, 132-13

Paisley,P., &Borders, D. (1995). School counseling : An evolving specialty. *Journal of Counseling and Development, 74(2)*, 150-153

Rafferty, Y.,& Shinn,M. (1991). The impact of homeless on children. *American Psychologist, 46*, 1170-1179

Robbins, S.B., Lese, K.P., &Herrick, S. M. (1993). Interactions between goal instability and social support on college freshmen adjustment. *Journal of Counseling and Developmnet, 71*, 343-348

Short, R.J., & Talley,R.C . (1997). Rethinking psychology and the schools: Implications of recent national policy. *American Psychologist, 52*, 234-240

Srebalus, D.J.,Schowartz, J.L., Vaughan, R.V., & Tunick, R. H. (1996). Youth violence in rural schools : Counselor perceptions and treatment resources. S*chool Counselor, 44(1)*, 48-54.

Worthington, R. L.,& Juntunen, C.L. (1997). The vocational development of non-college-bound youth : Counseling psychology and the school-to-work transition movement. *Counseling Psychologist, 25*, 323-363.

第四章

在社區與機構場域中的諮商師

許維素

在你們當中的許多人，最終可能會考慮成為在社區、機構或其他非學校之職業場域中工作的諮商師。本章的用意即是使你們了解到諮商師在這些場域中的角色及功能；這些場域包括社區心理健康中心、就業與復健機構、矯正情境以及婚姻與家庭諮商。另外，教牧諮商、老人諮商及私人執業也會被討論到。

表4-1至4-4標示了社區、婚姻與家庭、心理健康以及復健諮商師於第一年工作的就業安置。假如你們對非學校的工作場域感興趣的話，可以從中對可能就業的類型做深入地了解。

表4-1 社區諮商碩士課程之畢業生，畢業後第一年安置

安置環境	1993		1996	
	報告安置之方案數目	全部畢業生所佔之百分比	報告安置之方案數目	全部畢業生所佔之百分比
高等研究所方案	125	10	122	11
管理性照顧	81	8	89	8
私人執業（機構）	119	24	125	22
公立機構	130	49	141	48
小學	0	0	53	7
初中	0	0	8	0
高中	0	0	6	0
高等教育之學生事務	0	0	9	0
其他場域	44	8	30	2
總計百分比		99		100
提供資料之方案數目	143		149	

資料來源：*Counselor preparation, 1996-98: Program, Faculty, Trends*, p80, by J. W. Hollis, 1997, Muncie, IN: Accelerated Development, Inc, and National Board for Certified Counselors, Reprinted with permission of Taylor & Francis, Inc.

表4-2 婚姻與家庭諮商（治療）碩士課程之畢業生，
畢業後第一年安置情形

安置環境	1993		1996	
	報告安置之方案數目	全部畢業生所佔之百分比	報告安置之方案數目	全部畢業生所佔之百分比
高等研究所方案	43	12	59	13
管理性照顧	34	9	40	9
私人執業（機構）	52	37	60	26
公立機構	46	37	67	41
小學	0	0	4	0
初中	0	0	3	0
高中	0	0	4	0
高等教育之學生事務	0	0	4	0
其他場域	14	4	25	9
總計百分比		99		98
提供資料之方案數目	53		74	

資料來源：*Counselor preparation, 1996-98: Program, Faculty, Trends*, p.89, by J. W. Hollis, 1997, Muncie, IN: Accelerated Development, Inc, and National Board for Certified Counselors, Reprinted with permission of Taylor & Francis, Inc.

表4-3 心理健康諮商碩士課程之畢業生，畢業後第一年安置情形

安置環境	1993		1996	
	報告安置之方案數目	全部畢業生所佔之百分比	報告安置之方案數目	全部畢業生所佔之百分比
高等研究所方案	47	14	61	14
管理性照顧	32	7	46	11
私人執業（機構）	46	25	60	21
公立機構	53	48	68	46
小學	0	0	3	0
初中	0	0	1	0

高中	0	0	0	0
高等教育之學生事務	0	0	6	2
其他場域	20	6	24	6
總計百分比		100		100
提供資料之方案數目	56		74	

資料來源：*Counselor preparation, 1996-98: Program, Faculty, Trends*, p.98, by J. W. Hollis, 1997, Muncie, IN: Accelerated Development, Inc, and National Board for Certified Counselors, Reprinted with permission of Taylor & Francis, Inc.

表4-4 復健諮商碩士方案之畢業生，其畢業後第一年安置

安置環境	1993		1996	
	報告安置之方案數目	全部畢業生所佔之百分比	報告安置之方案數目	全部畢業生所佔之百分比
高等研究所方案	46	5	47	7
管理性照顧	36	7	30	5
私人執業（機構）	59	28	56	28
公立機構	62	50	64	51
小學	0	0	1	0
初中	0	0	0	0
高中	0	0	3	0
高等教育之學生事務	0	0	4	0
其他場域	23	8	25	8
總計百分比		98		99
提供資料之方案數目	75		67	

資料來源：*Counselor preparation, 1996-98: Program, Faculty, Trends*, p.113, by J. W. Hollis, 1997, Muncie, IN: Accelerated Development, Inc, and National Board for Certified Counselors, Reprinted with permission of Taylor & Francis, Inc.

社區與機構場域中的諮商師訓練方案

在社區與機構工作的諮商師之專業訓練，與學校諮商師訓練過程相當類似；過去在許多碩士學位課程中，可能除了會有實習課程、實習情境之別以及幾門專業課程上的差異之外，這兩類的諮商師訓練幾乎沒有太大區別。然而，現今專業機構已然對專業特定領域諮商師訓練的要求產生新的標準，而促使諮商專業特定課程的增加。在一些學校裡，諮商師可能會在不同系所或重點方向不同的課程中接受訓練；甚至在博士學位的課程上，也有很明顯的差別。這些諮商師儲備訓練的準備，完全針對所預期之工作場域而設計。

諮商與相關教育方案檢證局(*the Council for Accreditation of Counseling and Related Educational Programs;CACREP, 1994*)規定社區機構諮商師之儲備訓練課程最少要有48個學期學分或72個季學分學分之研究所課程。這課程包括下列八個一般核心領域：人類成長與發展、社會—文化基礎、助人關係、團體工作、生涯與生活型態發展、衡鑑、研究、方案評鑑以及專業導向。心理健康諮商和（或）婚姻與家庭諮商(治療)則包括研究所程度的研究，並至少須有60個學期學分或90個學季學分。而下列三個專業領域研究是必須附加的：社區諮商之基礎、社區諮商之背景範疇以及社區諮商實務之知識與技能。此外，還需在社區場域中實習600小時。

透過檢視1963年心理健康中心法案條文所建立的全國心理健康中心網絡，可以對諮商師的訓練及實際工作運作有更深入了解。每一個心理健康中心至少應提供下列五項服務：(1)住院病人照顧；(2)門診病人照顧；(3)部分入院治療；(4)緊急照顧；及(5)諮詢、教育及資訊。

許多社區心理健康中心的諮商師及管理者都是從諮商心理學

課程畢業的博士，除了在個別及團體諮商的儲備訓練外，其訓練課程通常還包括心理測量、研究設計、人類行為之生物、認知與其他基礎、介入策略及服務傳遞系統等方面的領域，以及培養專業特定領域能力的附加課程。

　　因此，當我們繼續檢視不同社區、機關及機構場域中諮商師的角色時，我們強調這些諮商師不僅處理較傳統的治療及調適議題，也會處理受輔者的發展及成長需求。

證照之重要性

　　如同在第三章所說，長遠來看，證照制度的推動將會保障大眾及專業本身。對於許多在社區機構執業或私人執業的專業諮商師而言，證照尤其重要，因為案主的收費情況會影響到機構或個人的財務狀況。這種收費的類型通常被稱為第三者付費的費用，是根據保險公司及醫療條款，來支付案主接受合格（領有證照的）專業者之服務。每一州核發證照的過程是透過立法行為所制定，州立證照委員會負責實施立法後的證照核發專案。

　　目前，諮商心理師可在50州的任何一州裡接受檢定。若要獲得合格證照，受檢者必須具有心理學之博士學位，須完成取得博士學位前的實習工作，以及須通過國家證照考試和各州所自訂的特定考試科目。

　　由諮商師教育課程中所訓練的專業諮商師，目前可在44州及哥倫比亞行政區內獲得證照。雖然獲得證照的過程因州而異，但是通常會要求受檢者須具有碩士學位並通過國家證照諮商師委員會之考試。在一些情況下，修習CACREP方案所檢證的畢業生，只要一完成研究所的訓練方案，便具參加考試的資格，而不必在取得考試資格前，要求自己獲取相關經驗。

社區心理健康機構

　　社區心理健康機關在一特定地點上為大眾提供諮商服務。許多社區心理健康機關是由1963年之社區心理健康法案所發起與設立的；此法案替那些必須遵循國家心理健康機構指導方針而設立的中心，提供了最基礎的資金。這些機關的目的在提供預防性社區心理健康服務。通常，這類機構提供住院與門診病人服務、緊急服務、教育與諮詢服務。許多機關也提供了部分住院治療服務、診療服務，並且還會透過家訪、寄養家庭安置與中途之家等方案，提供社區的事前照顧與病後調適等服務。

　　參議員*Edward M. Kennedy*（1990）曾說過：

　　經驗證明了：許多重要特點必須被包括在一照顧嚴重心理疾病之社區方案中。這些重點如下所示：

1. 對服務人口做量化分析，以決定案主之數目及其特定需求。
2. 個案管理，以便有人負責協調及監督所需之服務。
3. 支持與復健方案，以便提供適合案主年齡、功能程度與個人需求之服務。心理治療、職業訓練、督導性工作、獲得與保持競爭力就業、以及協助個人重新融入社區中的經常性社會接觸方面等協助，都應提供給社區成人；而合適範圍的服務也應提供給孩童。其目的在於使個人能以最大可能程度來運作與發揮功能。
4. 在日間住院治療與定期性預約中的醫藥治療及心理健康照顧，以便管理藥物治療及監控心理狀態。
5. 對社區中第一線照顧心理病患之所有家庭伸出援助，因為他們經常須獨自無助地面對心理疾病帶來的嚴苛折騰。
6. 住屋服務，如從監督人員持續進駐的中途之家，到能督導其獨立生活的中途之家等類型。對無家可歸之心理病患的

外展協助，應該被視為這些服務中之一個必要部分（1238-
1239頁）。

　　表4-5以花費時間的高低，來標示機構諮商師如何度過他們的
工作時間；這資料源自我們對諮商師角色與功能的研究（1996-
1997）。

表4-5　執業諮商師如何花費他們的時間

活動	機構
個別諮商	1
團體諮商	8
夫妻/家庭諮商	4.5
危機介入	
標準化測驗之實施及（或）解釋	
非標準化評估（即個案研究、資料收集之面談、問卷調查等等）。	6.5
需求評估（以決定目標人口之優先需求）	6.5
諮詢活動	3
個案管理	4.5
處理和作為提供者的管理性照顧機構（MCOs）接洽（即提出申請、事前檢定、個案之同時審查、上訴決定等等）	
預防活動	10
臨床督導活動	9
行政活動	2
資訊傳播：公共溝通及公關 其他	

　　備註：根據由*Robert L. Gilbson*及*Marianne H. Mitchell*在1997年所做之調
查。

機構團隊

在大多數的社區心理健康機構中，諮商師必須和其他相關的助人專業者，例如精神科醫師、臨床與諮商心理師，以及精神社工師，互相配合組成一個團隊。精神科醫師通常被視為這個團隊的領導者，因為他們具有醫學背景，可以執行身體檢查、開處方，並能安排行為偏差者入院接受治療。除了基本的醫學訓練外，一位合格的精神科醫師需要在精神科相關機構中服務三年，再加上兩年的實務經驗。

諮商或臨床心理師必須接受至少三學年全職的研究所課程，再加上一年在相關機構的實習。雖然課程的重心會因學校的不同、臨床和諮商心理學間的差異而有所改變，但是普遍來說，心理師都受過心理學、諮商、心理治療、心理評鑑及心理研究的基礎訓練。

有人認為臨床和諮商心理學間的差異一直都不太明顯，但實際上這差異是存在的。例如臨床心理師比較偏重治療行為偏差及人格重整等工作，而諮商心理師則是幫助一般正常人更了解自身在調適方面的困難。

精神社工師至少須接受兩年碩士程度的訓練課程，且在這當中的一年，主要必須在診所或醫院中實習。社工師被訓練來協助遭遇經濟或其他問題的人們，其協助過程通常會配合社會福利及方案進行之。然而精神社工師多服務於醫院或社區心理健康機構中；也因此他們可以收集病患及家屬的資料，並和家屬合作來協助病患進行調適。在多處社區心理健康中心裡，精神社工師也會從事非醫學性的治療。

在機構場域中的諮商

在機構中的諮商工作是怎樣的情形呢？以下便代表描述著一位來自「南部中央社區心理健康機構」（在印第安那州的布魯姆城）諮商師一天的生活。

一位社區心理健康中心諮商師的一天

8:00A.M. 向秘書取得有關行程改變及預定重要會議之訊息。

8:05A.M. 順道取出今日三位案主之醫療紀錄。

8:10A.M. 檢閱8:30分會來此之案主的資料。

8:30A.M 和今日第一位案主見面五十分鐘——一位27歲並育有二子的已婚婦女，現正處理父親近日過世的事件---哀傷議題。

9:20A.M. 寫下第一位案主的摘要記錄報告。

9:45A.M. 打電話給：(1)負責昨日案主的社工師，討論案主的小孩所需的特殊幫助；(2)精神醫師，討論需要精神評估的案主之轉介。

10:00A.M. 和排定的新案主進行初步會談。

11:15A.M. 修改案主之初步會談記錄，以準備在稍後的團隊會議中提出簡報。

11:45A.M. 打電話給兩天前之案主，告知他有一個專為幼 時遭受性侵害的成年人所成立支持團體等訊息。

12:00A.M. 吃午餐及向秘書取得新的訊息。

12:30A.M. 準備在團隊中做簡報的接案記錄，瀏覽早上接的案主資料；並檢閱下午2:00要來之案主先前的病例紀錄。

1:00P.M. 團隊會議：和成人門診病患團隊見面；聽取五個新個案的簡報；選取其中兩個個案，以填補治療案主所遺留

的兩個空缺；向團隊提出新案例(稍早接受初步會談的
案主)。

2:00P.M. 和今日第二位案主見面－一位36歲、育有兩子、最近離
婚的男性，因正面臨新改變而有適應困難。

3:00P.M. 寫下第二位案主的個案摘要記錄。

3:20P.M. 打電話：(1)確認案主的電話預約；(2)通知那些在會
議中所選取的新案主，重新排訂預約時間—只聯絡到
一位案主，並與之安排預約；對於那些無法連絡到
的，則吩咐秘書依自己口述打字，寄信通知。

3:45P.M. 到中央圖書館尋找有關建立自信心訓練的參考資料，以
提供明日案主一些補充資料。

4:00P.M. 和第三位案主見面——一位被早上的昏眩及焦慮所苦的72
歲婦女。

4:50P.M. 寫下第三位案主的個案摘要記錄。

5:10P.M. 將醫療紀錄歸檔。

5:15P.M. 工作結束。

　　在社區情境中的諮商師不僅要和許多族群接觸，而且要處理
人類不同類型與性質之關注議題，其包括人們發展方面的持續需
求，以及必須作立即緊急處理的危機。

　　除了社區心理健康機構外，有許多被稱為替代性、非傳統性
卻又與社區諮商服務相關的機構，在過去數十年中，已然蓬勃發
展。這些非傳統性的服務中心一直都有不同的名稱，但大部分都
可被歸類為以下名稱，例如：熱線或危機中心、臨時托顧或門戶
開放中心、以及如處理毒品與酒精濫用的專門諮詢中心，或針對
婦女、弱勢、老人等特殊族群所設立之中心等。

　　熱線或危機專線電話是最常被使用及歷史最久的替代性服

務。服務的人員常由非專業或半專業人士擔任，但在某些機構，亦會有專業義工或督導者隨時在旁支援。熱線或危機專線電話主要是提供同理的、有助益的傾聽者，以及提供處理毒品濫用、自殺、配偶虐待、酗酒及精神崩潰等問題的可靠資訊。

臨時托顧或門戶開放中心則是給了需要棲或身處在大城市的人們，一個可以求助或遠離街頭的避風港——一處他們覺得安全並受到同理、關懷與諮商協助的地方。有些中心實際上也提供讓人過夜的住宿。然而，大體來說，它們都提供了人們接觸緊急諮商協助的機會。在許多這種中心裡，記錄的保存是很少的，而且，除非受訪者願意，否則他們可以不需透露姓名或其他個人資料。

在許多人口綢密的社區中，各種特定的諮商中心正快速地增加中。這些中心多是為了某些特殊族群所設立的。這些族群可由下列四者來定義：就問題的性質，如酒精或毒品成癮、配偶虐待、婚姻關係或性方面的問題；就年齡層；就種族；或就宗教團體。這些諮商中心裡的人員多由專業人士、輔助專業人士、義工等人所組成；中心的設施也非常多樣化。舉例來說，「再發展與住屋權威」機構(在維吉尼亞州諾福克城)便建立了一套以社區為基礎的機制，讓諮商師和其助手一同協助那些住在城市中11處公共住屋的個人及家庭；他們不但支持在危機中的居民，還提供所需的資訊（包括住屋當局的法令）以便解決問題；其諮商的活動特別傾向於提高家庭的力量。

圖4-1便代表著一個機構是如何組織起來的。

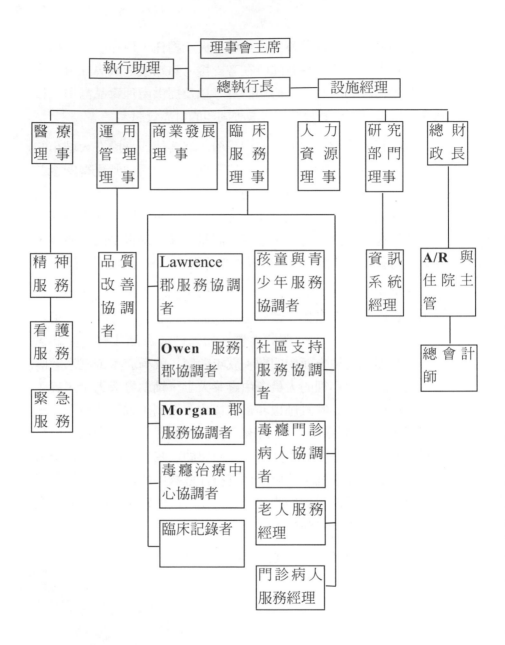

圖4-1　一個機構的組織圖（來源：南方中央社區心理健康中心）

就業諮商

勞工部在1933年設立了就業安全部門，負責職業安置，並提供失業相關建議及諮商服務。在1944年專爲二次世界大戰退伍軍官提供就業諮商(*employment counseling*)的*GI*法案中，才較爲明確地提供諮商的服務。直到1960年代，勞工部便鼓勵各州把諮商師的訓練提昇至專業或碩士的程度。

在勞工部內，就業諮商師被定義爲能夠履行諮商責任者，並且符合就業諮商師此一類別中的最小標準者。而就業服務之機制，本意是將尋求就業者及尋求職員的雇主加以配對，以改善國家勞工市場之運作；每一州都被要求實施一套職業介紹所的系統以提昇本機制，並形成參與的各州之間可以分享各種就業資訊，其包括勞工部長所公佈之標準化分類系統使用。就業諮商師也會負責實施各州失業補償金制度中必要之工作測驗。

雖然就業諮商師和其他「美國就業服務」（現稱「職業服務」）機構中之職員一樣，都是致力於幫助案主找到工作，但是諮商師還需在協助的過程中輔導案主的個人問題，並幫助他們培養對其就業有幫助之態度、技巧與能力；諮商師還必須收集有關案主的資料，實施和解釋標準化測驗。「國家就業諮商學會」（一個美國諮商學會的組織分會）即是就業諮商師的專業組織。

員工輔助諮商師

有越來越多的諮商師在工商界的情境中工作。由於物質濫用對工作職場之影響，再加上職員整體心理健康對生產力的重要性大大被看重，促使了許多方案的初期發展；而經濟上的契機及勞工立法也創造了機會。然而，當諮商師在工業上證明他們的價值時，許多方案也把其活動擴展至生涯協助、退休計劃、教育輔導

及家庭諮商。此外，在未來幾十年中，就業遠景之快速變化，將同時不斷地向雇主、員工挑戰，也對輔助員工的方案提出挑戰。最近的趨勢，如公司裁員、合併、臨時工之雇用，及把整個工業設施遷移至新地點，便是代表著幾個迎面而來的新挑戰。

在工商業情境中工作之諮商師時常被納入員工輔助方案（*Employee Assistance Programs, EAPs*）中管理；大多數*EAPs*中的諮商被視爲是短期性治療。而且，在多數情境中，員工需求之多樣性，也促使了*EAPs*諮商師必須對轉介來源及受輔者的選擇，有著廣泛的了解。

矯正諮商

矯正諮商（*correctional counseling*）實務工作者受雇於許多不同之強制執法單位，其輔導對象從初犯之受保護管束少年到矯正機構中的受刑人。此類諮商師多具有諮商、社會學、刑事司法、司法心理研究方面之訓練背景；其職責包括諮商及晤談；多種分析技術之使用，如實施標準化測驗、轉介、假釋建議、及安置。在一些少年矯正機構中，諮商師可能受雇爲進駐之顧問；協助少年犯的諮商師同時也緊密地和警方及相關單位合作。

「甘迺迪少年中心」（位於維吉尼亞州西部的摩更城）及「印第安納少年學校」（位於印第安那州的平原區）之「差異處遇方式」（*differential treatment approach*），便是足以反映諮商師如何在少年矯正機構中發揮功能的二個案例。這兩個機構與其他類似的機構使用「差異處遇方式」，意即在囚犯與諮商人員配對時，會設法依據其人格及行爲，把個體差異性也列入考慮因素內。在其他矯正場域中，諮商師常成爲將封閉、傳統、懲罰性之體制，轉變爲更爲正面性、助益性及復健性的關鍵人物。在這些機構中，重心

會放在發展正面的人際氛圍及形成監獄內各社群間的開放溝通管
道,包括囚犯、矯正人員、或警衛;這種例子,最近幾十年中,
由輔導監獄警衛與安全人員的矯正諮商師們在顧及種族關係和
(或)多元文化覺察下,已被訓練有成。

　　矯正諮商領域的諮商師可以選擇加入一個美國諮商協會之分
支-「國際毒癮與犯罪者諮商師協會」(*International Association
of Addictions and Offender Counselors*)。

復健諮商

　　對於克服身體缺陷而達成卓越成功者,在歷史上皆顯現出社
會對他們的讚揚。*Franklin D. Roosevelt*在39歲時因小兒麻痺而雙
腳癱瘓,但後來卻成為美國總統及戰時之世界領袖;一個女人
(*Helen Keller*)自二歲起便又聾又啞,但卻成為一位出色作家及
講師;聾音樂家,*Ludwig van Beethoven*或截肢女演員*Sarah
Bernhardt*等,便是其中的幾個例子;在第一章所提到的*Clifford
Beers*,亦是一位戰勝精神疾病的典範代表。

　　儘管自身的缺陷,前述及其他殘障者的成就仍備受矚目;但
是在另一方面,於歷史上,卻未能記錄與呈現出許多因缺乏關心
而非醫療緣故所導致身心障礙者在人類潛能上的悲慘失落。然
而,自二次世界大戰以來,復健諮商(*rehabilitation counseling*)
已擴展至公立機關中,使得這些身心障礙者都能接受特別的諮商
協助,以克服其自身的障礙。

　　雖然復健諮商師的主要角色,多年來都維持不變,但其功
能、所需知識與技能卻擴展許多。不論其工作情境及諮商族群,
多數復健諮商師會:(1)評估案主之需求;(2)設計目標及個別化
之計畫以符合需求;(3)提供或安排案主所需之治療服務及轉介

(例如精神、醫護、社會、或行為方面)，可能包括職業安置及追蹤服務。如同*Leahy*及*Szymanski*(*1995*)所示，在這些活動中(*Jenkins, Patterson & Szymanski, 1992*)，諮商技巧被視為不可或缺的要素：

　　根據*Leahy*、*Szymanski*及*Linkowski*(*1993*)所作研究，下列十項知識領域代表著復健諮商師所須具備之核心能力：(1)職業諮商及諮詢服務；(2)醫療及心理層面；(3)個別及團體諮商；(4)方案評鑑及研究；(5)個案管理及服務協調；(6)家庭、性別及多元文化議題；(7)復健基礎；(8)勞工補償；(9)環境及態度之障礙；(10)評量。除了諮商以外，關於身心障礙者的專門知識及其有關的環境因素所需的知識技能範疇，乃區分了復健諮商師與今日在其他服務場域的諮商師有所不同(*Jenkins, Patterson & Szymanski, 1992, p.163*)。

　　復健諮商師幫助案主克服自身技能上之不足，其服務對象如：聾人、盲人、精神病患者、身體殘障者等特殊類型的案主，而在某些機構中案主可能是其他類型的身心障礙者。

　　舉例而言，職業復健諮商設法使身心障礙案主做好就業之準備，並經常協助安置至合適的工作場域。近幾十年中，隨著諮商師在住院及門診機構中的普遍化，有關物質濫用者的復健工作已見成效；同時，我們也注意到在心理障礙者的復健工作上趨增的各種努力。復健諮商師也會協助曾有犯罪前科者，在其生活上能做出符合社會主流的調適準備。

　　復健諮商師的角色非常複雜，他們提供了許多心理與生涯導向的服務，也會代表著案主與社區機關進行協調與合作。他們也發揮著資源人物的功能，積極鼓勵案主產生最適當的調整與發展。

　　*Capuzzi*及*Gross*(*1997*)提到：

　　凡是對協助身心障礙案主有興趣的諮商師,其學術訓練都是在許多復健諮商師教育方案（REC）中完成的。這些訓練方案通常是研究所(碩士程度)之課程,且由諮商師教育或諮商心理系所提供。欲以全職學生身份完成此方案,則需要兩年的學術與臨床訓練。

　　多數此類的訓練方案課程內容,是由復健教育委員會(CORE)所發展及認證的。CORE成立於1971年,是一個檢定組織,負責監督復健諮商師之學術及臨床訓練,並推廣對身心障礙者有效的復健服務。在美國約有100個RCE方案,其中的84個目前已被CORE所認證。這些方案必須能提供受訓者一套研究所程度的課程,包括（但不僅限於此）下列知識及技能範疇：(1)復健歷史及哲學；(2)復健法規；(3)復健系統之組織結構(公立或私立、非營利或營利之服務業)；(4)諮商理論、方法及技術；(5)個案管理；(6)生涯發展及職業諮商之理論及實務；(7)職業評估、職業資訊、工作分析及工作調適技術；(8)工作發展及安置；(9)身心障礙者之醫療層面；(10)身心障礙者之心理社會層面；(11)對社區資源及服務之了解；(12) 復健研究；(13)測量及測驗；(14)復健諮商之法律及道德議題；(15)獨立生活；(16)有關復健之特殊議題(如從學校至工作間之轉變、支持就業、復健工程等)。

　　此外,復健諮商之受訓者還須參與督導性之實習課程,並在核准的復健機構中進行最少600小時的實習經驗,以及接受有證照復健諮商師的督導(pp.487-488)。

婚姻與家庭諮商

雖然結婚誓言說－「至死不渝」，但由近幾十年美國的高離婚率看來，有數以千計的夫妻還沒「至死」就已經等不及要分開了。此外，有數千對的夫妻在婚姻過程中受苦，卻並不想藉由分居及離婚的方法，來解決其婚姻問題。

確實有很多實際的數據顯示了家庭不合的事實及離婚的情況正持續地在增加中。在離婚過程中，夫妻與小孩的壓力及後續所需的調適，都有其文件可考；而且，離婚往往產生許多問題，如伴隨離婚而來的失敗感，以及生氣、後悔、沮喪等情緒，或者因為夫妻分居、小孩扶養、單親父母角色的產生，而製造新的調適問題。除了這些情緒及心理壓力外，還有一些法律課題及經濟責任等實際的重大考量，也會困擾著離婚或分居者。相同的，經歷父母離婚之小孩的調適問題也不可忽略，其對忠誠、父母約會及監護權擔心，特別是離婚小孩身上常見的罪惡感，以及貶抑的自我概念等，都可能對其心理層面造成嚴重的影響。

我們可以做個結論，在近幾個世代中，把家庭當作一個充滿愛、安全、親密及永恆快樂之溫暖巢穴的傳統形象，已經嚴重地被打破了(就像在此巢穴的居民一樣)。在一對一關係以外，能在此新範疇中有效工作－在家庭或家庭系統中－的諮商師需求，已經孕育而生。然而，受到非專業人士之建議以及文化傳統與環境壓力時常干涉的緣故，在今日複雜又緊繃的社會中，為處於其中的家庭及夫妻提供諮商協助，實在是一件具挑戰性又困難的工作。

雖然第一所婚姻與家庭助人中心成立於1930年代，但是直到過去數十年中，婚姻與家庭治療(*marriage and family therapy*)才漸漸成為一門諮商專業。隨著超過40000名諮商師投入執業，美國婚姻與家庭諮商學會便成為此一專業領域的代表者，此外，還有

美國心理學會之43分部、國際婚姻與家庭諮商師協會、美國諮商學會分部（全名為國際婚姻與家庭諮商學會），亦為其代表性組織。

個別諮商是針對個人及其困擾，而家庭治療則是傾向針對家庭系統。即使只有一位家庭成員接受諮商，如果此諮商和家庭系統有關，則仍被視為家庭諮商。

家庭和夫妻諮商/治療是一種把家庭視為一個系統的治療方式。家庭系統有屬於自己的特性：一套規則、成員之被分派及指定角色、一個權力之組織架構、複雜且明顯或隱密之溝通形式，以及促使多種任務被有效執行的細微協商歷程與問題解決方式(*Goldenberg & Goldenberg, 1991*)。家庭諮商師/治療師從事於治療個人、夫妻、家庭之臨床實務。不論所治療之受輔者數目，家庭諮商師就系統觀點將問題概念化；因此，家庭諮商師會針對個人所處情境脈絡，在關係層面上加以介入(*Carlson, 1993, p.63*)。

家庭治療的目的在使家庭結構及家庭成員的行為有所改變。除了家庭如何解決衝突外，家庭中的溝通也可能會被檢視一番。

我們必須持續地體認到，越來越多的雙生涯夫妻、單親家庭、鑰匙兒童，逐漸地成為近世代家庭生活中的代表性議題。這些壓力，再加上多數成年勞工在未來十年中可預測之必要生涯變動，均顯示出婚姻與家庭諮商師所面臨的多重挑戰。

由於對婚姻問題廣泛性與普及性的意識提昇，促使了婚姻諮商中某項專業領域的發展；這個團體由美國婚姻與家庭治療學會所代表，其會員來自許多不同的專業儲備背景，包括精神醫師、心理師、法律業及牧師；另一個代表此團體的組織為國家家庭關係委員會。

許多諮商師教育方案都提供了婚姻與家庭方面的課程。特別

受歡迎的課程包括婚姻諮商、家庭諮商、人類性行為和婚姻/家庭治療。對於想要專精於家庭治療領域的人，有另一種方式可取得證書：完成任一傳統學科的高等學位，如臨床心理學、諮商、教牧諮商、表達性治療、社會工作或精神醫學，而不管在攻讀學位過程中或是取得學位後，皆必須完成符合婚姻與家庭諮商學位所要求的課程。

教牧諮商

　　從純粹數理與地理區域的觀點來看，教牧諮商（*pastoral counseling*）提供了一處重要的心理健康資源。牧師不僅傾聽教區居民所關心的議題與個人的問題，他們經常陷於困境者所求助的第一個對象。事實上，許多教堂都提供了在家庭議題上的諮商，包括婚姻問題、喪親諮商、青少年諮商及輔導。美國教牧諮商學會負責發給個人證照及檢定訓練方案。

　　教堂也逐漸地在其青少年方案中聘用專業諮商師。由於對牧師心理健康功能的看重，許多神學訓練方案已經把教牧諮商、相關心理學、一般諮商學科包括在課程中。已有一些臨床教牧教育專業方案提供給想要進一步接受神學領域訓練的學生及牧師；雖然當中許多特定的方案，相較其他諮商訓練方案來說，都是較為短期的，不過也有一些方案提供在臨床情境中的密集訓練。

老人諮商

　　「美國之老化」，這是一句時常被用來形容老年人口急速增加的措辭。美國人口普查局人口報告（*1995*）中提到，和1900年的

4.1%相比，今年65歲以上的人口約佔總人口數的11%，且到下個
世紀初，預計老人人口還會繼續增加。「現今活到自身生命之三
分之二至四分之三的人，就已算是老年人；在接下來二十年中，
在美國每五個人中便有一人年齡超過60歲（美國退休人員協會，
1998）。」（*Myers, 1992, p.35*）

　　由於老人人口的增加，關於此特殊族群的需求（包括諮商需
求）也持續增加。此外，隨著老人族群在政治上變得更重要與更
活躍的同時，他們自己也會要求和其他年齡團體相同的社會服務
及需求關懷。

　　人生晚期的發展至少可由兩種觀點來看待：發展性順序
(*developmental sequences*)及生活轉換(*life
transitions*)。發展性觀點假定事件進行為單向及階梯式
的，某些任務須被熟練以利成功之發展。此時的正面主題便
是：會有發展的產生，且從生命的開始到結束都能被培養。
老年人並非被視為靜止、死板地等待治療上的改變...。

　　研究老人的老年學家已全心研究「成功之老化」。凡是能
成功地老化的人，都傾向有強烈的生活滿足感、高自尊、正
面的精神狀態；而未能成功老化者，則會經歷沮喪和低自尊
(*Myers, 1990, p.248*)。

　　對多數老年工作者來說，退休是生活中一個重大的改變。對
於許多勞工來說，包括老年人在內，工作是自我認同的重要來
源，即指：我是老師、我是推銷員、我是秘書等等。退休使得老
人失去這項認同，同時也可能使老人難以再觸及原有工作中可接
觸到的其他人員，所以寂寞是一個普遍存在於年老退休者的問
題。再者，退休者及許多年老者都未發展副業性質的興趣或休閒
活動，而易導致無聊及挫折的心情。失去另一半或所愛的人是老
人特別需要面對的事，因此哀傷諮商在這些難熬時期中，也應要
被提供。憂鬱、壓力、酗酒亦是老人中常見的問題。

對老人族群需求的日益看重，進一步地反映在諮商師儲備方案的課程發展上，以及關心老人諮商的專業刊物之實質增加上。而老人諮商師現在也有可能會取得證照。

任何國家證照諮商師(*NCC*)可以申請老人諮商師的國家證照(*NCGC*)之專門檢定。此檢定不須考試，但會根據其訓練、經驗及督導評鑑的資料而決定之。當證照變得更為普遍後，兩年一次的登記期間便被會制定，以鼓勵執業諮商師尋求證照。

和1993年1月1日一樣，申請者將須符合下列標準(*NBCC，1990*)：(1)兩年專業老人諮商經驗；(2)三門老人學研究所課程(或等同於在相關老人諮商繼續教育中上課120小時)，以及600小時實習或督導經驗(其中25%須與老人或是55歲以上之老人有關)，或是在老人機構中完成600小時之實習或督導經驗；(3)能完成自我評鑑的能力；(4)兩種能力專業評鑑。在其證書及能力都沒問題之下，*NCC*證照便可頒發(*Myers，1992，pp.37-38*)。

私人執業

對於全職地投入私人執業行列感到有興趣的諮商師非常顯著地在增加中；許多受雇於其他機構中的諮商師，也開始以兼職方式私人執業。凡是想要私人執業的諮商師可能會考慮是否要單獨、合作或團體執業，同時也必須決定其專業領域是要一般性的或是特定的對象與專長(如毒癮、生涯、孩童等等)。

要進入私人執業行列的一個基本考量是：個人專業興趣與知能是否能在所執業地區，獲得足夠的受輔人口，以適度地支持私

人執業者。法律與道德指導方針也很重要。而取得證照之重要性
及第三者付費的合格性都必須被仔細地檢視之。在1992年，針對
288位心理健康諮商師所作的職業發展性需求的研究顯示
(*Wilcoxon & Puleo, 1992*)，前兩個職業關注分別為(1)第三者補償
(54.5%)及(2)證照取得(46.5%)。其他私人執業者必須要注意的
還包括財務方面(如酬勞、收費政策、保險、辦公室經常開銷)、
後勤方面(如辦公室地點、時數、裝潢、記錄保管、秘書助手)及
公關或溝通方面（如廣告服務）。

未來方向

在1980年，《諮商心理學家》(*the Counseling Psychologist*)
期刊出了一期特刊，其標題為「2000年的諮商心理學」；在此期
刊中，*Whiteley*下了這樣的結論：

為了在西元2000年這個快速變遷的世界中增加影響力，
諮商心理學將必須擴展其既有基礎，包括環境心理學及環境
計畫、生命全程心理學（如老化、發展性任務、人生各階段
間之轉換）、性別心理學（如男女在關係、性角色、親職、性
別行為、及養育子女方面之成長）等，以更精進的方式建立
社區的心理認同感、信心訓練及社會組織、自我更新及心理
生物學、資訊及電腦科學，以及對所預期的未來及其替代性
的選擇做系統性的研究。(*p.7*)

在1987年，美國心理學會諮商心理學第十七分會，舉辦了第
三次的全國性會議，主題為「計畫未來」。*Rude*、*Weissberg*及
*Gazda*指出：

在構成第三次國家諮商心理學會議的五個工作團體中，有

許多共同主題已浮現出來。對認定討論也確定了「科學家—實務工作者」模式的價值、傳統性功能（如預防、生命全程、技巧建立等價值），以及創新性、非傳統性的功能。在所有獲得支持的想法中，複合性工作團體便是一項可以提昇諮商心理學的能見度和政治力量，以及能公開主動地、有計畫地在政府策略中建立運作機制。而藉由提高嚴苛的、科學性思考、專業認定、及在不同或新興情境下的工作能力，來改變諮商心理師訓練的方法，也同樣受到相當的注意。總體而言，從這些團體的討論中，產生了一些具體的共識，並對未來形成明確的目標與計畫(*p.423*)。

　　此研討會的詳細資料，在《諮商心理學家》另一期有關「計劃未來」會議的特刊(*Fretz, 1988*)中被報導出來。

　　Leona　Tyler(1980)探討了2000年所蘊含的意義：「2000年代表著諮商心理學(及諮商心理學家)將會開始處理當代顯著的現實問題，如同他們曾要去適應40、50、60、70年代的現實問題一般。」

　　2000年的現實問題是怎麼樣的呢(幸好，我可以把此問題當作是作業的練習題來回答)？這當然沒人知曉，但也是可以去推測一番的。以下便是我個人對於諮商心理學未來可能的趨勢所作的預測：

1. 家庭生活、教育、工作、勞動力退休單一循環系列將會停止。教育將是一個終身歷程，和工作及家庭相互影響並相得益彰。
2. 各種生活範疇的技能將會更加受到重視；就如同我們現在已有教育技能及工作技能方面系統性訓練，我們也將有家庭技能、社區技能、休閒技能等方面的系統性訓練。
3. 心理健康將會被視爲我們整體健康系統一部分；就像我們每年都會去看牙醫兩次，並接受一年一次之身體檢查，我

們也將會定期性地去看心理醫師,接受「心理檢查」。

根據上述,諮商心理師處理過各年齡層及不同調適程度的日常普遍現實問題之經歷與歷史,其扮演的角色將日趨重要;他們將置位於不同工作情境中,如教育機構、政府部門、社區與社會機構及私人工商企業界等。如果心理學真能發展為「普通性的實務工作者」(general practitioner)的話(我認為它一定會的),那麼在諮商心理學的專業訓練將成為培訓此角色的最佳方式(p.22)。

在十年前所做的預測現在都已成為事實。如同其他領域一般,我們也可以注意到「未來科學」的進步,將讓人們愈能精確地預測未來。

就社區、機構及其他諮商工作場域而言,對預防、多元文化、家庭、生涯議題的日益重視,也適用於非學校諮商場域中。舉例來說,由於歐洲及亞洲經濟的日益競爭,以及一些美國企業威脅要把工廠移到勞工較有效率、便宜之處,促使美國不得不發展世界級之工作職場;為達此目的,訓練及再訓練是必須的,而員工生涯與工作地點的轉變也是必然的。生涯諮商師在公共企業中的需求量應該會越趨增多,以利其有條理、意義化的生涯計畫與發展。

除非非學校主要社會機構(如政府、工商業)能透過諮商師指導的助人方案,來展現更多關懷,否則由於短暫失業和未充分就業潛在性及所伴隨沮喪,將使得人類虐待、物質濫用、犯罪成為全國性社會憂慮。

處於非學校場域中的諮商師,必須要對和舊職場完全不同的環境建設好心理準備,例如在許多領域中傳統升遷機會劇減;越來越多女性擔任管理職位;政府、軍方、和相關企業的裁員,而使得前任職員須尋求新選擇;以及大量暫時性或過渡性勞工之產

生等。因此,雖然在未來,諮商師擁有很多的機會,但是我們的諮商專業是否能服務大眾,將完全端看我們如何嚴密、成功地向政治及市井民眾展現我們在未來提供所需服務上之能力及準備。

摘要

假設你有問題需要看諮商師,但你卻早已離開學校,或者你以前學校的諮商師正忙碌照顧目前的一大群學生,那麼你該怎麼辦呢?本章便針對諮商師之就業,以及在非學校場域中的案主可獲得的協助,提供了許多選擇。

就處理眾多不同發展性及治療性需求機動性看來,社區心理健康機構或許具有最多功能;而其中的職員也較多元,經常包含接受過醫學、社會工作、心理學方面訓練之專家。如果想尋求較不傳統的情境,許多社區都有危機中心、熱線諮商、門戶開放中心、人類成長中心、及其他提供心理健康服務之非傳統方式。

如果你的問題是有關生涯選擇或工作安置的話,你可能會想要尋求政府就業部門諮商師協助(不像私立就業機構一般,政府就業部門不索取任何費用,而且更有可能雇用經過訓練之諮商師)。此外,許多社區也設有由政府及民間所贊助的生涯諮商中心,這些專業中心在大學校園中也深受歡迎。

當然如果你的問題非由矯正機構來協助不可的話,那麼矯正諮商師便是你唯一的選擇。但不幸的是,在許多這樣的機構中,可能沒有僱用諮商人員。

如果想尋求克服身體及心理上障礙的協助者,復健諮商師即是一個有價值的資源,因為他們有接受過專門的訓練來處理身心障礙者的發展需求。在社區、其他公立機構及醫院裡,都可以找到復健諮商師,也有少數諮商師是私人執業的。

　　假如你的問題與婚姻或家庭有關，你也能得到協助，因爲婚姻與家庭諮商已逐漸發展爲一門專業領域。和你的朋友及鄰居一般，你可以去找你的家庭牧師幫忙，因爲現在的牧師、神父、猶太祭司(rabbi)越來越有可能會在他們的神職研究中接受過諮商儲備訓練，或者也會有訓練有素的助理來提供諮商服務。如果你剛好是軍中成員時，軍中的諮商師便是另一個尋求諮商協助之處。而如果你是我們的年老讀者之一的話，你也可尋求專門之諮商協助，來規劃你的退休及滿足其他需求。

　　最後一個可能會花費你較多金錢的選擇是求助私人執業的諮商師；此類諮商師較有可能出現在人口集中之地、大學導向的社區，以及高級社經郊區。對私人執業者而言，能有證明自己專業訓練文件，是很重要的，例如證照。

　　在看過我們專業的歷史發展、諮商師的活動，及其在不同學校和非學校場域中的角色與功能後，我們現在便需要更仔細地來檢視諮商師的特定活動及服務。在下一章，我們就從我們最重要的技術及服務看起：個別諮商。

問題討論

1. 討論你對非學校場域諮商師功能和角色的認識。

2. 討論下列三者在生活方式上所可能產生之差異：

   (1) 學校諮商師。

   (2) 矯正諮商師。

   (3) 私人執業之諮商師。

3. 在學校及非學校場域中諮商師是否應接受同一種諮商證照呢？
   請討論之。

4.在社區機構中諮商師是否應需要處理如物質濫用、犯罪者及虞犯青少年、遊民及失業者等社區問題呢？假如是，要如何做？

5.討論在諮商職業中專門特定領域成長(如：婚姻及家庭、運動、老人學等)？還有沒有其他你認為會在未來25年中新興的諮商專門領域呢？

6.對非學校場域諮商機構，提出幾個預防方案或使各種方案豐富化的建議。

課堂活動

1.觀察一位婚姻與家庭諮商師、就業諮商師、私人執業之諮商師、或是在機構情境工作之諮商師，並把你的經驗向全班同學報告。

2.訪問一位牧師、猶太祭司(*rabbi*)或神父，訪談其所要負責之諮商層面。

3.拜訪你當地的社區心理健康中心，並準備一份含括下列主題的書面報告：

(1) 管轄權範圍。

(2) 提供服務。

(3) 服務族群。

(4) 內部行政等級制度。

(5) 所收費用資金之來源。

4.針對你居住的社區中人口，進行小型抽樣調查，以查明民眾對於諮商職業的印象及其對當地諮商機構和服務的認識。之後，請討論調查結果所代表的意義。

可進一步閱讀的文獻

Egbert, A. (1985). Employment counseling for the handicapped can be easier through linkages. *Journal of Employment Counseling, 22 (1)*, 31-38.

Herr, E. L., & Fabian, E. S. (Eds.). (1995). Professional counseling : Spotlight on specialties (Special issue). *Journal of Counseling and Development, 74*, 113-224.

Kunkel, M. A., & Newsom, S. (1996). Presenting problems for mental health service: A concept map. *Journal of Mental Health Counseling ,18 (1)*, 53-63.

Leahy, M. J., & Holt, E. (1993). . Certification in rehabilitation. *Journal of Mental Health Counseling, Rehabilitation Counseling Bulletin, 37 (2)*, 71-80.

Parker, W. M., & McDavis, R. J. (1983). Attitudes of Blacks toward mental health agencies and counselors. *Journal of Non-White Concerns in Personnel and Guidance, 11 (3)*, 89-98.

Quackenbos, S., Privette, G., & Klentz, B. (1985). Psychotherapy: Sacred or secular? *Journal of Counseling and Development, 63 (5)*, 290-293.

Schlossberg, N. (1984). *Counseling adults in transition*. New York: Spring Publishing (p.212).

Schmolling, P., Yaukeles, M., & Burger, W. (1985). *Human services in contemporary America*. Monterey, CA: Brooks/Cole.

Seligman, L., & Dougherty, E. (1987). Establishing and maintaining a private practice. *Counseling and Human Development, 19 (5)*, 1-11.

Warkins, C. E., Jr., Lopez, F. G., Campbell, V. L., & Himmell, C. D. (1986). Contemporary counseling psychology: Results of a national survey. *Journal of Counseling Psychology, 33(3)*, 301-309.

Worthington, E. L. (1986). Religions counseling: A review of published empirical research. *Journal of Counseling and Development, 84 (7)*, 421-431.

第五章

個別諮商

黃俊豪

諮商師最重要的作業方式當然就是諮商。之所以稱他們為諮商師，並不是因為他們會實施測驗、提供生涯規劃資訊或諮詢，而是因為他們以諮商方式撫慰人心。諮商是有別於建議、指導、或同情式傾聽的一種技巧與歷程，專業諮商師藉此對不同受輔者（*Counselee*）的許多相同憂慮表現出他們的關注。為了介紹這項主題，本章的目標定在(a)導讀傳統且廣受歡迎的諮商理論；(b)介紹並扼要討論諮商歷程；(c)檢驗某些基本的諮商技巧。

個別諮商自從進駐到學校與校外場域後，就已被認定是所有諮商程序裡的核心。諮商師所有其它的專業行動都會導向這個最重要的功能。測驗結果、生涯資訊、與自傳等所提供的資料都必須能增加諮商歷程的有效性，否則就失去了它們的意義。

諮商系所的學生會看到很多種對諮商的定義。當然那些都難免會有語義上的差異，但是大多數的定義都會先指出：諮商是一種一對一的關係，其間由一位訓練有素的諮商師關注於案主的調適、發展、或決策需求等面向。此歷程提供著一種關係與溝通的基礎，使得案主能從中獲得瞭解、探索可能性、與發生改變。在此情境裡，正是諮商師的能力使正向的結果得以成功。諮商師的技巧與知識提供著適切的架構與指引，激發了案主追求其正向成果的最大潛能。未受訓練與沒有技巧的助人者徒有善良意圖，卻難以發揮專業諮商師的功能。

諮商雖然被視為一種助人關係，但在尋求諮商師幫助的同時，案主也必須承擔起全心投入與積極合作的責任。唯有如此，諮商關係與歷程的潛在效益才可能得以實現。

諮商理論

因為不同的諮商理論在真實意義上只有些許差異，人們可能誤以為所有諮商師在同樣情境裡都進行著相似的功能；就像是一

部部的機器人,全都有著一樣的反應、以同樣的態度解析案主的訊息、對特定的諮商情境取得一致的共識。因此,諮商技術的章節可能讀來像是烹飪手冊,明列各種特定情境的固定做法與達成所要情境結果的處方。當然,事實並非如此。當諮商的定義有所不同之時,專業諮商師所使用的方法將出現更多的變化。儘管這些方法的變異有時可能混淆了初學學生和一般大眾,但我們可以很確切的說它不是固定的做法,且許多諮商機構對不同社群的服務已證明這些方法是有用的。這些方法在它們各自理論的標記之下,通常就可被辨識與描述。

各種諮商理論模式各有其對人性價值與信念的起源,接著才將這些人性轉變成一種哲學與一種諮商理論模式。這些價值與信念形成了一種基本原理,闡述了一個人在什麼情況下會做什麼事、又會如何地做。它對不同的情境組合做出可能結果的預測。理論摘述了哲學的知識基礎,進而使人們能進行推論。

理論為初學的與精熟的諮商師提供已經測試妥當的指導方針。它們能解釋行為。它們可以預測已知情況的良好或不適當結果。理論也可以協助諮商師將個案的資料組織成連貫而有意義的架構,進而發展出適用於情境的諮商策略。

當然,對於現有的理論,就需要以研究來驗證,進而證實理論的假定,可說研究就是理論與實務之間重要的銜接橋樑。圖5-1描述了從理論到實務之間的銜接歷程。

我們將在以下的篇幅中,對常用的諮商理論提出簡短的述說。受訓中以及準專業諮商師都應該對普遍且廣受肯定的諮商理論有所瞭解——包括其前提假定、特徵、異同、與實務的內涵。然而,必須說明的是,諮商領域裡所有被認定的理論也只是提供一個基礎而已,執業的諮商師將要依其所處的獨特情境與個人的獨特性格而做調整。

在檢視這些傳統諮商理論的時候,必須謹記其來自歐洲與北

美文化的根源。理論的創始學者當初並未考量到多元文化的觀點。因此,所有這些理論都可以加入多元文化的覺察與省思。事實上,諮商師若無法辨識其不同來源個案的獨特文化背景,就可能阻礙其與個案之間的互動。上述種種都建議諮商師要考量個案延伸的背景——家庭、支持網絡、與壓力因應風格等等—將個案的文化脈絡加進自己的理論取向。

我們相信每位諮商師終究會採用某種理論或結合某些理論,並加進最適合自己的多元文化觀點;那些理論觀點是讓他感到最自在且有效的,也反映著他同時身為一個人且是一位專業人員。

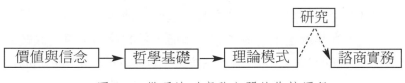

圖5-1 從理論到實務之間的銜接歷程

精神分析理論

對一位諮商初學者而言,學習精神分析理論(*psychoanalytic theory*)較重要的是其歷史觀點更勝於將其當作要採用的模式。廿世紀以來,*Freud*及其理論就一直是精神分析與心理治療實務的顯學,很多其它理論的發展也都深受其影響。*Fread*闡述並推廣了第一個被公認的綜合性人格發展理論,其所蘊含的不只是一套人格理論,更是一套治療的方法。*Freud*拓展了心理學的領域,並賦予其嶄新的視野,雖然並非全無爭議,但他已奠定了自己在諮商學、心理學、和心理治療上的重要歷史地位。

精神分析理論將人格視爲被劃分開來的三個主要系統：本我、自我、與超我。本我是與生俱來的。許多人都相信本我是依享樂原則而運作，並且供應著追求個人需求的驅力。

自我被視爲人格中唯一理性的成分。自我也與眞實世界有所接觸。因爲有與現實接觸，使其能掌控意識並提供合於現實與邏輯的思維及計畫，進而能修正本我的慾望。

超我代表內心的良知，依據道德原則而運作。它是個人的道德規範，通常植基於道德觀和社會價值觀。超我如此的角色，就某意義來說會是自豪與自愛等這類酬償以及罪惡或自卑感等這類懲罰的由來。

超我大多依存於下意識內，並在此三角關係中最敏感於本我的衝動且試圖指揮自我去控制本我。因此，精神分析理論認爲緊張、衝突、與焦慮是不可避免的，因而人類的行爲是導向減緩此種緊張。*Freud*的女兒*Anna*繼此減緩緊張(*reduction of tension*)的脈絡，在詳述防衛機轉的概念時進一步推展精神分析理論。這些幫助個體減緩緊張的機轉會透過扭曲或否認而使個體調整或適應於原本會導致高度壓力或焦慮的情境。一般而言，我們偶爾都會使用這類技巧，或許是爲了平息我們無法做到某事或我們不該做了某事的罪惡感。這些機轉大部分都是正常的，且是在潛意識層面運作的。當然，也要小心這些機轉淪爲藉口，例如某人合理化自己連續的不當破壞行爲。

下列是數種常見之防衛機轉：

· **壓抑**(*repression*)是指那些深藏在潛意識裡的記憶、感覺、和想法，因爲回想到它們會令人痛苦或害怕。多數的壓抑發生在童年時期，因此也是難以言喻的。壓抑通常侷限在某些特定範圍或主題，所以只有與該些範圍相關的行爲會受到影響。壓抑被視作基本的防衛機轉，而精神分析致力於將壓抑的內容帶至意識。

- **合理化**(*rationalization*)是一種常常被使用的防衛機轉，其致力於替不當問題行為做辯護或尋找看似合理的解釋，使其看似合乎邏輯道理或可被接受。經常被用於修飾罪惡感，因為行為的真實原因會導致罪惡感或焦慮。

- **退化**(*reqression*)指的是返回到較早期的行為形式或發展階段。通常是因為較成熟或適當的行為受到不確定感、焦慮、恐懼、衝突、或缺乏酬賞所阻塞而導致。某些情況下，還會撤退到幼年較無意識的自主反應狀態。

- **認同**(*identification*)藉由認同他人及其成就而使自己獲得滿足或補償。個體在認同他人之時，可以真的學到新而有效的行為。

- **轉移**(*displacement*)是指從一個客體移動到另一個較不具威脅或較不引起焦慮的客體之行動。昇華(*sablimation*)是轉移的一種常見形式，其中不可告人的衝動被疏導成較適宜的行為，例如將性慾及能量轉換成類似運動、宗教、工作等等非關性慾的活動。

- **過度補償**(*overcompensation*)（反向作用）是指行為表現的態度正好與自己壓抑的感覺相反對立。焦慮與罪惡感被壓抑了，進而以它們的相反對立面來替代呈現。

　　總之，所有防衛機轉的行為反應都是為了保護個體當下的自我概念免受威脅。

　　在精神分析的脈絡裡，減緩緊張是諮商的主要目標。因為每個人都會有人格內的衝突，所以幾乎所有人都可以受惠於專業的諮商。精神分析方法需要受輔者表現開放及自我揭露等洞察內省，因而多元文化取向的諮商師應當要注意到某些亞裔美人、非裔美人及美洲印第安人可能會認為這些特質是不成熟的表現。

　　精神分析治療法通常將案主視爲虛弱而不確定，且需要協助其重建一個正常的人格。諮商師所扮演的專家角色將會促成或指導這項重建。案主被鼓勵要暢所欲言，說出不愉快、困擾、或難爲情的想法。諮商師將會提供適切的解析以試圖增進案主的洞察內省。如此進而能導致潛意識的修通(*working through*)，並終將使案主學到適應社會要求的實際能力。精神分析歷程中，諮商師會使用的技術有投射測驗、遊戲治療、夢的解析、與自由聯想，每一項技術通常都需要至少博士層級以上的專門訓練。

個體心理學

　　個體心理學(*idividual psychology*)經常以其創始者*Alfred Adler*之名而稱做阿德勒治療法。*Adler*曾是*Freud*的同事，但彼此在某些基本議題上看法歧異。如此的歧異導致*Adler*與*Freud*學圈的全面決裂。*Adler*的成果已經對許多後繼的治療學者產生深遠的影響，諸如*Albert Ellis*、*Victor Frankl*、*Rudolf Dreikurs*、*Rollo May*與*William Glasser*。

　　個體心理學以整體觀來瞭解人，並聚焦在個體的獨特性。*Adler*的人性觀提供了有別於*Freud*精神分析理論的另一正向且清新的選擇。此理論的核心信念是相信：人類本有克服自知的自卑感及發展自我實現的潛能之內在驅力，只要給予正向的環境，成長即可自然發生。

　　是什麼阻礙了個人以此種快速而輕鬆的方式朝向自我的完全實現呢？*Adler*認爲是自卑感(*feelings of inferiority*)。一個人可能體會到的自卑感有三種來源：（1）我們像嬰兒一般的生理依賴，（2）我們在與廣大宇宙的關係中之自我形象，以及（3）器官的自卑。然而我們內在的驅力使我們能夠去補償這些感覺，並致力於追求卓越與完美。

　　*Adler*的理論有時被稱為社會目的論，其觀點是：個體會持續不斷地去追求自己的目標。他同時強調對案主社會興趣的培養與再教育的重要性，如此才能使他們能存活於社會並同時成為社會的支柱。

　　當某人前來尋求治療時，此理論會假定此人正經歷著工作、友誼、或愛等其中之一的不協調或不舒服。諮商歷程即是一種解決辦法，其間治療師與受輔者一起合作，致力於幫助受輔者提升覺察、及健康的態度與行為，以進而能在社會上發揮更完全的功能。社會興趣的培養被視為個人心理健康的重要變項。

　　阿德勒學派的諮商歷程包括四個階段：（1）建立關係（*establishing relationship*）；（2）診斷（*diagnosis*）；（3）洞察／解析（*insight/interpreation*）；與（4）再定向（*reorientation*）。在第一回合裡，諮商師藉由主觀／客觀的晤談而與案主建立關係，其間會讓案主感到舒適、被接納、尊重、與關懷。經由晤談的一種客觀要素，鼓勵案主去說明促使他決定前來尋求諮商的特殊緣由。請案主談談他在各項生命任務範疇上的進展。在首次晤談時，也會向案主說明並討論諮商歷程。診斷階段包含生活風格的晤談，形式上的程序是去瞭解家庭星座、手足關係中的自我知覺、對父母的知覺、早期回憶、與重複做的夢。當諮商師與案主從生活風格晤談中洞察到案主的基本錯誤之時就進入了解析時期，此時會去分析討論案主生命早年所發展出的信念、目標、與行動，及其後續引起的想法、情緒、與行為模式。

　　再定向或許是最重要的階段，因為治療師要在此階段幫助受輔者從理智上的洞察轉化成實際上的發展及較健康的態度與行為表現。因著諮商師的支持、鼓勵、與指導，案主至此能積極地去改變不健康的想法、感覺、與行為方式，轉成較令人滿意且對自己及社會較健康的方式。

　　*Adler*亦是家族治療法的先驅，對基礎諮商領域有著附帶的貢獻。阿德勒諮商學派如今亦被運用來協助父母離婚或再婚的兒

童。

案主中心理論

案主中心（現在常稱作個人中心）諮商（*client-centered theory*）是另一個具有歷史重要性且影響深遠的理論。此理論由 *Carl R. Rogers* 所創立並闡述，是他針對他認為的精神分析基本限制所做出的反動。由於他的影響頗巨，此獨特的取向亦常被稱為「羅傑斯學派諮商」（*Rogerian counseling*）。

Rogers 的取向強調案主是有能力與責任的，可以創造出使自己更能確切認同與因應現實的方法。案主愈能認識自己，就愈可能認同最適合於自己的行為。*Rogers* 強調諮商師向別人表達溫暖、真誠、同理、與關懷的重要性。

在瞭解案主（或個人）中心的諮商取向時，覺察到此理論的人格基準是有所幫助的，*Rogers*（*1959a*）提出19條建議。這些建議的前導語如下：

1. 每個個體都存在於一個以他為中心而不斷變化的經驗世界裡。
2. 有機體（*organism* 指「人」、「生物」）會對其經驗與知覺的場景做出反應。對個體而言，這知覺場就是「現實」（*reality*）。
3. 有機體會以一個有組織的整體來對這個現象場做出反應。
4. 有機體有一個基本的傾向與目標：要實現、維護、與增進該有機體的永續經驗。
5. 行為基本上是目標導向的，有機體試圖去滿足其知覺場裡經驗到的需求。

6. 情緒會伴隨且助長目標導向的行為，情緒的種類與行為的追尋或達成向度有關，情緒的強度與其知覺到行為對有機體之維護及增長的重要性有關。

7. 從個體的內在參照架構出發，最能瞭解自己的行為。

8. 總體知覺場的一部份會逐漸地分化成為自我(*self*)。

9. 自我結構的形塑來自與環境的互動，特別是來自與他人的評價式互動。自我結構是針對主體我（*I*）或客體我（*me*）的特徵與關係所產生的察覺之一組可變動但又維持一致的概念型態，價值觀亦伴隨著這些概念。

10. 伴隨著經驗的價值觀與屬於自我結構一部份的價值觀，在某些情況下是從有機體的直接性經驗而得的，在某些情況下則是從別人處內攝或接替而來的，但那是扭曲之後的樣式，卻好像我們直接經驗過一般。

11. 當各種經驗發生在個體的生命中時，自我可能會有幾種的處理(a)具象化、察覺並組織到自我的某些連結裡；(b)忽視，因為自我的結構沒有那樣的察覺連結；(c)拒絕具象化或予以扭曲的具象，因為該經驗與自我的結構無法協調一致。

12. 大部分被有機體所採用的行為方式，都是與自我概念互相協調的。

13. 某些情況下，行為可能是由有機體尚未具象化的經驗與需求所引起。如此的行為可能與自我的結構不相協調，但這樣情況下的行為並不是個體所「自主擁有」(*owned*)的。

14. 心理失調的出現是因為有機體拒絕去覺察重要的感覺與內在的經驗，以致於它們無法被具象化或組織到自我結構的完整型態裡。

15. 心理調適的發生，在於當有機體所有的感覺與內在經驗，都被整合到或以象徵層次同化到一個與自我概念協調一致的連結

關係裡。

16. 任何與自我的組織或結構不相協調的經驗都會被看成是一種威脅，這樣的威脅知覺愈多，自我結構就組織得愈僵硬，以去維護其自身。

17. 在某些特定情況下，自我結構不覺得有所威脅，則與其不協調的經驗就可能被察覺與檢驗，進而自我結構會有所修改以能同化或容納如此的經驗。

18. 當個體能去察覺並接納所有自己的感覺與內在經驗，進而成為一個協調且整合的系統時，他就必然更能去瞭解別人，更能去接納別人也是獨立的個體。

19. 當個體察覺並接納愈多其自身生命經驗到自我的結構裡時，他會發現自己原本依據內攝與扭曲具象而來的價值系統，將會被另一個不斷活化的有機評價歷程所取代（*pp.483-524*）。

Rogers（*1959a, 1967a*）提出六種狀態以描述案主在諮商關係中的人格轉變。

1. 兩個人（治療師與案主）在心理層次有所接觸聯繫 （*1967a, p.73*）。

2. 案主經驗到一種焦慮、苦惱、或不一致的狀態。

3. 治療師真誠地（真實的他自己）與案主相處並建立關係。

4. 治療師感受到或展現出對案主的無條件積極關懷。

5. 治療師對案主的參照架構展現出同理的瞭解，並傳達這份瞭解給案主知道。

6. 治療師持續有效地以最低限度來對案主傳遞同理的瞭解與無條件的積極關懷（*1959a, p.213*）。

此取向所期望的成功改變如下：

・個人以不同的方式看待自己。

・他更加能接受自己和自己的感覺。

・他變得愈來愈有自信且自我導引。

・他整個人變得愈來愈喜歡自己。

・他的知覺變得愈來愈富彈性而不僵硬。

・他爲自己設定更切合實際的目標。

・他以更成熟的態度行事。

・他改掉自己適應不良的行爲，甚至是長期酗酒這類的老毛病。

・他變得愈來愈能被大家所接受。

・他變得愈來愈能開放去接觸現實，包括發生在自身以外與自身之內的事情。

・他以建構的方式改變了自己基本的人格個性 （*Rogers, 1959b, p.232*）。

因而可說，案主中心模式對人性抱持著樂觀的看法。認爲案主根本上是良善的，且具有潛力去自我瞭解、洞察、問題解決、決策、改變、與成長。

諮商師扮演著催化者與反映者的角色。諮商師催化著受輔者的自我瞭解，並將案主所表達的感覺與看法予以澄清再反映回給案主。案主中心的脈絡通常不認爲提供問題解決的資訊是諮商師的責任。案主中心的諮商師也不會試圖去導演受輔者的內心世界，而是提供一種環境氣氛，使受輔者能在其間發展出自己的改變。

近年來，自我理論(*self-theory*)的稱謂已漸漸取代了以往案主中心、非指導式、或羅傑斯學派的稱謂。這或許是因為此理論強調要增長自我、自我的能力、自我實現、與自我知覺。不論人們如何稱謂，這個由*Rogers*所創始的理論仍然對諮商領域持續地發揮其影響力。

從多元文化的參照架構來看，*Ivey*、*Ivey*與*Simek-Morgan*(*1993*)指出：

> *Rogers*的理論所強調的理想我與現實我，可能忽略了相關而較廣泛環境議題。就此而言，你會發現若在許多案主的諮商中加進更廣泛的焦點將是有所助益的。例如，羅傑斯學派慣例會幫助案主聚焦在自己的現實關係與理想關係。如此的聚焦能幫助個體以身為一個人的立場去思索自己與重要他人的關係。通常在*Rogers*相關的諮商與治療風格中，這樣的聚焦就會引出一個改變。但是，當我們去思索*Rogers*的生命發展時，我們會質疑那些概念是非常接近他個人生命最終目標所要導向的那一端。相對於現實世界，*Rogers*顯然更聚焦於理想世界(*Umwelt*)(*p.304*)。

在美國國防教育法案的年代裡，*Rogers*的暢銷著作進一步地推展了諮商師與諮商的公眾形象。他在個別諮商與團體諮商專業領域的偉大貢獻，創造了一波非指導式諮商師的風潮，並且在心理健康與助人專業領域裡留下了長遠積極的影響。

行為理論

我們每個人都有自己獨特的行為型態，而且大部分的人都相信自己至少瞭解自己為什麼會做出那樣的行為，甚至可以瞭解某個熟人為何做出那樣的行為。儘管我們可能只有軼事趣聞而非科

學證明，但是絕大多數的我們就可能說出一套自己個人的行為理論。行為理論（*behavioral theory*）的科學發展與養成可追溯至19世紀*Pavlov*所發現的古典制約。其後在心理學系統中所發現的行為取向則稱為行為主義，那是由美國心理學家*John B. Watson*所成功創立的，他在1913年初次發表了一篇《行為學者眼中的心理學》（*Psychology as the Behaviorist Views It.*）。

此學科的重要研究與著作是由*Watson*與*Thorndike*等人所帶領，但一直要等到*B. F. Skinner*系統化地擷取與發展行為主義的原理原則，行為理論才因而能達到目前的聲望。行為學者認為行為是一組經學習而得的反應，亦即這些行為反應是因個人生命史的事件、經驗或刺激而習得的。行為學者相信行為可藉由適當的學習制約與經驗而予以修改。行為取向的實驗起源說明了它與那些無法實證觀察或測量的概念是有所區別的。如此不同於佛洛伊德學派或羅傑斯學派那樣注重行為特徵上的情緒動力之洞察方法，行為學者聚焦於特定的行為目標、強調精準而可重複的步驟方法。諮商的行為理論取向從1950年代以來都有著穩定的成長，至今也有許多治療師在各種不同的場所廣為運用。此理論已經成功地被運用在治療吸煙、體重控制或其它飲食異常病症、物質濫用、演說障礙、與行為困擾等等。

就行為學者而言，諮商意謂著有系統地運用各種刻意要改變某行為的程序，而該行為的改變是案主與諮商師雙方共同設定的目標。諮商所採用的程序包含各式各樣取自學習歷程知識的技術。*John D. Knumboltz*是當今行為心理學的領導者之一，他在1966年將這些程序以歷史性觀點分成四個範疇：

1. 操作制約（*Operant Learning*）。此方法是建立在能有效導致改變的增強物及其出現時機。增強物可以是具體的酬賞或讚許的表達或關注。

2. 模仿學習（*Imitative Learning*）。此方法藉由接觸到表現適當行為的楷模，而催化了新反應的學習。

3. 認知學習(*Cognitive Learning*)。此方法藉由簡單地指示，讓案主知道如何才可以適應得更好而促成了適當反應的學習。

4. 情緒學習(*Eotional Learning*)。意謂以良好的情緒反應替換令人不悅的情緒反應，運用來自古典制約的技術（*pp.13-20*）。

　　*John Krumboltz*將行為取向推廣應用到諮商領域，他認為諮商是一種幫助人們學習解決其自身問題的方法。學習與再學習被視為幫助人們達成改變的方法。*Krumboltz*也將行為理論應用在量化與測量諮商的基線與成效。

　　*Arnold Lazarus*依據行為模式，為諮商與心理治療發展出一種系統化多重模式取向(*systematic multimodal approach*)，他使用*BASIC-ID*這些字首縮寫來描述案主生命的各個面向。多重模式理論基於重建適應的立場並不只單純考量行為而已；然而它仍是屬於行為學派，因為它是行動導向且聚焦於可被觀察的事物。

　　認知行為學者協助推廣技巧演練與分派家庭作業的行為方式。例如*Meichenbaum*使用自我監控(*self-monitoring*)與自我內言(*self-verbalization*)而創造了一種能改善技巧的認知行為取向(*cognitive-behavioral approach*)。

　　行為學者相信以可觀察到的行為來陳述諮商目標，要比那些以自我瞭解或自我接納等概括定義來陳述目標更為有效。這表示諮商的成效應可以外顯行為的改變來加以確認。不良行為的修正、決策歷程的學習、與問題的防範是適切於諮商中行為改變的三個範例。

　　在許多方法上，實際應用行為學派的諮商師與其他諮商師一樣採用著相似的取向來澄清與瞭解其案主的需求。他們使用著反映、摘要、與開放式問句。但是他們較不會去探測較深層的感覺，而是試圖對案主的處境與環境向度作進一步的瞭解。感覺次要於行為之後。行為取向的諮商師會試著去揭露案主處境的特定

先行事件、細節、與後果，以進而能設計出特定的目標、任務、與治療計畫。

　　然而行為取向的諮商師在進行治療作業上比其他諮商師採用更為指導性的角色。會談的進行傾向結構化與行動導向。行為取向諮商師經常扮演教師或教練的角色。

　　使用行為理論的諮商師假定案主的行為是制約的結果。諮商師進一步假定：每個個體會以其所學到的來對其所面對的情境或刺激做出可預測的反應。

　　Ivey、*Ivey*與*Simek-Morgan*(1993)提醒我們：

　　在多元文化情境裡使用行為取向，會有控制議題上的問題出現。行為心理學早期的嘗試經常賦予治療師、諮商師、或教師近乎完全的權力與抉擇，有時會變成操控案主而非幫助案主控制他自己。行為心理學不得不去克服這些問題與來自弱勢案主及其辯護者的相關恐懼 (*p.219*)。

　　Gilliland、*James*與*Bowman*(1998)指出：

　　當代大部分行為學派諮商師所採行的助人歷程，都較數年前的情況有更寬廣的見識。現代的取向致力於邀請案主一起進行其行為管理方案的分析、計畫、實施與評估，而不再將諮商師當成可對案主施以科學化行為重塑歷程的專家。當代行為學派諮商師試圖幫助案主消除偏離目標的不當行為，並學習能建立與維持目標和後效所需的適當行為。諮商師與案主一起合作。諮商師必須是受過訓練的，且實際體驗過人類行為的重塑，並且也提供猶如諮詢員、教師、顧問、增強者、與催化員的角色功能 (*p.206*)。

*Hackney*與*Cormier*(*1996*)指出：

最能因行為學派介入而受益的案主，其特徵包括：

· 有一個堅定目標導向的人們——動機來自要達成目標或得到成果。

· 行動導向的人們——需要是積極的、鎖定目標、投入於求助歷程裡（這包含亞裔、非裔美人等數個多元文化團體）。

· 有興趣改變少量（二至三個）分層式行為的人們（*p.213*）。

理性情緒治療法

　　一個理論的構成與發展經常都有一位重要的關鍵人物，就像*Carl R. Rogers*之於案主中心療法一般。*Albert Ellis*已經構建了一個相當新近的思潮，稱為**理性情緒療法**(*rational-emotive therapy*, *RET*)。此理論假定人們有能力採取理性或非理性的行動。理性的行為是有效率且富有生產力的，而非理性的行為則會導致不愉快和沒有生產力。*Ellis*假設許多種類的情緒困擾都肇因於非理性的思考型態。這種非理性的型態可能從小就有，並在個體生命中，再受重要他人、一般社會、與環境的增強。依據*Ellis*的說法，有情緒困擾的人們會以其錯誤邏輯(*faulty logic*)與假定發展出導致內隱默言(*implicit verbalizations*)或自言自語(*self-talk*)的信念系統。而每個人對自己的自言自語都和他所感受和所做的密切關連。

　　*Ellis*形成其理論的基本原則都包含於一個ABCDEF的型式裡。*Ivey*等人(*1993*)提到：

　　或許*Ellis*最重要的貢獻就是其A-B-C人格理論，其可摘述如下：

A－個體所遭遇到的「客觀」事實、事件、與行為。

B－個人對A的信念。

C－情緒性後果，或個人對A會如何感受與行動。

此形式的*D-E-F*之目標在於促成改變並維持之。*D*意指諮商師對案主非理性信念的駁斥（*disputing*），*E*意謂預設治療師的介入所能產生的後效（*effects*），而*F*代表案主對情境所產生的新感受（*feelings*）。

*Ellis*提出11條普遍存於西方社會並且必然會導致神經質行為的價值觀或想法：

1. 我相信我必定能得到所有人的關愛與讚許。

2. 我相信我應該是絕對稱職而勝任的，並且能贏得別人的重視。

3. 有些人是壞的、邪惡、或罪惡的，因此他們應該被責罵和懲罰。

4. 如果事情不如我所預期，那就是可怕的災難。

5. 痛苦是因於我所無法控制的環境所造成的。

6. 危險或可怕的事物是憂慮擔心的來源，而我應該隨時注意傷害的可能性。

7. 迴避某些困難與責難比去面對它們來得容易多了。

8. 我應該要有點依賴別人，而且應該要有可靠的人來照顧我。

9. 過去的經驗與事件決定了我現在的行為；過去的影響是永遠無法抹滅的。

10. 我應該要去思索或煩惱別人的問題與憂慮。

11. 每個問題都會有一個絕對正確的解決辦法，一定要找到解法，否則後果就會很慘（*Hackney*與*Cormier, 1996, p.182*）。

理情療法*RET*的目標在於減少或消除非理性的行為。爲了改變不適當行爲，案主必須學習去瞭解自己的想法、情緒、和行爲是如何地相互關連。案主必須重新組織負面及自我挫敗的想法與情緒，以使自己的想法變得合於邏輯與理性。理情療法的治療師不認爲案主與諮商師之間的人際關係是成功諮商的必要條件。事實上，治療師會經常挑戰、挑釁、並刺探案主的非理性信念。諮商師和案主在這份關係裡比較像是教師對學生。因此，程序可能不只是如閱讀或家庭作業等教學活動，還包括有如探問、挑戰甚至面質技巧、合約、建議和勸說等。理情療法不只是被運用在個別治療，還有運用到團體治療、馬拉松會心團體、婚姻諮商、與家族治療。

理情療法經常是比較短期的，故對嚴重的困擾較無助益。案主在學習理情療法的基本原則與專門術語時，常會感到有些困難。儘管理情治療師會去挑戰案主，但對弱勢族群案主的這類面質不應該涉及案主的文化價值觀與背景。

現實治療法

由*William Glasser*所大力推展的現實治療法（*reality therapy*）是近十年來另一個廣受歡迎的諮商理論。*Glasser*這種相當簡單易做的方法，會先相信受輔者是有能力透過實際或理性的歷程來處理其自身的各種需求。從現實治療法的觀點來看，諮商只不過是一種特別的訓練，試圖在相當短的時間裡教導個體他原本在正常成長過程裡就應該已學會的東西。

Glasser（*1984*）提出的現實治療法是：

可被運用於各種心理困擾的個體，包括輕度的情緒不安到完全的精神病理退縮都可以。在老年人及年輕人的行為失調上，以及藥物與酒精關聯疾患的問題上都有良好的治療效

果。它已被廣泛地運用於學校、矯正機構、精神病院、一般
醫院、與企業管理。它聚焦於當下並致力促使人們瞭解他們
所選擇的行動都是爲了要去滿足自己的基本需求。當他們無
法做到時，便會受苦，或致使別人受苦。治療師的任務在於
引領他們學會較佳或更負責任的有效抉擇（p.320）。

　　Glasser（*1981*）以八個步驟將現實治療法予以概念化。

1. 和他作朋友或形成關連、或相處；建立一個共融支持的關係。

2. 不看病人的歷史，而是去找出現在你在做什麼。

3. 幫助病人學會去對自己的行爲做出評估。協助病人去釐清他現
   在所說的是否眞的是有幫助的。

4. 一旦你已對行爲做出評估，那麼你就可以開始嘗試替代行爲－
   證實是較爲有幫助的行爲。

5. 對改變計畫做出承諾。

6. 保持一種「要做就不要有藉口」的態度。至此，病人一旦承諾
   要改變，就必須學會去負責達成它。

7. 嚴格而不懲罰。教導人們不需懲罰就能完成事情；創造一個較
   爲正向的動機。

8. 永不放棄。案主一旦瞭解諮商師是永不放棄的，他們將感到倍
   受支持，並以更有效率及更多的允諾來前進。

　　*Glasser*在1989出版了《控制理論》（*Control Theory*），此書詳
盡地闡述了他的現實理論。*Glasser*在其控制理論中，確立了其總
體行爲（*total behavior*）之概念的構成要素是：(1)主動的行爲，
(2)思考，(3)感覺，與(4)產生自主與不自主身體機制作用的生理
反應。Glasser相信控制理論能夠幫助個體更有效地控制他們的生

活；人類就是控制系統，他們就是如此地發揮功能去滿足自身的需求。現實治療法（與控制理論）指出人類根植於基因裡的四種需求。

· 隸屬、愛、合作、與分享的需求（*need to belong, to love, cooperate, and share*）

· 權力的需求（*need for power*）

· 自由的需求（*need for freedom*）

· 玩樂與消遣的需求（*need for fun and recreation*）

現實治療法聚焦於現在的行為，故而不強調案主過去的歷史。諮商師在使用此方法時，扮演猶如教師與楷模的功能。現實治療法立基於一個前提，亦即有一個貫穿一生的單一心理需求：身分認同的需求，那是一種覺得獨特、個別、與特殊感的需要。此種身分認同需求可說明行為的動力，且在所有文化裡是普遍皆然的。

現實治療法對案主的基本期望是，他將能擔負起自身幸福的責任。接受這種責任就意味著幫助一個人達到獨立自主或依靠自身內在支持的成熟狀態。當許多諮商理論建議諮商師應該以不表態方式回應時，現實治療師卻會稱讚案主負責的行動，並對不負責的部分表明不贊同。

*Glasser*對教育有著濃厚的興趣。他在《現實治療法》（*Reality Therapy*）（*1965*）一書中，說明他有關幫助兒童問題解決的概念。*Glasser*認為公立中小學常給學生不及格（失敗），因而發起了學校的成功模式，有別於他所見到的傳統失敗模式。因此，現實治療法不只被應用在專業單位與心理健康機構，也成功地被運用於許多學校及學校體系。他接著出版了他最暢銷的一本書《沒有失敗的學校》（*Schools Without Failure*）（*1969*），說明了他對教育的理

念。他提出：一個消除失敗的課程要以著重切題、預防、與成功的模式取代那些記憶作業、不切題指導、與紀律的傳統模式。他試著創造一個能吸引並激發學生發展負責任行為的環境。他也試著建立方法，以將父母與社區融合到學校及兒童的教育裡。

不論在校園裡或校外，現實治療法都強調做計畫的重要性，期使案主透過其計畫改進其行為。而該計畫所達成的行為，應該能使案主獲得滿足，甚至也得到最有利的讚許。

溝通分析

溝通分析(*transactional analysis, TA*)屬於認知行為取向，假定每個人都有潛力去選擇、改寫或重塑自己的命運。*Eric Berne*在1960年代為此理論的發展與推廣貢獻良多。此理論是設計來幫助案主審查與評估其早年決定並做出新而適切的選擇。

溝通分析認為正常的人格是健康的撫育（我好，你好）之結果。異常的人格則導因於兒童有時必須以心理遊戲來獲取讚許。溝通分析理論試圖去瞭解個體之間的溝通交流，進而瞭解我們每個人都有的幾種不同人格狀態。這些人格狀態的每一種都會以特殊的型態來表現，且由個體在不同的時間裡所控制著。當三種自我狀態的其中之一不願意釋出其擁有的控制權而僵硬地固著時，特別又是在不適切的時間，案主就陷入困擾並需要心理的協助。溝通分析將試著恢復某個受損的自我，並發展案主適當使用所有自我狀態的能力，特別是掌管一生所需的成人狀態。

因此，溝通分析非常強調自我，其組成的三種狀態為：兒童、父母、與成人。

兒童：個體從兒童期所遺留的一組行為、感覺、與／或態度，對個人的成人自我概念之建立很重要。

父母：個體從父母那所「錄製」而傳遞下來並照章行事的部

分。有時也稱之爲父母式制約。

成人：這個自我狀態是個體從兒童期以來，同化其獨特經驗而發展出來的。這些會轉變爲個體生活中例常出現的現實，因而「成人」是三種自我狀態中最可改變的。

這些狀態的任一個都能在某一時刻掌管個體，而由其外顯行爲即可觀察得知是「誰在當家」（成人、父母、或兒童）。案主藉著學習能適時適地使用所有的自我狀態，而得以增加其對自我生活的社會控制力。終極目標是幫助案主從不適切的生活立場與行爲（生活腳本）改變成「我好」立場的較新且較賦活力的行爲(*Gibson ， Mitchell & Basile, 1993, p.74*)。

溝通分析諮商的一個基本技術就是在每個諮商步驟之前的合約。諮商師與受輔者之間的合約是一種訓練人們達成重要抉擇的方法。除了合約技術，溝通分析還會使用問卷、生活腳本、結構分析、角色扮演、遊戲與儀式分析、以及「撫慰」(*stroking*)。溝通分析的所有治療回合都會全程錄音，儘管那不是一種諮商技術。

在諮商的每個階段裡，進展速度的抉擇都取決於受輔者。（這種方法可保護諮商師免於涉入，並避免諮商變成壓迫受輔者。）諮商師會在合約中明確說明案主參與的條件，例如要求來談者預先設想他們的共同努力將可帶來什麼樣的好處。

當然，溝通分析聚焦於個體，但它也是團體情境內對個人諮商的一種程序。溝通分析諮商師認爲團體情境能催化彼此回饋的歷程，使人們瞭解到自己所採用的溝通類型。於是，諮商團體就代表了眞實世界的縮影。在此情境裡，個別的團體成員各自朝著自己的目標努力，而諮商師就擔任團體帶領者。

完形諮商

「*Frederick Perls*所發展的完形治療法是一個療效的取向，其間治療師協助案主邁向自我整合，並逐漸學會善用自己的能量來成長、發展、與實現」（*George*與*Cristiani, 1995，p.66*）。這個取向的主要關注即是現在—此時此地（*here and now*）。這個取向認為過去已經消逝，而未來還未到來，所以只有現在才是重要的。

完形諮商也有其主要目標，即個人的整合。簡單地說，就是全部聚集成一體。*Perls*（*1948*）寫到：

治療的結束在於病人已經達至某些基本的要求：觀點的改變、充分自我表達與同化的技巧、以及有能力延伸察覺到口語的程度。於是他逐漸達到整合的狀態，而該整合狀態能催化自身的發展，因此他現在可以安全地離開了（*p.58*）。

為了能達到這樣的融合整體，諮商師致力於增加案主的覺察。因此，諮商師的功能之一即是提供案主一種氛圍，以能有助於發現其個人需求，或其因環境條件所造成的失落部分，而這些都可帶給案主其成長所必要的發現。

在此歷程中，諮商師將邀請案主投入*Perls*所稱的此時此地之談論。諮商師試著協助案主確認其邁向獨立自主所需要的東西。為此，案主必須致力於整合其行動，使其能以一個系統性的整體來發揮功能，包括行為、感覺、想法、與態度。案主也必須在此歷程中學會承擔起自己的責任。

完形諮商師認為人們總是會將外在刺激組織到總體心像或整體中。*Hansen*、*Stevic*與*Warner*（*1986*）描述了幾項用以解釋這個歷程的原則。

閉合原則：當我們知覺到一個不完整的圖形時，我們的心智會主動去完成該圖形並認為它是完整的。

接近原則：知覺場之內的各個刺激物，其彼此的相對距離決定了他們會如何被觀看。

相似原則：刺激物在知覺場中的相似性促使我們將它們群聚在一起。

　　這三個原則都各自說明了人類的心智會如何藉著將事物拼湊在一起，繼而使現象場裡零散的刺激物產生意義。重點就是刺激物一定要被個體組織到心智裡，才能是有所含意的（*p.130*）。

　　*George*與*Cristiani*（*1995*）引文指出，*Passons*列舉了八條可作為完形諮商之架構的人性假設。

1. 個體是由許多相互關連的部分所組成的複合整體。身體、情緒、想法、感覺、與知覺，這些部分都無法在整體個人脈絡之外而被理解。
2. 個體也是其所屬環境的一部分，因而無法被抽離出來理解。
3. 人們會對外在與內在的刺激做出要如何回應的選擇；他們是主動者，而非反應者。
4. 人們有潛力去充分覺察自己的所有感覺、想法、情緒、與知覺。
5. 個體因為有所覺察而有能力做出抉擇。
6. 個體有能力去有效掌控自己的生命。
7. 人們無法體驗過去與未來，而只能體驗到現在當下的自己。
8. 人們基本上不善也不惡（*p.66*）。

　　我們可以從這些假設歸納得知，完形治療師對個體自我指導

的能力持有正向的觀點。而且，必須鼓勵案主去運用這種能力，並爲他自己的生命負起責任－且要在當下立即行動；他必須去體驗此時此地的感受。諮商技巧包含「如何」與「什麼」的問句、面質、「我」訊息、以及與案主分享強調當下的察覺。

其他理論

　　除了之前提到的各個傳統諮商理論，還有幾個頗受歡迎的治療取向是初學者應該注意到的，而且如果有興趣也可進一步探討的。傳統的折衷取向於是幫助諮商師能夠採用各種取向的優點而不需結合至某一特定理論。

存在取向

　　個體經由自己的抉擇而定義了自己是誰，即使有些限制因素是超乎個人所能控制的。個體經由察覺而找到自己生命中的意義是很重要的。然而，責任伴隨自由而來。*Rollo May*與*Victor Frankl*是眾所周知的存在治療師與作家。

　　諮商幫助案主辨識其不合時宜的生活方式，進而開始願意負起責任來改變、發展、與尋找其獨特的生命意義。

家族系統療法

　　家族系統療法(*family systems therapy*)的基本假設是，案主必須在其家族之內才可以被完全地理解。例如，當急劇的轉變發生在家族單位之內時，此單位裡的所有成員都將感受到相對應的衝擊。個體與其家族成員之間的互動通常都是很具意義的。心智健康的人們同時有著良好的家族關係與滿意的家族之外的關係。諮商師幫助案主改善他與家族內或外之重要人士的關係。

整合取向

我們發現近年來的研究，除了不斷致力於增強與擴展許多傳統的諮商理論，也同時致力於發展新的多元向度與整合的模式。由*Brammer*、*Shostrom*與*Abrego*(*1989*)所提出的實現諮商與心理治療(*Actualizing Counseling and Psychotherapy*)就是其中一種對諮商理論與人類發展具有創意的綜合取向。實現諮商的基本假設某程度上是抽取自幾個主要的治療取向。

實現諮商代表了一種衍生自歷史與心理動力取向的發展理論。從跨時間的發展觀點來檢視人們：過去、現在、與未來。

1. 發展是累積的，意即早期經驗會影響個人往後將會擁有的同類經驗。過去的歷史形塑了我們的期待與渴望，進而影響了現在事件的意涵與衝擊。

2. 上一代未解決的衝突與悲傷會在代間互動歷程中傳遞下去，進而限制了個人現在的成長，甚而導致有症狀的發展。

3. 當個體發展出清楚的內在邊界時，個人的發展就開始得以實現。個人內清楚的邊界意謂能覺察到自己每個瞬間的想法與感覺、內心的兩極對立與衝突、以及防衛模式。

4. 人格的發展是動態的，會隨著時間的進展而改變其焦點與型態。

5. 發展是透過一個連續一致的核心本體而擴展的，該本體能夠編排生命結構或「時節」變換的曲目，與各式各樣的技巧功能以能備用及因應於情境性和發展性的壓力。

6. 洞察到個人因時間演進而變化的發展，將非常有助於自我實現。然而，除非能伴隨改變行為模式的經驗，否則洞察的實用性將是有限的。

實現治療法採用了現象學取向在諮商上的重要假設。

7. 我們肯定每個個體的獨特性。我們相信個人的發展包括學會開始察覺自己所擁有的獨特優點、限制、與目的。

8. 行為決定於自己對事件的陳述方式更甚於事件本身。這些內在信念導引著個人與別人相處時的行為。同時，循環遞歸的(circular recursive)人際互動模式形塑了個人對事件的期待與解讀方式。這個來自他人有意或無意的持續回饋訊息將對內在的心理信念與結構予以確認或否認。

9. 個人對自己大部分的未來擁有抉擇的自由。雖然人類許多行為是受個人成長史與系統力量的形塑，但實現的歷程假定個人的未來大部分是未決定的，且個人擁有廣泛的自由去加以抉擇。

10. 自由的假定寄託於個人為其實現負起相對的責任。雖然成長是發生在社會的脈絡裡，但每個個體仍有責任依據其價值驗證與道義考量來抉擇，以進而為其自身生命帶出新而持續的改變。治療師保持著積極的中立，在重視個人抉擇其自身目標的責任之時，強調精確的同理瞭解。

行為治療法提供實現治療法行動焦點，以及改變如何發生的理解。

11. 雖然有些原生行為是反射的，大部分決定於遺傳基因、某些導因於化學或神經上的改變，但實現諮商的基本假設認為社會行為是學習來的，且行為的改變依循著學習的歷程。重要生活技能的欠缺，例如勝任某社會與工作角色，都可以藉由新的學習來精熟之。

12. 人類大部分的學習不是自動化的，而是透過認知歷程來運思達成的。想法、情緒、行動、與他人的回饋，如此種種會產生彼此的交互作用。改變會開始於這些之中的任一歷程裡。

　　系統取向提示我們，每個個體都是被孕育在一個更大的關係脈絡裡。

13. 實現的達成主要是與諮商師、教師、牧師、團體、朋友、或家人的社會化互動裡，但也可以藉由自助方式來達成，例如冥想與意象。社會化互動成爲符合實現所需條件的主要方式，例如誠實地接受感覺、自我的覺察、表達的自由、以及對自己與他人的信任。治療師的支持是幫助他人發揮潛能的一項重要要素。

14. 溝通交流型態在行爲塑造上扮演了重要的角色。藉由中斷失功能的互動型態與提供新的回饋，可催化出治療性的轉變。這通常包括修改案主對他人行爲或自己行爲的解讀方式。

15. 實現包括學會設立與他人之間的清楚外在邊界。在焦慮情緒場域中有能力維持住清晰的自我感，即是這些邊界的證明。此外，一位實現的個人有能力追求性行爲並準備好迎接親密關係，這是基於一種堅定的身分認同感而能冒著自我的風險去與別人相處。

16. 實現是以相互依賴的態度來表現的。一位實現的個人有著全盤觀的責任倫理。個人的抉擇會考量到：該抉擇將如何對自己所涉及的整體關係網絡之當前與未來產生影響。相互依賴的人試圖去平衡自己的權益與他人的訴求，並學著去處理其中不可避免的緊張局勢。

17. 實現某種程度上是相互依賴態度的副產品，其中個人會超越自我利益而去與別人合作，爲了正義與愛的共同利益而努力。實現包括擴大我們視爲「鄰居」的涵蓋網絡，從我們周遭較熟悉的狹窄區開始朝向一個重視人類共同福祉的真實團結。若是抽離相互依賴態度只顧追求自我實現，將導致與他人的疏離（*Brammer, Shostrom & Abrego, p.54-55*）。

　　*Ivey, Ivey*與*Simek-Downing*(1987)提到，擁有技巧、理論、與實務的整合知識，對文化意向(*culturally iatentional*)諮商與治療是必要的。再者，

　　來自有效理論與實務基礎的技巧：文化意向治療師知道如何去結構一個有創意的決策晤談，且能夠在預計向度裡使用精微技巧來關注與影響案主。這歷程中的重要部份有個體與文化的同理、案主觀察技巧、個人與環境的評估、以及應用成長與改變的正向技術。

　　理論提供諮商與治療條理分明的原則：文化意向諮商師擁有可選擇的理論取向與治療程序的知識。

　　實務是技巧與理論的整合：文化意向諮商師或治療師是有技巧與理論之能力的，且能將其應用於案主利益的研究與服務。

　　試著去察覺自身的世界觀與個人意義，並瞭解其與案主或其他專業者之間是如何地相似／相異，將能補強技巧、理論、與實務的整合能力（*p.413*）。

　　*Ivey, Ivey*與*Simek-Downing*(1997)指出：

　　整合的理論現在變得愈來愈多且愈來愈有影響力。Meichenbaum認知行為理論的建構將多種不同理論一起放進一個協調連貫的樣式裡，進而提供了一個比傳統行為參考架構更廣闊的視野。發展諮商與治療將理論與實務整合成一個不同的格式，並提供全面性的基本理論，從感覺到行為到認知到系統取向。發展諮商與治療或許比其他理論都還強調感覺運動和經驗的系統／文化基礎，認為改變若要長久維持就必須有網狀系統取向（*p.407*）。

折衷諮商

諮商的折衷取向(*eclectic approach*)是一個長久存在的傳統，而其爭議也如同其存在一般長久。它起初是為那些剛進入專業沒幾年的諮商師所提出的一種安全而中間路線的理論，因為他們還不想或還不認為自己有能力純粹只運用一種指導式或非指導式的取向。由*Minnesota*大學*G. Williamson*等人所擁護的指導式取向，會控制並實際直接影響案主的決策，且對諮商歷程的結果實施重要的影響。*Carl R. Rogers*是非指導式取向的首席發言人，他相信諮商師的角色應多採取催化者更甚於決策者，而案主必須達成必要的洞察與自信以做出自己的抉擇。

理論的辯護者提出折衷主義的取向，允許每個個體從已有的眾理論中引用來建構他自己的理論。折衷諮商師經常可以選用所有諮商世界裡最精華的部分。有些人則質疑折衷主義在鼓勵諮商師成為理論「樣樣通卻樣樣鬆」。必然地，理論和技巧的選用若缺乏一個模式或明確的指引，那許多當今可用的理論模式將令人感到混淆不清。

折衷主義並無意製造混淆。而是要幫助諮商師建立一個個人化且專業的系統，那是含納多種現有理論的成分以調和成一個整合的整體。折衷主義假設，當諮商師擁有理論的選擇性並在一個概念化而有組織的架構內彈性運用時，將可對個體之間的差異及多樣的人類需求、擔憂、與環境做出最好的回應。

*Lazarus*與*Beutler*(*1993*)說明非系統化折衷(*unsystematic eclecticism*)、理論整合(*theoretical integrationism*)、與技術折衷(*technical eclectiuism*)之間的差異。非系統化折衷是「將五花八門的各種方法隨意胡亂拼湊混雜而成的」(*p.381*)，那將會阻礙完整的決策及連貫一致的治療計畫。理論整合與技術折衷是對非系統化折衷所提出的替代取向。

理論整合要包括兩個理論以上的理論概念整合。它所賴以運

作的假設是：理論結果之間的聚合收斂將可拓展治療的程序。
*Lazarus*與*Beutler*(*1993*)指出這個取向會減緩治療的進度且導致諮
商歷程無具體成效。他們依據實際經驗認為理論整合會「變成方
法與想法的大雜燴，而那是沒有一致的基本原理且無法被評量的」
(*p.383*)。

為了回應如此的困擾，*Lazarus*與*Beutler*(*1993*)提出另一個諮
商與心理治療的取向：技術折衷。這個策略聲稱：

治療程序的有效結合並不必然是起源於整合不同觀點的精
神病理學與對等的諮商或心理治療。的確如此，一個有效的
諮商方案可以是立基於一個系統化選取治療程序的歷程，只
要這個決策系統本身是建立於對情境、問題、與案主所接受
的有效療程之實徵驗證的 (*p.383*)。

技術折衷可說是以多重模式評量為依據的治療計畫與介入的
系統方法(*Lazarus, 1989*)。這種評量以下述七個範疇來判別問
題：**行為**behavior**、情感**affect**、感覺**sensation**、意象**imagery**、認
知**cognition**、人際**interpersonal**、與藥物／生理**drugs/biology**（簡
稱BASIC-ID）。在多重模式評估之後，可選用的技術有(a)適配特
別案主的需求，與(b)提供關於他們在可辨識情境裡的效能之資料
佐證。*Lazarus*與*Beutler*(*1993*)發現技術折衷是有效的，且完全避
免了「依賴非系統化折衷或不必要的整合」(*p.383*)。甚且，他們
說明了技術折衷並非是無理論的；理論在其中是必要的，他們提
出適配各種案主問題與情境之獨特特質的新介入方式。然而，理
論的使用是奠基於「實徵根據以及有效性治療選擇與評量的直接
應用」(*p.384*)。

我們摘述*Wallace*的警語來作為此探討的結論。

學生諮商師不能推卸他們建構諮商個人理論的責任，而將
其轉為理智化的遊戲或學業練習。他們對案主的義務更使其

必須如此自許。發展一個治療的折衷取向需要具備積極進取的態度，以及能真誠面對他們從別人的價值觀、想法與研究裡所省思而得的體會。並且，就如同獨立觀察與思考在折衷立場裡的必要性一般，能理解、尊重、與包容其他的治療師也是重要的。在學生能夠搜尋到最好的諮商與心理治療個我理論之前，他們必須充分探索省思所有既存的理論-充分瞭解多樣而對立的各種理論，如此訓練才能有所成就。因此可說，折衷取向的理論構成是沒有捷徑的。的確，在實際邁步時，它是最困難的路徑（*p.310*）。

教育場域中執業諮商師之理論偏好

哪種理論在實務應用上最受歡迎呢？諮商師儲訓的學生、新手諮商師、以及資深執業諮商師都很可能提出這樣的問題。為了提供某些當今的指標，我們在1996至1997對420位執業諮商師進行了一項簡單的調查（他們是從美國諮商學會會員名錄上隨機選取出來的）。（初始的前導研究只包括*Indiana*的諮商師而已）。這項調查的結果呈現在表5-1。應該注意的是，在286位回覆者裡（回收率68%），執業諮商師陳述其經常使用於實務中的理論導向之數量，有二到七個左右，平均是4.1個，這意謂著他們需要有彈性去迎合不同案主與情境的需求。表5-1顯示的回應資料，有170位是來自教育場域的諮商師，和116位非學校場域的諮商師。令人有點驚訝的是，不同教育程度所回覆的摘述只有些微的差異。

個人理論的建立

　　如表5-1所示,多數諮商師頗能認同某一傳統理論,且其個人理論和實務受該傳統理論影響深遠。因此,就此點可以適切地說,儘管新手諮商學生應該熟悉各種傳統和已獲實證的理論,但他們最終在實務上將會發展出他們自己的變化或折衷取向。你自己的個我理論將依你的獨特性而量身訂造,且或許為更有效服務特殊案主族群而有所調整。

　　如同 *George* 與 *Cristiani* (1995) 指出:

　　所有的諮商師都會以其自己的人性觀與人會如何改變的一組信念來和案主互動;因而,諮商師澄清自己的信念並將其發展成理論基礎是必須強調的重點 (p.119)。

　　在最後的分析裡,諮商師必須發展出適配其個人的理論架構;那是一個他們能運用得得心順手、能活出他們自己、能發揮最大效用的架構。

　　我們對諮商理論的探討就以一個比喻作結:眾理論就像一張地圖–它們對身為諮商師的你指示出能到達最終目的的不同而現有的道路–你的目標就是以有效且充實的方式提供案主最大的協助。就新手諮商師而言,當你有所歷練且專業升級時,你可以發展出你自己的個人折衷理論。如此一來,你會在身為一個人與身為專業人士之間尋求出一個可和諧並存的認同架構或系統–包含你的信念、價值觀、及何以為人又何以為專業的部分。所有的努力裡,我們在投入自己確定能勝任的事物上時是最感舒服的。如果你認識自己的優點與限制,且擁有一個自己所能理解並感到舒服的有效理論架構,你將有永續增進的信心去為你的案主提供諮商協助。

表5-1 執業諮商師理論偏好之調查

理論	學校		機構與非學校場域	
	偏好百分比	評等	偏好百分比	評等
心理分析 （佛洛伊德學派）	0	13.5	5	10.5
個體心理學 （阿德勒學派）	14	2	10	5.5
個人中心 （羅傑斯學派）	22	1	14	2.5
理性情緒	12	4	12	4
現實	10	5	5	10.5
存在	2	10	2	12
指導式	13	3	10	5.5
行為	3	9	6	8
家族系統	1	11.5	14	2.5
焦點解決	4	7.5	2	12
完形	1	11.5	2	12
溝通分析	0	13.5	6	8
折衷	7	6	16	1
其他	4	7.5	6	8
	N=170		N=116	

資料來源：Robert L.Gibson與Marianne H. Mitchell, 1996-1997 所進行的調查。

George案例

在實務中應用不同的諮商理論，當然會出現與案主之間的不同切入方式及互動，而且，儘管是從不同觀點來切入，但只要是由理論技巧純熟的諮商師來執行，就都會有很高的成功率。

我們在這一節裡，以*George*的案例來說明七個不同理論導向是如何對*George*進行諮商的。（我們也看得出，並非所有特定理論導向的諮商師都以同樣的態度切入相同案主的議題。）

案主：　　　　　　*George*，28歲男性

二技空調與冷凍科系

離婚兩次；無子女；八年換三次工作

問題：　　　　　人際關係

（無法與人正向互動）

（容易被他人激怒，尤其是上司）

心理分析

諮商師主導。初始聚焦於早年家庭經驗的回憶。是否他的父母有攻擊性格？當時是什麼使他生氣？過去是否曾發生特別激怒他的特定事件？討論他個人關係的歷史。留意抗拒或移情。使用自由聯想、夢的解析、與催眠等方式。對抗拒加以面質。探索性慾角色。在進行長期治療之前，先分析與解析。

阿德勒學派（個體心理學）

案主與諮商師共同承擔歷程的責任。以人道關懷方式挑戰案主的不適當社會行為。鼓勵並協助案主發展社會技巧。自我（弱點）的基本假設要被加以重建。

個人中心（羅傑斯學派）

主要的責任在於案主，而諮商師擔任助人者。首要任務是與*George*建立關係；必須要發展彼此的信任。*George*被鼓勵去相信自己；相信自己有能力去和別人相處－做朋友。個案史、傳統分析、提問與追根究底都是不必要的，而要聚焦於一個有所助益的關係。

行學學派

諮商師在這非常短期的取向裡擔任案主的老師。第一步或許就是形成*George*的個案研究。檢驗*George*的不適當行為,再教以更適當的新行為(因此稱為行為塑造)。

理性情緒治療法(*RET*)

諮商師與案主幾乎是一種商業或師生關係。向案主證明,生氣、敵意、與懷疑是沒有用的情緒。*George*會被要求去檢驗,別人在他的處境裡將如何正常或理智地做出回應。*George*會被教以更適切的行為。

現實

起始的時間會被用來與*George*建立關係,但諮商師在此仍然採用教師的角色。幫助*George*能更實際地來看自己的問題,且開始對問題的解決負起更多的責任。可能會使用契約。

完形

與*George*建立一個溫暖、關懷的關係。*George*被鼓勵去開始覺察自己的不適當行為,並承擔起現在就改變它們的責任。(立即行動-不用多說。)會以關懷的感受去使用面質、角色扮演、提問(如何?為何?)等技巧。

諮商目標

　　檢視各種不同理論模式的另一種方法，就是去檢驗理論相關的目標。表5-2所概述的架構，是以發展連續性而呈現的諮商目標之形式。它含納了不同的諮商模式並整合了*Maslow*（*1970*）的階層需求論。

　　表5-2的連續性，是從上層（首要目標／需求）移動到底層（次要目標／需求）。

表5-2　諮商目標的連續性

諮商歷程目標	相對應的諮商歷程模式	Maslow的需求階層，發展的（生理需求）
自我(ego)發展 　（起始） 降低焦慮 個人調適	臨床/分析模式 　自我(ego)心理治療	安全感 　依賴 　自我防衛
社會化 角色/自我(self)認同 社會適應 行為改變	行為諮商 行為塑造 現實治療法	歸屬感需求 　聯繫 　認同 　性格發展
發展順利 解決發展的衝突與挑戰 因應/精熟 問題解決 決策 自我滿足	發展諮商 阿德勒諮商 溝通分析 理性情緒治療法 問題解決 決策	（發展/認知需求）去知道與理解，好奇
自尊（自我肯定） 自我覺察 自我接納 自信 自我的協調一致	案主中心/關係諮商	自尊（自我肯定）需求，價值觀發展
自我實現 潛能激發：智能、情緒、社會與精神	完形諮商 存在諮商	實現需求

資料來源：抄錄自 Bruce, P. 「諮商目標的連續性：不同於諮商策略的架構」
Personnel and Guidance Journal, 62, 1984, p.260.

這個看法提議，案主的最基本目標／需求（位於連續性的上層）必須在諮商裡先被滿足，之後案主才能有效的去處理更高層次的目標／需求（位於連續性的底層）。連續性被看成是流動的，故而，諮商師可能要在不同時間裡來來回回處理同一案主的連續性（*Bruce, 1984, p.259*）。

顯然地，諮商目標也可以更簡單地歸類成諮商師目標與案主目標，或是治療的短程、中程、或長程目標。不管我們選擇如何歸類諮商目標，諮商就像所有其他有意義的活動一樣，必須是目標驅動的，要有一個目的，或試著得到一個目標物。大體而言，諮商目標也可被劃分成下述幾個範疇。

發展目標：在發展目標裡，案主被協助去達到或進步到他身為人類所被預期的那些成長和發展（亦即社會的、個人的、情緒的、認知的、身體健康等等）。

預防目標：在預防目標裡，諮商師幫助案主避免掉一些不好的結果。

增進目標：如果案主具備特殊技能，增進就意謂藉由諮商師的協助來發現與／或進一步發展那些技能。

矯正目標：矯正包含的是，幫助案主克服與／或治療一項不良的發展。

探索目標：探索所代表的目標是，適合去做選項的檢核、技巧的測試，與嘗試新而不同的活動、環境、關係等等。

增強目標：增強被使用的情境是，案主需要幫助去知悉他的所做、所思、所感都是沒問題的。

認知目標：認知包括獲得學習和認知技巧的基本基礎。

生理目標：生理包括獲得良好健康的基本理解與習慣。

心理目標：心理協助在於發展良好的社交互動技巧、學習情緒控

制、與發展正向的自我概念等等（*Gibson, Mitchell, Basile, 1993, pp.87-89*）。

*Hackney*與*Cormier*(*1996*)指出：

目標在諮商歷程中具有三種重要功能。第一，目標可以在諮商中發揮動機的作用。其次，目標在諮商中也具有教育的功能，可使案主學到新的反應。第三，目標也能在諮商中符合評估的功能，其間案主的目標可幫助諮商師去選用並評估有助於案主的不同諮商策略（*pp.104-105*）。

諮商歷程

我們已經簡要介紹了一些頗為常用的諮商理論，接著要繼續討論將這些理論轉化為具體行動。這個行動經常被稱為諮商歷程。這個歷程通常由一系列互動步驟來詳述。儘管許多作者因為不同的理論模式而對這些階段或時期有著不同的概念，但仍有相當的一致性，初始歷程的重點在於建立關係，接著是使用一些方法來判斷問題與探討的型態，引導出問題解決與矯治的計畫，之後以具體行動來歸結並結案。以下羅列可能的各個階段：

1. 關係建立。
2. 問題的確認與探索。
3. 問題解決的計畫。
4. 解決的應用與結案。

對這些階段予以個別簡要敘述將有所助益。

211

關係建立

如同定義所經常陳述的，諮商即是一種關係。更可以說是一種助人關係。因此，如果這個關係是要有所助益的，諮商師就必須主動在初始晤談建立一個能促進相互尊敬、信任、自由與開放溝通的氣氛，並理解諮商所包含的一般歷程。

在一個正式脈絡裡，*Brammer*(*1988*)認為這份關係需要一個晤談的形式——一個有許多變數來助益的結構化助人關係。圖5-2說明了這些變數。

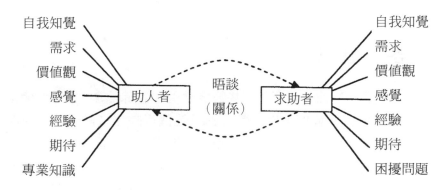

圖5-2　晤談中的助人關係

儘管諮商歷程的責任往後將逐漸遷移給案主，但此階段的諮商師仍須挑起主要的責任。諮商師可以使用那些設計來解除緊張與開放溝通的技術。諮商師的態度與口語溝通對彼此關係滿意的發展都是極具重要性的。而諮商師的所有溝通技巧在往後情境裡都要一一施展。這些包括積極傾聽、理解、及與案主同在的感受。諮商師與案主關係的品質，必然會影響到諮商的成效。

在建立諮商師與案主之間的這份關係時，其間的重要因素有積極正向的關懷與尊重、正確的同理、與真誠。這些條件必然包

含諮商師的開放度、有能力瞭解與體會案主的感受、還有重視案主的價值。這份諮商師與案主的關係，不只是用來增進案主達成目標的機會，同時也是一份良好人際關係的潛在模式，能讓案主依循而改善其在治療情境外的其他關係。

治療師必須謹記諮商關係之目的在於：盡可能地滿足案主的需求（而非諮商師的需求）。在此諮商關係之內的諮商歷程，試圖協助案主去承擔起他所遇問題及其解決的責任。這部分的催化要靠諮商師的溝通技巧、確認並反映案主感受的能力、與對案主的擔憂和需求予以確認並增進洞察之能力。

必須在諮商歷程的初始就與案主建立起一份能有所助益的關係，因為這經常會影響案主是否會再繼續求助。對初次諮商晤談的目標，有以下幾點的建議。

諮商師的目標：

· 建立一份舒適而正向的關係。

· 對案主解釋諮商歷程及彼此的責任。

· 催化溝通。

· 確認並核對案主之所以要來尋求諮商協助的擔憂所在。

· 與案主一起計畫取得其後續諮商歷程所需的評估資料。

案主的目標：

· 理解諮商歷程及其在此歷程中的責任。

· 分享並詳述其尋求諮商的理由。

· 在評估問題與自我時都能合作配合。

問題的確認與探索

適當的關係已經建立之後，案主將更能接受去深層討論與探索他們的擔憂。值此階段，案主要承擔起更多的責任，因為那是他們的問題，而他們對問題本質有多大程度的溝通意願將大幅決定諮商師相對可以給予協助的程度。

諮商師在此時期，將持續展現積極關注的行為，並對簡述語意、澄清、知覺檢核、或回饋等溝通技巧予以一定的強調。諮商師將會探問案主，而這種探問的陳述方式是能進一步催化案主探索其擔憂的。要避免那些會使案主感到難堪、挑戰、或威脅的探問。經過這個時期，諮商師將辨識到文化的差異及影響，並調整應用的技術以適合該文化。

至此，諮商師試圖分辨出那些所謂的表面問題與那些較複雜的問題。諮商師也努力判斷，是否案主所陳述的問題就是其前來尋求諮商的真正擔憂所在。這可能需要一段資訊蒐集的時間。諮商師得到愈多有用的資訊，就愈能對案主需求做出較精確的評估。因此，諮商師去推敲不同資訊領域並加以辨識是很有幫助的。

我們很主觀地將適用的資訊分類成三個向度：時間向度、感覺向度、與認知向度。這三個向度裡的各別隸屬資訊如下所示：

1. **時間向度**包括案主的過去經驗，尤其是那些他視為可能曾受影響的經驗。現在向度包含這個人目前的功能運作良好與否，尤其是那些影響案主前來諮商的現今經驗。未來時間向度包括未來希望、計畫與目標、以及案主計畫如何去達成這些。

2. **感覺向度**包括案主對他自己與重要他人的情緒及感覺，包含團體、態度、價值觀與自我概念等。全都是感覺向度的一部份。

3. **認知向度**包括案主如何解決問題、所採用的因應型態、日常決

策的合理性、與案主學習的能力與準備度。

有些諮商師在這個時候會使用標準化測驗這類的評估技術來進行問題診斷。問題中的小問題也可以被確認出來。案主在此時期不僅探索了經驗與行為，也揭示了其一般生活方式裡的感覺與關係。諮商師試圖盡可能獲取較多的相關資料，並將其整合到案主與其擔憂之整體圖像裡。諮商師也會與案主分享這些觀點看法。這個階段的一個目標是諮商師與案主兩者都要對問題與其間相似的錯綜複雜有所知覺。諮商師在這個階段裡的目標之一是，幫助案主有所自我瞭解，以進而能辨識出化解擔憂的需要—改變與行動的需要。

顯然地，這是諮商歷程中一個忙碌的階段。很多實際的作業要在此時進行，尤其是需要去做大量的探索。必須持續催化的情境以提升案主對問題解決行動計畫的理解。儘管問題解決的活動似乎要在此階段開始實施，但活動執行的主要步驟還是要在第三階段進行。

我們接著要指出問題確認與探索的步驟或階段：

1. **定義問題。**諮商師在案主的合作之下，試著盡可能具體明確而客觀地去描述或確認問題。諮商師與案主對問題有協調一致的理解是很重要的。除了對定義問題的精準性要求之外，重要的還有去判斷問題構成要素或歸因、與問題對案主所造成的困擾、問題的現狀、及持續時程。

2. **探討問題。**為了能充分理解問題及其背景成因，就要在此時蒐集所需的訊息資料。一旦判斷出所需的那類資訊，諮商師與案主接著就必須決定如何去獲得這個資訊、是誰的責任、並設定蒐集資訊的時序。於此脈絡之下，可能會決定實施標準化的心理測量。測驗實施與否的決定一定要以案主的意見為主，不論標準化心理測量是如何取得其所需要的資料，這種資料蒐集技術所產生的威脅可能影響到案主及其全心投入諮

商歷程的意願。諮商師在某些情況裡,可能希望完成一份詳細的個案研究。顯然地,這個決定將視情境的嚴謹度、所需資料量、與諮商師及案主兩者在此目標可用的時間而定。

3. **整合資訊。** 在這個步驟裡,很重要的是要將所有蒐集到的資訊進行有系統的組織與整合,以成為一份對案主及其問題有意義的剖面圖像。此時也適合開始探索可能的改變需求以及改變所將遭遇的阻礙。可能解決方式的實際確認,將在下一節再予討論。我們注意到在短期治療裡,這個階段就如同諮商歷程的所有階段一樣,也是以這樣的方式被壓縮或折疊來促進這個歷程。

問題解決的計畫

一旦諮商師判斷所有有關案主擔憂的相關資訊都已獲得且理解,還有一旦案主承認自己有該為某特定問題做些什麼行動的需求,那麼發展計畫來解決或化解案主擔憂的時機就算是成熟了。

這時候,有效目標的設定會成為諮商作業中的關鍵部分。錯誤的目標設定將可能導致諮商歷程毫無成效或失去案主的信任。對於這個階段,我們也要提出我們認為這個歷程裡所包含的幾個特定步驟流程。

1. **定義問題。** 很重要的是,諮商師與案主兩者都要以相似的觀點來檢視問題,並對其中的錯綜複雜有一致的理解。

2. **確認並條列所有可能的解決方案。** 這個時候,適合以腦力激盪找出所有的可能機會。案主與諮商師兩者都一起投入,但應該給予案主機會去盡可能條列出其心中所想到的所有可能性。如果案主忽略了某些明顯的解決方法,諮商師可以建議「你有沒有想到_____?」在條列解決方案時,不應該刪除

任何乍看之下難以執行的方法。我們將在下一個步驟裡，瞭解要以哪些不同的理由來刪除某些方法。

3. **探索所條列解決方法的後果。**在諮商師的鼓勵與適時的建議下，案主在此將要對所條列出的各種解決方法之執行所需過程加以確認。如此一來，就會發現某些過程可能太過複雜，或不巧難以應用。某些解決方法可能導致更多的問題或更嚴重的後果。無論如何，每種解法的預測結果也都必須仔細探索。

4. **排出解法的優先順序。**緊跟著步驟3，案主在諮商師的鼓勵下，依照達成可能機率的高低排出解決方法的優先順序。一旦抉擇出最佳的解決方案，案主就可以準備開始去行動與執行。

在這個計畫的漸進發展中，諮商師看得出案主經常無法像他那樣迅速達成某些基本的洞察、會意或成果。然而，大多數的諮商師較支持要引導案主逐步去自行理解，而非全盤地直接告知。要催化案主的理解，諮商師可以使用的技巧有複述、輕柔面質、解析、資訊提供以及明顯的鼓勵。

解決方法的應用與結案

最後階段的責任歸屬是很明確的。案主的責任是執行已決定的解決方法，而諮商師的責任是決定結案的時間點。諮商師剛開始需要鼓勵案主去依照其決定的問題解決方法而行動。在案主能主動積極執行其問題解決方法的時候，諮商師經常只維持追蹤、支持、與鼓勵的來源。案主在遇到無法依計行事的事項時，也可能還需要諮商師的協助。而在諮商師與案主盡可能且實際處理了案主的擔憂之後，諮商歷程就應該依先前決定而結束。就如前面所述，這個責任主要在於諮商師，即使案主隨時都有權力要求停

止。諮商師通常會指出下次晤談只是將整個諮商歷程做些整理與重點摘述。諮商師通常會再留一扇門給案主回來，以備他可能需要尋求其他的協助。因為諮商是一種學習的歷程，諮商師希望案主不只是學會處理其特定問題，也要學會問題解決的技巧，以能減低其將來需要再度尋求諮商的可能。

在諮商歷程的這個章節結束裡，我們注意到我們經常對案主「問題」所採用的參照，並且我們想要提醒讀者，問題不總是奠基於所知覺到應予以矯正或復原治療的缺陷或失敗。案主同樣可能有迫切的需要去發展其人類潛能——他們優點長才的利用。在這些狀況裡，重點要擺在發展、成長、或鼓勵，而非治癒。

最後，我們註記*Ivey*等人（*1993*）所提選擇諮商模式的五步驟。

五步驟模式的中心理論要點即是，**諮商與治療中的晤談本身就如同選擇一樣可以在一種決策架構之下而變得有所結構化**。精熟五步驟式晤談、增進對關鍵同理向度的理解、並發展晤談精微技巧之能力，如此將使你獲得一個理解架構以掌握各種不同的助人理論取向。

應用如下之五步驟模式或檢核法，你就可以結構出一個非常有效的晤談：

1. 建立支持與結構（「你好」與「這是我們今天要做的」。）

2. 蒐集資料並尋找有利資源（「有什麼問題或擔憂？」與「你有什麼優點？」）

3. 選擇輸出成果（你想要什麼事發生？）

4. 找出可選擇之解決方法（我們可以怎樣找出新的想法點子？）

5. 學習的歸納與遷移（「你會這麼做嗎？」）（*p.76-77*）

表5-3記敘了晤談中一些有效用的技巧及其所促動之功能。

表5-3　有效用的技巧

技　巧	說　　明	促　動　功　能
解析/重框	提供案主一種不同的參照框架去檢視情境。可以取自某個理論或個人自己的觀察。*解析可以被視為核心的效用技巧。*	試圖提供案主一個檢視情境的新方法。解析則提供案主一個清晰且不同的「現實」知覺。這個知覺能引起觀點的轉變，進而導致想法、建構與行為的轉變。
指示	告知案主要採取什麼行動。可以是以命令形式陳述的簡單建議，或是來自特定理論的精緻技術。	向案主清楚指出諮商師或治療師對其所採用的行動。指示可以預測案主將依照所建議的而行事。
告知/資訊	提供建議、指導式理念、家庭作業，告知如何去做、去想、去表現。	在謹慎使用下，可提供案主新而有用的資訊。特定職業訊息即是一種必須使用此種技巧的範例。
自我揭露	晤談者分享其個人過去經驗或分享其對案主現在的感應。	強調諮商師「我」的陳述。這個技巧與回饋緊密相連，能建立信任與開放度並使彼此的關係更為相互與共。
回饋	提供案主有關他們是如何被諮商師或他人所看待的特定資料。	提供具體資料可幫助案主理解別人是如何理解其行為與思維型態，如此可使其獲得不同的自我知覺。
邏輯推論	晤談者向案主解釋思考與行為的邏輯性結果－若/則。	提供案主一種不同的參照框架。此此技巧可幫助案主預期自己行動的後果或成效。
有效的摘要	經常使用於當次會談接近尾聲之時，用以摘要諮商師的評論；最常使用在與主要總結進行連結之時。	闡明晤談已進行的並摘要治療師所說的。此技巧設計以幫助將晤談內容實踐到日常生活裡。

資料來源：取自*諮商與心理治療：多元文化觀點*，第四版，p.66, A. E. Ivey,
M. B. Ivey 與 L.Simek-Morgan, 1997, Boston: Allyn and Bacon.

諮商技巧

　　我們已經在此章節裡討論了諮商師擁有一個可運用之理論架構，以及案主諮商持續進行之歷程或階段等相關知識的重要性。同樣重要的是諮商師必須具備可應用於其選用理論及執行歷程的相關技巧。

　　諮商技巧在其理論與歷程上皆有其根源，且已經由實務與研究而增強。諮商師藉由學習與練習來獲取這些技巧. 溝通是主要的諮商技巧，包括非口語及口語部分。

溝通技巧

非口語溝通技巧

　　我們所有人都會非口語溝通。我們會藉由臉部表情、肢體姿勢、與身體移動來傳遞訊息，通常是有意的但有時是無意的。我們也通常會「讀取」別人以相似方式傳達而來的溝通訊息。在我們社會裡，非口語語言是一種廣為常用的溝通工具，而在諮商當中，那也是諮商師與受輔者之間重要的社交互動歷程。例如，從諮商過程的一開始，視覺線索就將影響案主對諮商師的知覺。就如此章之前所提及，諮商師展現積極傾聽行為這種非口語方式來表達非口語溝通「我有興趣聽你說你和你的擔憂、我尊重你、而且我將給予你我全心全意的關注」如此種種。傾聽行為可以達成數種目的。

　　首先，案主能因此而意會到自己就是你全心傾聽關注的客體。這還意謂著你對案主身為一個個體的尊敬。這也意謂著你對案主的接納及你準備好以自己全部所有的專業能力來協助案主面對其擔憂。再者，藉著展現你全心的傾聽能催化案主流暢的溝通。這傳達著你的興趣及意願，進而鼓勵了案主再多說一些。這

也在告訴案主並不用把所有需要溝通的都化為文字語言。傾聽行為讓身為諮商師的你隨時都保持覺察與警覺而使你能對案主表達的來龍去脈有所掌握瞭解。最後，傾聽行為使你能夠發現案主在諮商晤談中下意識或甚至有意識所揭露之線索。

*Gazda, Asbury, balzer, Childers*與*Walter*(*1977*)在二十多年前就將非口語行為歸類成四種形式，而至今仍廣為常用。必須強調的是，非口語行為是有高度個人風格的，這些要點的解析必須密切且奠基於它們所面對的脈絡。

1. 使用時間的非口語溝通行為

識別（招呼、致意）

迅速或延誤辨識出另一人的出現，或對他的溝通加以 回應。

優先順序

一個人願意花在與另一人溝通的時間總量

花在不同主題上的相對時間總量

2. 使用肢體的非口語溝通行為

眼神接觸（在調節關係時很重要）

注視某個特定物體

往下看

盯著助人者

蔑視助人者（「強硬的」眼神），瞪視著

眼神在不同物體之間飄來飄去

注視助人者但在被注視時移開

用手遮住眼睛

注視他人的頻率

眼神

「炯炯有神」

淚水

「狂亂的眼神」

眼皮的位置

皮膚

蒼白

流汗

臉紅

「雞皮疙瘩」

姿勢（經常意謂身體的警覺或疲累）

「急切的」，彷彿準備要行動

懶散、邋遢、倦容、消沈萎靡

雙手交叉胸前彷彿在保護自我

雙腿交叉

面對別人而坐，沒有斜一邊或離開

垂頭、看地板、臉朝下

以身體位置擋住他人加入團體或配對

臉部表情（展現情感的主要部位；研究者認爲這是個本能反應的主體）

面不改色

前額皺紋（憂慮的線條），皺眉, 蹙額

皺起鼻頭

微笑、笑聲

嘴角下垂（悲傷的）

咬唇（嘲諷的）

手與手臂的姿勢

有所象徵的手與手臂姿勢

照字面呈現的手與手臂姿勢用以指出大小或形狀

示範某事是如何地發生或該如何去做某事

自我懲罰行為

咬指甲

抓痕

壓折關節

拉扯頭髮

摩擦或撫摸

重複的行為（經常被解讀成緊張或不安，但也可能　是器質性因素）

踩拍子、或用手指敲擊伴奏

坐立不安、侷促扭動

顫抖

玩弄鈕釦、頭髮、或衣服

指示或命令

捻手指（表示輕蔑或不在乎）

手指擺在唇上要求安靜

指著

兩眼直視表示不贊同

聳肩

揮手

點頭致意

眨眼

點頭同意、搖頭反對

觸碰

引起注意，例如拍肩膀

柔情、體貼的

性慾的

挑戰，例如以手指戳胸膛

友愛的象徵，例如拍拍背部

輕視小看，例如在頭頂輕輕一拍

3. **使用聲音媒介的非口語溝通行為**

聲調

平淡（降半音的），單調，不帶感情

清晰嘹亮，語調活潑變化

鏗鏘有力、自信、堅定

虛弱、遲疑、顫抖

低沈沮喪、結巴畏縮

說話速度

快速

適中

緩慢

聲音大小

響亮

適中

微弱

措辭發音

精準相對於草率

地方（口音）差異

發音的協調性

4. **使用環境的非口語溝通行為**

距離

當別人靠近時就離開

當別人離開時就靠近

主動靠近或離開

逐漸拉開距離

逐漸縮短距離

實景佈置

整潔、井然有序、有組織的

邋遢、雜亂、隨便

隨意的相對於正式的

暖色系相對於冷色系

柔軟相對於剛硬的素材

光滑相對於多彩的紋理結構

生動愉快而鮮明相對於晦暗陰沈而無趣

「別緻的」品味相對於俗氣流行

昂貴或奢侈相對於寒酸或刻苦

衣著（經常用以辨識此人希望別人如何看待他）

大膽相對於含蓄

設計有型的相對於毫不講究

房間裡的位置

在別人和自我之間擺設桌子之類的東西，以能保護 或防禦自我

進入一個開放或不防守的位置，例如房間的中心、並肩在沙發上、或在單椅上。在自我和他人之間空無一物。

進駐一個攻擊或優勢的位置。可以擋住進出口或可以設計他人陷於困境。

在房裡走來走去。

進進出出別人的地盤。

在別人坐著時卻站著，或位於較他人更高的位置。（*p.89-92*）

引自 *Gazda*、*George M.*、*Asbury*、*Frank R.*、*Fred J.*、*Childers*、*William C.* 與 *Walters*、*Richard P.*，人類關係發展。版權歸屬 *Allyn and Bacon 1997*。

口語溝通技巧

我們在開始討論口語溝通技巧之前需要先討論傾聽（listening）。傾聽是有效口語溝通的前提要件。傾聽也屬於專注行為（attending behavior），但因為它的重要性，我們要再次強調傾聽是諮商師能力的基礎。

有效的傾聽使諮商師得以靈巧的運作他們的口語諮商技巧。這些技巧包括使用專注式反應，那可使案主知悉你正在傾聽（例如「我瞭解」、「我懂」），以及使用刺激性反應，那可鼓勵案主繼續說下去（例如「可以多說一些這部分嗎？」、「可不可以幫我澄清一下？」「如果你願意，請繼續說下去。」）

有效的傾聽可醞釀後續的回饋（feedback），回饋是另一項重要的口語（也是非口語）溝通技巧。回饋指的是諮商師將自己對案主行為、感覺、擔憂、行動、表達等等的知覺與反應加以口語化。這提供案主機會再對回饋做出反應，或者是證實或擴充諮商師的回饋。這提供諮商師機會去階段性摘要或驗證，諮商師與受輔者兩人有正確接收到彼此在諮商歷程中所傳遞透露的訊息。

提問（questioning）的技術也是重要的口語技巧。提問的技巧包括時機、用字遣詞、問句類型。稱職諮商師的探問並不會中斷、改變、或暫緩案主在某項擔憂上的開放式談話。所拋出的問題是要能促使談話繼續前進（例如「為什麼你認為他們是對你的行為做出那樣的反應？」；澄清（例如「你的意思是什麼？我對你的瞭解正確嗎？」）；以及驗證（例如「你是怎麼知道的？給我一個例子。」）。

使用的問句類型應當能適當引出想要的結果。開放式問句（例如「你對那的看法如何？」）提供案主機會去表達感受、說明更多細節、獲致新的洞察；而封閉式問句（例如「你下星期會回去嗎？」）則得到一個答案，而非模糊或漫談的回覆。諮商師也可以決定何時要用直接問句（例如「告訴我，你是不是有酗酒？」）

或是間接問句（例如「你現在對酗酒的看法是什麼？」），這樣比較不會直接指出案主有此困擾或議題。

有效的溝通也有賴於知道不去做什麼。*George* 與 *Cristiani* (*1995*)列出數個溝通的障礙。

1. 給予建議
2. 提供解答
3. 道德教訓或講道
4. 分析與診斷
5. 評判或批評
6. 稱讚與附和；給予正向評估
7. 安慰再保證（*p.126-128*）

短期諮商或短期治療法

對短期治療法(*short-term or brief therapy*)日漸增多的偏好與應用是近年來所常見的。儘管短期治療法的應用可能就如同治療法本身存在那樣長久，但只有最近幾年才有文獻提及並認可其是個可運用於諮商協助中的有效取向。有幾個因素促成了這個新出現的流行趨勢，包括治療日漸高漲的成本、管理式照護運動、保險公司給付限額、繁忙的大眾需要將時間盡可能投注在生涯工作或家庭、以及某些經由大眾媒體大量宣傳的研究結果，宣稱短期治療法在大部分情況下至少就如同長期的一般有效、持續或長久的結果證據，還有因為它常常比較能夠回應案主對治療時間的期望。

儘管對短期的內涵之敘述有些不同，但它都呈現出一至五回

合各約一小時的時程範圍。它本身的歷程如下所述(1)即時治療
（沒有冗長的初次晤談）；(2)開放與合作；(3)快速的協助與問題
聚焦；(4)強調案主在確認解決辦法上的正向特質；以及，必然地
(5)某些對有限時間的關注。除了回應那些導致案主前來諮商的需
求之外，短期治療法的目標也試著發展與增進個體表現多種有效
行為的潛能，包括學會解決自己的問題。

適合短期治療法的當事人是(1)有改變動機；(2)能夠準備好
並容易地建立正向的人際關係；(3)只有期望並想要簡要的治療；
而且(4)沒有精神心理方面的損傷。

Basile(*1996*)摘述出幾種策略，是能夠助益於有效運用解法基
礎短期治療模式的。

1. 促進療效或工作同盟的發展

2. 評估案主改變的動機（是參訪者、抱怨者、或消費者）

3. 建立治療的目標

4. 使用預設或焦點解決的語言

5. 尋找優點、解決辦法、和例外

6. 與案主的幽默感保持互動

7. 要務實

8. 緩慢進展簡要治療法；停留在歷程正軌裡 （*p.8-9*）

特殊諮商族群

幾乎所有的諮商師都要處理各種不同的個人困擾與擔憂。因
為對特定族群的關注日益增加，在此需要說明幾種特殊案主。

物質濫用者

過度使用酒精與藥物的危害已被廣為宣導。這些社會的病況可由（美國）遽增的數字來說明，估計至少有九百萬的酗酒者、550,000海洛因成癮者、與四百萬大麻長期吸食者。更別說未來的新生代裡有三百萬少年酒癮者、五成青少年使用大麻、一成曾試用古柯鹼。當某人使用某藥物多到造成或威脅到個人或社會的傷害時，就算是藥物濫用。

酒癮者指的是濫用酒精的個體。酒癮者已經習慣性飲用酒精到不再能自我控制或暫時停用的程度。儘管有許多不同的分類系統，美國精神學會指出下列幾種酒癮類型。

片段式過度飲酒（*episodic excessive drinking*）。如果酒精中毒和酒醉次數達到一年四次，就可以歸類於此。酒醉的定義是指個體的協調或言語明確受損或行為明顯改變的狀態。

習慣性過度飲酒（*habitual excessive drinking*）。這個診斷指的是個人一年內超過12次酒醉或一星期中超過一次明顯受到酒精作用影響（即使尚未酒醉）。

酒精成癮（*alcoholic addiction*）。當病人有酒精依賴的直接或強烈推估證據情況下時，可以給予此種診斷。如果看得到，戒斷症狀的出現將是此種依賴的最直接證明。病人沒有辦法一天都不喝酒就是可推斷的證明。當嚴重飲酒持續三個月以上時，就可以合理假定已有酒精成癮行為（*Kinney & Leaton, 1978, p.42*）。

Belkin（*1988*）指出

某些藥物本身即已具備危險性，除非是在醫師指示下使用，不然就算是藥物濫用。由嗎啡提煉而出的海洛因是一種沒有合理醫療用途的高度成癮物質。純古柯鹼*Crack*在*1980*年代中期興起而致命。迷幻藥會造成現實感的嚴重扭曲、幻

覺、以及古怪的行為和想法。巴必妥酸鹽和其他鎮靜劑會引起放鬆和欣喜的感覺，進而造成服用者遺忘生活中必須面對的問題。這類藥物都有高度的成癮性並造成戒斷症狀的惡果。受到巴必妥酸鹽作用影響而自殺的案例並不少見。安非他命是一種興奮藥劑，會引起極度快樂感覺甚而躁狂。青少年服用來抗拒睡眠、抑制食慾、以及降低憂鬱。長期服用安非他命可能導致幻覺、精神疾病和暴力行為（p.322）。

在1970年代中期開始，酒精就已經成為青少年文化中最常被濫用的單一藥物。保守估計（美國）目前至少有三百萬少年酗酒，其中大部分還是在學生。沒有人真的知道何以如此，但這可能代表著青少年對成人叛逆的特徵─他們將此視為成人社會的限制與不解。

少年的酒精中毒症狀比使用其他物質的更能被明確觀察與偵測。酗酒青少年的特徵是曠課過多、課業成績不佳、與成人關係惡劣以及對學校活動缺乏參與興趣。就如同成人酒鬼，青少年酗酒者也會帶有一種酒味。

諮商師可能要參與預防、介入與危機處理或矯正。而且，對於要服務物質濫用患者之諮商師的諮商課程，要特別強調此特殊訓練的重要性。因為這類案主非常抗拒改變且催化的情境往往不是治療師所能控制的，所以服務此類案主的諮商師尤其必須接受那些已證實有成功機會且相當不一樣的技巧訓練。諮商師也必須察覺案主的情況是否應該轉介給更高級訓練過的專家人員以進行長期治療和監視。

除了對藥物問題有完整而基本的瞭解之外，諮商師也應該密切聯繫教師、神職人員、青少年管理單位、職場人事經理、以及任何有助於預防、早期介入、或成癮治療方案的相關人士。

在許多方案中，個別諮商與團體諮商兩種方式都會被採用。

在某些機構裡，諮商團隊的團體諮商是很有效果的。從事藥物與酒精濫用服務的諮商師顯然必須對病因、症狀、困擾的潛在後果有更深一層的專業知識。甚且，在許多個別情況中必須配合藥物治療，適時轉介或搭配精神科醫師是有所必要的。

因此，所有機構裡的諮商師都需要留意可運用於治療物質濫用案主的相關資源。這些可能包括急診、特殊中心、醫院照護（住院和門診）、中途之家、危機中心、以及匿名戒酒與匿名戒毒這類特殊團體。從事此類族群服務的諮商師，其專業知識將逐漸擴展到酒精與藥物服用相關的藥理學、生理學、心理學、與社會文化。

婦女

雖然（美國）聯邦與州立法已經試著藉由兩性平權法來提昇婦女發展潛能的機會，大量的證據顯示各層級單位在執行此法案時卻缺乏一致性。自從1964民權運動之後，性別歧視已在許多方面中變得更加微妙。

而且，婦女在職業世界中的角色轉變，已導致婦女及家庭兩方面生活的轉變。例如職業婦女比起其祖母享有更多的經濟自主、更晚婚、同居與高離婚率。儘管大部分婦女是因為生活所需而工作，但她們長期領取較少的工作薪資。在大部分組織中，男士仍然掌有財政與決策權，因而增強了玻璃天花板效應（譯註：升遷瓶頸）。再者，在貧困的單親家庭中，大約有58%是由婦女所支撐。貧窮區的青少女有著特別的風險。

諮商師在諮商婦女時的角色，經常更要捉摸於婦女的適配知覺與社會的觀點。另一個在諮商婦女時所遭遇的難題是婦女身兼多重角色的期望：妻子、母親、與員工。尋求諮商的婦女日益增多，特別是尋求生涯規劃與決策，需要留意的是性別主義諮商並

不會限制了她們生涯的機會。諮商師有責任幫助婦女瞭解她們自己的價值觀、能力、性向、與興趣，進而盡可能拓展她們最大潛能的實現。如此而爲的諮商師必須一直是一位沒有偏差、沒有刻板印象的助人者。

老年人

在1980年代，我們漸漸注意到我們人口逐漸老化、長壽且活躍，於是老人開始成爲諮商服務的另一特殊族群。儘管過去老人經常是一種不聞不問的態度，但到了1990年代，他們卻明顯逐步進入大衆思維與活動的主流。暢銷書如*Tracy Kielder*（*1993*）所著《老朋友》（*Old Friends*)和*Betty Friedan*（*1993*）所著《青春之泉》（*The Fountain of Age*)都讓我們察覺到人口已逐漸在老化。（最近的資料指出，美國人的平均壽命在20世紀裡已經提高了30年，而在1970到1985年之間，65歲以上的人口已經達到30%！）當我們進入21世紀時，可預期（美國）老年人口（65歲以上）將超過三千一百萬。甚且，這個族群將可依其意願而工作得更久，因爲1967年的雇員法案，1986年修訂，使勞工得以在65歲之後繼續工作。

有趣的是，即使老人現在可以選擇繼續工作而活得更久且更健康，但他們卻婉拒如此，他們就像已屆退休年齡的一群人逐漸地退下舞台。當然，有些人在經歷退休的無聊之後還是會返回工作；但對多數人而言，早點退休的選擇反而讓他們能跳離那令人厭倦且耗竭的工作。試圖重新進入職場的退休者也很少有機會找到對等於他們以前的職位或相匹配於他們能力與經驗的工作。

不論老年人選擇何時退休，這個經驗會是既有意義且創傷的。對許多退休者而言，沒有工作的生活是難以調適的，因爲他們覺得失去工作的身份就較不被社會所敬重；對多數人而言，失業意謂失去與他人有計畫性的牽連；而某些人沒有增加足夠的休

閒時間或娛樂活動，以致於生活頓時多出很多時間，進而感到無聊且沒有意義。然而，這些老人有希望得到較好的轉換，這個希望顯然極度需要仰賴諮商。

就在員工協助方案(*employee assistance programs, EAPs*)持續幫助老年勞工做好退休規劃與心理調適之時，這類的協助也開始增加重要的員工福利與諮商機會。

諮商協助會著重於退休定向的部分，包括個人調適諮商、財務規劃、生涯評估與協助，以能幫助那些想要繼續（兼職或全職）就業者、以及休閒規劃。此外，大部分老年人會在晚年遭遇其他重大轉變，包括喪偶、身體與心智能力衰退、財務安全降低、行動力減弱－不只是身體功能，還有當他們不再可以開車時，這就會造成他們的孤立、社會接觸的減少而產生寂寞，以及心理健康問題增加。

透過社區服務(*community services*)與外展方案(*outreach programs*)，諮商師因而有機會去迎合這個難得且可敬族群的需求。為老年案主服務的諮商師必須再次展現接納、開放、與尊重。即使是最老的案主也必須依其所願來帶他向前看並規劃一個嶄新的未來。保持注意與和善，諮商師就能幫助老年案主找到生活裡的新意義和角色。

工商界

諮商師近年來在各種不同機構場域裡服務的機會與日俱增。部分原因是來自組織機構的特殊族群正意會到他們也和其他族群情境一樣，也有著相同要處理的需求及擔憂。漸漸地，企業組織與其勞工從合作和個別觀點來省思，都認知他們可以受益於諮商協助方案。而員工協助方案已漸漸提供更多機會讓諮商師與其他助人專業者去協助職場中的個體。

　　諮商師能夠提供有價值的方案，來促成員工與管理人事的生
涯發展及安置或調動。員工訓練，特別是人際關係與溝通技巧，
還有之前提過的退休諮商，都是諮商服務可以著力的新潛在領
域。員工健康與預防的方案也漸漸被重視。

　　Toomer(*1982*)提出圖5-3說明在工商界之中可能的角色與功
能。第十章將會有更多員工協助方案的討論。

圖5-3　工商界裡的諮商心理學家：角色與關係

資料來源：J. E. Tommer, *Counseling Psychologists in Business and Industry*, p.13, 1982. Copyright (c) 1984 Sage Publications.

愛滋病患者

　　對後天免疫不全症候群的認識和標記在十多年前還只是微乎其微。然而，愛滋病在那時已經成爲最可怕的疾病與傳染。愛滋病的急速散播、無藥可醫及遽增的死亡率，已引起大眾普遍的擔憂。美國疾病管制與防治中心在1995年就提報了501,310個愛滋病例（*p.98*）。（參見表5-4，以及表5-5和5-6的詳細資料。）

表5-4　愛滋病人數之數量與百分比，依選取特性及時期說明，1981年到1995年10月

特性	1981-1987 數量(%)	1988-1992 數量(%)	1993-199510月 數量(%)	累計 數量(%)
性別				
男性	46,371(92.0)	177,807(87.5)	204,356(82.5)	428,480(85.5)
女性	4,035(8.0)			
年齡群（歲）				
0-4	653(1.3)	2,766(1.4)	2,013(0.8)	5,432(1.1)
5-12	100(0.2)	669(0.3)	616(0.2)	1,385(0.3)
13-19	199(0.4)	758(0.4)	1,343(0.5)	2,300(0.5)
20-29	10,531(20.9)	47,088(23.1)	64,990(26.2)	122,569(24.4)
30-39	23,269(46.2)	92,943(45.5)	111,992(45.3)	227,754(45.4)
40-49	10,491(20.8)	47,088(23.1)	64,990(26.2)	122,569(24.4)
50-59	3,690(7.3)	14,573(7.2)	18,413(7.5)	36,640(7.3)
>60	1,419(2.8)	6,244(3.1)	6,513(2.6)	14,176(2.8)
民族/人種				
白人				
非西班牙裔	30,104(59.8)	102,551(50.5)	105,516(42.6)	238,171(47.5)
黑人				
非西班牙裔	12,794(25.4)	63,319(31.2)	94,158(38.0)	170,271(34.0)
西班牙裔	7,039(14.0)	35,213(17.3)	45,135(18.2)	87,387(17.4)
亞裔/太平洋群島	309(0.6)	1,339(0.7)	1,809(0.7)	3,457(0.7)
美洲印地安人/阿 　拉斯加原住民	67(0.1)	433(0.2)	783(0.3)	1,283(0.3)

病毒傳染途徑

與男性性接觸的男人	32,246(64.0)	110,394(54.6)	111,257(44.9)	254,437(50.8)
使用注射藥物	8,639(17.2)	49,093(24.2)	67,708(27.3)	125,440(25.0)
與男性性接觸且注射藥物的男人	4,193(8.3)	14,252(7.0)	13,984(5.6)	32,429(6.5)
血友病	505(1.0)	1,744(0.9)	2,009(0.8)	4,258(0.8)
異性接觸	1,248(2.5)	12,335(6.1)	24,958(10.1)	38,541(7.7)
輸血	1,285(2.6)	3,894(1.9)	2,521(1.0)	7,700(1.6)
產前傳染	608(1.2)	3,084(1.5)	2,432(1.0)	6,124(1.2)
未通報之風險	1,628(3.2)	7,881(3.9)	22,872(9.2)	32,381(6.4)
區域				
東北部	19,544(38.8)	62,282(30.6)	74,769(30.2)	156,595(31.2)
中西部	3,770(7.5)	20,352(10.0)	24,914(10.1)	49,036(9.8)
南部	12,960(25.7)	65,926(32.4)	86.462(34.9)	165,348(33.0)
西部	13,550(26.9)	46,675(23.0)	53,729(21.7)	113,954(22.7)
州以外地區	516(1.0)	7,889(3.9)	7,566(3.1)	15,971(3.2)
存亡狀態				
活著	2,779(5.5)	32,144(15.8)	155,006(62.6)	189,929(37.9)
死亡	47,573(94.5)	171,073(84.2)	92,735(37.4)	311,381(62.1)
總計	50,352(100.0)	203,217(100.0)	247,741(100.0)	501,310(100.)

資料來源：*Reports on HIV/AIDS 1995: Morbidity and Mortality Weekly Report: A Compilation of 1995 MMWR Articles on Infection and AIDS*, Centers for Disease Control and Prevention, Nov. 24 1995, Vol. 44(46), pp.849-853.

表5-5 愛滋病病患人數估計，以年齡群、性別、傳染途徑及時間1991-1996區分

男性　成人/青少年 傳染途徑	年度					
	1991	1992	1993	1994	1995	1996
與男性性接觸的男人	55,400	72,800	86,900	95,500	102,000	111,900
使用注射藥物	17,900	25,800	34,100	39,700	43,800	48,000
與男性性 接觸且注射						
藥物的男人	8,100	10,900	12,800	13,600	14,200	14,700
血友病/血液凝結失調	970	1,400	1,575	1,650	1,650	1,650
異性接觸	2,375	4,000	6,000	7,700	9,600	12,300
接受輸血，血液成分						
或組織	700	860	970	1,050	1,150	1,275
未通報或未確定的風						
險	910	1,125	1,225	1,175	1,200	1,275
男性小計	86,400	116,800	143,500	160,400	173,600	191,000
女性　成人/青少年 **傳染途徑**						
使用注射藥物	6,900	10,100	13,500	15,800	17,800	19,700
血友病/血液凝結失						
調	40	60	80	90	110	130
異性接觸	4,750	7,900	11,800	15,100	18,600	22,900
接受輸血，血液成分						
或組織	550	690	830	950	1,050	1,225
未通報或未確定的風						
險	340	420	460	460	470	510
女性小計	12,500	19,200	26,700	32,500	38,100	44,400
兒童（小於13歲） **傳染途徑**	2,125	2,650	3,000	3,250	3,400	3,450
總計	101,000	138,600	173,100	196,200	215,000	239,000

資料來源：*HIV/AIDS Surveillance Report*, June 1997, Vol. 9(1), p.25.

表5-6　單一與多重傳染途徑的成人/青少年病例，美國1997年7月

傳染途徑	愛滋病例	
	數量	(%)
單一模式傳染		
與男性性接觸的男人	286,611	(47)
使用注射藥物	124,684	(21)
血友病/血液凝結失調	3,673	(1)
異性接觸	53,119	(9)
接受輸血	8,063	(1)
接受組織、器官移植或人工受孕	12	(0)
其他	95	(0)
單一模式傳染小計	476,257	(79)
多重模式傳染		
與男性性接觸的男人；使用注射藥物	33,600	(6)
與男性性接觸的男人；血友病/血液凝結失調	151	(0)
與男性性接觸的男人；異性接觸	8,366	(1)
與男性性接觸的男人；接受輸血/移植	3,260	(1)
使用注射藥物；血友病/血液凝結失調	182	(0)
使用注射藥物；異性接觸	27,251	(5)
使用注射藥物；接受輸血/移植	1,541	(0)
血友病/血液凝結失調；異性接觸	83	(0)
血友病/血液凝結失調；接受輸血/移植	779	(0)
異性接觸；接受輸血/移植	1,452	(0)
與男性性接觸的男人；使用注射藥物；血友病/血液凝結失調	43	(0)
與男性性接觸的男人；使用注射藥物；異性接觸	4,528	(1)
與男性性接觸的男人；使用注射藥物；接受輸血/移植	573	(0)
與男性性接觸的男人；血友病/血液凝結失調；異性接觸	20	(0)
與男性性接觸的男人；血友病/血液凝結失調；接受輸血	34	(0)
與男性性接觸的男人；異性接觸；接受輸血/移植	252	(0)
使用注射藥物；血友病/血液凝結失調；異性接觸	60	(0)
使用注射藥物；血友病/血液凝結失調；接受輸血/移植	36	(0)
使用注射藥物；異性接觸；接受輸血/移植	892	(0)

血友病/血液凝結失調；異性接觸；接受輸血/移植	32	(0)
與男性性接觸的男人；使用注射藥物；血友病/血液凝結失調；異性接觸	8	(0)
與男性性接觸的男人；使用注射藥物；血友病/血液凝結失調；接受輸血/移植	13	
與男性性接觸的男人；使用注射藥物；異性接觸；接受輸血/移植	153	(0)
與男性性接觸的男人；血友病/血液凝結失調；異性接觸；接受輸血/移植	5	
使用注射藥物；血友病/血液凝結失調；異性接觸；接受輸血/移植	18	(0)
與男性性接觸的男人；使用注射藥物；血友病/血液凝結失調；異性接觸；接受輸血/移植	5	(0)
多重模式小計	83,337	(14)
未通報或未確定的風險	44,582	(7)
總計	604,176	(100)

資料來源：*HIV/AIDS Surveillance Report*, 1997, Vol. 9(1), p.16.

　　疾病管制與防治中心1997年2月28日出版的發病率與死亡率週報指出：

　　從1981到1996年之間，由州與地方健康部門提報疾病管制中心的13歲以上愛滋病患為數達到573,800人（見表5-7）。愛滋病例監管定義在1993年的擴充使得1993年提報的病例大幅增加，而1994到1996年則逐年降低。1996年提報的68,473愛滋病例實質上(47%)高於1992年提報的數字。

　　在1992到1996年之間，愛滋病提報人數的比率增加，主要是來自非西班牙裔黑人、西班牙裔、與女性。在1996年，

非西班牙裔黑人佔了愛滋病提報成人的41%，遠超過非西班牙裔白人、與婦女所佔最高20%的首次提報比率（*pp.166-167*）。

發病率與死亡率週報1995年對愛滋病的報告指出：

在1994年裡，美國州、地方健康部門提報疾病管制與防治中心的愛滋病例人數是80,691人，之前1993年則是106,618人。

在總數80,691人的提報案例裡，79,674人(99%)發生在青少年與成人（意即大於或等於13歲者）而有1017人發生在小於13歲的兒童。1994提報的1017個兒童病例比1993年942個多出8%。1017位兒童之中，有50%是女性，大部分是黑人62%或西班牙裔23%)且有92%感染於產前傳染。

表5-7 13歲以上愛滋病患人數與百分比，以性別和民族/人種來區分 1981-1996

特徵	年度					
	1992	1993	1994	1995	1996	1981-1996
	數量	數量	數量	數量	數量	數量
性別						
男性	40,330(86)	87,945(84)	64,730(82)	59,285(81)	54,653(80)	488,300(85)
女性	6,307	16,671(16)	13,830(18)	13,682(19)	13,820(20)	85,500(15)
民族/人種						
白人，非西班牙裔	22,320(48)	47,468(45)	32,677(42)	29,402(40)	26,229(38)	267,487(47)
黑人，非西班牙裔	15,576(33)	37,523(36)	30,373(39)	28,729(39)	28,346(41)	198,780(35)
西班牙裔	8,223(18)	18,410(18)	14,612(19)	13,961(19)	12,966(19)	101,253(18)
亞裔/太平洋群島	334(<1)	761(<1)	573(<1)	558(<1)	561(<1)	4,090(<1)
美洲印地安人/阿拉斯加原住民	121(<1)	369(<1)	246(<1)	237(<1)	207(<1)	1,544(<1)
總計	46,637(100)	104,616(100)	78,560(100)	72,967(100)	68,473(100)	573,800(100)

資料來源：*Morbidity and Mortality Weekly Report*, Feb. 28, 1997, Centers for Disease Control and Prevention Vol. 46 (8), p.166.

愛滋病也是年輕人的疾病，罹患者有16.4%是在20多歲時，45.3%是在30多歲時，26.3%是在40多歲時。延長患者壽命的治療方法還在繼續發展之中。愛滋病患也期望能改善自己的生活品質，包括心理健康。

隨著病患、其密友、與家屬愈來愈常尋求諮商以協助因應愛滋病所導致的情緒壓力，諮商師必須更進一步瞭解這個疾病以及其最可能引起的心理反應。初始的震驚與恐慌是人們剛知道自己已沾染到愛滋病時的典型反應。此外，他們經常感到被隔離與懲罰（為何是我？！）。低自尊往往因被歧視而加重，包括難以保住工作，且難以發展與維繫社會關係。

提供愛滋病案主協助的諮商師必須瞭解到他們經常失去親友的社會支持，因而也失去因應壓力的能力。嚴重的憂鬱在這群人之中是很常見的。許多人也經常表現出憤怒與挫折。諮商師能夠幫助病患整建家人、朋友、雇主等支持系統，並幫助愛滋病患著眼於生命與生活。

這可能要包括適切因應型態的發展，找到並投入他們所能勝任的工作裡，並參加愛滋病友支持團體。諮商愛滋病案主必須對此疾病的複雜性有極高的敏感度與理解力。諮商師也必須自覺自己可能會有的偏見與恐懼。

受虐者

疑似受虐兒童案例具有法定通報責任，每年的受虐兒數量約超過一百萬人。配偶虐待與兒童虐待等的家庭暴力在美國多有常見，消耗個人、社會、經濟等難以估計的成本。報告指出三分之一的已婚人士遭遇到配偶虐待。因為大眾開始覺察到此問題日益惡化，故致力於提供成人受害者協助與庇護，以及為兒童做強制隔離。

配偶虐待往往與貧窮、物質濫用、及工作不如意有關。最常為受虐配偶提供的服務是庇護與危機專線。這些機構裡的大部分人員是屬於半專業層級或志工人員，而助人專業者如諮商師、社工師、與心理師也已逐漸加入其中。

近年來，美國大眾也較開始注意到兒童虐待的本質與程度。雖然如此，我們還是懷疑這樣的悲劇有大量的未通報，因而低估了真實的嚴重程度。兒童虐待不只是戕害青年人的心情與回憶，也會禍及受害者成人一生的心理困擾。聯邦及州政府都已經通過停止兒虐的法案。大部分的州都有法令明訂學校諮商師應該通報疑似兒童虐待，因此沒有通報此類案例即會受罰。

Baker(1996)提議學校系統人員依據下列步驟通報兒童虐待。

1. 立即將疑似兒虐案例通報機構首長；意即八歲以下兒童出現身體或心理傷害之證據，而無法以醫療紀錄和意外事故解釋者；性虐待或嚴重生理忽視，可能傷害、虐待、或忽視是由於兒童的父母或照護者的行為或失職所引起的。

2. 各機構首長在無法親自處理時，將指派一位代表去採取行動。

3. 首長可能希望組成一個諮詢團隊（例如：校護、家訪與校訪人員、諮商師）以能先行商討，再向政府相關機構口頭報備。這初次報備應在24小時內完成。

4. 通報者沒有舉證受虐或受忽視的責任。然而，通報必須忠於實情。

5. 蓄意隱瞞疑似受虐案例者可移送校委會處置。

此外，學校諮商師是每個學校體系中兒童虐待防制工作的核心助人者。他們必須確知潛在虐待的症狀及自己的法定通報責任。他們也必須確知自己有責任去帶領虐待兒童防制計畫的發展與有效執行。*Allsopp*與*Prosen*(1988)強調學校相關人員愈來愈需

要諮商師提供其有關疑似兒童虐待的適度訓練與資訊。他們討論出一個模範方案，且已經成功地訓練超過2000位的教師與行政人員去處理性虐待案例。這個方案包括：(a)關於加害人、受害人與非加害家人的資訊；(b)提示法律及所列法規；(c)學校系統通報疑似兒童性虐待的要求與程序；以及(d)受害者可用的社區資源。百分之九十八的教師表示這個方案增進了他們對加害者與受害者的覺察度；百分之九十二認為這個方案讓他們理解到學校系統通報兒童虐待的程序；百分之九十三表示他們已經知道受害者目前可尋求的政府服務中心；且百分之九十八指出參與此方案讓他們感到較有能力去處理兒童性虐待的情況（*Gibson et al., 1993, p.109*）。

美國學校諮商師協會(*1993*)指出：

向所屬政府機關通報疑似兒童虐待／忽視案例是學校諮商師的責任。要知道兒童虐待並不只限於家庭，美國學校諮商師協會支持禁止學校以體罰為紀律工具的任何法令。

請參照附錄*M*美國學校諮商師協會兒童虐待說明的全文（*1993*）。

近年來我們也開始對性虐待案例有更多的認識，因為這些受害者勇敢站出來討論他們遭受到的傷害影響。

· 案例研究顯示女性有8%到38%而男性有5%到9%曾遭受侵害。

· 性虐待是一種國際性的擔憂，儘管特定統計無法取得。

· 性虐待本質上一定是有害的。

· 最多的受害者是介於8到12歲之間，還有許多案例是在此範圍之外。

· 繼父比親身父親去性侵害女兒的可能性多出五倍，儘管其他家人（兄弟、叔伯、祖父）也可能是加害者。

· 大多數女性受害經驗發生在家庭之內。

· 男孩比女孩更可能在家庭以外的環境遭受虐待 （*Rencken, 1989, p.3*）。

　　我們可以假定性虐待的通報率是最少的，因為許多案例由於罪惡感、恥辱、與恐懼而遲遲未通報。無論如何，這個衝擊是很創傷的。*Cooney(1991)*指出童年性虐待的情緒衝擊含括喪失童年，因為他們的被虐待使其遭遇到了成人的性慾世界；罪惡感並自以為虐待是自己造成的；低自尊且覺得自己沒有同儕那樣好；許多種類的恐懼；混淆；憂鬱；憤怒；無法信任他人；無助感；以及對性的偏差態度。

　　再次提及防制方案的角色是很重要的。這類的方案需要精心的規劃及協調學校與社區機構諮商師、社工師、教師、行政人員、護士、和重要社團。父母親顯然應該參加並接受關於其責任的教育。兒童自身需要被教育，並告知需要時可尋求的協助資源。地方媒體也應該充分宣傳兒童性虐待防制的工作。

　　性虐待當然不只有兒童受害。青少年被侵害與強暴，包括約會強暴，也逐漸增多。儘管預防是適切的對抗策略，我們仍必須藉由危機專線、危機中心、與特殊強暴協助方案來準備協助受害者。

　　遭受虐待的兒童可能被安置於臨時庇護所，嚴重案例則安置到收養家庭。然而，目前的趨勢是盡可能使家人維繫在一起。目前也致力於提供父母訓練和支持，以使他們成為稱職的父母。團體是達成此目的常用的方式。目標是幫助他們跳離虐待的惡性循環。要再次強調的是，有效的親職撫育並不是本能自然的，而是必須經由一步一步方式來學習的。

服務受虐配偶與兒童的諮商師必須具備個諮、團諮、以及危機與短期介入的特殊技巧，另外還要有婚姻與家庭動力的知識。

男同性戀與女同性戀

近年來，諮商專業已經逐漸注意到男女同性戀者諮商的相關議題。這個族群裡的很多人也已經認知到自己的性取向且愈來愈公開走進大眾主流裡，可以預期他們會有愈來愈多人要尋求諮商專業的協助。

雖然目前對同性戀的研究已有很多，但經常是複雜、矛盾甚或偏誤的，諮商師很難釐清或找到有效諮商的一致指引。然而在實務上，許多專業證明的取向可能變得有所偏差，因為同性戀者所面對的許多常見問題並非就是此族群專有的。這些問題包括(a)社會偏見；(b)家庭衝突；(c)同儕戲弄與拒絕以及(d)對健康的威脅（尤其是愛滋病）。

於是，我們假定在諮商中的察覺、接納、與瞭解能提供一個根本的基礎。在這些基礎之外，*Teague*(*1992*)說明青少年同性戀者

同性戀對許多人而言就像許多事情一般的生活樣式。對許多青少年同性戀者而言，這可能導致混淆、疏離、或一連串的嚴重問題，例如自殺未遂。尋求心理健康專家的協助，會是這些年輕人找到支持與正確資訊的方法（*p.422*）。

他推論：

對同性戀者的有效介入，需要心理健康諮商師採用正向的取向，而不只是單純地接受他們及他們的生活樣式。這需要有意願去探討與案主一致的同性戀生活樣式之現實，而不是對那些現實做非同性戀式的解析。這意謂不只是要協助同性

戀者適應與調適。身為心理健康諮商師，我們還要幫助他們發展出同性戀者新穎而自足的成長方式（*Moses & Hawkins, 1982, as seen in Teague, 1992, p.422*）。

在協助各年齡層的同性戀者時，*Fassinger*(*1991*)指出：

有許多治療取向和技巧都對同性戀案主是有效益的。例如，認知取向在克服負面思考與同性戀相關的自我內言方面是很有用的，而案主中心取向在鼓勵案主表達壓抑的情感上有很大的效用。完形的「空椅法」特別能夠促進案主察覺有關同性戀與非同性戀連結的猶豫搖擺與混淆不定，同時也能幫助案主體會家人、朋友、同事和他人針對其身份的感受。女性主義取向增強他們對壓抑與性別角色社會化的檢驗，以及強調關係的平等（包括治療結盟）。閱讀治療法對此族群尤其重要，因為對同性戀者及其生活樣式的所知有限，這導因於社會的漠視與缺乏多元角色模式。家庭／系統取向與伴侶諮商對關係議題的探討是很重要的，而團體治療法是降低羞恥與疏離的有效方式且能發展出社會支持。跨文化取向為各種不同文化同性戀者提供了重要的協助基礎。總之，任何的治療取向或介入在執行時，都應該仔細地檢驗與再檢驗其內涵的偏差，且敏感而有自覺地去應用（*pp.171-172*）。

諮商師應可預期其受輔者中會有各年齡層的同性戀者，且自在地與這個族群一起工作。後者包括要瞭解同性戀者在不同生涯階段的生活樣式與性別特定議題。在某些情況下，諮商師可以多認識一些自身即為同性戀者的治療師，以能有轉介或諮詢管道。

摘要

　　諮商師作業的核心即是諮商。儘管對諮商的廣義定義有普遍的一致性，但近年也出現了多種不同的治療概念。傳統的取向如心理分析與案主中心理論仍受歡迎，但在新世代裡，吸引後進者的是行為理論、理情治療法、現實治療法、與整合理論。然而，就如內文所提及，諮商師仍可以選擇折衷取向，那可以讓他們從所有現有理論中自行選擇取用。

　　諮商歷程初始聚焦於關係的建立，其次試著確認與探索案主的問題以能設定案主的目標。接著進入規劃與問題解決階段，最後是解決辦法的應用，以及諮商關係的終結。雖然這些階段彼此可能重疊交錯，但仍可以為諮商歷程指引出事件進展的邏輯先後。歷程能否有效應用有賴於諮商師具備基本的諮商技巧。

　　愈來愈多的關注著眼於諮商師的責任，以及需要特殊準備以處理多樣性的族群和各種特殊問題。近年來，諮商師也加強使用團體諮商及其他團體技巧。這將在第七章再做探討。

問題討論

1.你希望自己的諮商師是哪種理論導向的？

2.諮商能如何幫助(a)小學年紀的兒童和(b)退休後年紀的老人來改善其生活品質？

3.你什麼時候、或什麼情況下會鼓勵朋友去找諮商師？

4.在與人初次見面時，你是如何與他互動而建立關係的？當你們初次見面時，對方令你印象最深刻的是什麼？

5.對別人給予建議、提供指引、和諮商有什麼差異和相似呢？

6.探討猶如成長增進和發展活動的諮商。

課堂活動

1. 訪問一位執業諮商師，瞭解其理論導向，以及何以決定該理論是最適切的。

2. 在你現階段的訓練中，思考你覺得可能最適合自己的諮商理論。在班上和你選擇相同理論的同學們一組，分享你的理由。

3. 這一個星期裡，在你與他人的互動中認眞地練習傾聽行爲的基本諮商技巧。報告你的反應和成果。

4. 帶一本日誌，記錄下三天裡你與人溝通技巧的有效性。你的發現有何意義？

5. 將同學們分成三人一組。每個人輪流演練諮商師、案主、與觀察員。學生案主準備一個問題；每位角色扮演的諮商師要輪流練習，第一回合傾聽行爲技巧；第二回合傾聽行爲加上情感反映；第三回合傾聽行爲、情感反映、和催化溝通。觀察員除了觀察歷程之外，還要評估諮商練習基本技巧的有效性，並控制每回合的時間（第一回合約5-7分鐘，第二和第三回合則約10分鐘）。在每個諮商回合結束之後，諮商師與案主也要對歷程做出評論（每回合約15-20分鐘）。

可進一步閱讀的文獻

Brammer, L. (1998). *The helping relationship* (4th ed.). Englewood Cliffs, NJ: Prentice-Hall(181 pages).

Claibourne, C., & Ibrahim, F. (Eds.). (1987). Counseling and violence [Special issue]. *Journal of Counseling and Development, 65(7)*, 388-390.

Cooney, J. (1988). Child abuse: A developmental perspective. *Counseling and Human Development, 20(5)*, 1-10.

Davenport, D. S., & Woolley, K. K. (1997). Innovative brief pithy psychotherapy: A contribution from corporate managed mental health care. *Professional Psychology: Research and Practice, 28*, 197-200.

Gold, J. R. (1996). *Key concepts in psychotherapy integration*. New York: Plenum Press.

Hill, C., Helmer, J., Tichenor, V., Spiegel, S., O'Grady, K., & Perry, E. (1988). Effects of therapist response made in brief psychotherapy. *Journal of Counseling Psychology, 35(3)*, 222-233.

Ivey, A., & Goncalves, O. (1986). Developmental therapy: Integrating developmental processes into the clinical practice. *Journal of Counseling and Development, 66(9)*, 406-413.

Maki, R. H., & Syman, E. M. (1997). Teaching of controversial and empirically validated treatments in APA-accredited clinical and counseling psychology programs. *Psychotherapy, 34(1)*, 44-57.

Okum, B. (1987). *Effective helping: Interviewing and counseling techniques*(3rd ed.). Monterey, CA: Brooks/Cole (293 pages).

Shaikur, B. (1988). The measurement and treatment of client anger in counseling. *Journal of Counseling and Development, 66(8)*, 361-365.

Smith, D. (1982). Trends in counseling and psychotherapy. *American Psychologist, 37(7)*, 802-809.

Stalikas, A., & Fitzpatrick, M. (1996). Relationships between counselor interventions, client experiencing, and emotional expressiveness: An exploratory study. *Canadian Journal of Counselling, 30*, 262-271.

Switzky, H. N. (1997). Individual differences in personality and motivational systems in persons with mental retardation. In W. E. MacLean, Jr. (Ed.), *Ellis' handbook of mental deficiency, psychological theory and research* (3rd ed.) (pp.343-377). Mahwah, NJ: Lawrence Erlbaum Associates.

Tracey, T., & Dundon, M. (1988). Role anticipation and preparations over the course of counseling. *Journal of Counseling Psychology, 35(1)*, 3-14.

Weinrach, S. (1987). Microcounseling and beyond: A dialogue with Allen Ivey. *Journal of Counseling and Development, 65(10)*, 532-537.

第 六 章

多元文化諮商

趙祥和

少數族群與跨文化諮商
具有文化技術的諮商師

　　美國一直被視爲是一個由眾多不同人口組成的國家。過去40年來，少數族群的獨特性及權力一直受到重視。在廿世紀的最近三十年，國民及平權運動與立法都重視種族及兩性不平等。此外，美國在這幾個世紀中，少數族群的數字及百分比呈現次弟成長，立即帶動在文化中發展積極助人關係的急迫性。這個舉國高度關注的焦點也反應在諮商專業中，在過去25年來充斥著跨文化諮商的議題，而對這樣的需求明顯的增加。在此背景下，諮商被視爲一種人類關係和助人專業，必然成爲一個重要且積極的全國性影響力—以及當然，在我們個別諮商的特定領域中，我們必須一致且具結論的揭露，我們眞的同時在理論及實務中都具有多元文化取向；說我們是有效的多元文化諮商師（*multicultural counselors*）。

　　要顧及到這些需求，就要由主要認證諮商師訓練的學會（包括諮商及相關課程認證委員會、復健教育委員會、美國心理學會、國家師資教育認證學會以及所有區域性的認證學會）進一步的管理。

少數族群與跨文化諮商

　　多元文化諮商預期諮商的結果並不會因諮商師與案主之間的文化差異而減弱。本章所討論的是諮商必須考慮諮商師要如何達到這個高層次的功能與要素。

　　的確，我們琅琅上口的哲學假定，如個人的天生價值與尊嚴、尊重個人的獨特性、及個人自我實現的權力等等，意味著我們對多元文化諮商有所投入。

　　此外，諮商師必須超越對某種理論的投入，主動追求合宜的理論基礎及有效的實務。在我們追求正向及有意義的多元文化諮

商與輔導中，我們必須持續覺察「多元」(*multi*)這個詞代表的是「許多」(*many*)，那麼我們就會敏感於不同文化人口的獨特性。這麼一來，我們就會了解許多主流諮商歷程(如開放性、情緒表達、分享親密感等等)的傳統特徵，事實上可能限制了與少數族群案主諮商的成效。

Ridley(*1995*)指出在下列所舉的諮商各重要層面中有更不好的經驗：

· **診斷**：少數族群案主有被誤診的傾向，常常超過合理的依據，將較輕微的精神病理學誤診為嚴重的精神病。

· **工作人員的安排**：少數族群案主傾向被安排給初階的專業人員、半專業人員、或非專業人員做諮商，而非安排給資深及受更高層次訓練的專業人員。

· **治療模式**：少數族群傾向接受低價，較少選擇純粹的治療，只接受醫療或監護人的照顧，而非接受密集的心理治療。

· **運用**：少數族群使用心理健康機構的比例偏低。更具體的說，少數族群較少使用私人心理健康機構，較常使用公家機構。

· **療程**：少數族群呈現出較高比例的未成熟結案及退出治療，或者侷限在許多長期的住院病房。

· **態度**：少數族群對治療有更多的不滿意與不佳的印象。

Lee(*1991*)強調諮商專業必須考量語言的差異，這些可能存在於諮商師自己和不同文化的案主。

多元文化主義確認文化的複雜性在現代社會中是一股普遍的影響力。直到最近20年，多元文化主義已被認為是一股有影響力的勢力，它不只是用於了解「色情」(*exotic*)團體，也用於了解我們自己及那些我們在複雜社會脈絡中工作的對象。多元文化主義已獲得一個泛理論(*a general theory*)的地位，補強了其它用於解釋人類行為的科學理論(*Pedersen,*

1991, p.6)。

　　無論多元文化主義的出現對諮商是否是一種包容性的取向，它對諮商的影響是否相當於行爲主義、心理動力、人文主義而成爲第四勢力，文化確實提供了一個有價值的譬喻，讓我們了解自己和他人。諮商師不可能再忽視他們本身的文化或案主的文化。直到多元文化的觀點被了解，使得諮商工作馭難就簡，並且提昇諮商師的生活品質，但是，看起來很少發生眞正的改變(*Pedersen, 1991, p.11*)。

　　尤其重要的是學校中的諮商師要能敏感到該校的不同文化。這不只是提昇專業諮商師的效能，讓所有學生接納及靠近他們，也使他們能夠扮演一個成人對所有的種族與文化團體示範合宜的行爲及態度。

　　更進一步，「學校諮商師應該要特別覺察到，少數族群兒童及青少年在年輕人口中快速的成長，但對於他們的問題或需求卻少有可用的資訊。」(*Gibbs, Huang & Associates, 1989*)。對兒童工作的諮商師有額外的責任，因爲兒童不能控制他們的環境。人們對文化差異的了解或不了解，會影響兒童的人格發展核心。兒童正處於文化覺察的早期階段，可能不了解他的經驗和別人不同(*Anderson & Cranston-Gingras, 1991, p.91*)，以及可能存在著各種形式的歧視。

　　「一個主要的發展任務，是去發現及整合個人的民族、文化及種族，因爲這些會影響自己和他人(*Christensen, 1989*)。兒童可能內化主流文化對他本身文化群體的信念。一個具有文化敏感度的諮商師要去改善兒童的環境，這樣一來就要強調兒童的獨特性，而非強調是否和常模一致」(*Anderson & Cranston-Gingras, 1991, p.91*)。

　　Pedersen(*1988*)推許諮商師預備課程中的學生，需要去發展

覺察能力，要求個人能夠：

- 有能力去了解直接和間接的溝通型態；
- 對非口語線索的敏感；
- 覺察文化與語言的差異；
- 對文化感興趣；
- 敏感於文化的迷思及刻板化；
- 關懷來自另一個文化中的人之福祉；
- 有能力說出他或她本身文化的各種要素；
- 欣賞多元文化教學的重要性；
- 覺察不同文化群體的關係；
- 有清楚的標準，可以客觀地在其他文化中判斷「好」與「壞」(*p.9*)。

要進一步提高諮商中多元文化議題及實務的察覺，我們要你注意多元文化諮商與發展學會(*Association for Multicultural Counseling and Development, AMCD*)，它是美國諮商學會(*American Counseling Association, ACA*)的一個分支，它出版一份和學會同名稱的期刊及通訊。

也要注意在小學中，不同文化或弱勢背景的諮商師人數和比例的增加所帶來的重要性。並非只有弱勢兒童需要和相同民族的諮商師會談，而是所有的兒童都應該看成是代表各種文化的角色模範。

我國(美國)不再被視為一個眾多文化的「大熔爐」，這裡所強調的是所有的文化都和主流文化一樣的重要。而是，文化多元主義的概念已被接受，這些概念將焦點放在我國各種文化在各層面的價值及保存。這當中，諮商師可以倡導文化差異性的保存、示範尊重與接納，而這是弱勢群體應得的。

　　在學校裡，諮商師可將少數族群納進團體活動，那麼班級的輔導活動就可用於教育學校裡的人了解文化差異性。諮商師也應該一直放在心上，差異性存在於每個文化／種族群體。對於少數族群的認識並沒有一個確切的輪廓。唯一的「刻板印象」是個別差異存在所有的人口中 （Gibson, Mitchell, Basile, 1993, p.121）。

　　Sue(1981)提出多元文化諮商的衝突與誤解之分類，如表6-1及6-2所示。Sue(1978)也提出如何在文化上區別什麼是有效處理文化議題的諮商師特徵。第一，有效處理文化議題的諮商師，了解及認識他們自身的價值及對人類行為的假定，可能和別的文化是不同的。第二，有效處理文化議題的諮商師，可以了解「沒有一個諮商理論在政策上或道德上是中立的」。第三，有效處理文化議題的諮商師，也了解外在的社會政治力量可能影響及形塑不同文化的群體。第四，有效處理文化議題的諮商師，可以和案主分享世界觀，而不會使自己形成文化膠囊化(being culturally encapsulated)。最後，在文化上有效的諮商師，是真正在諮商中的使用折衷技術，會視不同文化對該經驗的合宜性與生活型態來使用諮商技術。

　　少數族群像一個標籤，暗示他們不如這個社會中主要或主流成員。重要的是，諮商師透過他們的態度和行為來傳遞社會中到處都有這些人，且和社會中的其他成員一樣重要。由於了解到無法單獨完成此項任務，諮商常透過自我教育去認識不同種族的人就顯得非常重要。諮商師應該學習同時用口語和非口語上與案主溝通，這種溝通的方式和態度必須是案主能了解並感到舒適。諮商師應該要傳達他自身對特定種族案主的尊重及接納態度，諮商師也要真誠的感受到這個尊重，是否成功地傳達給案主。

表6-1　諮商的一般性特徵

語言	中產階級	文化
標準英語	標準英語	標準英語
口語溝通	口語溝通 依時間安排（五十分鐘一次） 長程目標 模糊	口語溝通 個體為中心 口語/情緒的/行為的表達 案主－諮商師的溝通 開放性與親密性 因－果取向 清楚的區分生理及心理的福祉

資料來源：D.W.Sue, *Counseling the Culturally Different:Theory* and Practice, p.31.Copyright (c)1981 John Wiley & Sons, Inc.Reprinted by permission of John Wiley & Sons, Inc.

表6-2　第三世界族群變項

語言	中產階級	文化
	亞裔美人	
雙語背景	非標準英語 行動取向 不同的時間觀點 立即、短程目標 具體的、實質的、結構的取向	亞洲語言 家庭中心 感覺受到束縛 由權威人士而來的單向溝通 沈默是一種尊重 尋求衷告 互動的形式清楚（具體結構） 私領域與公領域的對比 （羞恥/背叛/榮譽） 對生理及心理的福祉具有不同的定義

黑人		
黑人語言	非標準英語	黑人語言
	行動取向	具有「民族意識」感
	不同的時間觀點	行動取向
	立即、短程目標	不正常來自於壓迫
	具體的、實質的、結構的取向	重視非語言行為
西裔美人		
雙語背景	非標準英語	使用西語
	行動取向	「團體－中心」的合作
	不同的時間觀點	時間的差異
	立即、短程目標	家族取向
	具體的、實質的、結構的取向	不同型態的溝通
		在宗教上區分心靈/身體
美國印地安人		
雙語背景	非標準英語	部落方言
	行動取向	合作的而非競爭的個人主義
	不同的時間觀點	目前－時間取向
	立即、短程目標	創造性的/經驗性的/直覺的/非語言的
	具體的、實質的、結構的取向	滿足目前需求
		使用民俗或超自然的解釋

資料來源：D.W.Sue, *Counseling the Culturally Different:Theory and Practice*, p.31-32. Copyright (c) 1981 John Wiley & Sons, Inc.Reprinted by permission of John Wiley & Sons, Inc.

非裔美國人

　　1996年，非裔美國人是美國最大的少數族群，估計其人口超過三千三百萬。這些居民在歷史上就是種族主義、偏見及歧視的受害者。雖然立法、教育及人道主義者的努力下克服了這些濫權

的要素，在沒有抗拒的情況下，這類課程仍緩慢發展。一些侵犯權利的資料顯示，在犯罪系統中具有高比例的黑人年輕人；高比例的失業及待業；在高等教育(同時存在於學生和職員)、專業領域、督導及管理階層中缺少合理的人口比例。諮商專業有責任更主動，投入矯正社會的錯誤，且更有效的處理非裔美人個案。

在前一章中我們討論了如何開始一個良好的諮商關係的重要性。當協助一個非裔美人案主時，如何去統整一個合適的多元文化向度也是很重要的。以下建議是一些在開始幾次會談中的必備要素：

1. 確認黑人案主的期待，找出他們相信諮商的什麼，探索他們對諮商的感覺。

2. 簡單敘述你覺得諮商是什麼，以及你在諮商中會做什麼。了解他們是否覺得這對他們有幫助。

3. 簡單敘述保密的限制。如果案主是被轉介過來，要解釋你和該機構的關係及你得到的訊息，如果有任何需要，你會讓該機構知道。

4. 如果你不是黑人，就找出案主對於一個來自不同族群的人一起工作的感受如何。

5. 如果對自我揭露有困難，要試著去了解其理由。

6. 找出案主問題史及其對問題成因的了解。

7. 蒐集家庭的資料(核心式或擴散式)。這對於要確定是誰在外頭幫忙以及在這個家庭中有誰生活在一起是很重要的。

8. 確認案主及其家人的優勢。有什麼資源是他們可以運用的？他們之前是如何成功的處理問題？

9. 檢驗外在因素，這些可能和主述問題有關，包括種族主義的影響以及他們對健康、教育與就業的關注程度；確認他們要接觸的機構是那些；確認其它壓力源。

10. 如果適合的話，檢驗環繞著種族認同的議題與相關的個人衝突。

11. 在蒐集了問題的資料後，要建立一個彼此同意的目標。

12. 討論及考慮達成目標的工具。

13. 討論要談多少次才能達到目標，以及諮商師和案主的責任。

14. 確定案主是否覺得你們兩個可以一起工作，也要考慮還有沒有其他選擇可利用。

當然，有些時候可以變動或忽略這些要素。

諮商師了解在非裔美人的人口中，具有很大的差異性也是很重要的。這意思是說諮商師要能夠警覺與敏感到個別差異，以及文化刻板印象的陷阱。*Exum*和*Moore*(1993)對於在不是在該文化中的諮商師對非裔美人工作時，建議四個基本的策略：

1. 以核心情境為主。

2. 利用指導的方法，而非被動或非指導性的方法。

3. 注意非口語行為。

4. 隨時待命(*pp.204-207*,引自*McFadden, 1993*)。

有一些非裔美人案主的特徵，是諮商師應該要敏感到的，如心理強度的彈性、諒解、復原力、及堅毅等。一般而言 ，他們看重神明及家庭，對他人較隨緣，相信每個人最好的部份。他們最常有的處理機制是否認、隔離、抑制及內射。

拉丁美人

在美國，拉丁美國人代表著成長最快速的少數族群，1996年的估計有270萬強的人口。在這些人口中，具壓倒性優勢的主流是墨西哥人(60%)，接著是波多黎各人(15%)及古巴人(6%)，其餘

幾乎由中美及南美國家獨占。由於這個團體的持續快速成長，加上合法移民潮的推波助瀾，更加強調培養有效和拉丁美國人案主諮商的諮商師。

也許對於諮商師最有益的觀點，是限制其對家庭價值及性別角色的評價（*Arredondo, 1991*）。這個觀點指出，在拉丁文化中家庭的重要角色被視為具有支配地位的，而且是社會機構最重視的。父母的權威是不容置疑，家庭的忠誠是天生的。他們也清楚的定義了性別角色，在傳統的場所中男性是具有優勢的。雖然在美國進入職場的拉丁婦人增加了，但男人仍被期待外出謀生。這個角色和價值觀的改變常常是拉丁美國人的家庭和社會衝突的來源。

在和拉丁美國人案主工作時，諮商師要能覺察到刻板印象，因為這是和另一個文化的案主工作。拉丁美國人有許多次文化，每一個都有其特殊性。因為和不同的文化案主工作，很重要的是諮商師要能尊重案主，正確的唸出他的名字。要讓諮商過程得以成功，對拉丁美國人案主而言，尊重會是最重要的。和其它少數族群相同，諮商師也要能預測到大部份的拉丁美國人很少能了解諮商及諮商師。職是之故，諮商師如果對拉丁美國人使用指導性的處理方式，並避免使用心理動力技巧及那些會讓案主離開的評估測量工具，通常諮商會更成功。

亞裔美國人

在美國另一個快速成長的少數族群人口是亞裔美國人。1995年估計其人口達950萬。在這些人口中有許多來自不同國家的群體，包括日裔美國人、華裔美國人、菲裔美國人、韓裔美國人等等。這個多元性在整體的群體中，再度強調避免以一種無所不包的方式來含括全部的類別。甚至，認真的諮商師應該會覺察到他們在很多領域中具有共同性，包括家庭角色及價值觀、控制及情

緒束縛、順從及尊重權威。而去了解不同國家族群的文化價值觀也很重要，很多亞裔美國人對於諮商和相關的心理健康治療師並不了解也不接受。所以，考慮由 *Ishisaka, Nguyen*與 *Okimoto*（*1985*）；*Lorezo*與 *Adler*（*1984*）； *Nidorf*（*1985*）；*Tung*（*1985*）提出對移民及難民的治療策略可能是合適的：

1. 有限制的蒐集資料。由於心理疾病是一種缺陷，社會規範也不准他們和外人分享私事，缺乏在心理領域中當一個案主的知識，所以諮商師應抑制自己問太多的問題。

2. 讓案主準備好進入諮商的角色。*Lambert & Lambert*（*1984*）發現亞洲移民會談一些：（a）治療中會發生什麼事，（b）口語揭露的需求，（c）在治療中案主通常是碰巧談到問題，（d）治療師和案主的角色，（e）對治療的錯誤觀念，（f）和控制組比較，那些接受了諮商角色準備的案主需要一些照料，以便更好適應諮商。那些準備好的案主對治療有更準確的認識，他們以更感興趣及尊重的方式看待治療師，留意到自己的正向改變，且更滿意他們的適應度。

3. 聚焦案主帶來的特定問題，協助案主發展其治療目標。這讓案主可以說出所關注的事，且可減少治療師將其世界觀強加於案主。

4. 採取一個主動及指導的角色。因為在文化上的期望及缺少心理健康治療的經驗，案主將會依賴諮商師給予方向。

5. 徹底分析案主目前的環境議題，諸如對食物及居所的需求。可能需要協助案主填寫表格，需要一些提供他們服務的資訊，及協助他們和某些機構互動。評估經濟及社會需求。

6. 和家庭工作時，要考慮代間的衝突，尤其是角色的改變、文化的衝突及不同的涵化程度（*acculturation levels*）。

7. 治療必須是有時間限制的，把焦點放在解決具體的問題，並且就在當前或不久的將來處理（*Sue & Sue, 1990, pp.199-200*）。

阿拉伯裔美國人

最近數十年崛起的少數族群是阿拉伯裔美國人。在1996年，就有三百萬強的阿拉伯人居住於美國，外加40,000位拿學生簽證的阿拉伯人。由於他們是最近崛起中比較被注意到的少數族群，諮商專家很少注意到他們的獨特性及需求。我們察覺到在公眾意見領域中，對阿位伯人存有歧視與刻板印像，這些是經由媒體關注某些阿拉伯裔從事個人恐怖主義活動造成的。在兩個文化間(阿拉伯美國人與白種美國人)的敵意及猜忌已經同時阻礙了對這個群體諮商的機會和正向結果。

協助阿拉伯美國人案主時，諮商師應該對案主的文化背景展現超強的敏感度。再來，要記住在這個少數族群中人口的多元性，以下歸納大部份阿拉伯美國人共享的信念與習俗：

1. 婚姻和小孩是一個美滿及快樂的成人生活的基本要素。

2. 男人是一家之主及決策者。易言之，權威和家庭認同是 父系的。

3. 大家族(*extended family*)的價值觀橫跨各代。年輕人尊重長者，甚至是尊重年長手足。

4. 小孩被期待照顧其雙親及年長親戚，通常會邀請他們一起住，特別是一個年長的寡婦。

5. 婦女的行爲很容易破壞家庭的榮譽，所以她們對整個家族都有很大的責任，就是要舉止莊重。

6. 家庭的團結與責任優先於工作或生涯抱負。

7. 宗教的認同和對上帝的信仰是基本的(*McFadden, 1993, p.264*)。

諮商師跟阿拉伯裔美國人案主諮商時，可以透過以下問題的

反應來測試其文化敏感與覺察的程度：

・ 我是否有能力了解直接與間接的溝通型態？

・ 我是否能敏感於非口語的線索？

・ 我是否能夠覺察不同阿拉伯人群體在文化與語言上的差異？

・ 有那些對阿拉伯人常見的迷思與刻板印象？

・ 阿拉伯人對美國人有什麼刻板印象？

・ 我是否能覺察自己對阿拉伯人及阿拉伯社會與文化的感覺？
（*Pedersen, 1988*）

　　諮商師必須持續的努力改進和這個少數族群的治療關係與效能。甚至更重要的是，身為人類關係的專家有我們的專業責任，我們要成為一股主動的影響力，以建立阿拉伯少數族群和主流人口之間正向與生產性關係。這個國家的偉大和理想並非在多元的人口中建立偏見與敵意。我們必須投入其中，扭轉乾坤。

美國原住民

　　1996年美國原住民超過兩百萬。雖然和其它少數族群相較這並不是很大的數字，美國印第安人長久以來一直都在受苦及面對惡名昭彰的歧視。中央政府的政策和政見很少考量到原住民福利，這種歧視已經激勵一代代的印第安人。他們居住在遭蹂躪的保留地上，和主流的美國文化隔離，而且幾乎都生活在剝削與貧困中。

　　就如和其他少數族群文化一樣，諮商師首先必須了解美國原住民人口中存在著多元性。今天，美國政府知道有超過500個原住民部落，每個部落都有其本身的傳統、價值、精神信念、家庭及部落結構。各種不同的中央法規法案以及詮釋，使得這個複雜的

嵌合體更形惡化。

所有這些是要對即將成為美國原住民的諮商師來說，並無法對這個族群刻畫出一個絕對刻板印象或文化簡介。可能的建議是，許多美國原住民表現出尊重與講究自然、家族及部落系統的和諧；給予、分享及合作，也是一些普遍且根深蒂固的價值觀。諮商師在處理美國原住民案主時，要帶著敏感及了解的態度，在現實上他們可能被視為有如一個部落的長老一樣—意思是諮商師要有更多的談話及意見的給予。當然，要對案主解釋諮商歷程，這種做法可能有些溫和。

Arredodo（*1986*）提出一個系統模式對難民進行諮商工作，也可以運用於印第安人／原住民案主。這個模式屬於整體觀，包含案主的六個生活向度：歷史時期、社會政治因素、社會文化因素、個體變項、發展任務、自尊及認同主題。

透過利用這六個向度以及將它們和社會認知介入結合，諮商師使用這個架構，較其他理論取向更少有文化上的偏差（*LaFromboise & Rowe, 1983*）。這個取向之所以被認為較少有偏差是因為它理解到文化對個人的影響及環境變項，而且這個取向可以讓每個文化去定義其本身合宜的行為與介入目標。這具有文化上的敏感度，可以運用於各種部落的差異（*Peregoy, 1993, p.184*）。

具有文化技術的諮商師

將國家視為一個融爐，各種文化融而為一，這樣的概念已不再合適。而是，我們視國家的力量在於擁有各種文化，保存了他們各自的獨特性，貢獻於國家的福祉。諮商師有機會對於保存文

化多元性及所有文化的福祉做出重大的貢獻，成為一個倡導及角色模範，當然，他們會在專業實務中當個多元文化人口的有效能諮商師。

　　諮商師需要一些原則引導他們的實務工作，同時要能尊重每個案主的個別性。這些原則將可以協助諮商師有效的跟來自不同文化背景的案主諮商。

　1.要從每個案主的獨特參照架構中了解他們。

　2.普遍性與標準化的訊息不見得會適合獨特的案主。

　3.人是由多重角色和各種認同組成的動力混合體。

　4.心理健康的個殊性觀點(*idiographic perspective*)和生物心理社會模式是相容的。

　5.個殊性觀點是超越理論的(*Ridley, 1995, pp.82-83*)。

　　接下來的治療行動可以協助諮商師更有效的跟少數族群案主諮商。

　1.發展文化自我覺察。

　2.避免價值涉入。

　3.當一個多元文化諮商師要接納自己的本土文化(*naivete*)。

　4.要有文化同理心。

　5.在諮商中考量文化因素。

　6.不要有刻板印象。

　7.重視親戚在案主主體文化角色中的重要性。

　8.不要責備受害者。

　9.對於介入的方式保持彈性。

10.檢視你的諮商理論偏誤。

11.諮商方向要建立在案主的優勢上。

12.不要保護案主免於情緒上的痛苦 （*Ridley, 1995, pp. 88-100*）。

當來自不同文化背景的人(例如諮商師和案主)要尋求彼此的連結和了解時，很重要的是理解文化價值、信念、行爲及其它因素的影響。

*Ivey, Ivey*及*Simek-Morgan*（*1993, p.105*）發展出一個立方體來說明將案主各種多元文化主題的型態納入治療中。所有的案主都是由許多多元文化議題組成，每一個不同的議題在不同的時間點可能都有其優勢。一個影響諮商關係的多元文化議題範圍，就形成多元文化立方體的一個邊。(見圖6-1)

延著立方體的左邊就是議題的中心點。雖然治療師在傳統上會傾向把這些議題置入個人中，一個個人的議題可能來自家庭，而家庭的議題可能來自群體、社區、州、或甚至國家的問題。關於這點的處理需要進入家庭治療、團體工作，或甚至是社區和政治行動，來促進改變。

案主對多元文化議題也有不同程度的覺察。圖6-1列出了六個文化認同的階段(*Ivey et al., 1993, pp.105-106*)。

綜言之，我們要強調的是，爲了要服務所有文化，諮商方案應該至少要有一位少數族群的諮商師；以確保所有的專業人員和工作人員在文化上是相互調合的(必要時可利用諮詢)；去討論那些可能是少數族群關心的議題；並思考－公佈的服務項目是否適合所有的族群；是否將少數族群社區成員納入；以及是否擁護所有的文化。

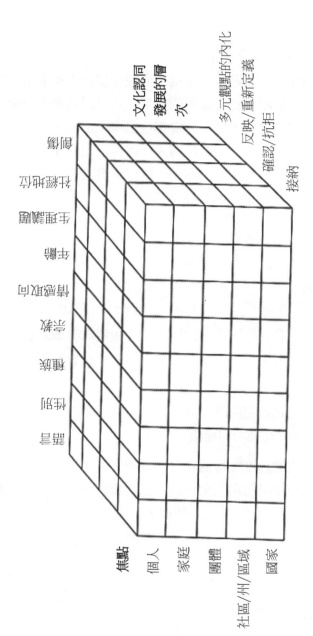

圖6-1 多元文化立方體

資料來源：A.E.Ivey, M.B.Ivey, and L.Simek-Morgan, *Counseling and Psychotherapy: A Multicultural Perspective*, 3rd ed., p. 106, 1993. Copyright (c) 1993 Allyn and Bacon.

摘要

多元文化諮商是一個過程，在這個過程中諮商師和案主之間的文化差異並不會妨礙諮商要達到的結果。本章討論諮商師要如何達到這個高層次的功能，以及考慮哪些因素。這些因素會在非裔美國人、拉丁裔美國人、亞裔美國人、阿拉伯裔美國人及美國原住民的關係中討論。本章亦強調諮商師對自身文化的理解，以及和不同文化的案主互動時所造成的影響。

問題討論

1. 多元文化的議題會對你評估一個案主及完成臨床診斷的影響為何？是否只有在案主和諮商師的文化不同時才會影響評估？為什麼是？為什麼不是？

2. 做為一位具有文化效能的諮商師，你如何在你本身的個人諮商理論中統整多元文化技巧和建議？

3. 從一個多元文化的角度進行個案評估，如何避免對你的案主有刻板印象或偏差運用相關文化資料？你要如何在不忽略文化常模之下，注意案主的個別性或獨特性？

課堂活動

1. 分成兩小組。每一組討論他們有那些文化偏差及假設，組內的成員要挑戰那些沒有被發現的偏差和刻板印象。

2.想一想以下的情景：

　一個韓裔小孩轉學到以白人為主的學校。請討論學校諮商師如
何在課堂間協助這個小孩適應新環境。諮商師應考慮哪些文化
議題？

3.分成兩小組。每一組的每一位成員都要回答以下的問題：(a)我
如何陳述我的種族？(b)有什麼特徵是可以用來確認我屬於那個
種族？(c)有什麼是可以用來確認我的文化？然後討論一個人為
了要確定一個案主的民族、種族及文化，要從案主身上找到什
麼？

4.兩兩一對。描述一次當你有意或無意的表現出種族歧視，可以
做些什麼不一樣的行為來避免表現出種族歧視。然後討論你本
身受到種族歧視的迫害經驗。最後，討論一些你曾表現出來的
文化敏感度。

可進一步閱讀的文獻

American Psycholgoical Association, Office of Ethnic Minority
Affairs (1993). Guidelines for providers of psychological
services to ethnic, linguistic, and culturally diverse populations.
American Psychologist, 48, 45-48.

Canino, I. a., & Spurlock, J. (1994). *Culturally diverse children and
adolescents: Assessment, diagnosos. amd treatment.* New York:
The Guilford Press.

Coleman, H. L. K. (1995). Cultural factors and the counseling
process: Implications for school counselors. *The School
Counselor, 42*, 180-185.

Dana, R. H. (1993). *Multicultural assessment perspectiers for professional psychology*. Boston: Allyn & Bacon.

LaFromboise, T. (1988). American Indian mental health policy. *American Psychologist, 33 (5)*, 388-397.

Locke, D. C. (1992). *Increasing multicultural understanding: A comprehensive model*. Newbury Park, CA: Sage Publications.

Paniagua, F. A. (1994). *Assessing and treating culturally diverse clients: A practical guide*. Thousand Oaks, CA: Sage Publications.

Pedersen, P. (1987). Ten frequent assumptions of cultural bias in counseling. *Journal of Multicultural Counseling and Development, 15 (1)*, 16-24.

Pedersen, P. B., Draguns, J. G. Lonner, W. J., & Trimble, J. E. (Eds.). (1996). *Counseling across cultures*. Thousand Oaks, CA: Sage Publications.

Ponterotto, J. G., & Pedersen, P. B. (1993). *Preventing prejudice: A guide for counselors and educators*. Newbury Park, CA: Sage Publications.

Ridley, C. R. (1995). *Overcoming unintentional racism in counseling and therapy*. Thousand Oaks, CA: Sage Publications.

Sinacore-Guinn, A. L. (1995). The diagnostic window: Culture and gender sensitive diagnosis and training. *Counselor Education and Supervision, 35*, 18-31.

Smith, E., & Vasquez, M. (Eds.). Cross-cultural counseling [Special issue]. *The Counseling Psychologist, 13 (4)*, 531-720.

Sue, D. W. Ivey, A. E., & Pedersen, P. B. (Eds.). (1996). *A theory of multicultural counseling and therapy*. Pacific Grove, CA: Brooks/Cole.

Sue, D. W., & Sue, D. (1990). *Counseling the culturally different: Theory and practice (2nd ed.)*. New York: John Wiley.

Zayes, L. H., Torres, L. R., Malcolm, J., & DesRosiers, F. S. (1996). Clinicians' definitions of ethnically sensitive therapy. *Professional Psychology: Research and Practice, 27*, 78-82.

第七章

諮商師的團體技巧

李素芬

多年來的美國歷史都對粗糙的個人主義有所讚揚。*Daniel Boone*、*Davy Crockett*、*Wild Bill Hickok*、*Wyatt Earp*、*Buffalo Bill*、*Susan B. Anthony*與*Charles Lindbergh*等人的英勇事蹟已是坊間的經典傳說。如今我們仍敬重那些不拘體制或暗藏鋒芒而獨來獨往的獨行俠。我們之所以如此欣賞這種粗糙個人主義的可能原因之一是，我們自知幾乎不可能在當代團體導向、團體控制和團體歷程的社會裡保持一己之單純。事實上，目前能良好適應於所屬社會的個體，通常即意謂其已精熟社群互動的規範並能在團體中運用自如。

因此，本章的目標在於（a）指出諮商師得以幫助其案主的各種不同團體場域，以及（b）介紹團體諮商、團體輔導與價值澄清技術的歷程與功用。

對團體的影響力與依賴性之重視，源自於對個體在當代社會中的運作狀態之檢核。該類檢核帶出了幾項結論：

1. 人類是團體導向的。人們想要與他人互補、相互協助。團體很自然地就會讓這些歷程發生。

2. 人們試圖藉由團體來滿足其大部分的個人基本社交需求，包括心智上的理解與成長之需求；因此團體是最自然而快速的學習方法。

3. 故而，團體會深深影響個人如何成長、學習和發展行為型態、因應風格、價值觀、生涯潛能與調適技巧。

在團體中執行領導、催化和教導的諮商師、老師、和其他人員，可以再注意下述附加假定：

1. 瞭解團體的影響力與動力，有助於對各個個體的進一步評估與瞭解。

2. 瞭解團體的組織與運用，有助於教學和輔導。

3. 團體諮商對某些人與某些情境可能會比個別諮商來得更爲有效。

4. 特殊族群能受益於專門爲其獨特性與需求而設計的團體。

定義與解釋

　　所有的團體研究，特別是在導論中，必然都會先行澄清團體諮商與輔導的各種形式，包括團體的定義。*Webster*的《第三版新世界國際辭典》(*Third New World International Dictionary*)對團體(*group*)的定義爲：「因著共同興趣、目標或運作，而聯繫在一起的許多個體」。　然而，致力於團體研究和實務的各個專業學科之間，對於團體的定義卻有很大的差異。爲了在此文中便於探討，必須縮小團體的定義，且應該重視諮商性質團體的特色在於交流互動，它們是功能性或目標導向的團體。僅是聚集一起卻沒有成員間的互動之團體，不算功能性團體。

　　諮商師會將進展中的不同團體活動劃分成三種層級。分別是輔導層級、諮商層級以及治療層級。這些層級可以簡要界定如下：

團體輔導

　　團體輔導(*group guidance*)與團體活動有關，聚焦於透過有計畫、有組織的團體活動提供資訊和經驗。團體輔導活動的例子有定向團體、生涯探索團體、大學訪問日、班級輔導等（容後討論）。團體輔導也被組織來預防發展性的問題，內容包括教育的、職業的、個人的或社會的資訊，目標是提供學生正確的資訊，以

便能幫助他們做出更適當的計畫和生活決定。

團體諮商

團體諮商(*group counseling*)是在團體中提供生活適應和發展的經驗。團體諮商聚焦於幫助受輔者去因應他們日常適應和發展的重要議題,例如行為修正、發展人際關係之技巧、以及關於價值、態度或生涯決定的重要議題。

Gazda(*1989*)認為能藉由參與分享的鼓勵與動機而達至案主最佳福祉上的轉變之團體諮商,才是具有成長效益的。然而,團體諮商是有治療性的,對於那些掉進自我挫敗行為漩渦的人,透過諮商的介入,他們有能力從漩渦脫離出來。

團體治療

團體治療(*group therapy*)提供一個強烈之經驗給有嚴重之適應、情緒或發展需要的人。治療團體與諮商團體之區分,通常可以從它們所涉入之時間長短及深度二者來區辨,治療團體的參與者經常是那些需要較多人格重建的慢性精神或情緒疾病的人。團體治療師顯然需要較高層級之訓練。

Gazda's(*1989*)描繪團體歷程之間的關係呈現在圖7-1。

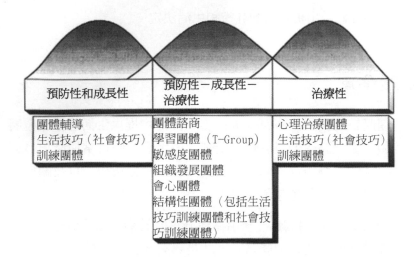

圖7-1 團體歷程之間的關係

資料來源：from Gazda,George M.,*Group Counseling* P.9 Copyright (c)1989
by Allyn and Bacon.Reprinted by permission.

學習團體

學習團體(*T-groups*)是由訓練團體(*training groups*)衍生出來
的。它們應用實驗室的訓練方法在團體工作上。學習團體努力去
創造一個充滿學習環境的小型社會。

學習團體是一個相當非結構的團體，在團體中，參與者要為
自己要學習什麼以及如何學習負起責任。這個學習的經驗包括人
們如何在團體中有功能，以及關於團體中的個人行為。當個體與
他人建立可信任的關係時，學習會是更有效率，這樣的一個基本
的假定適用於學習團體 。

敏感度團體

在實務中，敏感度團體(*sensitivity groups*)似乎被運用得如此頻繁以及廣泛，以致於失去了原來的意義，然而，從更學術的意義來看，敏感度團體是學習團體的一種形式，聚焦於個人和人際互動的議題以及個體的個別性成長，敏感度團體強調自我的頓悟，這意味著其核心的焦點不是團體和它的進展而是個別的成員。

會心團體

雖然會心團體(*encounter groups*)有更多治療性傾向，但它們也是學習團體的一支。

Rogers(*1967b*)定義會心團體為藉由體驗性的團體歷程，強調個人成長是透過人際關係的發展和改善而來的一種團體。這樣的團體試圖去激發參與者的潛能。

在一個高度自由以及低結構的密集團體中，個體將逐漸有足夠的安全感能解除防衛和偽裝；他將更直接對團體成員敘述感覺（進入會心的基礎）；他將更精確的瞭解自己以及與他人的關係；他將改變個人的態度和行為；隨後他將更有效率地對他人敘說他每天的生活情境(*Rogers, 1967b, p.262*)

長期的會心團體被稱為馬拉松團體，馬拉松會心團體運用持久的一大段時間累積體驗，以及因長時間而伴隨的疲勞，來打破參與者的防衛。

雖然會心團體增進團體成員自我覺察和對他人敏感度的潛能，這樣的團體仍然會帶來高度的焦慮和挫折感的，因此，顯然的，如果會心團體要有最高的潛能發揮而有最少的危險，那麼這

個團體的帶領者必定是個熟練且有經驗的團體諮商領導者。

任務團體

　　任務團體(*task groups*)的組成通常是透過任務或有系統的團體去滿足組織的需要，或者是成為社會行動組織，來滿足個案的個別需要。這些團體對於有意要尋求方法增進功能的組織是有用的。在諮商中心，任務團體可能被用於協助當事人去處理他們從精神上到教育上更多的需要。

心理教育團體

　　心理教育團體(*psychoeducation groups*)在團體結構中強調認知和行為技巧發展，以便能教導這些技巧和知識。心理教育團體本質上是輔導傾向多於諮商或治療。

迷你團體

　　雖然嚴格來說二個或以上的人可以組成一個團體，但是最近幾年使用「迷你團體」(*minigroups*)這個詞來表示比一般團體更小的諮商團體已經逐漸流行。一個迷你團體通常由一個諮商師和最多不超過四個成員組成，因為參與者較少，在團體成員間會產生更頻繁而直接的互動，個人的退縮和次團體的發展似乎在迷你團體中較少見。

團體歷程和團體動力

這二個名詞通常使用來描述團體活動是有歷程和動力的,雖然經常交換使用,但當他們在描述團體活動時仍有不同之意義。剛開始諮商學生時應該會注意到團體歷程是連續的,不間斷的移動朝向完成目標。**團體歷程**(*group process*)代表著團體從開始到結束的流動,意思是在確認或描述團體過程的階段。

然而,**團體動力**(*group dynamics*)與任何時間在團體中的社會力量及彼此互動有關連,描述團體的互動,可能包括團體中團體領導、團體角色,以及參與者資格的影響。團體動力是分析個體在團體中互動的方法,經常使用在涉及特定團體技巧的情境,例如角色扮演、做決定、討論會和觀察的情境。

內團體與外團體

雖然並非由諮商師組織或監督的團體,對個案行為仍然有顯著影響力。這些團體可以奠基於任何指標,例如社經地位、體育或藝術成就(特別是在學校)、特殊能力、種族文化起源等等。**內團體**(*in-groups*)主要是由相同特徵的人組合而成,相反的,**外團體**(*out-groups*)是由非內團體的人所組成。例如,不參與體育運動或戲劇的人不會被邀請去參加這類的社交俱樂部。在很多諮商情境中,諮商師去瞭解個案在內團體或在外團體如何看待自己以及他人是很重要的。

社會網絡

雖然不是一個正式形式的團體,社會網絡(*social networks*)起因於個人成為各式各樣團體一份子的選擇,作為一個諮商師,我

們可能會關切這些選擇是如何決定出來的，以及這些選擇對他們個人的影響。社會學家致力於社會網絡的分析，以便能決定在有無社會網絡之狀況下，社會中個體的聯繫傾向會如何產生互動，以致於影響他人。

團體工作者訓練的專業標準

團體工作專家協會(*Association for Specialists in Group Work, ASGW*)提倡將團體核心能力併入碩士層級諮商師教育訓練方案的一部份，這有助於準備成為碩士層級之團體工作專家，以及碩士後層級團體工作專家 （教育專家或證照、博士學位，繼續教育等等）。諸多方案中的碩士層級團體工作專家之訓練需要達成以下的能力。

1990年修訂文團體工作者訓練專業標準包括二個層面的能力，而且相關的訓練也已經被*ASGW*規範委員會所認定。

1. **核心團體能力**(*core group competencies*)：對所有諮商師而言最少的團體工作核心能力以及相關的訓練，包括知識、技巧和實務 （最少時數：10小時；建議時數：20小時）

2. **團體工作專家**(*group work specialists*)：四種被認定的團體工作之進階能力

- 任務或工作團體，包括核心團體能力訓練之外的知識、技巧以及督導實務(外加最少時數：30小時，建議時數：45小時)

- 輔導或心理教育團體，包括核心團體能力訓練之外的知識、技巧以及督導實務(外加最少時數：30小時，建議時數：45小時)

- 諮商或人際問題解決團體，包括核心團體能力訓練之外的

知識、技巧以及督導實務(外加最少時數：45小時，建議時數：60小時)

- 心理治療或人格重建團體，包括核心團體能力訓練之外的知識、技巧以及督導實務(外加最少時數：45 小時，建議時數：60小時)

　　　　　　　　　(美國團體工作專家協會，1990，p.13)

　　爲了訓練想致力於團體心理治療的人，一個在此領域中著名的學者，*Irvin D. Yalom*（*1995*），認爲一個綜合的訓練方案有四個主要的組成要素：(1)觀察有經驗的團體治療師工作；(2)第一次團體有密集的臨床督導；(3)個人的團體經驗；(4)個人的心理治療(*p.512*)。

團體諮商

　　心理學家*William James*(*1890*)在一百多年前就曾寫道：

　　我們不僅是喜歡結伴進出的群居性動物，我們的天生習性也喜歡引起同類的注意與善待。如果實際可行，那麼最殘忍的懲罰莫過於將一個人從其社會隔離並遭受眾人的全然漠視(*p.293*)。

　　*James*和其他人一樣，多年來已經注意到人類的關係在滿足個體需要以及影響個別發展和適應上的重要性。對大多數人們來說，團體建立與維持了大部分的關係，而很多日常適應問題和發展的需要也起源於團體。在小學階段興趣增加了社會技巧的發展，而在成人的每個時期都發展了團體關係和溝通技巧 。

諮商既是一門助人科學，即意謂其是以助人關係為基礎，而此關係也必然是一種人與人的關係。因為最頻繁和最共通的人類關係經驗發生在團體中，對很多人而言，團體可以讓很多人有正向發展和適應的經驗。以下的部分檢核團體諮商的潛在價值以及這些價值如何被瞭解。小心的選擇成員、組成團體以及諮商師運用的團體技巧也會被討論。

理論上的考慮

在第五章，如同普遍性理論的導向說明，為了好的諮商實務做準備的重要原理基礎曾被提及。如同個別諮商一般，有效的團體諮商來自健全的理論基礎。因此讓我們再簡短的檢核一下適用於團體脈絡而非個別諮商的這些一般性理論。

在由精神分析理論取向的諮商師所帶領的團體中，諮商師會詮釋移情和抗拒，以釋放潛意識；分析師可能聚焦於團體中個別成員的行為，或整體的團體行為。

當確認團體成員可以決定為自己做什麼時，阿德勒的團體領導者在團體過程中有指導性和主動性。團體被視為一個安全的機會，讓成員檢核他們自己、發展自尊心和改善他們的社會互動，如同他們努力去發展他們的潛能一樣。案主中心的諮商師對團體諮商總是有積極的興趣。*Carl Rogers*結合他對人類的的信念和在治療性團體中的觀察，形成他的團體諮商和治療理念，命名為「基本的會心團體」。案主中心取向假設人們有追求成長的自然傾向。團體諮商提供一個氣氛，在這個氣氛中，團體成員有安全感去顯露他們的需要，以及最終能改善他們的生活；團體領導者也能示範幫助團體環境和整個團體歷程的行為。

行為諮商師在團體中會系統化地辨識成員在行為層面上的問題，成員的行為目標被建立，而諮商師增強這些個案想要獲得的

行為。

在團體諮商中，理性情緒治療師會透過推論、說服、角色扮演等等來提昇個案的改變，而不是環境的改變。諮商師尋求帶來認知上以及理性行為上的改變。在這個團體中，成員幫助其他人去辨識不合邏輯、衝動性的行為。

現實取向的團體提供一個關懷的環境，在其中個案感覺有價值而且有足夠的安全感去探索更滿意的行為，諮商師有如同教師的功能，以便能夠帶領團體成員適應更多適當的行為，以及做出更實際的選擇。

如同第五章所提出的，溝通分析(TA)本質上是一個在團體中諮商個人的歷程。溝通分析諮商師建立溝通分析團體的第一步，是教導自我狀態的辨識 。

完形治療藉由諮商師和個案的互動，聚焦於個人的統整。這個焦點在團體中並沒有改變，就如同在表7-1所指出的這類團體的目標。

折衷的諮商師，如同個別諮商一般，運用各式各樣不同的理論觀點去回應各式各樣不同的個案、互動和問題。表 7-1提供一個不同理論觀點之團體目標的比較。

表 7-1 團體目標比較概述

模式	目標
精神分析	提供一種氣氛，以幫助當事人重新體驗早年家庭關係，揭露出與影響現在行為之過去事件相伴隨、被埋藏的感覺。促進對於有缺失之心理發展根源的洞察，以及激發矯正性的情緒經驗。
阿德勒	創造一種治療性關係，這種治療關係鼓勵參與者探索他們的基本生命假定，以及達到對生活型態有更廣泛的一種瞭解。幫助案主認識他們的優點和改變的力量。鼓勵他們為自己選擇的生活形態和他們想要做的任何改變承擔充分的責任。
心理劇	促進對被壓抑感覺的釋放，提供洞察，以及幫助案主發展新的和有效的行為。開發未探索的衝突解決，以及體驗自我主導的可能性。
存在主義	提供種種條件儘可能的增加自我覺察以及減少成長的阻礙。幫助案主發現和運用他們選擇的自由並為他們的選擇負起責任。
個人中心	提供一個安全的氣氛使團體成員可以充分的探索他們的感覺。幫助團體成員能逐漸接受新的經驗，並建立對他們自己和自己之判斷的信心。鼓勵案主活在現在。發展開放性、真誠性和自發性。使案主在此時此地與他人的互動成為可能，並且運用團體成為一個克服疏離感覺的地方。
完形	使團體成員能密切的注意他們當下的經驗，以使其能認識以及整合被自身否認的層面。
溝通分析	協助案主在其互動中擺脫腳本和心理遊戲，邀請成員再檢核他們的早期決定，以及在覺察的基礎下做出新的決定。
行為治療	幫助團體成員消除不良適應行為，並且學習新的和更有效的行為模式(廣大的目標要被分解成具體的次目標)。

| 理情治療 | 教導團體成員要爲他們的困擾負起責任，並且要幫助他們辨別並摒棄那些導致他們困擾的自我教導歷程，消除案主不合理和自我挫敗的的生活觀，代之以更具彈性、合理的生活觀。 |
| 現實治療 | 引導成學習現實和負責任的行爲，並且發展出「成功認同」，幫助團體成員對於他們的行爲做出判斷，並制訂出改變的行動計畫。 |

資料來源：From *Theory and Practice of Group Counseling*, Third Edition, p.53, by Gerald Corey. Copyright 1990,1985，1981 by Wadsworth, Inc. Reprinted by permission of Brooks/Cole Publishing Company, Pacific Grove, CA 93950.

團體諮商的價值

團體諮商並不是一個團隊運動，目標並非是追求勝利的團體。團體諮商企圖去完成目標，滿足需要，以及提供一個寶貴的經驗給組成團體的成員團體諮商可能可以提供下述之機會：

1. **藉著支持性團體的增強，探索發展和適應的需要、關切的議題以及問題是有可能的。**團體可以提供一個眞實的社交場合，在其中個案可以和同儕互動，這些同儕不僅是對個案帶進來的問題或關切的議題可能有相同的瞭解，而且在很多例子中他們也會分享相同或相似之關切。諮商團體藉著團體成員自發和自由的互動以及冒險，可以提供安全感的需要，因此提升了每個成員之需求被觸及到以及同儕資源將被運用之可能性。有句古老諺語說「苦難時愛好有伴」，事實上也許提供了團體諮商一個基本理由。和一些有相同經驗的人分享會比較舒服以及比較有動機改變。

2. **團體諮商可以提供當事人獲得頓悟的機會，引領他們進入自己的感覺和行為之中。**一個沒什麼結構限制，自由互動的團體，將發展為成員的社會縮影。在團體中有足夠的時間，個案將開始能做自己、能與他人互動以及能創造他們期待的人際世界，包括對團體表現出適應不良、人際行為等。*Yalom*（*1995*）年陳述在團體治療中矯正性的情緒經驗，有以下幾個構成要素：

1.病人冒險表達人際方面的強烈情緒。

2.團體的支持足夠允許這樣的冒險發生。

3.現實感允許病人在藉由與其他成員共同確認的協助下對事件加以檢驗。

4.體認出某些人際感覺、行為或某些逃避的人際行為其不適當之處。

5.最後，促進了個體與他人更深入、更真誠的互動能力。（*pp.25-26*）

當在諮商團體中與成員有所互動，因而案主在行為和感覺上獲得新的頓悟時，對自我概念形成的影響可能會發生。因為自我概念顯著的影響個人、社會適應、對學校的感覺、生涯決定的形成，因此透過團體諮商經驗所提供的新的頓悟，有機會引起自我概念的正向改變是非常重要的。

3. **團體諮商提供案主一個機會與其他人發展正向、自然的關係。**發生在團體諮商結構中的個別互動提供給團體成員一個良好且持續的機會，去體驗以及學習處理人際關係。這包括發展出對他人、對他們的需要和感覺的敏感度，這也提供機會獲悉一個人的行為對他人的影響，因此，透過團體歷程和互動以及經驗分享，案主在需要人際互動技巧的情境下，可以學習修正他早期行為的模式，並且尋求新的、更適當的行為。

4. **團體諮商提供案主一個機會學習對自我和他人負責。**成為諮商
團體的成員意味著要負責任。即使人們有最原始的傾向避免
承擔對某人的行為、對團體互動之貢獻或者在團體中接受任
務的責任，但當團體關係發展以及團體目標建立之後，這些
逃避將會逐漸消失。

團體成員的選擇

在組織團體上我們都有很多的經驗。當為了聯誼的需要選擇
成員，我們選擇*Charlie*，因為他常有笑聲；選擇*Diane*，因為他與
每個人和睦相處；選擇*Tomas*，免得我們的對話變得嚴肅；選擇
Ming，因為他是很好的聽眾。但是如果團體目的是更嚴謹的，例
如為一個公園制訂計畫，我們可能會選擇*Rosalita*，因為他懂得栽
種花和樹的技術；我們也可能會選擇*Jim*，因為他是景觀美化的專
家；也可能是*Luca*，因為他有建築技術；以及也有可能選擇
Manuel，因為他有籌款的能力。在每一個例子中，人們之所以被
選擇，是因為他對團體或者團體互動有貢獻。

諮商團體顯然不像偶而參加的社會團體一般，我們需要一些
指標去評估需求為何，需求評估是蒐集客觀資料，以處理特定需
要之諮商團體形成的方法。

需求評估是重要的，這樣能夠充分瞭解你的團體組成份子
當下的需要。沒有去瞭解需求，你可能會提供不適當或者不
切合他們需要的服務。需求評估不僅是告訴你什麼主題是重
要的，而且也提供有用之資料去說服行政人員或老師，允許
孩子為了團體經驗而離開班級。

有正式及非正式的方式去處理需求評估。在學校的場合，
你可以藉由直接問他們想要在團體中滿足的議題為何，非正
式的調查父母、老師以及行政人員之意見。一種可以蒐集到

重要資料且較正式的方式，是發展一個簡單的調查工具，這個工具可以正確的評估需求，因此對團體計畫和評估，可以提供更深入的資訊(*Smead, 1995, p.23*)。

雖然團體諮商聚焦於每位個別成員的需求，但也必須強調團體全體成員對任何一個人在團體中的成就與調適之重要性。團體成員的選擇是諮商團體能否成功的重要關鍵之一。

以下是一些選擇團體成員的可能指標：(a)共同的興趣；(b)自願者或自行求助者（*self-referred*）；(c)有參與團體過程的意願；以及(d)有參與團體的能力。團體選擇的普遍性指標，可能為潛在成員對於相似的問題有共同的興趣。

很多團體專家相信最好的團體成員是自行求助者。團體諮商應該是團體成員自己的選擇，選擇保障了當事人的權益，也更進一步促進當事人決定進入諮商團體的諮商動機。

Corey（*1995*）提到：

成員篩選應該是一個雙向的過程，因此，可能的成員應該有機會在個別的篩選會談中去問問題以決定這個團體是否適合他們。團體領導者應該鼓勵潛在成員涉入有關於他們所參與團體是否適切的決定中(*p.87*)。

在可能的團體參與者之選擇上，*Corey*(*1990*)陳述道：

小心的篩選將減少不適當成員參與團體的風險，在篩選會談中，團體領導者可以花一些時間來探索可能成員參與團體的害怕和其所關切的議題，領導者可以幫助可能成員去評估他們的準備程度，以及討論參加團體後可能的生活改變。

有一些例子顯示，成員可能會缺乏與別人溝通、與別人產生

關連或協助他人的能力或渴望，從性格的角度上看，並非每個人都是合適的團體成員。總之，一個人必須擁有特定的能力或態度，從團體經驗中得到益處，以及促進團體經驗。因此，儘管諮商師可以運用多種程序來形成一個團體，但諮商師最好在熟悉案主及其議題之後即給予其參加的邀請，那是最切實而專業的號召。讓案主對其參加的決定感到自在與滿意，是非常非常重要的。

在可能團體成員的篩選會談中，諮商師可能需要明確說明期待團體成員遵守的基本規則，*Gazda*(1989)提出下面的例子：

1. 在尚未進入團體之前，為自己設定目標，或者盡可能的提早確認你的改變方向，修正這些目標，使之成為澄清或體驗的指引。

2. 誠實與具體的討論你的困難，包括成功或不成功之因應方式。

3. 當你不討論你的困難時，專注的傾聽團體中的其他成員，並且設法去幫助他們表達，以及傳達你對他們的瞭解、關注和同理。

4. 對團體中所談論事項保密（這個規則沒有例外，除非那些事情僅只是與你自己有關）

5. 準時並且固定的參加，直到團體結束（假如這是一個封閉式團體），或者直到你已滿足你的目標（假如這是一個開放式團體）。

6. 給予諮商師請你離開團體的特權。當諮商師認為如此做對你的健康而言是必要的，以及對團體而言是有幫助的時候。

7. 所有影響團體的決定要獲得一致的同意。

8. 在團體組成之前，私下告知團體諮商師有某人很可能會妨礙到你的團體參與度(我覺得應盡可能「就受輔商者的利益來佈局」；因此可能妨害到受輔商者的那些人應盡可能將之排除

在團體之外。

9. 你可能會要求個別晤談，但個別晤談會在適當時機以及你和諮商師斟酌選擇之下，在團體中被分享。

10.當涉及付費時，付款總數和支付之時間表，應該在團體開始之前和諮商師達成共識（*pp.37-38*）。

　　另外一個諮商團體形成的考慮事項是：團體之規模大小為何可以達到最佳結果？　*Yalom*（*1995*）根據他自己的經驗以及臨床的文獻指出：

　　五至十人是可接受的範圍，理想的互動性治療團體規模大約是七或八個人。團體下限的決定來自一個事實，就是關鍵性的團體需要是一個有互動的團體。當團體縮減為三至四人的規模，團體通常會停止運作，成員互動減少，而治療師經常發現他們會在這個團體中致力於個人的治療。當團體規模縮小時，會損及團體的很多好處，包括一致性確認的機會、互動的機會以及分析某人與許多不同個體互動的機會（*p.276*）。

　　上述的限制全然基於經濟的原則，當團體規模增大，可以運用來修通個人問題之時間會越來越少（*p.277*）。

　　隨著團體規模增大，原存於小的或中度規模團體的親密度和舒適感就可能會消退。團體成員的人數會影響聚會時程表的安排、聚會的時間和次數。較大的團體在其歷程中通常較少有個人化，並且更傾向流於制式操作。較大的團體也有極高的風險造成某些成員們可能不小心忽略了他們自己還沒得到足夠滿足的需求。

　　團體規模大小的另一端，亦即二至三個人的團體，雖然有親

近及安全感的好處，但也經常受苦於經驗、觀點以及資源的不足。

非學校場域的團體，聚會時間應該以事先決定好或者彼此方便的時間為原則；然而*Stockton and Toth*(1993)提到在學校中：

將老師納入團體計畫的過程中是很重要的（例如學生可以離開班級多少時間以及何時可離開？）一些諮商師發現在國、高中將團體每次聚會之時間安排於不同時段，如此學生將不會漏掉相同的課，這麼做是有效的（*p.74*）。

團體領導

James M. Burns(1978, p.2)在他的《團體領導》書中，提到團體領導為「最常被觀察而最少被瞭解的現象」這樣的觀點很少受到爭論。在各個層面和所有的場合，領導的本質和探索，對人類來講是一個持續性的挑戰。然而，*Burns*認為「真正的領導者能呈現以及回應他們追隨者的需要」（引自*Goodwin, 1978, p.48*），這似乎與團體諮商的領導者有一些關聯。

在討論到有效團體領導者的個人特質中，*George and Dustin*(1988)指出：

真誠和開放是重要的，這意味著領導者有意願接受回饋，以及有意願自我檢核需要和價值，以決定他們在團體中的影響力。這些特性暗示著團體領導者在個人和專業成長的興趣，和團體成員的個人成長一樣。這樣的一個領導者可以客觀與接納，能評估個人的關係，以及可以擁有正向的關係。一個有效的團體諮商師之冒險行為，絕非狹隘或僵化的行為模式，而是彈性、自發、健康、以及自信與熱忱的。

　　團體諮商師就像是領導者與成員之間滋養者的這個架構中，團體領導者的責任與功能爲何？*Helen Driver*（*1958*）是早期的一個團體諮商領導者，指出團體諮商師的領導技巧（*Leadership techniques*）：

1.支持（*support*）：給予稱讚、表現出欣賞。
2.反映（*reflection*）：反映感覺
3.澄清（*clarification*）：使意義更清晰，觀念更清楚。
4.探問（*questioning*）：帶出更深的感覺，邀請更多的反應。
5.提供資訊（*information*）：例如提供考試日期。
6.詮釋（*interpretation*）：解釋資料的意義，運用比喻。
7.摘要（*summary*）：先邀請案主摘要，指出進步、改變的地方（*pp.100-102*）。

　　準備擔負團體領導的責任，*Stockton*（*1980*）回顧四方面訓練的重要性：

　　(1)教導性的知識(例如，可能的團體領導者應該瞭解團體諮商的理論、倫理守則以及研究；(2)個人的臨床技巧，包括評估、詮釋非口語行爲、運用自我表露的能力、面質以及其他標準化的治療工具；(3)團體動力的知識，最特別的是發展出對時機的敏感度，以及知道如何調整種種特定的技巧與介入；(4)健康的自我人格(p.57)。

　　Stockton and Morran（*1982*）檢視團體領導研究和報告，結果具不確定性：「幾乎沒有什麼研究，明確的證明某種特定的領導風格是最有效的」（*p.48*）。從他們的調查中，一些更重要的結果是，團體領導是多面的，因此以單向的檢核來控制是有困難的。*Stockton and Morran*以及*Lieberman, Yalom and Miles*（*1973*）等人對會心團體進行一特定之領導風格的研究，研究結果摘要如下：

　　最有效的會心團體領導者(a)在情緒的刺激量上是適當的
(強調情感的表露、挑戰、面質等)；(b)是高度關懷的(提供
支持、鼓勵、保護等)；(c)能使用意義歸因(提供如何瞭解、
澄清和詮釋等的概念)以及(d)在執行職責的表達是適當的
(設定規則、限制、規範、時間管理等)(*Scockton &
Morran, 1982, pp.70-71*)。

　　Corey and Corey(*1997*)指出有效團體領導者的個人特質,包
括以下幾項:

· 勇氣

· 願意示範

· 及時回應（*Presence*）

· 有善意和愛心

· 信任團體過程

· 開放性

· 覺察自己的文化

· 面對攻擊不防衛

· 個人的影響力

· 耐心

· 探索新經驗的意願

· 自我覺察

· 幽默感

· 創造力

· 個人的奉獻和承諾

對團體領導這些建議的調查，指出團體諮商師的角色為結構團體、引導團體以及監控團體時間。另外有良心的領導者不會專注於超過他們專業程度的團體活動，這點也被提及。團體諮商強調聯結的因素，而非深層的情緒混亂。諮商師對心理學瞭解的深度以及團體動力技巧，在他們進行團體諮商的層面上是個別需要考慮的事。由於團體諮商聚焦於特定之關切議題，例如家庭關係、人類性行為或者藥物濫用，而由諮商師擔任的領導者對這些議題有特別的瞭解，顯然是令人滿意的。

團體歷程

團體諮商歷程的要素和個別諮商一樣，依照發生的順序分成幾個部分。

建立團體

剛開始的團體時間用於使團體成員瞭解團體的形式和歷程，告知實務上需要考慮的事，例如聚會的頻率、團體的期間、團體聚會時間的長度等。此外，最開始的單元用來促使參與者開始建立關係以及開放溝通，諮商師也運用團體最開始的單元去回答問題，以澄清團體目標。團體建立（*establishment*）是一個時機，促使成員準備進行有意義的團體參與，以及建立一種正向、有希望的團體氣氛。

團體諮商師應該記得在團體初始階段，團體氣氛混雜著不確定、焦慮和難為情等。在此階段，對團體成員來說與其他人不熟悉，以及不確定關於這個團體的歷程和期待，這是常見的現象。

在團體建立的初始階段，確保團體成員有足夠的時間發問以及陳述他們所關切議題是很重要的，如此，他們能瞭解團體歷程，以及開始在團體中感到自在。當然，團體諮商師在團體初始階段所留下來的印象，對於團體平穩和成功至為重要。

認同：團體角色和目標

一旦能促進團體適度討論之團體氣氛建立起來，團體將朝向第二個階段，也就是認同（*identification*）的階段。在這個階段，團體的特性將被呈現、個體的角色認同會出現，而團體和個人的目標也會被建立，這些可能同步或不同步，然而這是團體諮商歷程的重要階段，而朝向團體諮商目標工作，也是很重要的。

大多數的人在日常生活中幾乎沒有非目標導向的活動。那些經常參與團體工作的人，不管是在教學或者其他的能力上，可以有效預測團體結果。其以是否某人在團體之前被問到「你將如何運用今天的時間？」這個問題來預測結果。往壞處想，這會導致混亂，然而頂多就是在團體決定如何善用其可用的時間前會浪費相當多的時間。

在團體諮商中，目標設定和任何其他尋求意義的活動一樣重要，團體諮商中儘早確認目標將促使團體活動朝向有意義的歷程和結果，設定目標是諮商師和團體成員共同的責任。當目標被設定在行為層面時，最容易被辨識以及執行，無疑地，一開始就使團體諮商目標具操作性是重要的。這些目標應該客觀地被交代清楚，不僅要能測量，且要可行以及可觀察的，並且可能在團體策略計畫的觀點上被瞭解。在這個歷程中，確認以及回應每個團體成員的次目標，也是很重要的。

在團體發展的這個階段，諮商師去覺察可能的衝突或對立是重要的。*Yalom*（1995）稱第二階段為「衝突、支配或反抗的階

段」，他補充說明這個階段出現在以下這個時機點：

　　一個團體從充滿對團體接納、認可、承諾、以及尋求定向、結構、意義的氣氛，轉換成充滿著支配、控制和權力的氣氛時。這個階段，衝突存在於成員之間或成員與領導者之間。每個成員企圖為他自己設定的主動權和權力，逐漸的一個具控制性的社會權勢等級浮現(*p.297*)。

　　第二階段通常被稱為面質（*confrontation*）的階段，成員在此階段會有衝突，甚至會產生敵意。當成員嘗試新的行為以及新的方法來達成目標，如同由個別的成員解決問題產生的差異之不同觀點，會導致從正常討論到積極且公開面質的一系列行為。

　　在這個階段，諮商師必須發揮功能，將討論維持在一定的界限內，並且要防止討論變成人身攻擊。

　　在這個階段，諮商師不能將沈默誤認為順從，諮商師要警覺，沈默可能是團體成員的抗拒。並非所有團體都會以相同的情緒強度或者衝突來經驗這個階段，在團體中較年輕的個案，例如高中生，將諮商師視為權威者，將會阻礙其衝突、懷疑、生氣等等之表達。

　　Hansen, Warner and Smith(*1980*)描述第二階段為團體成員藉由團體運作顯露出不滿意的階段。這是初始認識階段後的下一階段：

　　成員對於為了要達成目標，而企圖要形成新的行為模式經常感到挫折時，個人真實的自我以及他們在團體中刻板化印象二者之間的差異可能會導致衝突。團體成員可能會挑戰他人對他們的反應，以及堅持他們自身的權益。比初始階段更複雜的特定議題沒被發現時，可能會爆發一些衝突；當團體成員開始意識到以及經驗到執行行為改變的困難時，衝突和面質的歷程也會發生(*p.502*)。

當先前所描述的，衝突和面質眞的發生，通常會出現一個更有凝聚力團體，在溝通上、團體行動和合作上、以及成員之間彼此的支持上都會擴增。在這點上要關切的議題是，或許一些成員會有退縮的傾向。*Stockton, Barr and Klein*(*1981*)警告說不僅是團體成員的流失，且由於成員中斷而提早結束的狀況也會導致團體負面的影響。爲了要在團體中發揮治療的功能，團體初始的工作階段需要成員穩定，而成員流失將使這個任務變得困難。

生產力

在團體發展的第三個階段，是朝向有生產力(*productivity*)的發展階段。當團體行爲模式已經達到某種程度的穩定，生產力的階段便會開始，並且因爲成員對這個團體有更深的承諾，他們可能已準備好更表露他們自己以及他們的問題。這是一個問題澄清和探索的時期，接下來伴隨而來的是可能之解決辦法的檢核。

這個階段的重點，是團體與個別成員的目標有所進展。在此過程，每個成員探索並尋求對自我、對情境以及對問題的瞭解，而且每個成員整合他們的瞭解，並發展出個別的計畫。這個階段可分爲三個次階段：(1)評估、(2)瞭解、(3)計畫。這些結構有助於團體功能的發揮。

在團體諮商中，生產力階段經常會被轉化爲成功的問題解決，因此，團體諮商經常是促進改變的歷程，在這樣的考慮下，團體諮商師必須(1)確定團體在哪裡；(2)確認團體想去哪裡，想要達成什麼；(3)確認促使團體從其所在移往其目的地最有希望的過程；(4)繼續依序運用被選擇出來的歷程去達成目標。一致同意且參與所有評估團體目前的狀況、團體想要前往的目的地、以及最佳達成途徑之過程，然後付之行動，這仍是很重要的。

雖然在任一階段，團體可能選擇團體策略，然而團體策略要滿足每個成員的個別需要是重要的。諮商師可能會注意到當進展被看到時，就形成進展了。當然，進展不一定是穩定的，而且偶爾會退步、停滯或甚至發生混亂。無疑地，每當不瞭解團體正在做什麼時，重要的是停止團體，直到瞭解為止。有時當成員不瞭解如何參與團體時，會產生不確定感，有時他們會覺得自己毫無貢獻 。

在這些狀況中，諮商師警覺到要去預防阻礙進步和完成團體的歷程問題。通常藉由諮商師陳述團體目標的簡單提醒，從維持進展上整體看來，可以預防偏離團體或個人的活動或討論。然而，由於先前已建立的團體關係和氣氛，團體將能克服這些困難並且回復他們的生產力。

此階段期間，問題或關切的議題將被澄清。這個澄清包括對問題本質和原因的全然瞭解。只有當這些已經達成，問題解決的資源才會被真實的檢核。就結果來說，當所有可能的解決方法已經被考慮以及檢核後，這個階段可能會成功的結束。這些解決的方法應該是實際並且可以被理解的，而且只有在適當的考慮和討論之後，才會決定最後的解決方法。這個階段不是迅速決定以及輕率承諾的時機，也應該被強調。此外，在這點上，團體成員檢核他們自己以及適用於他們的問題，並且深入的探索這些考慮，看看可能的解決方法與結果，確定最適當的作法，並且準備好進入下一階段。在其中他們將實驗他們所選擇的解決方法。在這個過程，藉由做出他們自己的決定，他們也已經確立問題和所選擇之解決辦法的所有權。

實現

當成員承認過去行為不適當，並且開始實驗他們所選擇或者

新的行為時，朝向實現（*realization*）他們個人目標的進展已經產生。此時，個別成員按照他們自己的決定來行事的責任感已建立。諮商師鼓勵在團體內或團體外個人體驗與目標達成的分享。雖然一般新行為的成功可能要充分的增強成員，使其持續這個新行為，然而一旦團體諮商結束後，團體外重要他人支持的基礎也應該建立，以幫助維持改變。在學校的場域，諮商師可能會對父母、老師進行諮詢，以實施這個策略。

結束

當已經有了歸屬感的暫時性團體要解散的時候，我們大多會有經歷遺憾、甚至是悲傷的時刻，不管團體的目的是什麼，我們可能藉由承諾在一起、計畫社交活動、以及大家都同意「這個團體太有趣了，以致於不能讓它結束」等來設法延長最終的解散時間。在這樣的場合中，偶然碰到的陌生人在相當短的時間內成為最好的朋友，而面臨可能到來的關係結束，至少會有一種心理上的抗拒。

因為這些理由，成員可能會抗拒諮商團體的結束。在強調人際互動、溝通開放、信任、支持、承諾團體發展的諮商團體中，團體成員想要無限期的繼續團體，這是非常自然的。因此，在團體剛開始時，團體諮商師強調團體是暫時性的本質，以及設立特定的時間限制，這是很重要的。當接近結束時間（*termination*）時，諮商師也要提醒成員團體即將結束，這並不意味諮商師獨自承擔決定團體結束責任，雖然諮商師也許要承擔這個責任。不管如何，團體結束是由團體成員或者團體成員與諮商師共同決定的。

「結束」這個階段，如同所有團體諮商經歷的其他階段一樣，就諮商師而言也需要有技巧和計畫。當團體目標和個別成員目標已經完成，而且在團體外新的行為和學習已經於日常的生活中實

踐，結束顯然是非常適當的。當團體有正向的感覺、已經不再提供有意義的議題給成員時，這個團體也將準備結束。

在某些不利的因素下，例如，當成員持續的承諾不再具有生產性、而且是有害的、或者團體的進展緩慢，並且長期的持續可能會造成成員對團體過度依賴，團體可能要結束。

團體的任何時間，成員可能終止參與團體。常見之原因包括成員分裂、嚴重妨害其他成員、透過個別諮商協助可能更有效等。當好幾個成員自願終止團體時，團體諮商師應該要覺察在剛開始的團體裡這是常見的，諮商師將之視爲理所當然的事來接受，並且避免爲了要將這些人留在團體中而對他們施加壓力，同時，不管如何，諮商師要表明在個別的立場下看待人們的意願。

結束的時候，是諮商師及成員回顧和摘述團體的時機。在一些團體中，結束的時間被拿來修通成員關於結束的情感。即使已經有很多的束縛以及對於要延長團體結束時間仍有很大的壓力，這些壓力必遭抗拒，而這團體必然是穩固、溫和的走向不可避免的結束。有關於團體歷程各個階段必要之諮商技巧，有一個很很棒的摘要由*Gill and Barry*（*1982*）呈現在表7-2中。

表7-2　以團體為焦點之諮商技巧分類系統

第一階段	第二階段	第三階段
團體形成：透過團體本身的發展朝向共同目標的合作	團體覺察：促進對團體行為的的瞭解	團體行動：促進共同做出決定以及解決問題
1.訂定規範 明確的陳述團體期待的行為	1.標記團體行為 確認與描述團體的感覺和表現	1.確認團體的需要 詢問以及提出說明來澄清團體需求
2.引發團體反應 邀請成員評論、詢問或觀察	2.隱含的規範 描述那些透過共同實踐已經成為團體代表性之行為	2.確認團體目標 詢問以及提出說明來澄清團體目標
3.引發同情心的反應 探詢或邀請成員，以鼓勵其表露與他人所述的類似經驗或感受	3.引發團體觀察 探詢或邀請成員，以鼓勵其觀察團體歷程。	3.意義歸因 提供概念來瞭解團體想法、感覺和行為
4.確認共同性和差異性 描述參與者相對的特徵	4.引發相互回饋 探詢或邀請成員，以鼓勵其分享對其他成員行為之觀點	4.引發替代選項 描述行動的可能過程並邀請成員提出替代選項
5.引發同理心的反應 探詢或邀請成員，以鼓勵其回映某成員所陳述之內容或感受。	5.指出衝突 標記出成員間溝通不和諧的要素。	5.探索結果 探詢或邀請成員，以鼓勵其評估行動以及可能的結果。
6.以任務為焦點 修正對話方向至立即性的目標；由很多成員重新敘述主題。	6.指出非口語行為 標記出成員間的非口語溝通（臉部表情姿勢、手勢、音調和聲音的強度）	6.檢核一致性 要求成員同意行動的決定或方向
	7.證實 要求團體確認團體領導者或成員的看法之正確性	
	8.轉變 改變團體的焦點為其所表達的內容或感覺	
	9.連結 把在特定時間或單元裡的團體事件與現在的情況作連結	
	10.消除 忽略、打斷、修正成員不適當的言論或反應。	

團體輔導活動

廣泛的說，團體輔導與正規之學校教育一樣歷史悠久。在學校，團體輔導活動常運用於在團體內提供訊息給學生，或者體驗日常班級活動以外的學習。在非學校的場域，團體活動能夠提供資訊、學習技巧、個人成長和發展的機會、定向，以及協助做決定。

價值

多年來，特定的價值對於輔導性質的團體活動有貢獻。某些部分將在以下的章節討論。

1.促進個人的發展

導致個人發展的特定經驗只有在團體場域會發生，這些包括學習和扮演團體領導者、團體追隨者、團體成員這些特定角色的機會，以及與他人合作模式的發展，團體溝通技巧的學習。

2.刺激學習與瞭解

團體場域可以提供人們更多學習的機會，瞭解自己和他們的人際關係。團體成員也可獲得關於外面世界的資訊。在這個脈絡中，團體輔導活動在提供生涯和教育的決定，以及個人/社會的適應的學習和瞭解上，是相當重要的。

3.團體互動的優點

藉由積極參與有輔導目的團體，成員有機會擴展他們對於團

體目標的視野。此外，成員應該在團體互動和動力瞭解上有所成長，就如同在團體中瞭解他們自己的行為一般。

4.經濟

以輔導為目的團體，不能只是以經濟的考量為基礎來組成，然而，當未損及效能時，透過運用團體以節省諮商師和案主雙方的時間，是相當有價值的。

組織團體輔導活動

我們都經歷過某些形式的團體活動，例如社交或其他的，這些團體活動是隨性組織的，偶爾，這些非預期的活動變得有趣以及有價值，但可能有更多導致混淆、不確定、甚至是挫折，並且被認為是浪費時間的狀況。如果輔導團體活動可以實現潛能，許多考慮及組織應該納入在他們的計畫、引導及評估之中，雖然這個組織的歷程非常相似於之前討論的團體諮商，但儘管他們的差異不大，也應該被注意到；而他們的相似性也應該再強調。因此，以下的指導方針可能是有幫助的。

1.確定有團體輔導的需求

絕大部分的團體輔導活動都會簡單的規劃安排。偶而，規劃的活動可能反映出真實的需要。如果我們想保證團體輔導活動成功，必須事先確定，團體共同分享的需要，以及符合這些需要的適當團體輔導反應為何。問卷、調查、或提供給特定族群的檢核表，通常將提供事實根據，以決定可能之團體輔導活動。

2.確定團體輔導是最適當和最有效的反應

一旦需要被確定，工作人員必須確認與團體諮商、個別諮商或者教學的形式相比之下，那些是適當的輔導活動。那些團體輔導活動對某個特定族群或環境可能是有用的，因此整個團體將經驗這個活動。這些活動可能為產業界給員工的壓力管理方案、給公關工作者的行為工作坊、或者是給高中生的生涯規劃活動日。

廣泛的說，小團體輔導活動是為了特定結果而設計，這些由學校或諮商輔導機構提供的服務，符合全部人口裡面次團體之需要。這些活動可能聚焦於為了決策或計畫目的之資訊提供可能是為了個人發展目的的活動，以及為了協助教育適應的活動。其他特定的團體輔導例子，則為發展求職以及面試的技巧、學習技巧、自我肯定訓練、生涯教育、價值澄清活動、討論團體，以及非口語溝通的經驗。

3.確定團體的特徵

一旦確定團體輔導活動的本質，接下來特定的團體特徵也應該被確定。顯然的，團體規模大小必然是個考慮，在這裡，為了團體活動的規劃及預期的結果，諮商師必須決定什麼樣規模的團體是最適當的。形成計畫包括決定團體活動的形式、每個單元的時間長度、次數以及場地等。

影響團體特徵的最後一個考慮是諮商師的角色。諮商師是一個主動的參與者，或者是一旦團體活動正在進行就停留於幕後的觀察者？諮商師是團體的指導者，或者諮商師是團體的仲裁者？領導者提供什麼資訊給成員？諮商師角色是被指定的，或者是按照團體進展形成的角色？

4.建立團體

一旦團體特徵已經確定，便要選擇團體成員。他們可能是志

願參加的，也可能是被邀請來參加的。邀請意味著包括人們有拒絕參與的權利。在建立團體時，必須確定計畫中的活動將反應出個別成員的需要，以及確定團體結構或操作的形式對團體成員來說是舒適自在的。在較大的團體，例如為了適應的目的、生涯需要或其他特定資訊的目的而組織的團體，這並不必然需要；但是在較小的、親密的團體，這是很重要的考慮。

5.監控進行中的活動

一旦團體已經建立且團體成員也以目標或歷程為導向時，諮商師或催化員則有責任維持團體在一定的軌道上。對於那些缺乏經驗或對團體歷程瞭解不足的參與者而言，偏離團體目標而陷入不相關的討論和活動中，或者因為個人因素而阻礙了團體的功能，這是相當常見的。因此，諮商師必須隨時覺察這些徵兆，以及使用技巧使這些影響減到最小。只有在活動能使成員邁向目標及促進團體之進展，進行的活動才有意義。

6.結果評估

團體結果評估的重要性是需要被強調的，有關評估和其過程會在十四章中詳細討論。團體目標或預期的結果必須以清晰、客觀、以及可測量的形式明白訂定。目標達成之指標必須明確，然後可以因此而蒐集資料，如此當要測量時，將呈現客觀的結果評估。這樣的評估可以協助諮商師和相關他人，判斷出哪些團體輔導活動最為有效，及團體中的各項技巧之效果程度。還可列出團體全體成員、各個角色與領導者之間的相互關聯性。

班級輔導活動

班級輔導(*classroom guidance*)是一個有計畫的過程，可以協

助學生獲得有用、有需要的資訊、技巧和經驗。班級是實現指定方案最有效的地方,而且這個方案將不會減損、甚至更能增加一般常規課程的吸引力。

　　班級輔導活動有幾個特性(a)發展性的、(b)持續性的、(c)諮商師作為指導者(但是它們可能由全體教職員協助設計的)。這種教育的本質是立基於方案服務對象的特定需要,這提供方案依序被轉化為方案目標的一個基本理由,接著下來的是方案程序(包括時間表)、回饋以及評估計畫。在這樣的脈絡中,學校諮商師將負責發展一個溝通的計畫,把所有感興趣的部份導向他們的角色和功能。他們將負責確認可以照顧到需要的主題、蒐集資源以及準備課程綱要。

　　學校諮商師注意到班級輔導幫助他們與其他教學成員有所連結,班級輔導提供額外的機會讓學生互動,並且是個確認及反應出學生需要的自然管道。

團 體價值澄清技術概論

　　當我們說我們相信女人有言論自由、不受壓迫的自由、平等的權利以及受教育的權利等,實際上我們正表達出價值觀。這些價值觀適當的反映出我們社會普遍性價值。被社會成員實踐且傳遞下來的清楚、明確價值觀,是每個社會的特徵。當我們頌揚出國旅行的樂事、運動和小心飲食的優點,以及受到特定宗教信仰的鼓舞,事實上我們可能表達出我們個人的價值觀。因此,價值觀也代表一個人在生活中認為重要的事,以及認為什麼是好的與值得的觀點,這些觀點乃是經由社會塑造以及個體之個人經驗獲得的。

　　價值觀的討論基本上是人們在生活中相信什麼、支持什麼,

以及什麼是重要的討論。最近幾年，注意到暴力和其他犯罪與價值觀的關連、政治和法人團體的醜聞、道德的淪喪、以及對法律和權利的輕蔑顯著增加。而且關於誰傳遞了價值觀，也有更多的討論。

我們知道價值觀是人們行為以及思考自身行為的理由。價值觀激發人們計畫和行動，以及成為判斷活動、成就、事情的一種標準。總之價值觀引導生活和行為。人們並不知道他們無意義、沒有生產性以及令人沮喪的行為，通常是價值觀所導致。在個別和團體諮商上，對案主的價值觀的理解，通常能促使諮商師瞭解案主的行為、目標或者缺乏目標、案主生活的意義為何。

價值觀的定義

近幾年，價值觀成為經常被討論及關切的主題。政府的領導者、雜誌和報紙的編輯以及主要的教育者，也非常關切處於道德淪喪邊緣國家的居民，他們引用金融醜聞、政治濫用、醫療保險詐騙行為、騙人的廣告、兒童性騷擾、販賣毒品等等，證明價值觀的喪失。這樣的關切導致一個結果，就是努力重新灌輸我們傳統價值觀，特別是在學校的場域。這個結果擴展價值澄清技術（*values clarification techniques*）之運用，以及增加了對學校課程中價值教育課程之檢核。在任何一個大眾化的活動中，對於價值觀的界定，傳統定義已經混亂而且有了複雜的解釋。我們並不想要增加混淆，而是要呈現給致力於諮商的人們幾個更適當的普遍性定義。

首先，字典定義「價值觀」為特定社會或特定的人中贊成或反對，會引起情緒反應的觀念、習俗、制度。這是一個簡單明確，我們認為可以接受的定義；另外一個同樣清楚的定義是，價值觀代表一個我們附加於任何方面（行為、人類、物質、經驗、環境等）相對的價值。價值觀可能從個體、組織、機構和社會上

反映出來。

孩子經常被調查和測試，個體價值系統的發展，而且價值觀的獲得來自經驗和學習。在早年，發展中的孩子和青少年被重要他人所影響、被社會機構影響、被文化中傳遞出來的價值所影響，以及被其所處之團體所影響。

在上述最後例子中提到了團體，諮商師作爲團體的專家，在學校及非學校的場域都有其扮演的角色，而且價值觀和諮商總是相互關連、彼此互補的。

價值觀與諮商

歷史的關切

Rockwell and Rothney（1961）指出美國的諮商與輔導運動正開始的時候，這個運動的領導者已表達出對於價值觀的關切，*Frank Parsons*這位諮商與輔導運動之父，被形容爲烏托邦社會改革者，相信人類的完美性。他認爲輔導是進入互助社會的方式，而諮商師的角色是透過提供訊息引導成員達至社會目標。*Jessie Davis*宣揚一些道德觀，例如努力工作、追求目標、誠實，以及在商場中形同資產的有利特質之發展。

後來，*Carl Rogers*陳述人們良善、有價值以及有能力決定他們命運的信念。*C. Gilbert Wrenn*在《變遷世界中的諮商師》（*The Counselor in a Changing World*）（*1962*）以及《當代諮商師的世界》（*The World of the Contemporary Counselor*）（*1973*）二本書中，討論到諮商師及其案主之價值觀。在前一本書中，他寫到：

諮商師在面對學生的價值衝突上無法保持中立，是愈來愈清楚的。即使諮商師強烈的相信自己明確的價值觀可以使學

生找到成功的解決辦法，但未必有助於與他們溝通。即使他們從來沒有透過口語提到自己的信念，但他們的所做或所不做之中仍已傳達了他們的價值觀。再者，我們期盼諮商師能多多觀照社會的需求。在接受各項能力充分發展的需求時，須同時考量富強國家的福祉與個體的福祉，這即是一項明確的社會價值觀。因為諮商師並不能不去處理價值觀和說明其自身行為中的價值觀，他就必須很清楚自己價值觀的本質，以及它們會如何影響到他和別人的人際關係。

關於價值觀，第二個發展中的信念是，透過心理學家看到價值觀對很多有困擾的人們來說是核心的困難。五十年前價值觀清楚的被界定，而強烈的適應不良起因於違背價值觀，心理學家處理因違背父母或社會的罪惡感，但今天的情形似乎是相反的，適應不良的人有比罪惡感更多的失落感。社會期待變得更不同、較少清楚的界限、較不堅持。現今灌輸強烈價值觀的社會過程較無法產生功效，某種程度上來說是因為家庭和社區較沒有凝聚力所致。

結果是個人覺得失去了目標和方向，他覺得與他人甚至是與自己疏離、對自己缺乏價值感和自信心。他必須發現自身特性，切身體驗到的價值感是他的個人存在賴以奠基與茁壯的根源。因此，價值澄清以獲得新的價值觀，會變成個體在諮商中或教育中主要的任務(*pp.62-63*)。

在後來出版的《當代諮商師的世界》中，*Wrenn*討論到諮商師和案主的價值觀。

· 諮商師的價值觀

首先要關切的是檢核諮商師價值觀的階層，以及將之與當代環境做對照。我並不建議諮商師改變他的價值觀去符合改變的期待，而是要企圖增加對改變的開放性。堅持自己永遠是對的，這很容易導致將自己鞏固在自己建構的堡壘中而封

閉了溝通的大門。面對異議是有所意義的，因爲這有助於一個人需要去思考、去檢核假設、深思熟慮地對行爲提出疑問。遊走於既定成見，遠不如坦承困惑來得實際多了。

　　另一方面來說，坦承困惑可能會被詮釋爲無說服力、無生命價值之證明。稍後我想要更仔細討論這個觀點，就是一個人會對於他的價值和目標有所承諾，即使他們是猶豫的。事實上，一個人必須對眞實忠誠，然而這個對價值的承諾似乎容易隨著經驗改變，遭受修正。「猶豫與承諾」彼此平行是強而有力的原則。

·案主的價值觀

　　其次要關切的領域是接納案主有不同價值觀的權力。案主和諮商師價值觀的差異經常是在時代之間或文化之間的差異。當然，案主的價值觀是生活經驗的產品，對他來說是獨特的，而且經常與諮商師的經驗顯著不同。一個三十歲、中產階級、被社會所接納、受過大學教育的諮商師，不能被期待去瞭解十六歲、猶太街長大、被社會拒絕的男孩和女孩，或者那些富裕的、沒有社會道德、被父母拒絕的年輕人等的價值觀。事實上，瞭解另外一個人是不容易的。然而，最重要的是，諮商師眞實的接納案主的價值觀，如同諮商師接納自己的價值觀般。當案主表達出與諮商師相反的價值觀時，諮商師的內心非常容易認爲：「他不是眞的這麼認爲」，但重點是案主眞的是這麼認爲，他的價值假設對他自己而言如同諮商師的一樣是有道理的。

　　到目前爲止我還沒說到有關於諮商師要去幫助案主檢核其價值假設的責任，尤其是如果這個價值觀可能會導致危害另一個人或社會的行爲。我確定，諮商師有這個責任。不同於案主對案主，而且也會因案主之心理準備程度不同來檢核案主之價值觀。然而，任何一次面質成功的基礎，是諮商師接

受案主有不同價值觀的「權力」，假如諮商師掉入他是「對」的，其他人是「錯」的討論中，那麼注定會失敗(*pp.34-35*)。

諮商理論的關聯

　　如同我們進行價值觀教育、價值澄清以及諮商師和其他助人專業潛在效益之檢核，讓我們繼續檢核諮商傳統、理論的取向。例如，*Simon and deSherbinin*(*1975*)提到價值澄清技術是幫助人們發展潛能和過完整生活最自然的同伴，價值澄清技術被認為和 *Carl R. Rogers*的工作一樣，強調人們之間的溫暖和真誠。*Simon and deSherbinin*繼續陳述到：

　　價值澄清可以從*Harvey Jackin*的再評估諮商模式中借鏡些許，該模式中人們會承諾要去幫助彼此的成長。一般而言，人們將其與別人相處的時間劃分成兩個時段，而於期間分別扮演案主與諮商師兩者。這種對等性產生穿透人們生活的力量，價值澄清技術可以用相同的方式來運用。
　　愈來愈多人用學習團體工作，也看到價值澄清技術快速地促使人們和他們的想法與感覺更靠近。
　　它也是成為完形治療師訓練的方式。完形治療師已經意識到不同之策略在澄清人們對每個問題之反應方式是有效的。
　　其他學派諮商師也很容易使用價值澄清技術，溝通分析學派便使用這種練習。一個溝通分析師運用價值澄清來瞭解案主其是在兒童、父母或者成人之自我狀態中(*p.683*)。

　　對使用價值澄清技術之諮商師而言，另外一個關切的議題是在*1980*早期對這個技術的批評。這個批評，屢次由宗教團體代表表達，他們通常認為價值澄清技術鼓勵放任、和非宗教的人道主

義連結、以及降低家庭與教堂教導價值觀之角色。

價值觀理論和過程

在價值觀理論的發展上，沒有一個人比*Lawrence Kohlberg*有更大的貢獻。在形成道德（或價值觀）發展的理論觀點上，他的研究具有重要意義。*Kohlberg*早期的結論認為孩子有如下所述的六個道德發展階段：

1. 他律道德－遵守規則以避免受到懲罰

2. 目標和改變是利己的－當符合其最大利益時會遵守規則。

3. 符合人際期待、人際關係或人際順應－活出別人期待的樣子，成為你或別人自己眼中的好人。

4. 符合社會制度與良知－實現責任，對團體和社會有貢獻。滿足個人的良知。

5. 社會契約或運用個人的權力－遵守法律的責任，並對遵守家庭、朋友和工作之承諾。

6. 普世倫理原則－遵守道德的普遍性原則（*Mc Candless and Coop, 1979, pp.163-164*）。

*Kohlberg*相信個人的發展會固定在六個階段中的任一階段，他

提出一個道德教育方案，其在討論真實或假設的兩難情境。這個方案最終的目標是學生有道德成熟，這個道德成熟被定義為「有原則的判斷公平正義」。瞭解學校想培育的價值觀和其在課堂上例子所選擇的不同，他堅持課程的內涵需「對公平正義和道德做理智上和口語上充分的討論」

(*Pyszkowski, 1986, p.22*)。

　　價值澄清的主要假設爲諮商師運用有意義之暗示技巧，熟練以及一致的在價值澄清過程中幫助個案做出一個個體與社會都滿意的決定。*Raths, Harmin and Simon*(*1978*)轉化這個理論爲一個共分成三個類別且其內含七個次歷程組成的歷程。他們認爲在一個生命中的價值觀應該符合下列的指標：

選擇（*Choosing*）

1.自由的

2.有選擇權的

3.每個選擇均經深思熟慮的考慮

珍視（*Prizing*）

4.對選擇感到快樂，珍愛此選擇

5.樂意公開自己的選擇

行動（*Acting*）

6.願意將選擇付之行動

7.在生活中重複出現此行爲（*p.28*）

Howe and Howe(*1975*)建議一個似乎特別適用於諮商策略的歷程：

1.發展出一個接納、信任及開放溝通之氣氛。

2.自我接納的建立。

3.對於其珍視而且公開聲明的價值觀產生覺察。

4.幫助個體在衡量過結果後做出自由的決定。

5.幫助個體學習對他們的價值觀，設定目標以及付諸行動

這個歷程適用於個別與團體諮商的場合。

透過對價值和其對行為之影響更寬闊的覺察,指出價值理論的基礎、以及描述價值澄清和諮商歷程的相似性,讓我們能更進一步檢核諮商和價值之間的關係。

價值澄清技術與諮商實務

諮商和價值澄清的歷程有很多共通性。如同表7-3所描述,二者都非常倚賴關係建立和維繫,二者都企圖確定和探索適當選擇之結果,二者都強調案主自己的決定,以及二者的歷程都指出透過行動實現決定的重要性。

大多數之價值澄清技術似乎都強調團體的參與,雖然如此,仍可運用在個別諮商歷程內。很多的技術會由個別的案主所完成,然後在諮商歷程的架構中分享與檢核。

這樣的練習 (這些的練習將在本章的最後有詳細的描述)例如畫出嗜好、條列出二十件想做的事情、選擇想要的、再將一些有趣的情境請案主完成其結局,然後諮商師再與其討論與檢核。他們可能一一幫助個案確定和實踐更適當和滿意的行為。

表7-3　價值澄清與諮商歷程相似處

階段	價值澄清	諮商
1	相互熟悉 發展如下的氣氛 　·信任 　·接納 　·開放溝通	1.關係建立 發展一個有助益的關係，可以促進案主表達其尋求協助之理由。
2	建立個體的自我接納	2.確認以及探索案主關心的問題
3	幫助個體覺察自身的價值	3.覺察及檢核案主可能的選擇
4	幫助個體在衡量價值的結果後 　自由的選擇與確認價值	4.案主在衡量每個選擇的結果後 　做出決定
5	幫助個體對他們的價值觀設定 　目標以及付諸行動	5.案主完成決定

諮商師與價值澄清技術

　　價值澄清理論和實務與諮商理論和實務有很多共通性。在理論上二者都企圖幫助個體瞭解他們的潛能。在實務上，價值澄清和諮商二者都企圖幫助個體發展較佳的自我瞭解、正向的自我概念、以及做出適當的決定和有意義的選擇，並且適應日常生活的要求。

　　因為在團體中經常實施價值澄清技術，其成為團體諮商或輔導的潛力是被看重的。例如，很多價值澄清技術在團體諮商和輔導中有適當的時機，運用來促進相互熟悉、發展人際關係與溝通技巧。設計團體價值澄清的活動來促進自我肯定、自我概念澄清以及強化改變，對團體諮商師來說是有效用的。在團體諮商中，練習是很有用的，提供一個人有機會去比較、檢核以及保護違反他人規範的行為、價值和興趣。

多元文化的議題與團體

　　諮商和輔導團體可以提供挑戰和機會,來促進團體成員對多元文化的覺察和敏感度。這個假設立基於:(1)團體提供促進融合多元文化關係的機會;(2)諮商師也提供一個機會示範對不同文化的族群如何覺察、有敏感度,以及關心的良好態度。團體的協同領導者與領導者有著不同之文化背景可能更有助益。再者,與多元文化背景之案主工作,諮商師必須覺察自己文化背景的影響,以及這些如何影響他們的看法和行為。不管諮商師的背景為何,必須認真負責的準備好與居住於同一國家,但有很大文化差異的族群工作。不管諮商師的地位為何,都必須準備好並採取步驟,去幫助社區克服那些會威脅他們生活和我們國家福利的誤解、偏見等。

摘要

　　今日的社會是團體導向的,而且每個人也隸屬於很多團體。團體有各式各樣不同的目的,在其間人們扮演不同的角色。由於團體的定位,團體諮商或輔導已經愈來愈被認定為在學校或者非學校的場域裡,協助個體因應適應和發展上需要的方法。團體輔導活動之特色,因其所關切議題的本質以及團體經驗提供之型態而有所不同。團體輔導活動在學校場域中,強調提供資訊和體驗,以幫助做決定;團體諮商傾向聚焦於日常生活適應和發展的需要,或者個人問題上;而團體治療對於有嚴重適應、情緒或發展需要的個體,提供一個較強烈之經驗,這經驗可以持續一段相當長的時間。諮商師的角色與領導,對輔導和諮商團體的成功是很重要的;團體諮商師也必須熟練,而且能覺察團體發展歷程的

步驟。團體歷程開始於成員的選擇以及初始的團體建立、團體目
標確認、團體以及其成員之問題的澄清和探索、解決辦法與結果
之探索、做出解決辦法的決定、履行決定，最後則是結束與評
估。

　　近年來，年輕人的價值觀、成人世界轉變的價值觀、對工作
世界滿意的個人價值觀之重要性與日俱增。對專業諮商師而言，
價值觀也變得日漸重要。價值澄清技術是一個有助益而且不具威
脅性的取向，可以協助團體中的個體以及協助評估。在一個有計
畫的價值澄清與發展方案中，最初會致力於設計，確認成員價值
觀的活動，然後分享這些價值，接著檢核它們、確認它們，最後
是實踐價值。有關價值觀的團體活動是可以由諮商師所運用的。

　　當然，對諮商而言(不管是個別或團體諮商)，要有最大的成
效，盡可能的去瞭解個案是很重要的。為了這個目的，諮商師可
能運用的評估技術將在下二章討論。

問題討論

1. 你曾經主動參與過幾種不同的團體？在這些團體中，你的角色
   與功能有何不同？

2. 團體諮商、團體輔導以及團體治療有何不同？

3. 學齡期的青少年在團體中可以有效處理之典型輔導需求為何？

4. 指出你認為團體諮商比個別諮商更為有效的諮商情境？

5. 你如何說明非常受歡迎的敏感性團體、學習團體以及會心團
   體？你能指出這些受歡迎的團體之可能危險嗎？

6. 不同人格特質之團體領導者，效果會一樣嗎？

7. 討論青少年、正在工作的中年人以及接近退休的老年人這三種不同族群,其價值觀之差異。

8. 經由仔細規劃之價值觀教育課程,有任何應該教導所有年輕人的普遍社會價值嗎?

課堂活動

1. 分成幾個小團體。每個團體成員的目標是確認他們想要發展的一個新的行為。然後一起寫下合約。於一週後的聚會探討其中的進展或遲滯,以及合約中可能可以的改變。

2. 在小團體中討論你想要改善與人溝通的情境。包括學校與工作的場域。

3. 將班級組成小團體。每個團體設計一個成長或學習性的活動,這個是團體成員共同同意並且持續完成團體目標的活動(在時間允許的範圍內)。然後分析團體動力以及各個團體成員之角色。

4. 將班級組成小團體。團體假定為要被流放到一個小島上一個星期。到小島的交通運輸工具為一條小船。除了禦寒衣物之外,每個成員為了團體的存活可以攜帶六樣東西(不超過20磅),這六樣東西應該包括停留期間提供團體之必要食物和飲水。遵守這個練習的規定並且在班級中報告。每個團體透過討論分析這個團體經驗的動力,以及團體成員所扮演的各種不同角色。

5. 將班級組織成小團體。每個團體設計一個有意義的活動,並且示範這些活動(你可以使用另一個班級的團體做示範,如果這樣做更有意義的話)。

6. 觀察課堂外之團體動力,並且報告你的觀察。

可進一步閱讀的文獻

The following special issues of *The Journal for Specialists in Group Work:* "Critical issues in group work: Now and 2001," 10 (1), 115 pages; and "Support groups," 11 (2), 122 pages.

Brantley, L. S., Brantley, P. S., &. Baer-Barkley, K.(1996). Transforming acting-out behavior: A group counseling program for inner-city elementary school pupils. *Elementary School Guidance and Counseling, 31 (2)*, 96-105.

Bretzing, B. H., &. Caterino, L. C. (1984). Group counseling with elementary students. *School Psychology Review, 3 (4)*, 515-518.

Gilbert, M., &. Shmukier, D. (1996). Counselling psychology in groups. In R. Woolfe &. W. Dryden (Eds.), *Handbook of counselling psychology*(pp. 442-459). London: Sage.

Kamiauski, C. (1988). Using group development theory in business and industry. *The Journal for Specialists in Group Work, 13 (1)*, 30-43.

Kiviighan, D. M., Mutton, K. D, &. Brossart, D. F. (1996). Helpful impacts in group counseling:Development of a multidimensional rating system. *Journal of Counseling Psychology, 43*, 347-355.

Mallinckrodt, B. (1997). Interpersonal relationship processes in individual and group psychotherapy. In S. Duck (Ed.), Handbook of personal relationships: *Theory, research and interventions* (2nd ed.) (pp. 671-693). Chichester, England: John Wiley &. Sons.

Riordan, R. J., Beggs, M. S., &. Kamiauski, C.(1988). Some critical differences between selfhelp and therapy groups. *The Journal for Specialists in Group Work. 13 (1)*, 24-29.

Stockton, R., &. Morran, K. (1985). Perceptions on group research programs. *The Journal for Specialists in Group Work, 10 (4)*, 186-191.

第八章

標準化測驗與人類評量

趙祥和

本章將會讓你了解標準化測驗(*standardized testing*)在評量上的角色。我們會先由一些標準化測驗的爭論開始,然後再簡要的綜覽測驗解釋。本章也會說明選擇測驗的標準,及不同類型的標準化測驗。

在過去60年,很少有活動可以像標準化測驗運動那樣,成為教育與心理學領域中一致被爭論或辯論的議題,這還不只是存在學校,也存在政府機構、商業及工業領域。從*Cubberly*(*1934*)的《美國的公民教育》(*Public Education in the United States*)及*Gross*(*1963*)的《金頭腦》(*The Brain Watchers*),到《測驗在教育上的使用及誤用》(*Use and Misuse of Tests in Education: Legal Implications*)*(Nolte, 1975*),《智力測驗和文化議題》(*IQ Tests and the Culture Issue*)(*Ornstein, 1976*),和《標準化測驗:值得嗎?》(*Standardized Tests: Are They Worth the Cost?*)(*Herndon, 1976*), 透過*Robison*(*1983*)《消費者*VS. ETS*》(*Nader versus ETS*[*Educational Testing Services*]),《美國測驗狂熱》(*America's Test Mania*)(*Fiske, 1988*)以及*Educational Horizons*的特別議題 "*Assessment: The Winter of Our Discontent*"(*1993,* 秋),許多標準化測驗的正反意見,已經被大家詳細分析和討論了。

卓越的心理學家與教育學家也對標準化測驗的濫用及持續使用表達關心。有鑒於許多人感嘆個人、學校體系、政府機構、許多商業及工業領域過度強調測驗分數,許多學者警告諮商師及其它測驗使用者從測驗結果中對案主描繪出一個並非真正結論的危機。此外,測驗也被誤用,因為

人類對於我們的問題過於要求捷徑、快速解決及清楚判斷對錯的答案。從腦相手術到占星學家以及其他自我型態專家的忠告者,這種常見的人類弱點,在數世紀以來都被預言者所利用。相對於那些受到科學訓練的專業工作者的緩慢、審慎的考慮及提供謹慎有品質的建議,人們通常會受到那些吹牛者信口開河的保證。相同的,如果有一或兩個簡短測驗—

無論它們在技術上的限制或缺陷——看起來可以提供一個有關於生涯抉擇、人際困擾、情緒問題或學習障礙的答案，許多測驗使用者會暫時感到滿意。在另一個層次上，諮商師在時間壓力或工作負荷之下，會受到這種便捷的吸引，因而誤用了許多測驗(*Anastasi, 1992, p.610*)。

*Albert Shanker*是美國教育學家聯誼會的前主席，以下述的理由寫了《考試失敗的測驗》(*1988*)：

· 爲了維護一個學校的名聲，其校長、教師、學校委員會及理監事大量依賴測驗分數，教職員或老師較少花時間去眞正閱讀書本、寫作、及討論事件，而花更多的時間去教學生如何填寫複選題的答案。這破壞了測驗的價值，如果他們是單獨測量學生了解了什麼，那麼這只能讓你知道某些事而已。學區目前正參與一個稱之爲「課程調節」的過程，意思是要使得課程內容、教科書、單元計畫等可以和測驗題目相對應。這些測驗只提供技巧的樣本，孩子們可能可以做得很好，但還沒有能力去了解眞正的書本內容。但由於時間就那麼多，學校現在只好減少或完全刪除那些不在測題目中的內容。這是雞生蛋蛋生雞的問題，學校和老師不能因壓力而拋棄那些他們相信是有價值但不會出現在測驗中的內容。

· 測驗所花的時間和金錢都非常昂貴。指導和測驗所花的時間已增加很多，這會佔掉教學和學習一大塊時間。

· 如果對測驗沒有徹底的修正，那麼學校及學區所公佈的測驗分數會誤導大眾。

· 接受測驗的學生並不是要和其同儕比較，而是和三至十年前的常模團體比較(*p.E-7*)。

在1983年，國家資優教育委員會(*National Commission on*

Excellence in Education)的一篇廣為人知的報告題為《邊緣危機的國家》(*A Nation at Risk*),這個報告就是大量以這類標準化測驗的負面結果為基礎,再度點燃測驗在教育評鑑中角色的爭論。在1990年,國家測驗與公共政策委員會要求成立一個委員會,全面檢查教育與職場測驗。在90年代中,雖然仍有這些爭論,由於持續受到測驗的效果運動影響,再加上要求學校測量持續累積結果,如此一來就增加了標準化測驗的使用。

雖然對標準化測驗有許多批評,標準化測量持續煽風點火,許多批評卻指出,就測驗本身而言,存在著工具的錯誤使用與錯誤解釋。尤其是學校對測驗的誤用,明顯地來自於測驗使用者沒有適當的實施及解釋標準化測驗。但是,目前在許多學校、學校體系、及各種不同機構場域中,測驗是由受過適當訓練的諮商師及心理師謹慎小心的使用。在大部份的諮商機構或機關場所,包括學校,諮商師都把標準化測驗當做基本工具,用於對人格特質、態度、興趣及其他個人特徵做客觀評估。明顯的,個別諮商要求了解案主的個別性及其知識。個別差異的測量是人事心理學主流中的一部份。

所以,對那些將成為諮商師的讀者介紹這個重要領域最為重要,諮商師要了解這個領域的知識、技巧,以及持續不停的爭論和議題。這類知識與對測驗領域的基本了解,將可促使你更有效分辨正常使用與濫用,以及使諮商多一個有用的分析工具。

標準化測驗分數

當我們評鑑某一個人時,我們會以某些比較組或參照點來進行(參見本章後段所舉之橡木高中的假設例子)。例如,我們可能會指出*Juan*是這個團體中最帥的一位,*Kathy*是這班級中最好的一位,及*Mariah*是這間書店最努力的員工。雖然我們從觀察中,可

能試著對*Juan, Kathy*及*Mariah*預測或推論一些相關的特質,但這並非實質等於什麼,而只是單純的推測,這可能會被拿來當證據,指責我們使用不一致的程序和資料。如果*Juan, Kathy*及*Mariah*尋求諮商,他們的諮商師要先有更客觀和有效的資料之後,才能試著以比較特徵和經驗,來描述他們的特質和學業表現與一般平均的特質和表現對照。但是,一個以初階統計知識及統計為主的測驗,會使得諮商師可以這樣做。

教育與心理統計的基本知識可以讓諮商師-能夠(a)在和一個特定的團體或群體比較時,描述一個個體或團體的特徵,(b)從一個目前或過去行為為基礎的領域中,預測其未來成功或失敗的機率,以及(c)從群體的樣本中推論群體的特徵。所以,很重要的是,一個對於個人分析採用各種技術及強制使用測驗與相關測量工具的人,就要好好的運用初階統計概念的知識。本節對描述性統計、基本統計名詞、重要的電腦程序作一個簡要綜覽,從一些可能是最常見-及最常被誤解-的統計名詞開始:平均數。

平均數

當*Latonya*跟她的父母報告她在歷史測驗得到70分時,他們是否應該感到高興?滿意?失望?還是什麼?一直到他們得到更多的訊息之前,他們無法確定要如何反應,因為70可以代表答對70%的題目;或是75個問題中答對70個;或者70分是由一個公式得到(如答對減掉答錯);或者是指在一班120人參加考試中排第70個。在這個例子中,你可能注意到一個分數本身只有少許的價值。當提供同一個測驗中比較組的分數索引時,才能知道一個人表現得多好或多差,才能夠了解,並從結果來解釋相關的顯著差異,如此,這個分數才會有意義。*Latonya*的父母會問這個測驗的平均表現是多少分,而她的分數和平均數差多少。有人可能也會問她的分數是指什麼-分數的意思是什麼?那麼,就讓我們開始

來回顧平均數的意義。

大部份的教育與心理學評鑑是建立在團體中的個人地位,是
將個人和團體中其他人的表現做比較。在人類評量的標準化測驗
中,團體中的平均數就是一個重要的數學參照點。有三種不同統
計型態的平均數,即集中量數(*measures of central tendency*):平
均數(*mean*)、中數(*median*)及衆數(*mode*)。對大部份的非統計者
而言,算數平均值的定義常和平均數聯結在一起,因爲平均值是
以一個團體分數中的數學平均數來定義。中數則是在一組分數中
的中點,有50%的分數分佈超過此點,而有50%低於此點。衆數是
指在一組分數中出現次數最多的分數。在這三個平均數中,平均
數是最有用也是最常用的,衆數是最少使用,統計價值也很低。

平均數的變異數

一旦我們決定了什麼是平均數,我們必須利用一個統計的方
法來測量每一個人和這個已建立的平均數的變異程度,或者中央
趨勢(*point of central tendency*)。這類統計測量稱之爲**變異的測量**
(*measures of variability*)。兩種常見的變異數測量是**全距**(*range*)
和**標準差**(*standard deviation*)。全距指的是在一組分數的分佈中,
從最低分到最高分的分佈範圍。眞實的統計公式是在一個團體中
最高分減掉最低分加一。(加一在這個公式中是擴展全距眞正的極
限,意即會有一個低於最低分二分之一個單位分數的分數)。全距
是一個相對的、簡單的、有限的描述價值的測量工具。但是,標
準差是一個統計過程,可以確切決定一個離算數平均數距離的分
數。

當計算一組特定的測驗分數時,平均數和標準差可以讓諮商
師得以了解個人的表現和團體比較起來有多好。這個解釋是由特
定的標準差和平均數的距離所組成,且由母群的分配比例超過或
偏離平均數多少而決定,這裡是假定分數的分配是正常的。這個

正常的分配母群體是一個廣為人知的正常曲線，如圖8-1所示。
（注意：很少人將平均數、中數及眾數視為同一個）

　　圖8-2是一個常態的曲線，以一個標準差的寬度切割波段，且有一個固定百分比的個案通常會落入每一個波段。圖8-2說明了一個重要事實：由平均數加減一個標準差包含了約68%的常態分配母群體；由平均數加減二個標準差包含了約95%的常態分配母群體；由平均數加減三個標準差包含了約99.7%的常態分配母群體。這些訊息就是使任何一組常態分配的分數或數值保持固定，使得任何團體中的分數都可成為有意義的解釋。當你以正常曲線及其標準差的切割觀點來看時，就意味著這些論據是便於解釋標準分數的。更進一步，當你假定一個常態分配，你就可以將標準分數轉成百分位數，反之亦然。所以，原始分數、平均數、標準差是三個基本統計數據，是用個人在團體中做比較，得出個人在心理測驗上的表現。

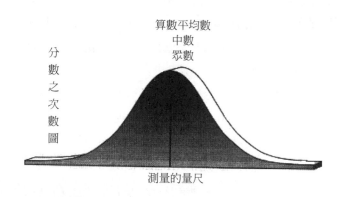

圖8-1　常態分配曲線

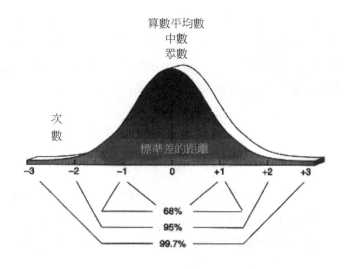

算數平均數
中數
眾數

次
數

標準差的距離

-3　　-2　　-1　　 0　　 +1　　+2　　+3

68%

95%

99.7%

圖8-2　　常態分配中的分數

關係

　　一旦你要決定一個人的分數和一些接受同樣測量的人之間比較的意義時，你就必須問這個分數有什麼其他關係。當這個分數可以和一些有意義的目的連結時，這個分數和其比較點就會有意義。例如，如果有學生在大學入學考試得到高分，事實上的確可以在大學中得到高的學業表現，然後就可以假定入學考試的分數和大學表現的分數是有一個關係存在。測驗分數就可以是有意義的，它可以預測大學學業的成功，這就是一個有意義的目的。

　　當你要找一個統計方法來解釋兩個變數間的關係，諸如測驗分數和學業表現，你可以計算相關係數（*correlation coefficient*）。相關係數的範圍從+1、0到-1。+1指的是完全正相關；即是，那些大學入學考試的排序和大學課程的學業排序是一致的。-1的相關

意思是這兩組分數完全移向相反的方向。所以,相關係數-1是指在入學考試得分越高者在大學裡的學業分數就越低。0相關是代表兩組資料完全沒有關係。計算次數的相關係數方式,是皮爾遜積差相關係數(*Pearson product-moment coefficient*)。

統計符號

一個諮商師、教師、或其他閱讀測驗手冊的人,解釋測驗資料,或解釋簡單的統計資料,必須熟悉基本統計符號。雖然沒有統一的統計語言,但以下是一些常用的符號及其意義。

M　　平均值

Σ　　總加

Σfb　　在中數的落點範圍組別之下的次數總和

SD(or S)　　一組特定分數的標準差

X　　實際或原始獲得的分數

MD　　中數

χ　　一個分數和平均值的距離(或差異分數)

N　　個案數

i　　在一個測量單位中其組距的大小

M'　　假定平均值

r　　相關係數

z　　標準常態分配的測量價值;一個已知分數和平均值的距離之標準差

l　　在一組中數落點內的最後組數

fw　　組別中,中數落點範圍內的次數總計

p 正確回答測驗項目的人的百分比

q 錯誤回答測驗項目的人的百分比（p+q=100）

呈現測驗分數

　　由於原始分數本身沒有意義，對於個別測驗結果的報告沒什麼價值。就如前述，原始分數是沒什麼意義，除非可以轉爲某些型式的比較分數——這個分數是可以讓個人在同一個團體中和他人比較。所以，大部份的標準化測驗在呈現個別測驗結果時，都會使用一種或一種以上的方法轉換爲具有意義的比較分數。

百分位數

　　百分位數（*precentiles*）是指在一個標準化樣本的測驗中，有多少百分比的人低於某個原始分數。個人百分位數排序是指他或她在一個常態樣本中的相對位置。例如，假如有60%的學生在英文語法測驗中答對的題數低於30題，原始分數30分相當於第60個百分位數。

　　百分位數可能是最常使用的一種呈現分數的方法，但卻不容易解釋。若要讓解釋變得容易，有幾個方面值得留意。對沒有測驗知識的群眾而言，例如父母、學生及一般大眾，要跟他們強調百分位數不代表百分比是很重要的。因爲百分位數代表一種比較分數，很重要的是提醒大眾，個人是在團體中做有目地的比較。另外，也要提醒他們，每個百分位數的單位並非等值。

　　大眾會有這些曲解的理由很簡單。當一個原始分數的分配很接近常態曲線時，就有越多的中等分數落入分配曲線的中間，而分配在兩側的是高分或低分。因爲百分位數是以全部群體中的特定百分比爲基礎，這些百分比包含了原始分數的距離，其百分位數距離接近中數，在高度集中的案例中，將會含括更多較小的原

始分數差異，並不是相同百分位數反而離中數更遠。然而，在第5和第10百分位數之間的原始分數差異是15分，可能在第40和第45的百分位數其原始分數差距可能縮小爲5分。

這樣的扭曲使得使用百分位數來製作側面圖和比較同一個學生在兩個或以上的測驗時，顯得很困難。爲了克服百分位數的不等值造成解釋測驗結果的限制，越來越多測驗出版商轉而使用某些型態的標準化分數來做常模。

計算百分位數　爲了快速取得測驗解釋，我們可能會計算一個群體的百分位數。從某個群體的次數分配計算百分位數的公式是：

$$P_x = l + \left(\frac{P_r N - \Sigma fb}{fw} \right) i$$

所以，假如要計算第75個百分位數，則Px=0.75；假如要計算第40個百分位數，則Px=0.40。

一個群體的次數表——一旦恰當的準備好——就可以用來計算大部份初級統計，諮商師可能需要這些分數組合。但是，將累積次數列入表中可以使百分位數的計算更容易。這就稱之爲*cf*(*cumulative frequency*累加次數)格；如表8-1所示是橡木高中的假設資料。

接下來的步驟是，如何找出表8-1橡木高中資料中第25個百分位數。

1. 一群人的百分位數(轉換成一個小數點)由多個N組成百分位數落點的組別。以橡木高中而言，N是250，希望得到的百分位數是25。所以結果是0.25X250即62.5；從cf欄中得知個人的分數排序在62.5是落在50-54分的組別中，所以這也確立了P25是落在49.5和54.5之間。

2. 決定公式中的數值。

P25N=62.5

Σ fb=40

Fw=28

I=5

3. 將數值代入公式中並計算之。

$$P_{25}=49.5+\left(\frac{62.5-40}{28}\right)5$$

$$=49.5+\frac{22.5\times5}{28}$$

$$=49.5+4.02$$

=52.53 or, rounded, 54

表8-1　計算百分位數

cf	X	f	d	fd
250	95–99	2	7	14
248	90–94	3	6	18
245	85–89	5	5	25
240	80–84	10	4	40
230	75–79	15	3	45
215	70–74	22	2	44
193	65–69	38	1	38
155	60–64	55	0	0
100	55–59	32	−1	−32
68	50–54	28	−2	−56
40	45–49	17	−3	−51
23	40–44	14	−4	−56
9	35–39	5	−5	−25
4	30–34	4	−6	−24
	N=250			Σ fd=−20

十分位數和四分位數

Chase(*1984*)描述以下小數點和四分位數：

除了百分位數外，有兩種數值也最常用來表示某個群體中，其分數間的相對位置。這就是十分位數(*deciles*)和四分位數(*quartiles*)，這兩種數值和百分位數表很相似，也可從百分位數表中讀取。十分位數是一種將原始分數分為十點，每點則佔百分之十。所以，第一個十分位數*D1*所處的點就會落在數字分配中百分之十以下，*D2*所處的點則會在百分之二十以下，以此類推。十分位數可以以百分位數來表達，因為*D1*就是*P10*，*D2*則為*P20*，餘此類推。

十分位數和百分位數一樣都是以量尺標示。所以，一個分數可以是在第三和第四個十分位數之間，例如，在第四個最低10%的群體中，但它不會在第三十分位數，因為這個十分位數只是量尺中的一點。四分位數則將原始分數分配成每一區為25%。因此，*Q1*是最低25%的切截點，*Q2*則是最低50%的切截點(這個點的另一個名稱是什麼呢？〔中數〕)，*Q3*則指分配中75%為最低點。

但是在這裡要強調的是，就像百分位數一樣，十分位數和四分位數是一個量尺上的標示點，而非尺上的某一區段。說某個案例*X*是落在第三個百分位數是錯的。這樣說是錯誤的，因為第三個百分位數只是量尺中的一點。

標準分數

標準分數(*standard scores*)越來越受到標準化測驗發展者的歡迎。一個標準化分數所表達的是在標準差分配中，個人分數和平均值的距離。例如，讓我們回到*Kathy, Juan, Mariah*和他們在某個測驗中的分數。

測試者的平均數　　75

標準差　　　　　　　15

*Kathy*分數　　　　　 90

*Juan*分數　　　　　　65

*Mariah*分數　　　　　45

利用公式，$\dfrac{X(\text{原始分數})-M(\text{平均值})}{SD(\text{標準差})}$ 可獲以下標準分數：

Kathy：$\dfrac{90-75}{15}=+1.0$

Juan：$\dfrac{65-75}{15}=-0.7$

Mariah：$\dfrac{45-75}{15}=-2.0$

　　由於同時受到小數點和正負號的影響，可能會讓我們感到混亂或容易錯置，它們也可以轉換成一種更方便的形式，就是將每一個標準分數乘以一些常數。例如假如這些分數乘以10，那麼我們就獲得+10、-17和+20。我們可以用加100來去除正負號，那麼*Kathy*的分數是110，*Juan*是93，*Mariah*是80。

標準九

　　另一個常態標準化分數，是由美國空軍在二次大戰時發展出來的，稱之為*stanine*，是標準九之縮寫，這是一種九點量表，其平均值為5，標準差為2。常態分配的百分比會落在以下九個標準九：

標準九	1	2	3	4	5	6	7	8	9
百分比	4	7	12	17	20	17	12	7	4

各種測驗分數的型態和常態曲線的關係如圖8-3。

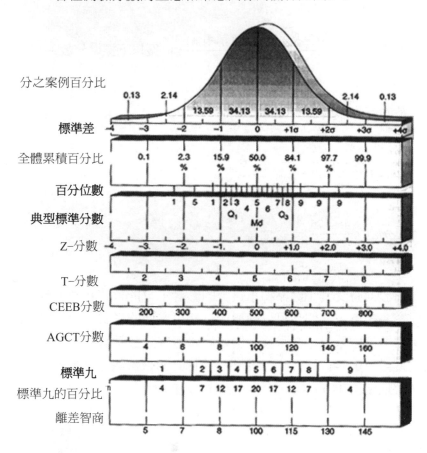

圖8-3：常態分配中各種測驗分數型態之間的關係

資料來源：重印自*Measurement and Evaluation in Psychology and Education*, 4th ed., by Roert M. Thorndike and Elizabeth P. Hagen (New York: Macmillan College Publishing Company, 1977), p. 133. From the *Test Service Bulletin* No. 48, January 1955, by the psychological Corporation.

常模

一個士兵的最佳表現在排序裡是「正常情境下全搞糟」。從我們的常態概念中，我們會將這個人標示爲正常或不正常，則我們會如此表達：「他可以正常的做到」或「在正常的條件下你可以期待那樣」。常模或正常這樣的詞，是大部份人最常用來預測一個人的期望或合理推測一個人。當在標準化測驗的術語中使用正常或常模的概念，也是指在某個測驗中的正常或平均表現。常模（*norms*）是一個測驗在標準化的過程中獲得。決定常模的基礎，是一個測驗要能使用足以代表該測驗所設計之母群體樣本（通常很大）。這個群體就可以組成標準化樣本，以建立某個測驗的常模。這些常模不只反應了個體的平均表現，也反應出高於或低於平均數的相對次數之差異程度。

年齡常模

從不以科學的感覺而言，使用年齡常模（*age norms*）或標準是一種還算公平常用的常模。我們通常會建議說*Jose*有10歲大，或者說*Jane*的詞彙能力有6歲大。當轉換和改寫原始比奈量尺分數時，就會使用到心智年齡，因此報告標準化測驗結果很常使用這樣的概念。開始使用時，年齡常模較常用來測量某些特質，而這些特質是會隨著年齡的進展而變化。例如生理的發展，就相當容易建立兒童逐年的身高和體重常模。在測驗中，年齡常模代表這個測驗表現是依據某一群人長時間的年齡來組成群體和常模。這種型態的分數較常用來報告成就測驗，尤其針對小學裡的各年級學生。

這種分數和測驗結果的概念有兩個缺點。第一，對兒童在何種年齡應列入基本學術考試的受試，其比例應設定爲多少，以及達到何種理解程度才是這群人中的常態等皆沒有共識。另外，年齡常模假定一年一年的成長是不變的，這個假設的效度很有問

題。

年級常模

年級常模(*grade norms*)和年齡常模相似,都是建立在一群學生在一特定年級水準的平均分數上。再者,年級常模常以年級當量(*grade equivalents*)的詞彙來報告成就測驗的結果。但是,這個標準化測驗結果報告和年齡常模有同樣的缺點,但它更常被教師當作建議性的標準。表8-2比較了教育和心理測驗主要的常模型態。

表8-2

常模型態	比較型態	群體型態
年齡常模	個體和某個表現相當之群體比較	成功之年齡群體
年級常模	同上	成功之年級群體
百分位數常模	個體優於群體之百分比	個體隸屬之單一年齡或同年級之群體
標準分數常模	個體落在群體平均數以上或以下幾個標準差	同上

來源:重印自*Measurement and Evaluation in Psychology and Education*, 4th ed., by Roert M. Thorndike and Elizabeth P. Hagen (New York: Macmillan College Publishing Company, 1977), p.117. From the *Test Service Bulletin No. 48*, January 1955, by the psychological Association.

選擇測驗的指標

　　諮商師和測驗使用者有許多各式各樣的標準化測驗可使用，故在選擇測驗時要認識和運用適當之指標。而且，許多標準化測驗多年來被批評所設計的工具和訓練使用者的效果皆不佳，故這兩者都需要一些指標。確實，評量設計需要臨床和研究證據，以便獲得可靠之資料。

　　最明顯的理由是，諮商師不能使用無法精確測量之標準化測驗，或那些他們(諮商師)沒有能力解釋的測驗。一個錯誤的測量和／或解釋會造成案主錯誤的決策。

效度

　　傳統上，效度(*validity*)是用來定義一個工具測量它所宣稱想要測驗的程度。例如，*Whiffenpoof*機械性向測驗確實測量一個人對機械活動之性向，或者這只是反應出一個人在該測驗領域中的先前經驗？或者這已引起了一個傳統爭論的議題，即*IQ*測驗真的可以測量基本或原始的智力？或者只是反應出某種文化和教育經驗？在建立效度時，一個測驗必須標示測驗的合適性、訪談問題及評鑑目標之情境性樣本。因為在一個評鑑工具中，不太可能包含所有可能的問題或情境，在特定和研究的情境下，那些選項所包含的必須是可以代表要測量的內容領域或行為模式，以及對個體的合適性。當某個工具符合這些條件，就可說是具有內容效度(*content validity*)。

　　當前述的效度型態無法或不能提供充份的測驗效度證據時，它就要標示建構效度(*construct validity*)。建構效度是指某一特定工具和所隱含的理論或概念有關連。換言之，這包括以邏輯的方式來查明心理特質是否可計入測驗分數或其他實得資料的變異。

建構效度是指測驗必須引出的各種反應，這些反應必須以邏輯推論來解釋測驗設計所測量的行為。

信度

第二個選擇測驗的主要指標是信度（*reliability*）。信度代表同一群人在某個測驗於不同時機測試得到相同結果的一致程度。一個工具的信度，可讓一個諮商師或相關使用者能夠確認預測的程度為何，這個預測是基於測驗所建立之一致性。

有兩種技術常使用來建立信度。一個是測驗─重測方法（*test-retest method*）。當我們使用這個方法時，兩個測驗之間的時機是關鍵所在，因為假如間隔過長，就會出現表現上升或下降，然而間隔過短又會讓受測者記得初始測驗的題項。第二個取向是將信度建立在某個工具的內部一致性（*internal consistency*）。這類一致性的建立是比較同一群人對奇數問題和對偶數問題反應的一致性。

實用性

第三重要，但常被忽略的選擇標準化測驗指標是實用性（*practicality*）。最先和最重要的實用考量為是否有針對施測、分數（若有必要）及特定標準化測驗的解釋等進行人事訓練。不能過度強調使用者理解特定分數點的解釋。

第二個但並非不重要的考量是工具及附帶消耗品的費用。計分的價錢也要考慮在內。此外，許多標準化測驗只能使用一次，所以下次使用時的費用是另一個要考量的因素。施測所花費的時間也是一個實用性的考量，尤其是在學校的場域中使用，其他場域亦是。

標準化測驗的型態

簡短介紹過統計學的概念、計分方法、以及選擇標準化測驗的指標後，現在讓我們來看看特定領域的標準化測驗。這些測驗包括性向、成就、興趣、及人格測驗。一般公認有些類別是重疊的，尤其是興趣和人格，但我們會將之視為分別的概念，雖然在這些標準化測驗的分類領域並非互斥。這裡的討論會把焦點放在團體標準化測驗。雖然在一個多元性的非學校場域工作的諮商師和心理學家多能理解個別測驗的價值，尤其是在教育場域中，很多工作會放在團體測驗。

智力？還是性向？

性向(*aptitude*)和智力(*intelligence*)這兩個詞彙常被當作同義詞使用。但是，在討論標準化測驗時，我們要檢驗分辨測量智力和性向時細微的差異。一種區分是智力測驗傾向廣泛測量整體或一般能力，主要是針對一個人的學習潛力；而性向測量則傾向把重點放在更窄的特定因素上。換一種方式來說明，智力測驗是測量一個人的特質，即一個人的智力或心理能力；而性向測驗則主要用來測量一個範圍更廣的生涯學習和／或學業表現的潛力。智力和性向測量兩者辯論的主題都是天生／後天。此外，有時智力和學業性向測驗重疊的部份，使得這兩種標準化心理測量領域的不同顯得有些模糊。

智力測驗

最普遍的性向或能力領域的測驗中，其類別包括測驗的意圖是要衡鑑一般性學術能力、心理能力及智力。在這些子集下，智力或 *IQ* 是最古老及最常被討論。許多這類爭論觀點都環繞在智力

的各種不同組成成份，是什麼影響智力—遺傳*vs.*環境－還是智力的改變？這些爭論使得更多人接受如學業能力、心理能力、學術能力或學業性向測驗這類標示。後來這類標示爲可能更適合使用，因爲早期的*IQ*測驗已大量使用學校群體爲常模，並在學校中發展成預測學生表現的測驗。

其他一般性智力評量的缺點是，不同的人可以透過不同的智力工具得到相同的結果。不同閱讀水準的受測者可能在結果上產生誤差。評斷智力的好壞可能和評斷一個人是否有價值有關。最後，這裡頭有很強烈的傾向是，忽略了文化及判斷智力的相對價值。

第一個個人智力測驗是由一個名叫*Alfred Binet*的法國人在1900年早期所設計，後來在美國發展出好幾個版本。最普遍的是*Stanford-Binet*智力測驗，由*Lewis Terman*在*Stanford*大學研發，於1916年出版。在接下來的數個世紀，這個測驗都很流行，最近的一版是第四版(1986年，*Riverdale Publishing Company*)。另一個流行的個別智力測驗是魏氏量表(*Wechsler Scales*)。

魏氏量表是由一位臨床心理學家*David Wechsler*所發展出來，它的基本假定是智力是以理性的態度思考、有目的行動、以及用有效的態度解決環境中的問題等，來做爲個人能力的總和。魏氏量表已發展出學前、兒童和成人群體版本。對於學齡兒童，像魏氏量表就可用來確認*PL94-142*以下的學生需要特殊服務。這個量表提供三種分數：口語能力、表現能力、及一般能力。魏氏測驗Ⅲ(*WISC-Ⅲ, 1991*)針對年齡介於6-16歲的兒童，提供四種計分指標，即口語理解、知覺組織、分心自由度、及運作速度。

多年來，其中一個最普遍的團體智力測驗是*Otis*測驗，目前標示爲*Otis-Lennon School Ability Test*(*OLSAT*)，這是第六版。第一版的*Otis*測驗出現於1918年，稱爲**Otis團體智力量表**，以及在之後大量使用於工業及教育界的*Otis-Quick Scoring Mental Abilities Test*。目前的版本有五個層級，級數從1到12，依不同層級需要60

至75分鐘施測時間。

別外兩個流行的團體智力測驗是*Lorge-Thorndike*和*Henmon-Nelson*心理能力測驗。*Lorge-Thorndike*智力測驗有兩種型式提供給3至13年級。這個測驗同時在單一可重複使用的手冊中提供這些年級的口語和非口語測驗組合。口語組合是由五個分測驗組成，只用口語題項：詞彙、口語分類、句型完成、算數推演、以及口語類推。非口語組合使用的題項包含插圖或數字。三個分測驗包含插圖分類、插圖類推及數字關係。這個組合的測驗可以測出一個學術性向的估計值，而不必仰賴閱讀能力。施測的時間是口語組合35分鐘；非口語組合27分鐘。

*Hermon-Nelson*心理能力測驗則有兩個版本：型式Ⅰ針對3-12年級及一組基本組由幼稚園到2年級。基本組合已整合進型式Ⅰ，允許學校體系使用*Hermon-Nelson*測驗含蓋整個幼稚園到12年級的範圍。

型式Ⅰ從3年級到12年級共有三個層級（3到6，6到9，及9到12），依難度增加排列，共有90題。型式Ⅰ的*Hermon-Nelson*心理能力測驗在1972年秋天完成標準化，全國樣本包含3年及到12年級共35000位受試者。

從幼稚園的基本組合到2年級則包含三個分開的分測驗：聽力測驗(一般訊息，共30題)；圖畫詞彙測驗(33題)；及大小與數字測驗(23題)。這些簡短分測驗測量簡單口語和數量技巧，用來考量評估就學的準備度。

1972年秋天，*Hermon-Nelson*測驗在2年級的標準化過程同時建立了3年級至12年級的常模。對於幼稚園和1年級，早在1973年也完成標準化過程，從同一群學校中取樣約5000位學生，參與2至12年級的常模建立。

諮商師要選擇使用智力或心理能力測驗時，必須注意到他們所要測量的那些非常敏感的本質是什麼？智力是個體看待自我價

值及其潛能的核心概念。一個諮商師如何告訴案主他們在*IQ*測驗上所得到的分數是低於平均值——或是告知父母他們的小孩所測得的*IQ*低於正常值。顯然這會產生很嚴重的心理傷害，且過去多年來都有不幸的案例。

　　諮商師必須覺察到，多年來許多*IQ*測驗都被懷疑具有文化偏差——這種偏差是歧視少數族群和特定環境中群體。所以，使用智力測驗必須要非常謹慎小心，其實，我們是全面性的使用這些測驗。

性向測驗

　　性向或許可以定義為某種特質，它是某個個體在一特定領域中表現能力之特徵，或者在特定領域中所獲得的學習成效。它假定一個人天生或原有的能力可以透過學習或其他經驗而發展到極致。但是，即便透過學習它不可能超越某一個確切點。雖然這可能是一個具有爭論性的概念，但這可說是性向測驗發展的基石。然而在理論上，一個性向測驗是測量一個人在一個特定活動中的成就潛力或者在該活動中的學習成就。

　　諮商師及其他相關人員常使用性向測驗，因為他們可能(a)要確認一個人沒有察覺到的潛在能力；(b)鼓勵某位資優人才發展其特有的潛在能力；(c)提供訊息以協助個人在教育、生涯決策或猶豫不決時做決定；(d)預測一個人可能達到的學業或職業成就水準；以及(e)協助將相似性向的人分類以便達到發展上和教育上的目的。這裡要強調的是，這些是潛能所帶來的利益，且只能在理想的條件下增益，這包括在一開始時就使用與案主需求有關的合宜測量工具。

　　雖然我們常預測一個人可能在性向的某個範圍中會有不同的差異，我們也必須注意到並不是每次都可以在特定的性向中測得

相同的水平。換句話說，某位田徑名星可能在某天的百碼競賽中跑出10秒，但相同的距離和相同的條件下，隔日卻跑出10.4秒。性向測量的分數是估計值而非絕對值。

特殊性向測驗

特殊性向測驗通常是指那些測量個人在特定職業或其他活動型態的精熟或表現潛能。用來測量特殊性向的測驗有時是指單一性向測驗（*single aptitude tests*）或能力測驗（*component ability tests*），因為他們只測量到某一特殊性向或單一特殊能力。一般而言，特殊性向的測驗逐漸不再流行，因為更多人使用性向組合測驗（*aptitude batteries*）。諮商師常要使用標準化測驗來測量機械、書寫的、或是藝術的領域中某個單一性向。單一性向測驗也發展使用於各種碩士和專業研究所。性向測驗也提供給特殊學校的受試，尤其是數學和外語領域。

職業性向組合測驗

發展性向組合測驗的假定是，不同的生涯領域有其自身之效標。而且，此類測驗的一個優點是，它可以描繪和比對不同生涯的結果。

多元性向測驗（*multiple-aptitude tests*）是從智力因素研究產生。*Anastasi*（1996）討論了因素分析的目標：

因素分析的基本目標，是透過減少變項或向度的數目來，簡化描述性的資料。如此一來，假如我們可以在20個組合的測驗中找到五個因素足於計算全部的共同變項，我們就可以用五個分數來取代原來的20個分數，而不會遺漏任何重要的訊息。這種方法常用來協助各種原始測驗針對每一因素做最佳的測量（*p.303*）。

　　這些組合測驗典型的成份包含一系列的分測驗，這些分測驗是結合了一系列職業或與職業相關的活動。組合測驗比單一性向測驗有更多的優點(a)方便施測，一個組合中就有一個結果，一個測驗可以用來測量各種活動潛能；(b)所有組合的分測驗常模皆來自同一母群體，使得分測驗的常模可以相互比較；以及(c)有機會在一個測驗中，比較不同領域中的潛能。

　　最古老和最廣為人們使用的是多元性向組合，像美國勞委會（*United States Employment Service*）所使用的一般性向測驗組合（*General Aptitude Test Battery, GATB*）和區分性向組合（*Differential Aptitude Battery, DAT*）。*Flanigan*性向分類測驗（*Flanigan Aptitude Classification Test, FACT*）及軍用職業性向組合（*Armed Services Vocational Aptitude Battery, ASVAB*）也被廣泛的使用。簡短的介紹這些測驗的特色有助於你進一步了解性向組合測驗的本質。

一般性向測驗組合

　　一般性向測驗組合是由美國勞委會施測。但是，這個測驗也使用於非營利機構，如學校在進行諮商使用。這個組合有12個分測驗，共有九個分數（見圖8-4）。這裡要注意的是這些性向並非相互獨立，我們會使用一些分測驗分數而不是單一的性向分數。因為要用來做預測，這個組合主要用在16歲或以上的個人在生涯諮商時做職業安置。

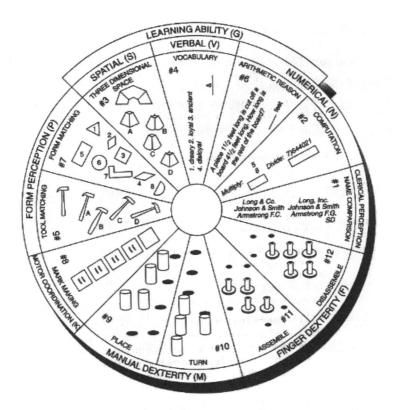

圖8-4 一般性向測驗組合B1002中,12個測驗測量了九種性向

區分性向測驗

　　區分性向測驗共由八個分測驗組合而成。最新版本(1990)的特色是測驗分為兩個層次。層次一主要是針對7年級到9年級的學生,而層次二則提供給10年級到12年級的學生。兩個版本可能都適合給更高年級的學生使用。分測驗有口語推理、數字能力、抽象推理、書寫速度與準確度、機械推理、空間關係、語言運用—拼字,以及語言運用—文法。多年來,學校流行這組測驗,用以協助諮商做職業和教育決策。

*Flanigan*性向分類測驗

*Flanigan*性向分類測驗是一種相當花時間的多元性向測驗，實施的時間約費時八小時。這個完整的性向測驗組合是建立在一些工作基本元素上，而這些元素就是在大範圍的工作類別中的基本表現。這個測驗由19個分測驗所組成。

1.檢查	8.組合成分	14.表達
2.機械	9.計畫	15.精確
3.列表	10.記憶	16.警覺
4.推理	11.算術	17.協調
5.詞彙	12.精巧	18.組型
6.裝配組合	13.量尺	19.編碼
7.判斷與理解		

這些測驗的結果描繪出各種職業的領域。諮商師可利用這些結果來協助案主做工作安置或教育計畫。

軍用職業性向組合

自1972年以來約有一百萬的高中生每年施測*ASVAB*，這份測驗不需付費就可提供予區域性高中的學校或學生。這個測驗也在軍事單位和國防單位使用，共計十個測驗，包含數理推理、數字運算、段落理解、工作知識、編碼速度、普通科學、數學知識、電力資訊、機械理解、自動化和商店的資訊。目前這個版本的測驗實施起來需要三個小時。

學術性向測驗

　　無論是學術或學業，性向測驗的目的就是測量一個人在學業情境中的表現潛能。這類測驗包含學院能力測驗（*School and College Ability Test, SCAT*）和學術性向測驗（*Scholastic Aptitude Tests, SAT*），其價值是可以預測高等教育水平的學術表現。但是，比較合宜的標示是學術成就或學術預測，因為這些測驗比較是以往的學習來預測未來學術成就，而非以其天生的能力來預測。

　　一個廣為高中水準使用的性向測驗是學院能力測驗（*SCAT III*），設計測量9至12年級。這個測驗結果包括口語、數量及總分。*SCAT*和目前測驗理論同時並進，希望能夠尋求測量已發展的能力。所以，*SCAT*要描繪的是受測者在高中以前所學習的詞彙知識和數學運算過程。

　　大學生最常在入學、安置和諮商時所使用的兩種測驗是大學入學考試委員會的學術性向測驗（*SAT*）和美國大學測驗課程（*American College Testing Program, ACT*），在1959年剛出版時，它也用在許多高等教育機構。*ACT*包含四個測驗：英文運用、數學運用、社會研究閱讀及自然科學閱讀。

　　許多高中諮商師和官方大學入學委員會常指出，大學生學業表現的最佳單一預測值是其高中學業等級的平均數。但和諸如學術性向測驗（*SAT*）的標準化入學測驗結合時，更具預測價值。

　　以入學為目的的測驗，其內容是以統一的方式測量某個領域的基本知識，他們會彌補不同學校之間重視的內容和給分方式的差異。但有些批評指出，他們歧視少數族群和低社經地位的學生。

成就測驗

　　成就測驗(*achievement tests*)是大部份學生在某個領域的標準化測驗,它並非只測一兩次,而是在教育課程中測量好幾次。在所有標準化測驗領域中,成就測驗是最常被使用的。毫不誇張的說,全國主要的學校每年實施過成千成百的成就測驗,最近的績效責任運動激發更多人使用成就測驗,而對教師、學校及學校體系給予評鑑。

　　在1980年代後期和1990年代的教育改革運動強調教育資優的成就測驗,同時也激起大家使用成就測驗,而且看重測驗的結果。雖然成就測驗廣為使用,但他們常和其他測驗混淆,特別是性向測驗。

　　以下是*Drummon*(*1996*)確認出各種型式的成就測驗:

1. **問卷式成就組合**(*Survey achievement batteries*)它是由部份的常模參照和部份的校標參照測驗組成,測量閱讀的知識和技巧、數學、語言藝術、社會研究和科學。

2. **學科領域測驗**(*Subject area tests*)在單一學科領域中的成就測驗,如數學或拼字。

3. **校標參照測驗**(*Criterion-referenced tests*)測量某一特定技巧或能力的知識和理解程度,例如從插圖中繪出一個特定的推論圖,或者給予某個物體的公制重量和重量的英文單位,書寫或讀出公制量尺的內容。

4. **最低水準技巧測驗**(*Minimum level skills tests*)測量通過一個水準或升到另一個等級所需要的最低技巧或目標。

5. **個別成就測驗**(*Individual achievement tests*)個別測量各種年齡或年級範圍成就。

6. **診斷測驗**(*Diagnostic tests*)這種測驗是透過測量有限的技巧來

評估個人在某個領域中的表現優劣。

　　成就測驗主要提供測量(a)學習的總結果，(b)學習的速率，(c)和他人比較或和自己在其他領域比較，(d)在次領域的學習水準，(e)在某個特定主題領域表現的優劣，(f)預測未來的學習。因為成就測驗的大量使用，以及相對的用簡單的作業來確認合宜的測量內容，所以它是眾多設計良好的標準化測驗中最適合諮商師使用的。但是使用者要記住，若要合宜地使用則需要考量某些事宜。

　　首先，很重要的是測驗的內容要和學生所經驗到的主題內容有關。換言之，測驗是要測量學生有機會學習到的東西。而且，測驗所強調的主題，也是學生在課堂學習所強調的主題內容。除此之外，測驗項目的難易程度必須和年齡／年紀的程度相符合。最後一個要考量的是，一個測驗可以重覆使用，是因為此一測驗在標準化過程中建立常模樣本。

　　假如這些樣本可以代表受測年齡／年紀的一般大眾，這些人相互比較就是恰當的。假如樣本群和受測群是相似，通常就是符合期待。但是，假如常模群是不相似的，這就不適合用來和受測群比較。

　　雖然有測量單一學科內容的成就測驗，但可以測量和比較一系列的學科內容領域的組合測驗更受歡迎。這無疑是由於成就組合測驗比一個特定學科內容測驗便宜，且花更少的施測時間，才會如此普遍使用。後一項優點是因為學科內容測驗在一個組合中，是依據統一的實施程序。而且，每一個學科內容測驗在同一個群體中都建立了常模，使得選取測驗和比較學生得分來得更容易。

　　其中一個最廣為人知的成就測驗組合，是愛荷華基本技巧測驗(*Iowo Test of Basic Skills*)。這個系列測驗提供從幼稚園到8年級

的學生兩式測驗。隨著不同水準和組型的使用，測驗時間是60到80分鐘。五個主要測驗領域是詞彙、閱讀理解、語言技能、作業研究技能，以及數學技能。這個測驗的發展者指出這個測驗組合是測量學生所使用的能力和學習到的技能，沒有測驗或分測驗是只有用來重覆或認定事實。

愛荷華教育發展測驗(*Iowa Tests of Educational Development*)的常模從9年級至12年級，包含七個適合測量中學課程學科內容領域的分測驗。所有的測驗和組合內容都有標準分數、年級當量分數、國家百分等級、常模曲線當量分數、標準九，及大城市常模。地區性常模則由芝加哥的*Riverside Scoring Service*和*Riverside Publishing Company*公司提供。

大都會成就測驗(*Metropolitan Achievement Test*)包含了八個組合水準，用於測量幼稚園到12年級的學業表現。這個測驗組合包含單一個閱讀理解、數學、語言、社會研究和科學測驗。其基本組合包含前三個測驗。完整的測驗運用到全部五個測驗。這個測驗組合是由紐約的*Harcourt Brace Jovanovich,Inc.*的子公司*Psychological Corporation*所提供。

興趣量表

在討論生涯計畫中，諮商師可能會聽到這樣的說詞：「我一直都對護理工作很有興趣」、「一想到教學我就受不了」、「我知道我很喜歡賣車」或者「我可以想像當一個飛行管理員是多麼令人興奮的生涯」。

這些生涯興趣是青少年和青年常有的說詞。同樣的，也有一些在生涯抉擇中充滿不確定和挫折的說詞，諸如「我希望有些人可以直接告訴我應該進入哪個行業」、「我無法決定到底要當工程師或教師」、「我覺得很沮喪，我沒有辦法想到任何我有興趣的工

作」。

雖然許多年來興趣測驗(*interest testing*)已經普遍成爲青少年和青年在做生涯計劃時的心理測驗工具，但直到最近，才做爲年紀較大的族群在中年轉換生涯時的使用。

探索和討論生涯，對生涯規劃及相關的生涯諮商與輔導有幫助；甚至是一個簡單列表，列出可能選擇的生涯階層，也可能具有標準化興趣測驗相同的效果。

但是，諮商師、教師及其他相關人員使用標準化的興趣測驗，來協助青少年和成年人做生涯選擇時，仍具有相當價值，其隱含的價值如下：

・ 找出個人興趣的比較與相對清單。

・ 證明是個人的興趣或暫時性抉擇。

・ 確認以前未認定的興趣。

・ 確認不同興趣層級的各種活動(通常是生涯活動)。

・ 在能力和成就上的相對興趣。

・ 確認生涯抉擇所衍伸出來的問題（沒有合適的興趣領域；在某個生涯場域中宣稱高度興趣，卻在量表中表現低度興趣）。

・ 刺激生涯探索或生涯諮商

假如我們注意到這些價值，就可以用來決定什麼時候使用興趣測驗。*Hood*和*Johnson*(*1991*)的建議如下：

首先，諮商師要記住興趣測驗是測量喜歡和不喜歡，而非能力....。

第二，要正向積極引發案主有動機參與評量過程。

第三，對只要做決定而非區辨興趣的人而言，普通興趣量表對他們的助益是有限的，例如選擇公職或電子工程

師......

第四，興趣量表對有情緒問題的人可能並不適合(*Brandt & Hood, 1968*)，有情緒困擾者比沒有困擾者會有更多負向反應及消極的興趣。因此，諮商師在進行生涯計畫之前要先處理情緒問題。

第五，興趣量表的分數隨著案主從年經到年長會有重大改變(*Johansson & Campbell, 1971*)......。

第六，案主在生涯規劃中無法做抉擇時，興趣分數就會對他有幫助。

最後，當案主進行生涯抉擇的原因是主要關注焦點時，諮商師可能要使用興趣分類卡(*interest card sort*)而非興趣量表(*interest inventory*)。

大部份興趣測驗的發展都來自於許多研究，這些研究指出，和其他職業比較，在某個特定職業中的人，皆有一組共同的興趣特徵。研究也指出，這些興趣的差異程度超過其工作表現的差異，在特定職業中的人也擁有不同和職業無關的興趣——嗜好和娛樂活動。所以，興趣量表可以用來評量一個人的興趣，以及和這些興趣有關的各種職業領域。有兩個最受歡迎的量表是由 *Frederic Kuder* 和 *E. K. Strong, Jr.* 發展出來。

庫德偏好紀錄表(*Kuder Preference Record*)是最原始，也是各種庫德興趣量表中最受歡迎的。它提供了一系列三個一對的興趣題項，讓受測者可以選擇最喜歡和最不喜歡的項目。結果報告中有分數和側面圖會註明各種職業領域，包括室外、機械的、電腦的、科學的、設服的、藝術的、文學的、音樂的、社會服務及文書。庫德一般興趣調查表(*Kuder General Interest Survey*)是原始偏好紀錄表的再版，其向下延伸至六年級，它使用簡單詞彙，只要六年級閱讀能力就可勝任 （原始版本通常適合用在9至12年級）。庫德職業興趣調查表(*Kuder Occupational Interest Survey*)也是另

一個用來了解大學各層級和職業領域的相似程度。這式測驗和之前庫德測驗的不同是，它是以每一個職業量表來表現個人的分數，比較他或她的興趣組型和特定職業群體的組型的相關。

史東興趣量表(*Strong Interest Inventory*)是改版自早期史東職業興趣表(*Strong Vocational Interest Blank*)，第一版於1933年發行，最新一版是1994年發行。各種史東探索量表是假定受某一特定職業吸引的人具有相似的興趣剖面圖，所以，透過評量和配對個人的興趣來探索生涯是否不合於此工作領域，而可以做出更好的生涯抉擇。

有許多興趣量表對年紀較大且考量高專業或技術職業的青少年和成年人很有用。史東興趣量表只能用電腦計分。它有六個職業主題量尺，是以*Holland*的六個人格類型計分，有實用、研究、藝文、社會、企業及傳統類別。最主要且最普遍的史東職業興趣(*Strong Vocational Interest*)系列有211個職業量表，外加四個個人型態分數，也加入了十四個新興職業和當代的生涯。史東興趣量表和*Pathfinder*生涯抉擇系統使用影視互動連結，也提供大電腦版本。史東興趣量表是由美國加州*Standford University Press*所出版，由*Consulting Psychologists Press*發行。

俄亥俄職業興趣調查表(*Ohio Vocational Interest Survey, OVIS*)是眾多最新的興趣探索量表中用於高中生和成人的測驗之一。它是以職業名稱辭典(*Dictionary of Occupational Titles*)的模型為基礎(資料、人和物的立體模型)。*OVIS*有25個量表分數，由美國紐約的*Harcourt Brace Jovanovich, Inc.*發行。

另一個取向的生涯興趣是自我—導引搜尋(*Self-Directed Search, SDS*)。這個工具是由*John Holland*發展出來，是一個六角模型，有六個職業主題，由六個摘要分數代表實用、研究、藝術、社會、企業，及傳統。*SDS*的設計是自我施測、自我計分，及自我解釋。

　　當某人完成*SDS*，他會得到一個綜合碼，由分測驗中的排序第一和第二的型組成。用綜合碼在工作索引中可以找到456個工作和兩個字母的*SDS*碼有關。一旦某人得到和他的綜合碼相符的生涯清單，下一步就是列出他的生涯計畫。*SDS*是由加州*Palo Alto*的*Consulting Psychologists Press*行銷。

　　生涯成熟量表(*The Career Maturity Inventory*)，不算是興趣量表，它是用來測量個人在做生涯抉擇時的態度和能力的成熟度。這個態度量表有五個態度組合：(a)對生涯抉擇的投入，(b)對工作的導向，(c)獨立決策，(d)生涯抉擇因素之偏好，(e)生涯抉擇歷程之概念。相對的，能力測驗則測量更多選擇職業的認知變項。能力測驗包括五個部份(a)自我評價，(b)職業資訊，(c)目標選取，(d)計畫及(e)問題解決。生涯成熟量表是由美國紐約的*McGraw-Hill Book Company*發行。

人格測驗

　　在所有標準化測驗中，沒有一種測驗像人格測驗(*personality tests*)那樣，能同時引起一般大眾和諮商專業者的興趣。從每日報章中自助式的人格測驗，到智慧型人格測驗－像投射測驗那種需要特定的心理學訓練，代表著個體皆有的共同疑問，想要知道自己或者別人被檢驗了什麼內容？但人格測驗和它所想要尋找的東西一樣複雜，讓我們來討論以下問題。

　　人格是什麼？

　　Aiken(*1988*)指出：

　　人格一詞含有許多不同的意義。對某些人而言，人格是指好萊塢的明星和名人所擁有的神奇魅力，它存在於某些有影響力的人，而非人人皆有。對於其他人，人格就像氣質，具有某種特定的想法、感受和行動，是一種自然、遺傳性的先

天氣質。對另外某些人而言，人格包含了一個人特殊的情緒、智力和個性(誠實、勇氣等)的混合特質。而對於更多的行為取向心理學家而言，人格並非一種內在的東西，它是一種個體外在可觀察到的典型行為模式(p.321)。

你可以問一群人，「什麼是人格？」，就可以分辨出各種差異極大的觀點。人格這樣的概念很難符合標準化測驗的精準要求。所以人格測驗的建構者要面對的是，他如何定義可測量的人格，他們要測量定義的哪些層面？但是，一般而言，在傳統的心理計量術語是這樣說的「人格測驗是一種測量情緒、動機、人際和個人特徵的工具，以便和測量能力區分開來」(Anastasi, 1996, p.348)。

什麼是正常人格？

一般人對這個問題會有很多不同的答案。大部份的人傾向於將自己的行為人格特質和價值視為正常。所以，一個群體中將極端外向的人視為正常，在另一個群體可能被視為不正常。即便是一個人可以針對一組特定的行為反應建立客觀的常模，他仍然要決定常模中偏異程度要到那一點才算是不正常。

人格可不可以測量？

許多標準化人格測量的作者都曾客觀、肯定回答過這個問題，使用觀察和非標準化技術的實務工作，諸如諮商師、心理師和精神科醫師也一直給予肯定。他的困難是，要以案主為基礎獲得準確的評量必須仰賴測驗解釋者。

1. 假定一個人具備精確分析自己人格的能力，這就有疑問。舉例而言，一個案主可能沒有內省能力來做精確的反應。雖然案主對自我的觀點很重要，但並不適合用來當做測量工具。另

外有些例子是，有些人會扭曲自我的觀點，這和別人對他的了解不一樣，則會誤導測驗解釋者。

2. 有些人會盡可能隱瞞其眞實的反應。更常見的是，當一個人會顧慮社會是否接受，就不會做出其原來眞實的反應，這樣就可能會出現欺騙的行爲。例如，一個小孩必然會反應出他們是愛父母的，即便他們並不知道父母是否也愛他們，或者他們根本不愛他們。也有的是，我們可以預測有些受測者在回答問題時，會表現出自己理想的自我，而非眞實的自我。有些人會反應出他們希望自己成爲友善和受歡迎的人，而非被視爲退縮，或只有少數人認識他。一個直指本質的問題，可能會阻礙受測者精確回答。最明顯的例子是有些問題類別是測試個人的性行爲、信念和價值。

一些較有名的人格測驗或標準化人格評量工具是*Myers-Briggs Type Indicator, Mooney Problem Checklist, Edwards Personal Preference Schedule*及*Minnesota Multiphasic Personality Inventory*。最後兩種測驗在學校或臨床場所使用前需先接受特定的訓練和督導。

梅布類型指標(*Myers-Briggs Type Indicator*)是一個普遍被使用的人格測驗。標準版*G*式包含126個題項，在四個分量表測試受試的喜好：(1)外向／內向，(2)感受／直覺，(3)思考／感覺，(4)判斷／覺察。這些喜好會有各種組合，形成16種人格型態，用以協助生涯規劃及其他決策。

穆尼問題檢核表(*Mooney Problem Checklist*)包含一系列案主要回答的問題，針對他們關心的問題畫線，把他們最關心的問題圈起來，然後用自己的話寫下一些摘述。明顯的，這不是一個標準化的測量，因爲它是設計給團體或個別諮商時用來確定問題。

由此觀之，穆尼問題檢核表(*Mooney Problem Checklist*)對團體調查很有用，可以確認那些想要或需要諮商的人，以解決個人

問題。*Montague, Nathanson, Swerdlik*(*1988*)指出：

　　有些人格測驗和特定的人格理論緊密結合，這個測驗中所有的題項，都是用來測量某些特質或假定這些特質在理論上是存在的。例如，一個由精神分析架構建構的人格測驗，一定會有題項用來評量本我、自我和超我(*p.307*)。

　　愛德華個人偏好量表(*Edwards Personal Preference Schedule*，*EPPS*)是一個由*Henry Murray*的人格理論所建構的人格測驗(*Murray, Barrett, Honburger, 1938*)。*EPPS*是設計用來了解15個基本需求或動機對於個人的相對重要性。

成就性	親和性	慈愛性
順從性	省察性	變異性
秩序性	求援性	堅毅性
表現性	支配性	愛戀性
自主性	謙遜性	攻擊性

　　另一個臨床取向的工作是明尼蘇達多階段人格量表(*Minnesota Mulpiphasic Personality Inventory*，*MMPI*)。這是一個廣為使用的人格評量測驗，特別是在臨床領域。1992年再版，它完全由臨床指標建構而成。*MMPI-II*包含567個描述句，涵蓋以下十個分量表的內容：

慮病症	妄想症
憂鬱症	心因性耗弱
歇斯底里	精神分析症
精神錯亂	躁症

　　　　男性—女性　　社會內向性

　　除了這十個臨床分量表外，*MMPI*和*MMPI–II*都包含三個效度量尺，即*L*或者*Lie*分數；*F*分數，指受測者對題項的認真程度；*K*分數，一種抑制變項分數，用於區別五種臨床變項。如前所述，*MMPI*所有版本在使用之前都需要經過特定訓練及受督導經驗。

校標—參照測驗

　　在1970和1980年代最常爭論的議題是效標參照測驗(*criterion-referenced testing*)和常模參照測驗(*norm-referenced testing*)。許多教育家都建議這不是非彼即此的案例，事實上，效標參照和常模參照測驗是互補的。但是，不能忽略一項推論，當許多學校體系增加了效標參照測驗，常模參照測驗就會減少。我們沒有辦法否認的是，近年來隨著績效績效潮流的推波助瀾，效標參照測驗以很快的速度廣受歡迎。

　　一個效標參照測驗可以同時獲得一個人在某個學習經驗中的期望或最佳目標。如果我們要以實例來比較效標參照測驗和常模參照測驗的差別，則我們必須指明一個六年級的班級可以達到平均分數超過全國樣本中的52%。一方面，這個資訊不能滿足某些人的興趣，諸如教師、家長和學生想要更具體了解六年級這班的閱讀程度，以及他們從閱讀中學到什麼。另一方面，一個典型的效標參照測驗結果，會指出在六年級中在一個確切的閱讀比例中有多少人會閱讀，在一個確切的理解水準中有多少人會理解，且經過一段時間後在合理的範圍中可以記得多少？在第一個例子中，一個班級和另一個班級比較，用來說明學生已經學會或學不會閱讀的程度。在後面的例子中，學生是和一個建立好的標準、學習目標、或效標比較。

專業文獻對於以下的問題有很大的爭議(*Rowntree, 1987, p.178*)而意見分歧：

1. 一個人和其同儕團體所建立的常模比較，他的表現有多好？（常模參照）

    VS.

2. 一個人和一些預先決定的效標比較，他的表現有多好？（效標參照）

    這些問題看起來忽略了一個非常重要的可能性。

3. 一個人和自己比較時，他的表現有多好？

效標參照測驗將受測者放在兩個群體中的一個，而非點出測驗分數的個別差異範圍：那些達到效標的人和沒有達到效標的人。

也許*Hawes*(*1973*)對效標參照測驗最佳的解釋是其文章中的標題「效標參照測驗：不再有輸家、不再有常模、不再有憤怒的家長！」

電腦適性測驗

另一個創新又流行的測驗是電腦適性測驗(*computerized adaptive testing*)。在這個取向中，電腦會從一個項目區塊中選取不同的題目給不同的學生施測。*Worthen, White*及*Borg*(*1993*)描述了這個過程：

電腦從已知難易度的題項區塊中選擇每個問題。問題出現在電腦螢幕上，學生可以打出複選題的正確字母，也可以在

螢幕上觸碰正確選項的位置。電腦會記錄正確或不正確的反
應，且以學生對前一題的反應為基礎選取接下來的題目。假
如學生的反應是正確的，下一題就會更難；假如學生的反應
是錯誤的，則下一題就會更容易。當實施了許多的題目後，
電腦就會從學生在所有做過的題項的表現，來估計學生的精
熟程度，且選取接下來的施測題項。因此，題項是適應學生
的水準，整體而言，對他們不是太難也不是太容易。電腦適
性測驗比傳統測驗更佳的是，因為每個學生的施測都結合了
不同的題項，老師不用去教學生做測驗；而學生也不會用做
過的題目去幫他的同儕，因為大部份學生的施測題項都不一
樣(*p.212*)。

因為每個學生對不同組合的問題做反應，所以他們的結果分
數是不能做比較的。

規劃測驗方案

在許多學校場域中，測驗方案是由政府的立法體系或機構授
權，或者由地方學生委員會限制提供給學校和諮商師。在非學校
場域中，至少有一部份，是諮商師必須尋求組織政策指定，使用
的標準化測驗內涵。但是，在更理想的情境是，諮商師和其同事
可以決定組織的標準化評量方案的內涵，很明顯的就需要發展一
個具有邏輯、系列取向來選擇有效的測驗。以下步驟呈現這樣的
流程，雖然這可能適用於學校場域，但也可用於某些社區、企業
和工業的場域：

1. **決定需求**。很明顯的，一開始的關鍵步驟是決定測驗方案的需
   求程度。這裡有一個關鍵性問題是，「我們需要什麼『新的』

資訊，來提供組織中特定群體什麼好的(不只是恰當的)服
務？『新的』一詞是指假如這些資料從其他管道已經重複得
到，那麼測驗資料就顯得不是優先需要的。換句話說，優先
性是指我們所需要的資料是過去沒有的。第二個優先性是測
驗可以提供一些資訊，來補充已有的資料。

2. **決定方案的目標。**一旦確認測驗的需求，這個需求要轉換成測
   驗方案的目標。就績效責任目的而言，這些目標必須用精確
   可測量的詞句來加以說明。

3. **選取合適的測驗工具。**在決定那一種測驗可以達到方案的目標
   時，基本的決定指標是效度、信度、常模的合宜性、及施測
   的程序。此外，必須提供測驗的實施與解釋技巧；價錢也是
   一項重要的考量。

4. **測驗的安排。**測驗的安排是要在最需要或最合宜的時間點上提
   供資料。重要的是，測驗實施的間隔，是要避免增加施測者
   和受測者的負擔。

5. **評鑑結果。**資料的蒐集和使用達到目標的程度為何，則要檢驗
   測驗工具是不是合適；測驗結果要能改善未來的方案。

   規畫測驗方案時，我們必須常常放在心上的是，測驗本身並
非目的，而是一個展現出案主完整景像的機會——一個同時由諮商
師和案主共同分享的景像。

多元文化的議題

有關標準化測驗的爭議在本章一開始時就已指出，也在心理
測量運動一開始時就出現，包括在性別、種族、社經背景等各方
面的偏誤及歧視。在1964年的立法中，民權法案的標題 *VII* 就明言
禁止就業歧視。後來一些法院裁決許多案例也重視測驗的偏誤，
他們是站在原告的立場，而非測驗公司。

但是超越法律的規範外，諮商師、測驗實施者及解釋者要有專業責任去敏感且關注多元文化的案主，例如有些族群的測驗焦慮比較高。諮商師的能度、說明結果時的言語尾音等也會出現歧視。經濟環境也會限制某些族群，而有些測驗言語引導可能無意間會使測驗產生誤差。也有些例子是案主的閱讀水準和閱讀比例是形成偏誤的因素。

科技和測驗

廿世紀的最近廿五年來，科技勃興，心理測驗不可能不受影響。在所有主要的評量領域中，許多特定的測驗都有電腦化施測、計分及解釋。

雖然，價錢是一開始就關心的，目前許多使用者也指出，持續投入經費，在電腦化系統上投資是有經濟效益，包括測驗的終端機。投入的人也反應案主較喜歡電腦測驗，尤其是實施適性測驗。

另一個電腦化方案的特徵是，結果可以立即回饋。更進一步，增加發展文字敘述的解釋，透過電腦列印出來，明顯地使整體的評量速度加快。這些解釋是建基於專家和研究者的一致性，同時提供一致的形式，以及減少諮商師的誤差機率。但是，許多諮商師關注的是，電腦化使得諮商師—案主互動受到限制，且機械化的過程違反了傳統的人文學派。

同一個測驗由紙筆到電腦化版本的常模，會有使用上的問題，而且對某些案主而言，不同的施測程序，不熟悉的班級形式，和原來標準化測驗情境很不一樣。另外也要考量一些保密和倫理的議題。雖然這些問題一直受到爭議和研究，但很清楚的是，我們必須適應新興科技，學習使用新的工具來促進專業諮商師的表現。

結論

　　綜覽標準化測驗，我們要告訴讀者們，本章是提供預備諮商師一個簡要的導向。在達到專業上合於倫理，且合宜的施測、計分、及／或解釋某種測驗結果之前，一位助人者需要接受更多的心理測量訓練。

摘要

　　標準化測驗和電腦化測驗方案，已成為測量個人和學校的教育成果最受歡迎的工具。至少我們大多都經驗到這個現象。傳統上，標準化測驗也是諮商師了解案主重要的工作技術。雖然，過去使用了很多標準化測驗，諮商師和測驗使用者要覺察到許多關於以診斷為目的而使用測驗的批評和關心。了解這些批評和關心，並在某個程度上當做使用的根據，可以在實務工作中有效而安全的實施標準化測驗。

　　再來，不要低估理解基本統計過程的重要性。了解平均數及平均數的變異量，這是一種統計學術語的表達，並以數學計算代表關係，是解釋標準化測驗的基礎。另外，使用標準化測驗也要有能力覺察及使用選取測驗的指標，基本的選取指標是效度、信度及實用性的考量。使用者要了解標準化測驗共同的優劣，若要使用得很好，使用者必須要了解所選用的測驗優點和限制。諮商師和使用者也要考慮用效標參照測驗來替代或補充標準化測驗的方案。諮商師也要覺察到其他學科了解人類行為的貢獻。此外，有許多各種非標準化技術的人類評量在各種學科上使用，提供給那些在測驗建構和使用上具有這些知識的諮商師。下一章會對這些可能性提供一個綜覽。

問題討論

1. 你使用過什麼標準化測驗？(抽一個班級)。其結果是否影響你的計畫或決策？

2. 你覺得被一個標準化測驗測量的感覺如何？使用標準化測驗來測量你的案主，您的感覺是什麼？

3. 在什麼情境下你會建議使用標準化(常模參照)測驗，而非效標參照測驗，反之亦然？

4. 你是否注意到或參與有關標準化測驗的公開爭論？如果有，請描述和分析這個情境。

5. 假如要篩選某些候選人進入諮商師訓練課程，你會建議使用什麼標準化測驗？請闡述之。

6. 有沒有發現那些還沒有被測量的表現、行為、環境等等領域，對發展標準化測驗是有幫忙的？

7. 在以下的情境中你會怎麼做？(請簡述)

    a. 一個優秀的學生在一個團體智力測驗中得到90分。

    b. 一個問題學生在某個成就測驗中獲得低於95個百分位數。

    c. 許多家長打電話給你，想要知道他們的小孩的大學安置測驗的分數──也包括他們鄰居的小孩。

    d. 一個學生在做一個標準化測驗時他的鉛筆斷了。

課堂活動

1. 側記一個所謂的正常人格。

2. 發展一個檢核表，用來分辨有潛能的諮商師和無法融入諮商師
   生涯的諮商師。

3. 發展一個標準化測驗的題項，設計來測量進入諮商師預備課程
   的個別潛能。

4. 給予學生實施一個測驗，並在班上計分，且討論這個過程。

可進一步閱讀的文獻

Achenback, T. M. & McMcnaughy, S.H. (1997). *Empirically based assessment of child and adolescent psychopathology: Practical applications* (2nd ed.). Thousand Oaks, CA: Sage.

Anderson, K. E. (1984). Testing and the counselor. *School Guidance Worker, 39 (4)*, 6-30.

Campbell, V. (1987). Strong-Campbell Interst Inventory: fourth edition. *Journal of Counseling and Development, 66 (1)*, 53-56.

Duckworth, J. C., & Anderson, W. P. (1995). *MMPI & MMPI-2: Intermpretation manual for counselors and clinicians* (4th ed.). Bristol, PA: Accelerated Development.

Eaves, R. C. (1985). Educational assessment in the United States. *Diagnostique, 10 (4)*, 5-39. {Theme issue: Assessment in Special Education.]

Gottfredson, L. S., & Crouse, J. (1986). Validity versus utility of ental tests: Example of the SAT. *Journal of Vocational Behavior, 29*

(3), 363-378.

Healey, C. C., & Mourton, D. L. (1984). The Self-Directed Search personality scales and carer manturity. *Measurement and Evaluation in Guidance, 17 (1)*, 3-13.

Lynch, A. Q. (1985). The Myers-Briggs Type Indicator: A tool for appreciating employee and client diversity. *Journal of Employment Counseling, 22 (3)*, 104-109.

Miller, G. (1982). Deriving meaning from standardized tests: Interpreting test results to clients. *Measurement and Evaluation in Guidance, 15 (1)*, 87-94.

Sampson, J. (Ed.). (1986). Computer applications in testing and assessment [Special issue]. *Measurement and Evaluation in Counseling and Development, 19 (1)*, 5-61.

第九章

人類評量之非標準化技術

黃俊豪

人類評量的概念

如何自然而然地觀察

觀察工具

精神疾病的診斷與統計DSM-IV

自陳報告：自傳及其他技術

團體評量技術

生態評量

記錄

　　為什麼我們熟識的某位朋友會做出那樣的事呢？有時候我們會被要求去為他做解釋、甚至是辯護。我們的回應可能來自我們下意識對朋友的瞭解，包括他的家庭與家族背景、他所成長的或現在居住的環境、文化背景、生理與心理特徵、以及他的經驗。從這些情況中，我們對所熟知的行為找到豐富的背景訊息及洞察。這樣的知識並不只侷限於我們所擁有的特別職業或訓練之中，有些可能會被歸類於文化或是人類學類，有些是環境或社會學類、有的則是心理學類。

　　多數人都有相似的傾向，會對多年來照顧自己病痛的家庭醫師給予較多的信任，相信他會從較寬廣的觀點來瞭解我們，而非只是把我們當作實體樣本，亦即他會對我們做全面性的瞭解。這樣的情況，不是另一位能力相當但新進的醫師所能成就的。

　　在體育競賽的世界裡，競賽者經常會在心理揣摩對手的狀態。藉由這樣的心理揣摩對手的體能、技巧，如此即意味著愈能夠洞察敵情，就愈有勝算。

　　這些例子關聯到此章節的目標，那就是要描述非標準化評量（*nonstandardized assessment*）技術，以增加並擴展我們對案主族群的瞭解。經由評量可使治療的潛在效果增加到最大。在這裡我們將依據人類評量所提出的一些引導或原則，來呈現一些與人類評估相關的各類學科概念。我們接著要聚焦在諮商心理師常應用來進行個別分析的非標準化技術。在此要說明，像是心理測驗之類的標準化技術都是擁有精確且固定的形式、標準的施測程序、與計分方式，因而可使該類工具適用於多種不同的環境及場域，且仍能達到相同的使用目的。標準化也顯示了一致性與客觀性。而非標準化通常指的是使用更廣泛、多樣化、及更主觀的取向，來蒐集並解釋人類評量的資料。

人類評量的概念

　　人類是現代文明社會中最聰明但也是最複雜而難以理解的有機體。當我們將人類放在一個改變迅速且複雜的社會環境時，我們不得不承認，要去瞭解、預測並協助人類行為發展的那些任務是任重而道遠的。當我們在對這個責任義務下承諾時，我們很快會領略到，沒有一個單一原則或專門知識能夠僅僅以其理論或技術作為基礎，就能對現代社會中的人們形成全盤而廣泛的瞭解。那麼，為了這個目的，對人類行為研究有共同興趣的人們，就必須彼此學習與分享－包括從個體的或社會的觀點，包括人類學、社會學、或心理學家的觀點，甚至包括從美國人、日本人或德國人的觀點。就此緣故，我們建議所有場域裡的諮商師，都能透過對其他學科與文化脈絡裡的行為之研究，進而更能洞察其案主的行為。下文所要提及的，並無意取代如此的研究，只是想簡要地檢核一下這些其他的觀點，以及它們帶給諮商師的意涵。

社會學

　　社會學(*sociology*)是社會與行為的科學，其研究焦點在於社會中的個體與團體，以及他們彼此之間如何地相處與互動。社會學的貢獻在於，有助於瞭解社會網絡及其對個體、個體的角色，與在那些網絡內各關係的影響。再者，社會學的關注，在於社會化的機構或單位之研究，像是家庭、教會、學校與政府等，這些單位都有責任教導環境中的人們，認識社會所認定的正常或異常之行為。正常與異常行為的型態，會因慣例、社會習俗、道德觀及法律而再度形塑。社會學也有助於瞭解偏離團體或社會常規的行為。社會偏差行為的研究，有助於瞭解酗酒與犯罪等類型的社會問題行為。這樣的研究能幫助我們辨識，為何某行為在某一團體中是合乎其常規的，但在另一團體裡卻是偏差的。更進一步

說，對此領域的研究可以幫助諮商師辨識出，社會控制或壓力對案主、學生或其他人之行為所造成的影響。對諮商師而言，需要記住人類是社會的動物，深受其所隸屬之社會的影響，並同時被期待去對其社會有所貢獻。

諮商師的執業，可受益於瞭解其所屬團體與社會結構的社會學知識。尤其重要的是要去理解：案主所涉及的各個團體與其所扮演角色的意義，案主在不同團體中的行為對其所造成之影響，案主最重要的角色與關係，以及案主行為的限制，與在其所屬社會系統中的行為轉變。諮商師必須瞭解人們擔負的各種不同角色，及其因這些角色所產生被期待的行為。這當中也包括要瞭解社經地位的重要性，而這在許多心理學研究裡早已多所提及。有些人認為，或許從來沒有一個社會比我們有更多的社會階級意識。藉由社會階級形成之研究，社會學家幫助我們瞭解何謂社會階級及其意涵，包括社會等級制度、社會流動性、社會結構及一般的社會地位之評比。

社會學家就像心理學家一樣關心人類概念發展的研究。社會學的研究聚焦在，經由社會化過程的自我概念發展及其如何受到他人的影響。尤其重要的是，諮商師必須去辨識，重要他人及參照團體（兩者皆屬社會學研究之領域）對個人自我概念發展之影響。對個人自我概念有顯著影響的是：哪些人的評判、臆測或其他，以及個人會使用哪些團體來發展與測試自己的態度、想法等等？

心理學

當我們在驗證這些科學的原則時，我們應該要注意到心理學（*psychology*）與諮商專業具有很高的關聯性。近年來，心理學對諮商的發展與實施，有著極重要的貢獻，這當中還包括了諮商理論與諮商歷程、個別與團體諮商、標準化評量、生涯發展與決定等

理論。

　　一直以來，心理學的原則也密切關連著學齡團體及其教育之研究。例如教育心理學與人類發展等領域，就是這些考量之下的延伸貢獻。學習理論也經由心理學者的努力而得以擴充。發展理論學家協助諮商師及其他人瞭解到，人們的成長與發展是為何，以及如何依循那些生命週期而進展的。社會心理學家也幫助諮商師理解社會化歷程與社會影響、態度、歸因、團體動力，以及人際互動。生態學者使我們注意到環境的重要性，及其如何影響個體的行為。

人類學

　　人類學(*anthropology*)是對某社會文化與其社會行為特徵所做的研究。它的範疇廣及於對全世界與整個歷史中的各個文化進行紀錄、描述、與分析。在這些研究中，人類學要從現今與歷史的觀點，同時來釐清傳統、規範、學習型態、因應風格、與其他行為。諮商師能從人類學研究當中窺探得知（a）不同文化裡的概念會有所差異與相似；（b）案主的種族與文化背景的重要性；（c）諮商師的種族與文化背景的重要性；以及（d）次文化存於更大社會或脈絡裡的重要意義。被應用在諮商中的人類學，可直指出諮商師對某文化之瞭解的重要性，使其能從該文化出發，進而有效地諮商其案主。

　　在這個脈絡下，文化被視為其社會民眾的信念與實踐，包括他們在特定情境裡的行為指引（像是宗教儀式、喪事、婚禮、年屆青春期、與成熟等等）。人類的發展依循環境特徵而定。環境的特徵是藉由其過去居民所形成的人際互動文化而發展出來的。文化賦予人們其最初的價值觀、行為指引、與對未來的期待。就如之前所提，自我概念的核心是來自心理學家與社會學家所做的人

格與行為之研究，還有人類學的研究也有助於瞭解以文化所定義的自我本質。我們對自己的觀點，也會受到相對於文化的自我看法所影響。人類學研究提醒我們，人格的發展過程即會試圖幫助個體適存於其所身處的文化，而且文化也同樣只能透過其所建構出的那些人格才能發揮運作功能，亦即使那些基於文化及其傳統知識的外顯行為得以被預測。

今日，我們意識到不同次文化通常就有不同的價值觀與生活風格。舉例來說，美國的諮商師應該能夠瞭解非裔美國人、本土美國人、亞洲人、西班牙人、猶太人、波蘭人等等其他族群的生活風格與價值觀。其所助益的功能，不只在於助人關係中避免對各種背景來源的案主無知，並且能在互動中避免偏見與歧視。

最後，有關於人類學與社會學兩者的研究，我們注意到諮商領域有愈來愈多的關注，在於文化與環境影響所及的事件。*Blocher and Biggs*(*1983*)將傳統社區心理健康眾多取向的相關思維運動整理在一起，進而檢核了人類與其環境之間的關係。他們認為（a）人類的特徵是具有勝任或掌握某環境的基本與天生驅力，以及（b）能力發展之研究需要在其所處的自然情境中進行。

經濟學

經濟學(*economics*)這門科學在研究人類的生產、消費與銷售。它的重要性在於，創造了社會階級，並影響了我們的需求，進而形塑了我們的許多行為。

經濟學是另一門關心個體行為與人類關係的社會科學。經濟學所關心的是人類在經濟系統中生活的多樣類型。經濟學家就像社會學家一樣對個體的經濟位置，也就是在社會上的社經地位感到興趣。經濟學與文化中的其他因素會相互影響，進而決定階級、社經地位，這樣的社經地位將會決定案主的感受、態度、與

行為等等。

被定義的三個主要社經階層是：上層、中層與下層。在這些階層之中可再區分上中下三個次層級（例如：中下階層）。指出這些階級的收入、教育、職業與地理位置是極為有用的，因為人們所居住的經濟環境與諮商師所從事的各種業務是如此地緊密交織，以致於我們不能置身於此領域之外。

C. Gilber Wrenn(1962)強調諮商師學習經濟學的重要性，他談到「經濟學只停留在小學程度的心理學研究生，是無法勝任學校諮商師的」(p.42)。對諮商師而言，瞭解經濟系統與理論在生涯選擇上的影響，是很有意義的。另外，需要對人類行為做出評估的諮商師，不應該忽視經濟系統對人類行為的影響。家庭的社經地位對小孩發展自我概念的影響，也是需要諮商師多加注意的。

諮商在各學科之間的意涵

上述部分呈現來自各學科觀點的簡介概述。從這些觀點來看，可提取出諮商師及其在不同場域裡之功能的意涵。

1. 諮商師對其所想要服務的案主族群之不同文化表徵，必須有大量的覺察與省思。

2. 要成為有效而適切的諮商師，就得多瞭解不同文化之關鍵溝通語言，那些皆源自於：生活在某一文化卻學習於另一文化、各文化的各種角色期望，以及學校和其它基礎制度裡的文化偏見所產生的緊張、敵意與次文化彼此間的不信任。

3. 諮商師必須瞭解，其執業所在之社區及制度的社會結構。他們也必須辨識到所有社會結構對個人所產生的衝擊，亦即會影響個人如何看待自己、自己的工作、教育與其他經驗。

4.諮商師必須辨識出，行為是個體與其環境交互作用之下的功能函數。

5.諮商師必須辨識出，案主的社經特徵與其行為和需求之間的潛在關係。

6.諮商師應該對個體行為、成長與發展所受到的各種社會影響，有各學科取向上的更深層領略。

7.諮商師必須成為更有效率的諮詢者。此種能力使諮商師有機會去解析案主的社會與文化特徵，及其特定計畫與場域裡的表現。

人類評量的指導方針

在檢驗諮商師可用於評量人類特徵的特殊工具與技巧之前，我們首先須要瞭解一些基本原則與指導方針。要有效而專業地運用個別評量等靈敏作業時，就需要這些指導方針所提供的架構。

1.**每個個體都是獨一無二的，而這種獨特性很值得重視。**雖然個別差異原則在二十世紀廣受教育與社會學領域所推崇，但在實務上卻有持續不斷的壓力助長著一致性與標準化。諮商師必須小心不去擴大理論原則與實務上的鴻溝，而應該強調：評量是一種瞭解個體獨特性的工具，獨特性使個人得以有別於其他人，提供每位個體其自我價值的基礎。我們需要多重視獨特性，而並非將其標準化。

2.**個體間的內在特質存在著不同差異。**每個人都是獨特而明顯不同於其他人的。這個原則意謂：個別評量試圖確認個人的特殊才能、技巧與興趣等等特質，但同時要避免僅從單一或數個個人特質來推論，例如以為「誰的數學好，其他科目也應該都很好」或者「我可以把最優秀的籃球團隊訓練成最優秀的足球團隊」。我們也不要忽略缺點。雖然評量重點在於個人

的優點及正向屬性，但我們所有人也都有弱點，我們必須先辨識出自己的缺點，才能加以克服、防範或補償。

3. **人類評量要求受試者直接參與其評量作業。**人類評量要有意義且儘可能的精確，其當事人就必須是樂意且直接參與的。這份參與包括案主資訊的輸入，案主與諮商師適度地回饋、澄清與解釋，再由案主評論。這個原則不只須要案主單方面的資料提供，例如做一份標準化的測驗，或完成一份問卷。它認為案主有權利去解析，並對自己的解析再做出回應。案主有權利去澄清及擴展其反應，並在別人愈來愈認識他的同時，自己也愈來愈瞭解自己。

4. **精確的人類評量受限於其工具與相關人員。**評量技術的有效使用，取決於我們能否瞭解工具和使用者之限制。這些限制源於人員要素：我們自身及我們所使用技術的知識與技巧。沒有受過完整訓練的人員，在任何情況下都不應該使用評量技術，包括標準化測驗。此外，案主在個別題項與工具上所做的回答之限制，也需要加以考量，這些限制可能包括沒有回答之意願或能力。除了這些人員要素之外，工具本身的限制也要被考量進來。這些包括：對某一類特定缺點特有察覺的預設工具或技術，且其推論的辨識最多只來自於一個樣本、有限的線索、而非必然的，因而其得出的結果可能與相似工具或技術所得出的相去甚遠。

5. **人類評量所看到的正向。**人力資源評量的目標，是要確認每個人的潛能。如上所提，這是一個試圖發現每個人獨特價值的正向歷程。評量能夠引導出值得做的目標，以及積極的計畫。它應是充滿著樂觀的一個過程，而不是像某些案例那樣導致對宿命預言的害怕。如何建立一個正向的評量環境，並將結果應用於案主的最佳福祉，其關鍵就在於諮商師所秉持的態度。

6. **人類評量需遵循既有的專業指導方針。**對諮商師與其他要使用

人類評量技術的助人專業者而言，熟悉其專業組織所設定的相關倫理守則是很重要的，這些守則的目的在保護案主與專業工作者。有關於諮商師在實施評量與其他執業上的倫理準則，都羅列在附錄*B*、*C*、*G*及*H*。

如何自然而然地觀察

我們大部分人平時就是彼此非正式分析的對象。這些分析者雖不是我們所熟悉的少數精神科醫師、心理師或諮商師，但他們卻也會業餘的進行自然而然地觀察：觀察他們的人類同伴、可能是朋友也可能是陌生人、並根據自己所觀察到的去推論那些人是什麼樣的人。憑著我們所見所思，我們可能對人們做出不同的歸類：像是官僚、模範、流浪漢、背信者、享樂者等等。甚且，我們通常傾向去保護或證實我們所觀察到的，好比說：「我就知道他看起來有些不對勁」或「從他走路的樣子，就可以看出他真的是一位運動員」等等。另外還有些時候，會唸一些陳腔濫調（許多是性別主義者所稱）來做為支持的證據，像是「不過又是個金髮碧眼的笨蛋罷了」或是「小心那些熱情的紅魔髮」。

當我們進行自然狀態的觀察時，我們實際上即是在研究真實生活中所發生的行為。雖然我們必須學會辨識非控制情境下觀察方法的缺點，但我們同時也要瞭解有許多關於人們自然社會行為的重要問題，是無法藉由控制情境或臨床取向而判讀的，就算是非標準化工具的測量也一樣不適切。諮商師也被鼓勵去採納生態學的觀點，亦即在人們所處的自然情境下觀察其完整的行為以進行研究。在開始檢驗諮商師用以深入理解其案主的各種不同技術之時，讓我們先來探討最自然也最常被用到的這個技術：觀察法（*observation*）。就如先前所提，我們大家或多或少都會使用這個

技術來推論與描述其他人，但這並不意謂所有的觀察對人類評量都同等有效。下列要點是分類不同觀察取向的基礎。

觀察的形式

Blocher(*1987*)建議系統觀察法要在下列三種基本形式採用其一：(a)自然觀察法，我們在自然情境下觀察案主或受試者；(b)調查法，我們調查（觀察）所要評量之個體的特定行為樣本；以及(c)實驗法，我們不只做觀察而已，也對這些被觀察的對象加諸特定的情境。

觀察也可依據所需的複雜及訓練層次來加以分類：

第一層次：隨性的資訊觀察(*casual information observation*)。幾乎每個人每天都會從日常、非結構且常是非計畫性的觀察，汲取一些隨性臨時的印象。這當中沒有訓練或工具的期待或要求。

第二層次：引導式觀察(*guided observation*)。就某一目的進行有計畫而直接的觀察。此層次的觀察通常會藉用一些簡單的輔助工具，像是檢核表及評定量尺等。這就需要一些訓練。

第三層次：臨床層次(*clinical level*)。經常在控制的情境下進行較長時間的觀察。通常需要博士層級的訓練，才能使用那些精巧的技術與工具。

在此層級與許多臨床場域裡，諮商師需要做出心理異常的診斷，或接受案主曾被精神疾病診斷命名上的個案史。美國精神醫學會最近對心理疾病的分類，《精神疾病的診斷與統計*DSM-IV*》是經常被使用的準則(*APA, 1994*)。

《精神疾病的診斷與統計*DSM-IV*》（美國精神醫學會*American*

Psychiatric Association, 1994）內容涵蓋心理問題相關的範圍之權
威性資訊及「官方的評鑑」。諮商師在運用「*DSM-IV*」時，可將
其當作（1）與其他心理健康專家們溝通時的標準化術語之參照；
（2）為滿足保險公司或像是醫院鑑定聯合委員會（*Joint
Commission on Accreditation of Hospitals*）等憑證機構之要求，而
進行的紀錄保存；（3）將案主依據統計類別來加以分類，以作為
研究或績效上的必要資料；（4）依現有證據來預測某疾病的過程
及其治療的歷程；以及（5）建構一套可引導介入方向的處遇計畫
（*Seligman, 1983*）。*DSM-IV*中，不同診斷的實際過程是很複雜的，
若要精通此套系統就需要大量地研讀（*Kottler & Brown, 1985,
p.161*）。

觀察法常見的缺點

俗話說：「期望是件很奇妙的事，它常常真的讓我們看見我
們想看到的，儘管那裡並不一定真的有什麼可看的」。因為觀察法
是一個我們常用的技術，我們很自然地會假定自己的觀察是很合
理精確的。然而這卻是一個誤導的假設。在人類評量中，觀察法
可算是最被濫用的技術之一。因此，讓我們開始著手檢驗一些誤
用或常見的缺點，並對此寶貴的評量技術提出一些增進效用的建
議。

美國許多州的駕照筆試中，最常問的問題之一是，要求申請
人只從形狀去辨識各種交通號誌的意義。或許你也會想就此暫
停，並測試自己對這些日常所見標誌的回憶：

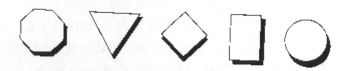

　　現在比較一下你的回答與下列的答案：停止、讓路、警告、指示、鐵路。你的表現如何呢？至少對多數人而言，這指出在間接的觀察中很明顯的缺點之一。

　　隨性的觀察無法凝聚成一致而精確的記憶。

　　想像你自己站在一個典型的法庭場景中作見證人，為檢察官提供證詞。當檢察官以你有罪的口吻低聲問：「去年十月十三日早上，你最先看到的三個人是誰？」有些證人可能會記得是因為其習慣（妻子及子女們）或因某個特殊事件（牧師、最好的朋友、或是未來的姻親），但大多數人是難以精準而確定地回憶起那要命的一天裡最早看到的三個人是誰，更別說要去詳細描述出他們的穿著打扮。儘管我們大部分人都相信自己有能力精確回想起過去曾觀察到的，但是就連法庭證人、意外事件目擊者、歷史或轟動社會事件的觀察者、甚或新聞記者都那麼常常出錯，以致於我們可以確定自己不可能如先前假設那樣對過去做出精準的回憶，尤其是細節。間接觀察的另一個缺點是：

　　間接或隨性觀察的回憶，其完整性與精確度將隨時日而逐漸衰退。

　　現在假定你是一位熱誠的運動迷。你最喜愛的團隊在一場勢均力敵比賽的最後幾分鐘時，裁判吹哨說犯規要罰球，而那可能是導致你的團隊輸掉比賽的罰球。不論那個犯規或判定是多麼明確，仍可預料到你和同隊支持者對該判定的看法，一定會相當不

同於裁判與另一隊支持者的看法。一個公正無偏見的見證人，會注意到不同觀察者在看待同一情境時會有不同的觀點。類似的實例也會發生在兩個不同觀察者在描述同一西部沙漠情景時：像是「由沙、綠葉與美麗丘陵所構成的大自然造化」及「一片荒漠與枯萎植物蔓佈在陰冷的山丘」。我們都曾經有這樣的驚訝，某人口裡所描述的男友或女友，怎麼和我們所知道的那同一人差那麼多。關鍵在於，人們在看待相同事件、人物或地點的方法上，甚或所觀察的細節上，有所不同。我們會發現以隨性或非正式觀察應用於評量目的時的另一缺點。

相同的觀察會引出不同的看法，因為每個人都會以其獨特的參考架構來解讀其所見所聞。

類似這些的缺點都指出，對案主間接而隨性的觀察將導致不完整、錯誤方向或不正確的評估。觀察法在進行案主分析上是有價值與成功機會的，但必須先發展出一些指導原則與工具，以增進此技術的精確度與有效性。這裡有一些透過觀察法進行案主分析的指導原則，接著則探討在觀察他人時所須採行的報告與記錄之有用工具。

藉由觀察法進行案主分析的指導原則

1. **一次只觀察一位案主**。個別分析式的觀察就只是要聚焦於個人。我們試著注意案主行為中每個可被觀察到的細節，並找出其在諮商脈絡中的可能意義。這種對人們進行觀察的目的，在外部團體情境與在諮商室裡較封閉情境都一樣適用。

2. **設定觀察時的特定指標**。我們是有目的地觀察案主。我們尋找適切於該目的的個人特徵。這些提供了一個對辨認特定指標的基礎，使我們能夠有效知道該要觀察些什麼。舉例而言，假如我們觀察年輕人的目的在判斷他們與成人的關係，我們

也許就決定要特別觀察其關係中的兩個指標或特徵：與師長的互動、及與父母的互動。當然，採用合適於我們觀察目的的指標是很重要的。

3. **觀察應該持續一段時間。**雖然在實施觀察時並沒有特別的時間週期準則，但也應該持續一段夠長的時間，且有足夠次數去建立我們觀察的信度。單一行為樣本不足以明確指出那是個人的特徵。這個原則的實例是，如果你有機會多觀察某人一些時日，那麼你對他的最近印象往往會不同於初始印象。還有，雖然觀察的專注時間是必要的，但觀察時間的總量不應混淆於觀察進行的時間長度裡。

4. **案主應在不同及自然情境下被觀察。**自然的行為最可能發生於自然的情境裡。儘管這些情境會因不同人而有些不同，例如對大多數年輕人而言，學校、家庭、住家鄰里及喜愛的娛樂場所都是自然的，但對成人而言，工作的地點才是自然的情境。即使在這些自然情境裡，人們在不同的地點，也會自然地有不同的行為表現。舉例來說，學生在學校的行為，在教室中、自助餐館、體育館、走廊、及在操場上，也許就會有不同的表現。因此，應盡可能在案主平時的典型場域與情境中進行觀察。更甚者，這意謂那些場域有著很多不同的變化。舉例而言，學齡青少年在學校的不同課堂之間就會有不同的行為表現，且在社交娛樂場所更是有完全不同的表現。成人在工作上的行為比在家中的更加不同，且在其他社交情境有更加不同。在這些不同情境裡的觀察，能夠幫助我們判別哪些行為會受到限制，或會受到特別環境情況所改變。

5. **在總體情境脈絡中觀察案主。**在進行人類分析的觀察時，很重要的是：要避免短視偏見的取向、或著只盯著我們想觀察的案主，以致於漏看可能導致人們那樣作為的情境互動和其他因素。例如在某一教室情境裡，我們觀察到幾乎每次數學課結束時，*Nancy*總是含淚離開，但是我們沒觀察到她鄰座同學

*Joseph*與*Jamal*顯然每天都在課堂上戲弄她。我們觀察到了結
果但卻漏看了成因。

6. **觀察所得資料應與其他資料加以整合。**在個別分析中,蒐集所
有我們對案主已知的資料是非常重要的。因為我們想要看到
的是案主整個人,所以我們要結合我們從觀察所得的印象,
及所有能夠提供給我們的相關資訊。多數助人專業者在進行
詮釋解析之前,會使用此種個案研究技術(*case-study
technique*)中的整合與關連資料來加以說明。

7. **觀察應在適切條件下進行。**如果要你試著去觀察一個行進隊伍
後面三列,或觀看一場遊戲的關鍵對決,但不巧有一大群群
眾擠在你的前面時,你就能體會到進行觀察所需的適切條件
之重要性了。在計畫式觀察時,我們想要站的位置,是要能
清楚觀看到計畫所要報告的對象。理想上,我們應有一段不
受遮蔽或分心的充分時間,來進行所要的觀察。創造觀察的
適切條件時,還有態度的考量。這些包括採取一種取向,能
免於:對案主存有偏見的取向、任何期望行為的投射、或是
容許以某一特質去預測另一個。在個別分析的觀察上,擁有
一個清楚的心理學觀點,就如同物理上的觀看角度一樣重
要。我們也應該注意到另一種可能發生的偏誤,亦即被觀察
者因察覺到正被觀察而修改了自己的行為。

觀察工具

　　諮商師在記錄其觀察所得時,必須用到許多種不同的工具。
其中多數是設計以盡可能消除因間接或隨性觀察而出現的常見缺
點。它們針對觀察之所得,提出一種能夠以印象印記(*impression*)
加以紀錄和保存的方法-這種印象在持續一年後仍會像其最初所

被記錄那般精確。此外,許多觀察報告的工具(檢核表、評定量尺、觀察指引)都提供著特別的指示或要點,以指引觀察者。像是評定量尺之類的工具,也對所要觀察之特質提供了某些可區辨的等級。因為許多這類工具都附有使用者需遵循的題項定義或說明,所以能使觀看同一受試的不同觀察者,形成一種相互的參考架構,進而增加一定程度的觀察一致性。最常被使用的這類工具有:評定量尺、檢核表、量表、以及軼事與觀察報告。

評定量尺

評定量尺(*rating scable*)顧名思義為,用來評定我們所欲觀察或評量的每個特質或活動之量尺。它們能使觀察者有系統而客觀地對受試者進行觀察與記錄。雖然這類量尺不只限用於觀察之記錄與評量,但卻是常被廣為運用的工具。

評定量尺長期以來被視為諮商師的觀察工具。它們可發揮的功能有:聚焦出特定性格特徵、增加評定者的客觀性、提供觀察者之間所作觀察的可比較性;而且它們是很容易應用的。

設計評定量尺

雖然市面上已有許多設計好而現成可用的評定量尺,但諮商師也許會發覺在多數情況下還是自行設計的較為適用。一份好的自編量尺對情境與評定者而言都是較為適切的,不但允許其修編,也較符合成本。然而,所有評定量尺的效能首先都取決於其設計。這裡有五個設計評定量尺的步驟。

*參見範例9–1「發展評定量尺」。

決定目的(*Determine the Purpose*)。初始的明確步驟是去決定觀察或評定的可能族群與目的。通常,這樣一份工具的目的或對象,應該被限定在一定的數量與範圍之內。量尺的發展,傾向

不要過度冗長與重複，甚而降低了使用者的完成度。目標有限而
明確的量尺，才是清楚、精確而指導性的量尺，也才能提高精準
反應的可能性。

確認題項（*Identify the Items*）。一但建立了量表的目標與目
的，發展者下一個步驟就是要去確認適於評定的指標或題項。這
些題項應該與觀察目標有清楚且直接的相關。而且，它們應該也
是易於理解、觀察與評量的。

確認敘述句（*Identify the Descriptors*）。雖然題項與敘述句之
間常有隱微的不同，但注意到這種差異是很重要的。題項可能無
法被評定，所以在確定題項或說明與目標描述之間，要以敘述句
來加以轉換。例如一個題項可能是「外表」，而敘述句可能是「隨
時都是穿著整齊而美觀的」。

確認評估指標（*Identify Evaluators*）。如同標題所示，在某類
量尺裡的評估或評定是指，對該特定技術之期待特徵進行觀察與
報告。為此目標可以有許多種不同的做法，例如量尺上的數字間
隔或是評量點等級、評估指標的定義、與考慮是否要提供評論的
篇幅空間。

決定格式（*Determine the Format*）。部份的格式將決定於前一
步驟所述之評估指標樣式。此外，編排通常會將題項都放在一
起；在決定此工具的最後格式時，也必須注意到長度–不能太長–
和填答之指導語。

評定量尺之限制

使用評定量表的限制，就如同所有人為實施與發展之工具的
基本議題那般－工具本身的限制與施測者的限制。最為常見的工
具限制是（a）提供給量尺使用者的指導語過於不足與不清楚；
（b）無法適當定義專有名詞；（c）評定等級分數的限制；（d）
題項傾向於引導受試者該如何反應；（e）重複的題項；以及（f）

過度冗長。

來自評定者的限制是同樣常見且甚至更加嚴重的，因為他們可能扭曲或是誤解了一個人的特質。接下來是幾個常見的例子。

1. **缺乏充足觀察而作的評定。** 許多評定者都有要完成量表上所有題項的明顯心向，因此將會以其還不熟悉的方式去測試題項。其他人在想迅速完成量表的猴急之下，會就有限的觀察即做出評定。

2. **過高評定。** 經常使用評定量尺的人們愈來愈相信，評定者在實務上常有高估的現象。舉例來說，一項針對美國十大名校從入學到畢業所使用之評定量表的新近審核指出，324位候選者全部都被評定為「相當高過於平均」或在三個類別上得分較高：外表、社交技巧、與領導能力。

3. **趨中評定。** 另一組評定者顯然較為保守，而僅僅只選填量尺上的平均或中間範疇數值，以避免高或低極端的評量。如此的評定很可能誤解每個人都只是事事平庸而已。

4. **偏誤評定。** 除了個人偏誤之外，若是評定者以其所偏好的一組題項來設定其他題項的評定型態，那也會出現評定偏誤。

雖然這裡探討的焦點只集中在報告觀察時所使用的評定量尺，但這份工具的功用不是只有侷限於此。評定量尺也大量被諮商師與其他人使用在評定表現；評鑑（個人與機構）；及測量態度、抱負、與經驗。

範例9-1是一份用以發現學校潛在中輟生的評定量尺。

範例9-1　　發展評定量尺

　　*Beatty-Tingley*高中學生的中輟率一直都高居不下。這個問題在過去三年來，變得尤其嚴重，而大多數的矯治僅有小部份效果。學校董事會因此決定要以具體方法找出那些可能中輟離校的學生，並要設計出可能的預防性措施。諮商工作人員被要求要設計一項工具，能透過觀察某些特定行為特質，而找出那些可能中輟離校的學生。他們著手發展一份評定量尺，並先說明其目的如下：

目的

1.找出潛在的中輟生

　在檢視相關研究之後，諮商師們認為潛在中輟生有四種可能指標：

(1)對學校的興趣

(2)同儕關係

(3)師生關係

(4)因應風格

　在這些指標之後，他們必須擬定適於定義評定量尺中各題項的敘述句。如下所述：

(1)**對學校的興趣**：課堂注意力、課堂活動的參與、課前準備。

(2)**同儕關係**：與同儕互動的頻率、與同儕互動的性質、同儕的態度、同儕的友誼。

(3)**師生關係**：與老師互動的頻率與性質、對老師的態度、老師本身的態度。

(4)**因應風格**：問題解決技巧、處理挫折與失敗的能力、做功課

的習慣。

他們接著開始設計評定量尺。第一個題項設計以評量學生們對其班級課堂的興趣。

對學校的興趣（勾選最適切的類別）

課堂注意力：	從未如此　很少　偶爾　經常　總是
對課堂學科正進行的活動，保持相符而大致的覺察程度	評論：
課堂參與：	非常少　少於平均　平均　優於平均　總是
參與的品質：思考並做出適當的貢獻與互動。	評論：
參與頻率：	從未如此　很少　偶爾　經常　總是
	評論：
課前準備：	從未如此　很少　偶爾　經常　總是
在閱讀及其他作業上有準備好進入積極的課堂參與	評論：

檢核表

另一項可用以記錄觀察所得的工具，是觀察者檢核表（*checklist*）。這份工具是特別設計來指示觀察者，去注意特定而可觀察到的個人特質與特徵。這是相當容易上手的工具，因為它不只是指導觀察者去注意特定特質，還提供簡要方法，以指出是否那些特質就是被觀察者的特徵。不同於評定量尺的是，觀察者檢核表並不要求觀察者去指出所呈現特徵的等級或範圍。圖9-1是一個檢核表範例的簡單形式。

觀察檢核表

_____(學生姓名)的個人特徵

觀察者（姓名或代碼）_____

期間（觀察日期）：從_____到_____

學生在什麼情況下被觀察：_____
_____

　指導語：就下列各項特質，勾選其中你認爲是此學生所具備的特徵。

正向特質	負向特質
____1.整潔的外貌	____16.不可信任的
____2.良好的健康	____17.不合作的
____3.規律的出席	____18.跋扈的
____4.有禮貌的	____19.自我中心的
____5.關心別人	____20.粗魯無禮的
____6.受其他學生的歡迎	____21.諷刺的
____7.顯現出領導能力	____22.誇耀的
____8.有好的幽默感	____23.不誠實的
____9.表現出進取心	____24.抗拒權威的
____10.勤勉的	____25.蠻橫霸道的
____11.有愉快的性情	____26.過度攻擊的
____12.成熟	____27.害羞且退縮的
____13.尊重他人的特性	____28.容易哭泣的
____14.幾乎總是盡他所能	____29.欺瞞的
____15.容易適應不同情境	____30.過度熱心的

評論：_____
_____
_____

圖9-1　觀察檢核表

量表

自陳量表(*self-report inventory*)一般都由結構式問句或描述句所組成,而其受試者要回答:「是」或「否」,或「是」、「?」、「否」(*Hopkins and Stanley, 1981*)。就像評定量尺那樣,它們使用客觀的描述與反應,以引出人們相關於所列題項之自我看法。自陳量表通常被使用來評量自我概念、學習習慣及態度。

軼事報告

軼事報告(*anecdotal report*)顧名思義就是,對案主在某一特定情境或事件裡的行為之敘述。像這樣的報告都是主觀且自然的描述,並且以敘事形式(*a narrative form*)來紀錄。諮商師通常會蒐集數種這類報告,然後才成為一份案主在某時期情境裡的行為之軼事紀錄。

軼事紀錄的設計

軼事紀錄的格式通常包括三個部分。亦即(a)紀錄基本身份資料;(b)觀察的報告;與(c)觀察者的評論。這個格式有數種變化,可就軼事紀錄的三種不同設計來加以檢視。圖9-2呈現的格式是依照上述提及三部份的順序。圖9-3變更這個格式而提供了給予評論的並排空間,可加註對軼事描述的特定陳述句。圖9-4提供空間給另一位觀察者作為評論,假如需要的話。

軼事記錄表

Henry H. Higgins 高中

姓名＿＿＿＿＿＿＿＿＿　　觀察者＿＿＿＿＿＿＿＿＿＿＿

觀察地點＿＿＿＿＿＿＿　　日期＿＿＿＿＿＿＿＿＿＿＿＿

　　　　　　　　　　　　時間＿＿＿＿到＿＿＿＿＿

描述：

評論：

圖9-2　軼事記錄：形式A

軼　　事	
	請送回： Basile小學的諮商辦公室
學生姓名	
觀察事件的描述	評論
觀察者＿＿＿＿＿＿＿＿＿＿＿＿＿＿＿＿＿＿＿＿＿＿＿	
時間＿＿＿＿＿＿＿＿＿＿＿地點＿＿＿＿＿＿＿＿＿＿＿	

圖9-3　軼事記錄：形式B

軼事報告

姓名　　　　　　　　日期	
情境	
描述	
評論：	
觀察者：	
評論：	
觀察者：	

圖9-4　軼事記錄：形式C

使用軼事紀錄的方法

軼事報告的首要考量是，選擇值得報告的重要事件。可以是案主典型行為的事件，那會有助於諮商師或案主自己更能瞭解案主。也可以是案主非典型行為的事件，那對於報告或瞭解也是很可取的。在一些情境下，一連串的軼事報告都出現長時間的相似行為，就可以說明該觀察到的特徵是案主的典型行為。不同觀察者對案主特定場合且長時間的行為做出相似的觀察，也意謂著同上的相似說明。同樣地，持續一段時間的軼事報告，將可指出案主行為的傾向或轉變。

在學校情境裡，教師被鼓勵多使用軼事紀錄，特別是在請求諮商師關注那些需要協助的學生時，或個案研討時的輔助說明，或就只是要對個別學生有更多的瞭解之時。

範例9-2說明了一系列的多份軼事可以如何引領我們發現那些需要諮商協助的學生。然而在某些情境裡，即使是單一軼事也足以讓諮商師注意到某人正需要協助。

範例9-2 學校軼事報告的使用

學生姓名　　　德瑞莎

事件一　　　　麥可先生

報告者　　　　歷史老師

日期　　　　　一月十六日（星期一）

德瑞莎今天在教室裡心不在焉。她通常在課堂討論時都非常主動，且在沒人知道答案時對問題予以回應。然而，今天她安靜地坐在座位上。當今天的討論陷入泥淖，我如同往常一樣叫德瑞

莎，並且問她「是什麼原因使得美國在第一次世界大戰之後不加入聯合國？」我很難聽到她的回答，但是我想她說了「誰在乎呢？」然後一個較大的聲音爆出眼淚地說「對不起，我不知道答案」。

老師評論

德瑞莎是一位成熟且有能力的學生之一。有什麼事情正使她心煩，如果能有位諮商師跟她談一談將會很有幫助。

學生姓名　　　　德瑞莎

事件二　　　　　齊凡芝小姐

報告者　　　　　化學老師

日期　　　　　　一月十八日（星期三）

就我所知，這是德瑞莎同學兩年來第一次在我的課堂上課業落後。更進一步說，她的行為幾近崩潰。譬如今天，她最好的朋友之一安安，想跟她借一根試管，德瑞莎怒氣沖沖的說：「妳從來沒有足夠的材料去作妳自己的作業嗎？不借，我再也不會借妳任何的東西！」這樣的回應顯然不是安安所預期的，之後的課堂時間，安安就一言不發，而德瑞莎就只是盯著她的實驗簿子。

老師評論

這小女孩顯然有些不對勁了。她的行為太不像之前的她了。她需要去找諮商師談談。

學生姓名　　　　德瑞莎

事件三　　　　　坎培女士

報告者　　　　　　體育老師

日期　　　　　　　一月十九日（星期四）

今天第五節之前，德瑞莎過來跟我說：「老師，我想退出體操隊，而且我不想再談這件事了。」當我把手環繞著她並說：「沒關係，德瑞莎，我希望妳會好好的。」她突然掉下眼淚說：「我再也好不了了！」然後就跑進更衣室。我決定讓她一個人靜一靜，所以沒再繼續我們的談話。

老師評論

過去兩週來，我就注意德瑞莎有些狀況，而今天算是爆發了。我不知道困擾是什麼？但我打算在下禮拜去進一步瞭解她的問題，不管那是什麼。您有何建議嗎？

就此情境，學校諮商師很顯然可以在本週結束前，對此遭逢困擾的年輕女孩形成初步的瞭解。雖然在事件的描述中並未指出困擾成因，但諮商師已有充分理由去約談德瑞莎，或透過諮詢坎培女士來提供其適切的幫助。

優點與缺點

因為軼事報告是設計來主觀描述所觀察到的東西，它們比其他客觀測量來得更栩栩如生。它們呈現出一種更廣泛、更加完整的情境觀點，同時也避免了量化或客觀報告方法的單調。

軼事報告的主要限制，在於執行的觀察報告者本身。這類最常見的就是，多在報告觀察者的感覺，而非所觀察到對象的實際行為。帶有偏見或預期的閱讀心態，則會誤解報告內容。經驗不足的觀察者所做出的過度詮釋或錯誤解讀，也是很常見的。報告不重要而無意義的行為，也會限制了軼事報告的有效性。

時間基礎的觀察

依據時間區間所進行的行為觀察是有效的。測量行為的一項
策略是以時間為單位而非個別的行為反應。*Kazdin*(*1981*)做了以
下的描述:

在行為觀察的總時間裡,行為是以許多短時間間隔而被記
錄的。在時間間隔的記錄裡,行為的觀察是以每天一次且以
單一時間區塊(例如30分鐘)進行的。一個時間區塊被分成
連續幾個短時間間隔(10或15秒),而案主的行為就在此短時
間間隔裡被觀察。要紀錄標的行為在每個時間間隔裡的出現
有無。假如某一不連續行為,像是攻擊某人,在某單一時間
間隔裡發生一次以上,就要紀錄成:有發生。發生於某一時
間間隔裡的數個反應並不會被分別地計算。假如行為的持續
無明顯的開始或結束,像是說話、玩耍或是坐下來,或是發
生了很長一段時間,那麼紀錄的方式是看它在每一個時間間
隔裡有無發生。

各種時間間隔紀錄可被稱之為時間樣本。這樣的變化是使
用了時間間隔法,但其觀察是在不同時間的短時期所進行
的,不是單一的時間區塊(*p.107*)。

另一個時間基礎的觀察方法(*time-based observation*)是,以一
個特定行為反應的時間總量、或持續長度而做紀錄。
Kazdin(*1981*)指出:

這種方法對持續進行中的行為反應特別有用,尤其是連續
而非分離的超快動作或反應。試圖增減某反應表現的時間長
度之計畫,可善用此種時間持續方法。舉例來說,時間持續
法已用於評量幽閉恐懼症患者,其自願坐在一個小房間中的
時間總量(*Leitengerg, Agras, Thompson & Wright,
1968*),以及偏差少年花在往返學校與差事之間的時間

(*Phillips, 1968*)。

　　另一個基於持續時間的測量方法不是在看反應出現的長度，而是在看案主需要多久時間來開始這個反應。從線索到反應之間所消耗的時間量被稱之為「潛伏期」(*p.108*)。

情境式觀察

　　情境觀察法(*situational observation*)是在結構式情境下研究個體行為時所使用的。舉例而言，團體也許會被置於一個問題情境，但沒有領導者參與其中。接著觀察這個團體，看有誰或會如何產生領導者，也看看不同成員們會如何反應。學校教師可能在公告的一段時間裡，就學童研讀情境對個別學童進行觀察。工人在其工作時，可能受到督導者的觀察。

行為圖表

　　行為圖表(*behaviral charting*)，或刻痕計次(*tallying*)，是記錄與檢視所觀察行為的另一種形式。就此技術中，要在一固定時段裡觀察某特定行為（例如擾亂他人、離開工作場所、沒來由地發笑），以判斷其出現的頻率。圖9–5呈現了此技術的報告格式。

```
       對象        Ima Hummer（被觀察者姓名）

       觀察者      R. Whiner

       觀察行為    在課堂作業時間，藉由擾亂的噪音來引起注意

       _____

       _____

       _____

日期及時間       4/6         4/7         4/8         4/9

              10：00A.M.  10：00A.M.  10：00A.M.  10：00A.M.

       地點    英文作文教室（兩小時課程）

              次數記錄                    總數

星期一            I                      6

星期二            III                    3

星期三            II                     7

星期四                                   5
```

圖9-5　行為觀察表

選擇工具

我們已在這一節裡討論了各種觀察技術與工具。在許多情形下，諮商師及其他觀察者都要決定該選用何種工具，或決定什麼工具最適用於手邊的觀察工作。接下來的討論將有助於判斷該選用何種類型的工具：

1. 對於需要進行的個別分析之觀察，是否有些紀錄上的指示說明？（答案通常是有－或應該有）。

2. 敘述的或是客觀的報告，何者較為適當？

3. 會有一位以上的觀察者要對這位案主（或潛在案主）做觀察報告嗎？

4.是否需要對所觀察到的進行評量或評鑑？

5.是否需要進行不同案主之間，或案主與不同族群之間的比較？

6.是否需要意見或感想－不一定要是事實或確切依據的資訊？

7.要避免複雜的觀察與記錄方法之工具嗎？

8.是否需要工具能在短時間內容易完成，即使得犧牲一些觀察的精準度或深度？

9.工具是會被諮商師或其他有經驗或受過訓練者所使用？

精神疾病的診斷與統計*DSM-IV*

在美國，最常被使用的診斷系統是精神疾病的診斷與統計第四版《*DSM-IV*》（*1994*），由美國精神醫學會所出版。雖然這本手冊本身提供了記錄的標準化系統，但依據其記載項目所做出的判斷仍是主觀的。

根據*DSM-IV*，心理疾患（*mental disorder*）是指一種臨床上發生於此人的重大行為或心理症候群或模式。再者，根據*DSM-IV*，心理疾患患者必須出現下列診斷之一：痛苦（如：一種痛苦的症狀）或失能（即損害一或多種重要領域的功能），或顯著地增加蒙受死亡、痛苦、或失去重要自由的危險性等。不論案主在諮商中是否告知其有無心理疾患，諮商師都可藉助*DSM-IV*的多軸向診斷來彙整案主的資料、症狀、身體狀況、其因應程度，以及所遭遇到的壓力源（*Capuzzi & Gross, 1997*）。

所謂*AXIS*多軸向診斷的五個範疇，是用以彙整案主資訊（*information*）、症狀（*symptoms*）、身體狀況（*physical conditions*）、因應程度（*levels of coping*）、與正遭遇的壓力源（*stressors*），之指導方針。*AXIS*多軸向分類系統及其一般範疇如

下：

第一軸向　　臨床疾患及可能爲臨床關注焦點的其他狀況

第二軸向　　人格疾患、智能不足、邊緣性智能與其他較不嚴重症
　　　　　　狀的疾患。

第三軸向　　一般性醫學狀況

第四軸向　　可能影響到案主的心理與環境問題

第五軸向　　功能的整體評估（使用評定量尺格式）

　　*DSM-IV*所涵括的心理疾患與狀況，可分成17種類別：

· 通常初診斷於嬰兒期、兒童期或青春期的疾患

· 瞻妄、癡呆、失憶性疾患、及其他認知疾患

　（*cognitive disorders*）

· 一般性醫學狀況造成的心理疾患

· 物質關聯疾患（*substance-related disorders*）

· 精神分裂病及其他精神病性疾患（*psychotic disorders*）

· 情感性疾患（*mood disorders*）

· 焦慮性疾患（*anxiety disorders*）

· 身體型疾患（*somatoform disorders*）

· 人爲疾患（*factitious disorders*）

· 解離性疾患（*dissociative disorders*）

· 性疾患及性別認同疾患（*sexual and gender identity disorders*）

· 飲食性疾患（*eating disorderers*）

· 睡眠性疾患（*sleep disorders*）

· 他處未分類之衝動控制疾患（*impulse-control disorders*）

· 適應性疾患（*adjustment disorders*）

· 人格疾患（*personality disorders*）

· 可能為臨床關注焦點的其他狀況

諮商師在使用*DSM-IV*前，應該有特別的訓練及被督導經驗。

自陳報告：自傳及其他技術

至此，我們已探討了幾種評量案主的觀察技術。在這類技術中，案主可能察覺到自己正在被觀察，但他們卻很少直接參與那個歷程。

在以諮商為目標的人類評量中，有些極重要的技術都需要案主的積極參與。這些技術不只提供諮商師特殊的洞察，而且還極有助於案主投入於自我評量的歷程。像是自傳、自我表達短文、問卷及結構化訪談這類技術的使用，都有助於諮商師與案主雙方更加瞭解案主的優點、缺點、與獨特性。

自傳：廣被運用的體裁

世代以來，自傳（*autobiography*）一直都是最常被使用的書寫形式之一。人類對人們是如何看待其自身生命經驗的個人觀點，一直都秉持著高度興趣。此外，幾乎所有人，不管有名或無名，都曾經札記下其生命經驗的個人觀點。有些人希望能出版付梓，而其他人則僅僅是為了滿足自己而寫。對於大多數纏繞心思而欲

訴諸筆墨的那些生活經驗之感想而言，那樣的動機不太可能正好符合諮商的需求。然而，即使是非自發性的著墨象徵，自傳也還可以成為純熟諮商師的有效資訊來源。讓我們簡短地檢視一下這種人類評量可使用的非標準化技術。

自傳：一種不同的取向

就此點而言，要適當地說明：諮商師應該避免使用重複或相似的技術。例如，同時使用評定量尺和觀察檢核表來報告同一行為類型，或使用三種不同的成就測驗來測量同一領域裡的成就，如此的收益都極微。自傳的一項特徵就是：不同於諮商師現有的其他可用技術，它提供案主（或學生）機會，去以其經驗來描述其自身的生活。

自傳讓一個人能夠去表達其生活中所有重要的事項，強調其喜好與厭惡，認同所要的價值，描述其興趣與志向，知道其成功與失敗，及回想起個人有意義的關係。如此的經驗可以是思惟的激發，深具領悟及行動的觸媒，對成熟的案主尤其如此。有時，經驗也能夠釋放緊繃的張力。

當作功課的自傳

如先前所提，多數人在其生命中的某些時候，會達致一種心理準備度而想寫下自己的生命故事。然而，這種狀態並不一定會出現在諮商師正需要這樣的資訊之時，因而案主可能是在被要求之下而去記述其自傳。諮商師應該儘可能自然而坦率地解釋這份作業，說明該份作業在諮商歷程中對諮商師與案主雙方將如何有所幫助。諮商師也應該強調自傳的內容將永遠是（在法律限制範圍內）被保密的資訊。諮商師也應該說明可能的內容與準備此作業的方法。寫作的指引也許也要備用於此情境。範例9-3就是一份這樣的指引，提供案主三種準備自傳的可能選擇。

在學校情境中，自傳通常經由學科課程而蒐集。最常出現在中學與小學國文的課程中，要寫一份語文作業或有關研讀著名歷史人物的寫作。作爲一份課堂作業，應教導學生視其自傳爲一項很又價值的教育體驗。雖然這意味那是一項正規的評分作業，但是，教師必須再三強調所評之高低分，無關於學生個人的生活狀況，而是其就這項作業的寫作技巧與態度。

限制

自傳有許多潛在限制，是諮商師與其他使用者必須加以考量的。譬如，許多人可能覺得寫自傳很煩瑣，於是漸漸寫成簡短、單調又乏味的流水帳，以致毫無助益於作者自身的省思。作者的寫作能力也是影響自傳有無可讀性的因素。而且，如同各種以回憶爲基礎的工具，作者有無精確而詳細回憶過去經驗的能力是很重要的。自我洞察是另一項重要的因素。讀者必須注意到某些避重就輕的扭曲，或是描述作者渴求的生活經驗之編造或幻想。當代的價值觀也可能影響作者對其過去經驗與關係的看法，而那些價值觀或許與個人現有的價值系統並不一致，因而可能誤導了讀者。

範例9-3　撰寫自傳的指引

目的

1.提供機會去體會，如何計畫、組織與撰寫你的自傳。

2.提供作者與讀者機會，去增進對你的認識、洞察與理解。

每位作者都會發展出適合其自身風格的綱要。你可以適切地決定每個時期、事件、或人物的重點和細節。以下的例子僅列出

綱要和主題，那是一份自傳所適合採納的。（註記：我將是你這份自傳的唯一讀者，且其內容當然是保密的。）

例子A

第一部份　　　我學齡前的幾年

　　　　　　　我的家人、我的住所、早期記憶、

　　　　　　　朋友、喜好與厭惡

第二部份　　　我的學校歲月

　　　　　　　　　小學、國中、高中、大學、師長們、朋

　　　　　　　　　友、喜歡與不喜歡的學科、活動、重要

　　　　　　　事件、經驗、旅遊、擔憂與抉擇。

第三部分　　　我的成年歲月

　　　　　　　　　我的住所、工作經驗、朋友與家人、

　　　　　　　旅遊、嗜好、繼續教育、擔憂與抉擇

第四部分　　　現在的我

第五部分　　　我未來的計畫。

例子B

1.我生命中的重要他人。

2.我生命中的重要事件與經驗。

3.我生命中的重要地點。

例子C

就你最久以前的記憶來書寫你的自傳－你最早的童年記憶。談談那些令你印象深刻的事情，記憶鮮明的部份，無論是開心的或難過的。試著寫下那些你認為有影響到你生活的事件，像是搬家到另一個城市、或是進入高中就讀。當你寫下這些事件時，試著去說明這些事情是如何地影響你，誰對你影響最深，及他們是如何影響你今日的感覺和行動方式。提及你未來的願望與計畫－舉例說明今後十年裡，你希望去做的事情。

如果諮商師希望案主強調其生活經驗中的某一特定部份，就應該對作者就此多加說明。

解析

熟知自傳的優點與限制之後，讓我們來看諮商師可能的分析。諮商師（讀者）首先要會準備一份檢核表或摘要表，其題項是特別相關於案主的諮商需求的。在其他情況下，諮商師可簡單摘要下最相關部份閱讀的結論，或者，如果那是只給諮商師觀看的書面，也可畫底線或在邊緣空白處做相關註記。在一般的閱讀裡，可以使用圖9-6所描述的格式去分析一份自傳。

I	重要事件
II	結構－長度、語言（選擇的字彙、表達的深度）
III	遺漏的、掩飾的或不正確的
IV	要進一步檢查的要點
V	摘要評論

圖9-6　分析一份自傳

來源：從 M. A. Kelly, *Personal and interpersonal Appraisal Techniques*, 975, p.66. Courtesy of Charles C. Thomas, Publisher, Springfield, Illinois.

自傳的節錄

以兩個簡短的節錄說明學生自傳常出現的主要陳述。

當我從East Park高中轉去Newry高中時，我猜我那時以為事情將會如同往常一樣進行。我過去在East Park算是個風光人物─你知道我指的是─學生會的成員、「戲弄社」的會長─那是學校裡最受歡迎的男生社團；二年級的爵士舞王、還參與其它半數以上的社團、被邀請參加所有的重要宴會及社交活動。但是在Newry，很多我曾參加過的社團都沒有。那裡沒有男生的社交社團，我有試著去做，但我好像就是打不進那個「受歡迎」的圈子。很多小朋友和我談得蠻愉快的，但他們在宴會時卻從來沒想到我。我發現待得愈久我就愈想念East Park，我甚至開始蹺課，那樣我才能回去看East Park。我過去在East Park的成績都有甲，但在Newry的成績則真是難堪。事實上，Newry有些小朋友還以為我是個「蠢蛋」，我知道很多老師也這樣認為。

在這個實例中，諮商師可以從案主自傳的這部份發現一個重要線索，那可以解釋他的成績退步及大學申請的後續困境。

我猜就我有記憶以來，我都覺得自己像是多餘的無名小卒。我覺得我媽媽可能討厭我，因為我不是個女孩，因為我出生前她就已經生了五個男孩。我知道我這個小孩永遠也做不好任何事，而且我媽媽常常說我什麼事都作不好，因為我是多餘的什麼也不是。我記得她跟我爸爸都開始叫我「多餘仔」。然後我幽默的大哥開始稱我是「N.B.」（nobody的意思）。其他家人覺得那很「貼切」，所以當我開始上學，還有整個求學過程，我都一直被叫做「N.B.」。其實，我的名字是James Lucifer Laswich。但我通常得停一下才想得到我的

真名是什麼，我太習慣「*N.B.*」了。我猜我這麼習慣的一個原因是，我似乎只想扮演好「多餘仔」這個名字。有時候，我覺得這個學校沒有任何一位老師在下課後還記得我，而我知道大部分的小朋友不是這樣的。我一定是學校裡唯一沒有「好朋友」的小孩。

　　這個多餘案主是個人自傳重要陳述的另一個例子，提供諮商師關於案主退縮行為及低落自我概念的線索。

　　圖9-7是可用於評閱一份自傳的格式範例。

```
┌────────────────────────────────────────────────┐
│_____的自傳                      │
│寫作日期_____│
│要求的任務_____ 其他_____│
│評閱日期_____│
│目的_____│
│  _____│
│重要事件_____│
│  _____│
│遺漏的時間或主題_____│
│  _____│
│過度強調的時間或主題_____│
│  _____│
│可能扭曲_____│
│  _____│
│其他評論_____│
│  _____│
└────────────────────────────────────────────────┘
```

圖9-7　自傳的評閱格式

錄音帶式自傳

近年來，諮商師發現一種相當不同於書寫式自傳的新方法－錄音帶式自傳－很適用於某些案主。錄音帶式自傳讓案主有機會以口語方式敘述與討論其生活。在使用這項技術時，諮商師要先判斷這是否比書寫式自傳更加有效。假如錄音帶方法是較適合的，那麼諮商師應該決定是否要提供案主進行回應的結構式綱要，或就只是讓案主自發地陳述其生活。

決定使用錄音帶式自傳是有一些優點考量的。例如，有些人的口語表達優於書寫方式。還有，這種方式只需要案主做少許的準備工夫，因而可較自在地呈現原本可能遺漏的細節。有些案主可能覺得，比起一般的寫作文件，錄音帶的內容較不會洩漏自己的祕密。錄音帶式自傳的聲音語氣可以揭露案主的感覺與情緒，並且由於錄音的自然情境，錄音帶式自傳的內容較不會受到案主的編造與抑制。最後，對某些案主而言，錄一段自傳，會比傳統寫作經驗來得更加有吸引力及創新。

當然，錄音也有其缺點。書寫式自傳的常見缺點，例如欠缺回憶、誇大及空泛，也可能是這個取向的限制。此外，有些案主缺乏以清晰口語做自我表達的能力。還有一些人在這樣不自然的方式下會感到很彆扭。儘管如此，錄音帶式自傳仍是諮商師在某些案主某些情況下可考慮選用的工具。

自我表達短文

自我表達短文（*self-expression essays*）是另一項諮商師偶爾會想使用的有效技術。這個技術試著去引出案主對特定問題或擔憂的回應，通常寫成簡要的短文形式。這個技術的目標是要引出案主在某主題上的自發而不拘泥的反應，或相關於該主題的諮商需求。適當的主題範例包括：

413

我最擔心的是...

你一定不知道...

我很重視...

我將來的計畫是...

我的工作是...

　　應該強調這類文體可引出正向的反應,也可引出潛在問題或擔憂的陳述。範例9-4說明了一個正向的反應。

範例9-4　一份自我表達短文:我的學校問題

　　我的學校問題就是我找不到問題!看看我們!我們有一個美麗的學校,而且我很幸運遇到一群很優秀的老師。我們所有的體育隊似乎每年都不會輸掉兩次以上的比賽。最優秀的孩子們才能進來這裡展現其光環,甚至自助餐裡的食物都是那麼地可口。所以我有了問題,因為我是一個天生挑剔者—我最會找碴了—當我能指出別人的弱點時,我就會覺得有成就感。在我來到*Lee Street*高中之前,我都有很過癮的時候。現在,我感到很沮喪,因為我沒有碴可找。

　　為了幫助解決我的問題,我提出以下建議:

1. 學生要用力改變校園景觀,塗鴉洗手間,攀折花木,還有其他把學校弄得更像住家一樣的勾當。

2. 老師們要常常罵我們到底有多笨,拒絕把我們當人看(我現在真的覺得比自己的狗還優越),還有他們要回到師生激烈對立的舊遊戲。

3. 我們的校隊要輸掉更多的比賽,而教練得脫掉他們的西裝和領

帶，穿上鬆垮的汗衫T恤並且在辦公室裡大聲謾罵，這樣他
們才不會被錯認成淑女與紳士。我們學生自己應該想辦法趕
快擺脫可恥的「運動家精神」獎。

4. 學生開始結黨分派，不要歡迎菜鳥，且行動上大致要像個青少
年，而不是年輕的成人。喔！對了，我們還需要一些更「霹
靂的」奇裝異服。

5. 最後，學校餐廳經理要去抄襲其他學校的菜單食譜（應該只提
供冷的馬鈴薯泥，滷汁嚐起來應該像膠水，還有炸雞應該是
又硬又乾的）。

自我描述

　　自我描述(*self-description*)是另一種案主參與的工具，能夠讓
諮商師觀看到案主是如何地觀看他自己。適合的話，可要求案主
「以文字描繪出自己的圖像」。

　　案主可藉如此的自畫像來分享自己的任何一部份給讀者知
道。諮商的早期即適合進行此種描述，讓諮商師能對案主有多一
份的瞭解。不同於自我表達短文，此種自我描述是個人對自己的
看法，如範例9-5所示，而自我表達短文記述的可以是個人對活
動、事件、與信念的態度。

範例9-5 自我描述短文的節錄

例子一

我會形容自己是一個討人喜歡且友善的人。其他人認為我的個性隨和且能隨遇而安。正直是我很重視的美德，而且我相信別人也跟我一樣，我認為他們也有著我這樣的優點。

我媽媽過去總是教我，應該去察覺別人的感覺，並盡我所能地去取悅他們。多年來，我對此哲理奉行不已，然而卻發現別人並未察覺到我的感受。這讓我情緒上和心智上感到受傷且被人利用。我幾乎必須重新教導自己去相信，為自己著想並不全然是自私的，且有時那是獲取幸福生活的唯一方式。

諮商師的批註：諮商師必然會注意到此自我描述的段落，指出案主在情緒上和心智上感到受傷且被人利用。讓諮商師也感到興趣的是，案主描述「我幾乎必須重新教導自己去相信，為自己著想並不全然是自私的。」

例子二

我認為一個人不應該太過墨守成規而可被預測，應該要擁有內在想法與感覺的一致性。我並不是說我喜歡看那些想分類或預測他人反應的人出錯。我不是故意假裝或有某些理由，而去誤導那些與我工作或接觸的人們。但往往一個出其不意的行動、評論、或回應，會揭開熱切交談那方的驚訝反應。我和許多人不親密，而且我總是沒有足夠的耐心去發現同儕或同事的優點。有人說我的觀點有時候太過敏感，但我喜歡說自己增加的敏感度讓我可以沈靜於生命的氣息並享受我所感覺到的美感。

我是個理想主義者、認真而極度關懷那些需要幫助的人們，且也是一位好的傾聽者。

諮商心理師的批註：諮商心理師讀到此自我描述，可能注意到這位案主對其同事保持距離的事實，且有時相當明顯易於敏感共鳴。也感興趣於此份自我描述中，有關作者與其同儕之間互動的描述。

自我覺察練習

許多人得意於他們的自我控制；把感覺放一邊，而以務實態度處理其眼前情境的能力。其他人發現要公開向他人表達自己的感覺竟然是那麼地困難，例如那位超級害羞的年輕男士永遠也無法鼓起勇氣，向他的真愛訴說自己有多在意她。在另一極端是，我們可以辨認出有些人太公開直接表達自己的感覺，以致於破壞了他們個人的人際關係。在這些極端中，那些人甚至常常沒有察覺到自己的情感表達，可能對其人際關係形成阻礙而非助益。

自我覺察練習(*self-awareness exercises*)是用來幫助人們，能更加察覺到自己的感覺、情緒與價值觀，以進而能更有效地表達自己。*Egan*(*1977*)情緒表達的困難度圖表（圖9-8）說明了在許多情境中，情感表達的困難度愈往圖表下層走會愈見阻力。由此可見，最容易的是，針對某位不在現場人士的過去情境表達一份正向的感覺。

練習9-1與9-2是自我覺察練習的範例。

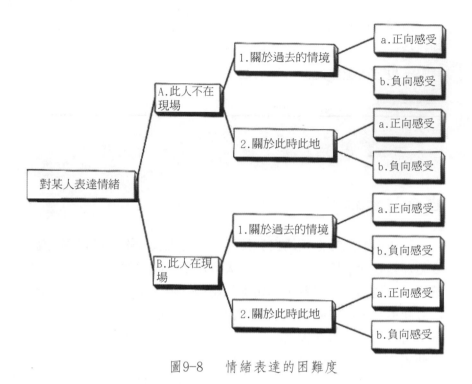

圖9-8　　情緒表達的困難度

來源：*You and Me: The Skills of Communicating and Relating to Others*, p.81, by G. Egan.

練習9-1

　　這份練習是設計來幫助你察覺自己的情感表達會如何影響你與他人之間的人際關係。答案沒有對或錯的分別，所以你應該儘可能誠實地回答每題的陳述，注意在真實情境中，「誰」及事項可能改變你的回答。

　　使用下列量尺：

　　1=非常令人討厭

　　2=有一點討厭

3=通常不會令我煩惱

4=感覺還不錯

5=可能會覺得蠻好的

指出你對這樣的人通常有何感覺

1.對你怒吼

2.拍你的背跟你打招呼

3.在讀到一本悲傷的書或新聞時，在你面前哭泣

4.他們在感到挫折或心煩時，用很大嗓門說話

5.常常開心的笑

6.他們在惱怒時很沈默且鬱鬱寡歡

7.他們在難過時很沈默且鬱鬱寡歡

8.他們在失望時變得很沈默

9.只要事情一出錯就變得情緒化

10.只要好事一降臨就變得情緒化

11.從不流露任何情緒

12.他們外顯的情緒不太一致

練習9-2

指出你通常如何管理自己的情緒，使用以下的量尺：

1=公開表達我的情緒

2=能對密友或家人公開表達我的感受

3=會修飾我的情感表達，以傳達較低程度的情緒強度

4=把感覺留給自己

1. 我認為某件事情很有趣，但不知道別人是不是也那樣認為

2. 我非常失望沒有達成我所想要的的層次或目標。

3. 我非常生氣，因為另一人的行為造成我極大的不便。

4. 我覺得很挫折，因為在完成一項指派任務時遇到不必要的耽擱與煩瑣手續。

5. 我被授予一項很高且無預期的殊榮。

6. 我因為失去一位好友而感到悲痛。

7. 我是某件熱門事件或活動的參與者。

檢視你在練習9-1與9-2各題項的反應，你能否發現自己的情緒表達在哪些情況下受他人所左右，或你自身的情緒如何影響你與他人的互動？

日記與日誌行事曆

如同自傳一樣，我們許多人不時有寫日記(*diary*)的習慣。我們記得當時是如何在那些祕密篇章中透露自己的心思靈魂，通常會用小小的鎖加以保護，如果今日能重新閱讀，可能有助於我們更加瞭解自己現在的某些行為與態度。或許今日的案主不像以前人們那麼願意分享這樣的記錄，但如果有案主願意持續與諮商師分享其日記，那將可提供非常寶貴的洞察，進而瞭解案主及其擔憂所在。有些案主發現以寫作方式呈現其某些層面的行為或經驗，會比口語溝通來得容易，若是如此，則諮商師可建議其維持一段時日的日記。

另一項有系統記錄案主日常活動的技術是每天的行事曆(*daily schedules*)。這通常是以小時間隔的計算方式，對案主日常活動所作的簡單條列。這項技術可幫助諮商師與案主瞭解案主是如何組

織他的時間。日記通常是一整日活動的摘要,其內容常是感覺與
解析,而行事曆則相對能較客觀呈現當日的所有活動。圖9-9所示
的範例是這兩種工具中較不為人善用的日誌行事曆。

_____的日誌		第___週
早上	下午	晚上
星期一	12：15-1：00 在學校餐廳吃午餐	6：00-7：00 晚餐
6：45 起床		7：00-8：00 看電視
8：00 出發去學校	1：00-3：00 還在學校	8：00-9：30 讀英文及歷史
8：15-12：15 學校	4：00-5：00 跟朋友去閒逛	9：45-10：15 讀法文
	5：00-5：30 幫媽媽去商店買東西	10：45 上床睡覺
	5：30-6：00 讀晚報,大多是體育版	
星期二	12：15-12：45 在學校餐廳吃午餐	6：00-7：00 晚餐
跟星期一一樣	12：45-1：00 跟Leonard先生說話	8：00-8：30 讀英文及化學
	1：00-3：30 上課	8：30-9：00 看最喜歡的電視節目
	3：30-4：30 做化學實驗	9：00-9：30 讀英文及化學
	4：45-6：00 回家、看報、聽音樂	9：30-9：45 講電話
		9：45-10：15 讀法文
		10：15 上床睡覺
星期三	12：15-1：00 帶午餐、在Leonard老師班上邊吃邊看實驗	6：00-6：30 晚餐
		6：30-8：00 準備歷史考試
		8：00-8：30 看電視
		8：30-9：45 準備歷史考試
	1：00-3：30 上課	9：45-10：00 遛狗
	4：00 回家	10：00-10：30 讀法文
	4：45-5：30 跟路過的朋友閒晃	10：50 上床睡覺

圖9-9 日誌行事曆

問卷

問卷(*questionnaire*)是最被廣爲運用的一種非標準化工具,我們每個人都填寫過。問卷顯然已是許多人生活方式的一部份,因爲它們普遍被使用在調查公衆反應、引發意見、預測需求,及評量商品、服務與活動的廣度。然而,普及並不意味貶低其重要性,它仍是蒐集個別或團體個案數據的重要經濟資訊工具。

問卷對諮商師有許多不同的用途。廣義來說,它顯然是蒐集大量有助於瞭解案主的資訊之簡便方式。問卷也是一種案主參與的技術,至少在某些情況下,讓案主在完成問卷時有機會增進自我瞭解。最特別的是,問卷可依照諮商受輔者的特殊需求及相關特殊類型資訊而加以設計。問卷也能找出可佐證諮商師已知資料的相關資訊。此外,問卷也能幫助辨認個別或團體的問題,還有他們的意見、態度、或價值觀。在蒐集需求評估數據,以作爲建立方案目標及改良方案之基礎時,問卷都可算是很好的方式。

然而問卷的可用性,某程度是依據所欲蒐集資料的類型、問卷設計的適切性、及施測者的技巧而定的。

在問卷設計上,必須謹記以下數個特定基本考量。

1. **指示(*Directions*)**:指出工具的目的,並給予清楚而精確的作答說明。

2. **題項設計(*Item design*)**:題項設計要是清楚、精確且不複雜的。題項應該只會引出一個反應,且其陳述方式應該不會造成受試者的偏誤,或影響其所作之反應。問卷題項也應該符合受試者的語言程度。

3. **題項內容(*Item content*)**:問句的設計應該能蒐集到,適切於該工具評量目標所需的資料類型。然而,對於可能出現社會敏感、文化限制或私人的資料部份,要相當小心謹愼。即使是少數這類題項(像是「你會從事婚外性行爲活動嗎?」或

是「你曾有過犯罪的念頭嗎？」）都會引起某些受試者的反感
和猜疑，甚而影響其整體問卷的作答。儘管匿名問卷可取得
團體受試在某一敏感主題上的較真確作答，但諮商師將會發
現這類不具名的回答，對個別諮商較不具可用價值。

4. **長度**(*Length*)：問卷的長度顯然是最後重要的考量。我們常常
　接到那種長到我們根本不想提筆作答的問卷。案主和學生們
　不會想對一份冗長問卷加以回應的。這類的工具必須有合理
　的長度，才能有助於蒐集其所要的資料。

結構式晤談

　　結構式晤談(*structured interview*)是另一項能增進諮商心理師
對案主有所瞭解的基本且常用技術。此方法不僅提供在特定情境
下觀察案主的機會，且同樣重要的是，讓諮商心理師能夠去獲得
特殊的資訊，並深入探討某些行為或反應。結構化的晤談通常是
為了達到特定目的而設計的。一旦有清楚釐訂目的，就得設計合
適的問題，以達成該晤談的目的或目標。這些問題通常以某種邏
輯序列安排而成，但是晤談者必須保持彈性，依情境需求而調整
問題的性質與順序。

　　儘管諮商的基本原則適用於一對一的晤談（見第五章），但在
此還是要說明，晤談歷程與場景愈自然就愈能成功，且要避免產
生焦慮。因為晤談場景與歷程對諮商師而言是很舒服的，所以有
時可能會忘記受輔者並不熟悉那些場景或歷程，而那可能是個令
案主害怕的經驗。回想你自己的經驗，被國稅局要求審查所得
稅、或應徵第一份工作的面試，或許你就可以體會到案主的戒慎
緊張。在某些結構式晤談的限制裡，我們也必須辨識出案主可能
有遺忘、誇張、或太用力反而給不出正確答案等這類的人性特
質。

　　為了舉一個結構式晤談的例子，讓我們再次回到*Beatty-Tingley*高中（範例9-1）及其學生中輟問題。經由評定量尺結合其他資料而找出潛在的中輟生之後，諮商人員就決定要和那些有意願的學生進行結構式晤談。這些晤談的目的是進一步探索每位學生對學校的看法與態度，聚焦在其教育及生涯規劃上。他們訂出結構式晤談的過程如下所述：

結構式晤談

1. 給予晤談目的的簡介與說明－我們將會如何進行，並回答任何的問題。

2. 首先，告訴我，你這一年在學校過得如何？

3. 在學校這一年裡，最棒的事情是什麼？

4. 你最不喜歡學校的什麼？

5. 不在學校的時間，你是怎麼過的？

6. 你想過要休學嗎？如果有，你之後計畫做些什麼？

7. 學校可以再做些什麼讓你覺得比較有樂趣？

8. 讓我們談一些你的未來－你的工作或職業計畫是什麼？

　（接著順著這些問題去看關於選擇的理由：長程的目標及進一步的教育）

9. 有任何問題想要問我嗎？你還想說些什麼嗎？

10. 結論。

　　你會注意到在初始對晤談目的與過程所作的說明。還有，問題的結構是要能引起討論，而非是或否的回答。當然，要給予受輔者機會去問問題，或在晤談結束之前做額外的補充。

在許多機構或臨床場域中，這個過程可能被稱之為「診斷晤談」（*diagnostic interview*）。在這些場域中，很多求診的人通常都被要求去做某些診斷檢查的形式。許多機構會使用不同的診斷晤談，將診斷分離出諮商歷程。如此章先前所提，像《精神疾病診斷與統計手冊第四版》這類的臨床指引，可適用於此目的。

接案晤談

在機構以及其他諮商師場域裡，與案主的初次晤談（*initial interviews*），通常稱作**接案晤談**（*intake interviews*）－或有時是個案史晤談（個案史晤談的設計是以系統化方式蒐集案主生活的相關事件）。這種接案晤談是評量歷程的一部份，諮商師在那時蒐集有關案主的擔憂、當前狀態、與可能的個人特質等資料。*Cormier*和*Hackney*（*1993*）指出接案晤談的前提假設是：

案主會來尋求一次以上的諮商晤談，並試著談論其困擾或擔憂所涉及到的其他人、其他場所、與未來和現在。大多數諮商師將接案晤談限制在一個小時之內。爲了做到這點，諮商師必須承擔起該次晤談的責任與場面控制。不要企圖把它變成案主的「治療回合」。第二次的晤談回合再開始去滿足那些需求...

因爲接案晤談不同於一般正規的諮商回合，如果諮商師能爲案主解釋初次晤談的目的和性質，將有所幫助。你可以說一些：「*Marie*，在諮商開始之前，如果我能先知道一些你的背景資料將會很有幫助。所以這次，我想花一些時間來認識你，並問你一些問題，有關於你的學校、工作及家庭背景等等。然後，在下一回合裡，你就可以開始討論和思索你之所以來諮商的擔憂所在。對此，你有沒有想問的問題呢？」（*pp.80-81*）。

團體評量技術

　　團體輔導與諮商技術在第七章中有詳細地討論，但在非標準化評量技術這章還是需要檢視一下，那些評量團體中個人角色與關係的簡要技術。要瞭解案主的整體存在狀態，就極需要去瞭解其在團體中的連結關係。團體是人們人際連結的一種自然形式。在當今世界裡，隱士幾近絕跡；每個人都不再是單打獨鬥的個體。團體連結是很自然的，我們所有人都隸屬於許多不同的各種團體。例如，我們有些人在短短24小時內可能連結到：家庭團體、工作團體、社交娛樂團體、市民團體、政治團體及教會團體。不論在團體內外，所有這些場所裡的角色與關係，都會明顯形塑我們的行為。

　　還有，許多這類團體是外人無法以臨時觀察而精確評量出其中的角色與關係的。或許你也有這樣的經驗，在參加某一宴會、課堂或某些活動時，發現那裡有些圈內人的笑話或先前團體活動的歷史是讓你感到隔隔不入的，以及有些明顯的角色與關係是你不明白的。

　　即使是教師和諮商師這樣熟練的團體觀察者，有時也會使用一些結構化的評量工具，來幫助瞭解團體場域中的人們及其在團體中的互動。較為常用的這類技術有：社會計量圖、猜是誰？問卷、溝通圖、與社會距離量尺。

社會計量法

　　社會計量法(*sociometric technique*)是研究社會關係的基本方法，例如接受度、角色與團體內互動等的研究。在評量與呈現團體成員所做之人際抉擇這類資訊時，可妥善借用社會計量工具。

　　儘管社會計量活動表面看來相當容易設計、操作、與解析，

但這些印象常是虛晃的。事實上，在實施這樣的方法時，事前必須要極度謹慎、小心計畫與分析。在判斷情境是否適用社會計量分析時，可考量下列原則：

1. **團體相處的時間已有多久**：團體進行的時間愈久，所蒐集到的資料可能就愈有意義。

2. **團體的年齡層次**：一般的經驗法則是各團體成員的年紀愈大，其所提供的資訊可能就愈值得信賴。*J. L. Moreno* 是現代社會計量學的締造者，他假設社會凝聚力隨著年紀而發展（*Moreno, 1960*）。他指出六到七歲兒童團體的凝聚力是貧乏且微弱的；七、八歲到十四歲兒童團體所形成的凝聚力則相對較高一些；而十四到十八歲年輕人所形成的團體凝聚力則較為穩固。

3. **團體的大小**：太大或是太小的團體較不能提供有效的資訊。還有，很重要的是，要記住團體所有成員都必須被包含在每個社會計量的研究中。

4. **活動應提供一個自然機會去表現反應**：為了使團體成員樂意且誠實地參與社會計量分析，團體活動對成員而言應該是合理且具有意義的。「每個以社會計量設計的團體，其動量來源就是『效標』，亦即吸引每個人為了某一特定目標而自發性整合的常見動機」。

5. **被選作為研究的團體要適合於諮商師所需的資訊**。例如，假如學校諮商師試著找出某一班級問題行為的成因，那麼這同一團體學生在教室外其他娛樂場域中所被觀察到的，將不算適當的資訊。

社會計量測驗的編製與實施

從編製的觀點來看，社會計量測驗或調查表是一種非常簡易的工具。其基本而最重要的結構層面是團體情境的性質，或其所依據的效標；除非效標合適於成員的年紀、活動及真實的交往機會，否則所引發的反應將只具些微的社會計量價值。更具體而言，必須選用可引起成員做出抉擇考量的效標或情境，而在實施時能產生實際的意義；並且要維護那些參與成員們的信心，如先前所提，所得結果必須是有所實用的。適合學校情境的社會計量範例有：將各個學生分派到不同的小組會議裡、設立小型的研究團體、或組織課程計畫。在這些例子裡，可以適度讓參與成員自己選擇所要的夥伴。

在決定效標之後，接著就必須注意參與者所要達成的選擇數量。雖然沒有所謂最佳的選擇數量，但太少的選擇似乎不具備實用價值，例如只給團體五到六個可依循的作業。一般會建議學校團體所使用的社會計量技術，只提供正向的選擇就好。

社會計量測驗的成功與否，其關鍵多取決於是否有被好好善用。施測者必須先能獲得團體成員們的尊敬且與大家維持良好的關係。一份社會計量測驗的實際進行過程應保持極度的非正式，亦即要避免任何典型測驗情境的相似狀況。此工具本身不應被稱為測驗，也不應預告團體成員有關此活動的進行（依據社會計量理論所強調的，自發性是反應的一項重要層面）。例如，在學校情境中，較有效的社會計量研究是：當教師不事先或多做討論之下，僅僅說明將在班上進行一項活動（好比形成多個分組以討論一項特殊的報告），需要分成數個小型團體，而老師會儘可能以學生所做連結的選擇，作為該分組方式的基礎。老師接著補充說明保密原則，以及不可能滿足每位學生的每項選擇。最後指示學生在發下的白紙或卡片上方寫下自己的名字，然後從一到五依序排列出自己最想一起合作的五位同學姓名。

解釋時的注意事項

首先應將社會計量問題所得的反應列表整理，接著以之架構成一份「社會計量圖」—此圖表可描述某一社會計量測驗施予某一團體成員時，其團體內當下的人際關係。團體結構的社會計量分析，需要架構出一份社會計量圖。然而，如果只想知道每位參與者的社會接受之相對程度，就只要計算每個人所接收到的反應總量即可完成。

如先前所強調的，社會計量的資料在解釋上必須極度的謹慎小心。社會計量技術本身並不會分析或提供解釋，而是引起或助益於對某些個人的評量或瞭解。還有，很重要的是要記住：在許多團體情境中，有些團體成員所作的選擇，訴說了較多有關選擇者自身的意含，更甚於被選擇者的。最後，我們應該能辨識出某些團體成員可能不想被別人選到；他們可能寧願自己一個人或只和少數朋友待在某個特定團體裡。

圖9-10所形成的社會計量圖或許是各種類型當中最簡易的那種。此份社會計量圖採用同心圓式的靶狀形態，並以數字標記各個學生。只顯示彼此正向的選擇，而未考量偏好的等級。放在中央的小圈圈中的是被選最多次的個體，或說是社會計量人氣王；被擺在外層較大圈圈的是沒被選且不選別人的學生，或說是社會計量孤離者；其他所有學生則被擺在內層與外層圈圈之間；被選到較多次的擺在較近內層的圈圈。性別以不同的幾何圖示區辨：男生的數字寫在三角形內；女生的數字以圓圈圈起來。為了能更清楚區辨，把男生隔在圖中的一邊，而女生隔在另一邊。

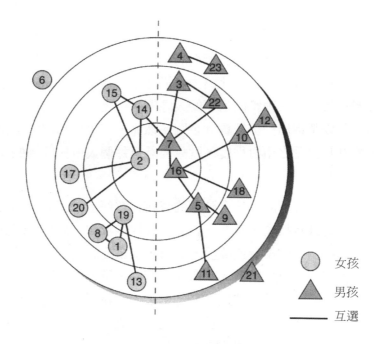

圖9-10　描述互選的社會計量圖

猜是誰？技術

　　猜是誰？問卷(*Guess who? questionnaire*)是另一項有效用的社會計量技術。此技術最好使用在較為完善的團體裡，其成員們有機會彼此相當熟識。當問句的本質是正向而非負向之時，此技術也最為有效。例如「誰最友善？」就比「誰最不友善？」來得恰當許多。猜是誰？問卷能提供個別成員間各種特質與活動之交流連結。它也能幫助我們瞭解，為何團體中某些成員會因其某些特殊行為或某些角色功能而獲得較多的注意。我們也能辨認出，誰是最受團體成員們歡迎的，而誰卻是最不受歡迎的。猜是誰？工具通常被設計來蒐集特殊的資訊，那是諮商師、教師或其他團體觀察者認為有助於進一步改善該團體和其個別成員的資訊。圖9-11呈現了一個簡短猜是誰？工具。

團體名稱＿＿＿＿＿＿＿＿＿＿＿＿＿ 日期＿＿＿＿＿＿

指導語：寫下某一人或兩人的名字，那是你認為在你們團體中最明顯符合下列各項特質或活動的。你的老師（諮商師、團體領導者）將會使用你們所反應出的結果，來計畫團體的後續活動。假如某個題項，你找不出有誰符合，就把該題空下來。這是不記名的問卷。

1.會說最有趣的笑話或故事　　　　　　＿＿＿＿＿＿＿

2.最喜歡有趣的笑話及故事的　　　　　＿＿＿＿＿＿＿

3.是最友善的　　　　　　　　　　　　＿＿＿＿＿＿＿

4.是最熱心助人的　　　　　　　　　　＿＿＿＿＿＿＿

5.是最真誠一致的　　　　　　　　　　＿＿＿＿＿＿＿

6.是永遠靠得住的　　　　　　　　　　＿＿＿＿＿＿＿

7.最富想像力　　　　　　　　　　　　＿＿＿＿＿＿＿

8.是良好的組織者　　　　　　　　　　＿＿＿＿＿＿＿

9.是最樂觀的　　　　　　　　　　　　＿＿＿＿＿＿＿

10.是好的領導者　　　　　　　　　　＿＿＿＿＿＿＿

11.有特別的天分　　　　　　　　　　＿＿＿＿＿＿＿

12.是慷慨大方的　　　　　　　　　　＿＿＿＿＿＿＿

圖9-11　猜是誰？範例

　　這個技術的指導語也可改成，允許每個人將他認為是有趣的、友善的、有幫助的等等之所有團體成員都列出來。老師或其他團體觀察者可使用簡單的計次方式，去算出每位團體成員在各個題項被提到所得總數。在學校情境中常做的變化是，邀請學生來設想班上將要排演一齣戲劇。提供他們一串演員角色，並要求提名最適合扮演那些角色的班上同學。這些特質或許可以如下列：

　　此人常是我們的仲裁者。他隨時都準備去化解衝突並建議一些妥協方案。他通常都能顧及爭執的雙方，因而很少偏袒任何一方。

　　此人是出了名的幽默。他總是愉快而好相處的。他常常微笑、很容易取悅，並且不太跟人生氣。

　　另一個變化是，去說一個故事或描述一個情境，真實或虛構的都可以，並要求團體成員將各個夥伴分到各個不同角色。參考範例9-6。

範例9-6　　*猜是誰？技術*

　　*Ron Bakersfield*是剛轉到*Snow Deep*高中的新學生。*Ron*在他先前的學校是一位優秀而全能的運動員、好學生、且受到其他同學們的歡迎。他是穿著整齊乾淨的大帥哥，但今天他感到有點困惑。他猜想他的新同學們是否會接納他，他需要花多久時間才能跟大家熟悉、誰會是他的新朋友、他的新老師們會是如何、以及他是否可以加入校隊。

　　學校諮商師知道*Ron*是位新學生，便找了兩位在學校裡較受歡迎的同學來認識*Ron*，並帶他到處晃晃。第一個到的是*Marie Shafer*，她是一位迷人而優雅的女孩，她跟*Ron*握手且微笑歡迎。諮商師告訴*Ron*說，*Marie*在學校是位陽光型女孩，因為她總是對人面帶微笑並語帶讚美。接著來的是*Craig Brewer*，諮商師介紹他是學校裡最受歡迎的學生之一，而他的嗜好是攝影。*Craig*表現得也是很開心，但比起*Marie*是較含蓄的。*Marie*與*Craig*保證：「*Ron*一定會喜歡這裡的」，然後一起把他帶離諮商室。

　　在往第一堂課的路上，很快地向*Ron*介紹了幾位學校同學：*Raquel*是公認的「活力小姐」；*Tom*是一位認真的學生，目前正在修飛航駕駛課程；*Rex*號稱是全校最搞笑的說故事高手；還有被稱之為「老實人」的*Denzel*。到此，*Ron*已經開始覺得比較自在且較融入新學校了，也開始預見自己會跟哪些特質良善的同學當上好

朋友。

在閱讀這一簡短劇情之後，你會安排誰去擔任*Ron*、*Marie*、*Craig*、*Raquel*、*Rex*、*Denzel*和*Tom*等人的角色？

如同你所注意到的，猜是誰？技術是比較容易使用的。計分過程並不複雜，因為只要計算每個敘述之個人提名的次數就可以了。如果有使用正反向的敘述句，那就把每個角色中所得的負向次數從正向次數中扣除即可。

溝通圖

團體觀察與團體歷程中另一項可做為評量的層面，是成員們的口語參與度。這可能是最容易觀察與記錄的溝通型態，因為我們只要在某一定時間內，在其簡要表格中記錄下誰在說話及其說話的頻率。圖9-12以刻痕記錄方式，計下了每位團體成員的參與次數。每個刻痕代表一次的溝通，通常其定義為一個完整的表達陳述。

圖9-13是溝通圖（*communigram*）的變更使用，它指出每位成員在團體中與其他人及領導者的相對位置。這樣的報表不僅能看出誰是經常參與而誰不是，也能指出，例如某些特定話題所引起的討論總量，及成員們如何對某一話題而非另一話題做出其個人的回應；要是能再更進一步，如同圖9-14所記錄的，就能指出成員之間溝通的方向。

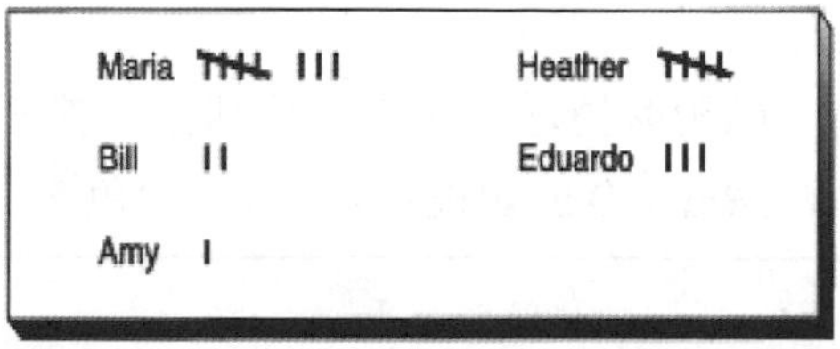

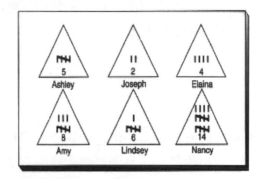

圖9-12 溝通圖：個人的參與度

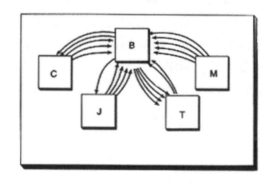

圖9-13 溝通圖：團體位置的溝通

來源：From G. E. Myers and M. T. Myers, *The Dynamics of Human Communication*, p.135. Copyright (c) 1973.

圖9-14 溝通圖：成員間的溝通方向

社會距離量尺

　　社會距離量尺(*social distance scale*)是諮商師另一項有效的案主參與技術。大多數現存使用於班級或其他學校團體的社會距離或社會接受度量尺，是從*E. S. Bogardus*在1952年所設計的量尺而改編的。*Bogardus*量尺當時是設計來測量及比較對不同國籍者的態度--特別是去判斷各種不同種族及國籍團體所被接受或排斥的程度。因此「社會距離」通常被社會心理學家定義為：某個人指出其自身存在與他人之間相距的距離。這個距離的判斷，通常是藉由對某些陳述句的回應，而那些陳述句是用以測量及比較別人接受或拒絕的態度。下列範例說明以一份社會距離量尺評量*Tommy Rote*的陳述句。

　　其他社會距離題項可能是如此的選擇考量：想和誰去旅行、學習或參加舞會。社會距離量尺的結果可以指出自我社會距離與團體社會距離。從某人的團體接受程度可以看出其自我分數的指標，而從團體的個人接受程度，可以看出團體分數的指標；許多對班級內社會距離量尺的研究，都推論社會距離量尺的最大貢獻在於：能揭露每一學生在某一團體中的接受與拒絕之範圍廣度。又如同許多其他案主參與技術一般，它們都有可能因為易於施測，而淪於過度濫用或誤解。諮商師及其他施測者應該覺察到，這類資訊並無法說明某人為何受到他人的接納或排斥。甚且，此

工具的施測者必須決定如何基於案主的福祉，而善用那些負向資料，像是指出團體的排擠。

生態評量

近世代以來，許多人都逐漸察覺到環境的重要性。我們關心自然資源的存續維護，例如我們所呼吸的空氣、飲用的水、吃的蔬菜水果等等。我們也注意到報章雜誌愈來愈常刊登，有關最適合人們居住的社區、退休後最良好的去處、以及最健康的縣市。如此種種都再次指出：個體及其環境之間存在著一種持續互動的關係。*Kurt Lewin*早在1936年的著作《拓撲心理學原則》(*Principles of Topological Psychology*)中，提出心理學場地論之數學函式$B=F(P \times E)$，亦即行為是個人與其環境交互作用的結果。儘管這個函式當時似乎得到普遍的認同，但我們發現諮商文獻到了1980年代和1990年代，才開始積極重視這個概念及生態心理學的迫切重要性。

因此，雖然傳統評量模式一直引導我們聚焦在怎麼看人，但我們現在意識到：人們是無法脫離其環境而成為被研究的單獨實體。如同*Lewin*所說的，行為永遠是發生在某一特別情境下的。所以，讓我們在此非標準化評量章節脈絡裡，來察看一下何謂「生態評量」(*ecological assessment*)。

生態評量的重點在於，評量人們如何在其環境中做定向、行動、及判斷。我們很想知道：個體是如何知覺、形塑、被形塑、及看待其環境。在這個歷程中，諮商師會試著去瞭解某些重要場域的特徵，例如家庭、學校、社區，與工作場所及其對個體的影響，還有為了某些特定目的（好比預防方案、弱勢關係等等），而去瞭解某些個人的團體。

　　我們所有人都致力於儘可能改善自己的環境經驗－要找到最能滿足我們需求且有助於我們達成目標的環境。若在一定程度上無法達成上述要求，則必然會影響我們生活與心理健康的滿意度。諮商師必須懂得察覺案主的志向，及其環境對其成就所產生的助益或阻礙。

　　在評估某一環境時，諮商師應注意這類生態變項：物理的、地理的及氣象學的特徵。他們應該懂得察覺一般大眾的普遍特徵，像是規範、價值觀、態度、關係、傳統及其他個人特質。

　　諮商師也應瞭解那些行為的場域（制度與機構），那些場域常能掌控其內部所發生的行為或影響其外部的行為。生態評量強調諮商師走出辦公室且走入實際社區的重要性。如此能有助於瞭解案主作息互動所在的環境－人們、機構、及制度等。

記錄

　　經常有此一說，我們史前祖先在第一片石板上刻畫山岳，其目的即在於設定個人的文件。顯然記錄的系統就如同文明一般地久遠，而跨時代以來許多被記錄的主要對象都是人。記錄的保存反映了人類歷代對人類自身的好奇，可說是極盡其所能去探索瞭解其同胞人類的一種省思（也因此，我們不會忘記我們所已經學會的，我們記錄下來了）。記錄對諮商師及其他助人專業者是很重要，有助於有效瞭解並服務其案主。我們將就此脈絡在下列篇節裡探討記錄的相關議題。

基本考量

　　記錄或某一記錄系統若要能發揮瞭解與協助案主的功效，就

需要在選用記錄與其伺服系統的本質與特徵之前，先檢核某些特定的基本考量。這些包括：

1. 記錄保存的範圍

我們對於記錄保存的關注與日俱增，如此引起我們質疑：到底有多少記錄真得記載了我們的名字、它們被放在哪裡、何以那樣等等。我們就讀的教育機構就留存了大量的記錄，即使是身為學生，我們也能察覺到，學校為了更能瞭解我們而留存各式多種的記錄資料。圖9-15相當精確地（但不太正式）描繪出多種記錄或資料類型的多樣觀點，常常就能提供些有用的資訊。

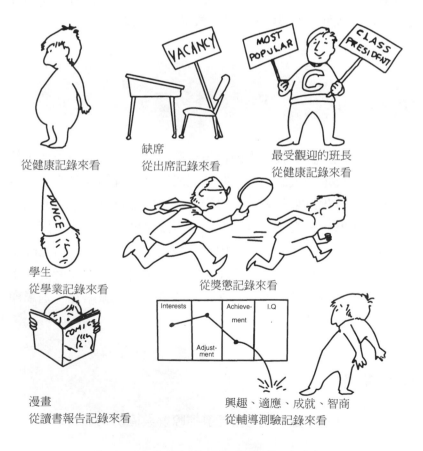

從健康記錄來看

缺席
從出席記錄來看

最受觀迎的班長
從健康記錄來看

學生
從學業記錄來看

從獎懲記錄來看

漫畫
從讀書報告記錄來看

興趣、適應、成就、智商
從輔導測驗記錄來看

　　　　圖9-15 以多元記錄系統來看「Harry高中」

*Hummel*及*Humes*（1984）則較嚴正地指出：

　　近數十年來的迅速發展之一是對學生記錄的關注。當階級
訴訟在1960年代興起之時，家長們開始關注其子女在校記錄
與解釋的使用和誤用。如此導致數個州政府的立法，且終使
聯邦立法通過家庭權力及隱私法案（*Family Rights and
Privacy Act*）（也常被稱爲*Buckley*修正案）。當時幾乎所有
學校都必須立即改變其作業方式。依據該法案，父母們不僅
得以全權讀取學童的記錄且有權拒絕被查詢，他們現在甚至
還有權質疑學童記錄的內容。因此，當時清除了囤積的記
錄，且建立了後續資料蒐集與使用的指導方針。

　　記錄保存的新趨勢造成學務作業上的許多困擾。學校心理
師、社工人員、及學校諮商師過去都會藉由心理報告、社會
個案史、與諮商記錄來彙整成檔案記錄。他們現在不僅必須
檢視記錄的適當性，也必須改變結果與聯繫的報告方式。或
許學校心理師是最受侷限的，因爲他們過去習慣的臨床報告
是只寫給專業人士閱讀和檢查的，而現在所寫的報告則必須
能夠分享給家長及成年的學生。於是出現了很多聱牙難懂的
流水帳報告，而無助於當下的問題。如此的窘境最後經由小
組聚會的詳細口頭報告和補充的一般書面報告，才得以化解
（*pp.358-359*）。

　　電腦的出現及其他科技的進步，似乎已對資料數據的蒐集與
記錄形成新的挑戰，該記錄在某程度上必須適用於資料儲存、操
作、與提取的新發展。學校諮商師也不能輕忽這類記錄資料所做
出的抉擇，那些抉擇大多會影響生涯方向與教育機會。社區機構
或其他非學校場域的諮商師在服務學齡階段案主時，也必須察覺
到學校所存留記錄的範圍與影響。

2. 誰會使用案主的記錄？

這個問題的答案，因諮商師從業所在的不同場域而異。例如，私人開業的諮商場域師在法律限制之內，可拒絕其他人對個案記錄的查詢，而在另一極端，許多學校諮商師則被期待要分享個案記錄給學校行政主管與督導人員、教師、家長、以及案主。顧及案主保密權益的諮商心理師必須在一開始時，就以系統化或制度化的方式判斷出誰可以合法且有倫理地調閱資料記錄。

學生或個案記錄的使用也存在著記錄安全性的問題。電腦化記錄系統的使用量與日俱增，必須增強適當預防與限制措施以保護案主的資料。雖然學生及家長有權申請檢視其相關記錄，但這不意味可減少諮商心理師在學校或其它機構的責任，諮商方案的責任還是要為那些記錄設定適當的安全性。這些責任包括：個案記錄要隨時鎖上的規定，給非專業人員（辦事員）處理資料的指示及策略，以及為案主、家長等其他人提供倫理和法律上資料調閱程序的說明指引。在抉擇學校記錄的調閱時，必須注意學生的某些特定記錄其實會變成半公開的。這當中的問題是：誰、為了什麼目的、要在何時來審閱這些記錄？

3. 有何其它法律或倫理考量？

執業諮商心理師與儲訓中的諮商心理師，可能會困惑於專業學會所大量提出的個案記錄之相關倫理準則。然而，檢視一下美國諮商學會(*American Counseling Association*)與美國心理學會(*American Psychological Association*)所提出的規範，將可看出兩者有許多一致的共識。這些標準請參看附錄 *B* 及 *C*。

就檔案與記錄而言，諮商師在法律上的首要考量，聚焦在諮商記錄的保密性(*confidentiality*)與溝通特權(*privileged communication*)。雖然習慣法多年來一直賦予委託代理人這樣的權力，且法規也已將此特權擴展到醫師、神職人員、及部份的心

理師，但諮商師在法律條文上的保障卻是很有限的。

學校諮商師必須特別注意1974年家庭教育權利與隱私法案的規定。*Flygare*(*1975*)指出此法案的關鍵條文如下：

· 必須在學生（或其家長）提出申請的45天內給予其所要調閱的個人記錄。

· 必須同意學生（或其家長）出席聽證該生生活相關所有文件效度的抉擇。

· 1975年十月十日前存放於檔案中的機密信函或報表，不須因此法而解密。

· 學生得放棄下述相關調閱權利，入學許可、得獎榮譽或聘雇。

· 教育機構絕對不得透露學生個人的可辨識資訊。

· 教育機構必須告知學生及家長有關此法所賦予他們的權利。

有關此法案的細則請參看附錄 *D*。

此外，諮商師必須留意1972年頒佈而於1975生效的教育修正案第九款，其內涵如下：

接受聯邦財物補助的所有教育課程，不得因性別緣由而排除他人的參與、拒絕他人的獲益，或對其有任何的歧視（*p.85*）。

這對記錄保存的意涵是很清楚的：必須不去提及性別歧視的部份。這包括依據男性/女性常模而導出的標準化測驗，以及反映性別角色刻板印象的生涯探索活動與諮商。諮商師在案主的記錄保存上，也必須避免多元文化的歧視。

學校諮商師也應該注意學生記錄中，那些經常出現但引人質疑的陳述。這些陳述包括毀謗、中傷、偏見、否定、不可驗證

的、或是使人糊塗的。

諮商師必須謹記在心，溝通特權是以案主的福祉為考量。因此，即使在法律的保護下，也只有案主可以選擇放棄權利，而他們真的可能那樣做。還要再強調的是，溝通特權受制於法律的約束。

溝通特權及保密原則經常被視為同義複詞，但實際上這兩個用詞是有明顯區別的。溝通特權指的是諮商師在法庭上有權利拒絕洩漏須保密的資料。保密原則意謂諮商師在倫理判斷上的指導方針，亦即他們不應該也不會洩漏其與案主接觸時所得知的資訊。

在此脈絡之下，我們也應該覺察到案主與學生記錄被電腦化的可能性。已有許多案例顯示，所謂安全防護電腦化記錄與數據系統的機密性曾多次一再地被侵入。顯然諮商師有需要保證所有個案記錄及記錄系統的安全性。

4. 個案記錄的目的為何？

當然，個案記錄被使用的範圍程度有很大的差異，主要取決於先前提出的問題－誰是使用者？幾乎所有類型的個人記錄都適用於以下特定慣例的用法。

(1)他們提供一個關於個人基本資料庫的可用來源。

· 提供一種方式來記錄與保存關於個人有意義的資料，以供後續使用。

· 幫助資料的使用者能先瞭解其將要交涉的對象。

· 幫助記錄的撰寫者獲致新的洞察與觀點。

(2)此外，諮商心理師使用記錄在於

- 諮商晤談的準備。

- 個案研究的發展。

- 個案安置或轉介。

- 諮詢其他治療師、醫療人員或家長。

- 追蹤及研究。

(3)學校諮商心理師也使用記錄去發現學生

- 可能需要諮商協助。

- 具備特殊才能或興趣。

- 有特殊需求,例如因為身體殘疾。

(4)學校記錄能協助教職員與家長對某個別學生有更進一步的瞭
  解,進而期望能增進親子關係與師生關係。

- 幫助個別學生增加自我瞭解。

- 有助於學齡族群在學校與社區的需求評估。

- 催化新進學生的在校定向。

記錄詮釋

　　所有諮商與個人記錄的詮釋,都顯然受限於所記載的資料以
及使用者的技巧與理解。一些安全性的指南如下所述:

- 記錄僅提供行為的線索－不會更多,而有些線索是相關的,其
  他則不是。

- 有無進行現在(你正在檢視該記錄資料的時間)與過去(資料
  原初被記載的時間)之間的對照?

- 尋找改變的趨勢或顯著部份,但小心許多人的成長與發展可能

有其獨特的型態。

· 記錄的資料鮮少能呈現感受、態度及情緒強度。

· 辨識症狀及原因。

· 判斷記錄資料是否有根據具體事實，或僅只是陳述意見。

· 記住記錄所呈現的僅是個案行為中的一小部份樣本。

· 特別是學校記錄，也可以從中檢視到特定習慣表現的測量數值，例如出席率、分數、與健康狀況。

摘要

　　這一章概論了可使用於人類評量的一些非標準化技術。儘管許多非標準化技術不能以標準化工具那樣的信度或效度來佐證，然而它們卻給予諮商師在資料蒐集上的選擇自由度，可依據諮商情境要求與案主評量需求來加以判斷。

　　觀察被視為是最常使用來評量他人的一種技術；然而，為了要儘可能精確且有意義，我們建議要採用一些記錄觀察的形式表格，像是軼事記錄，以及針對某特殊特質進行指導式觀察的表格，像是評定量尺與檢核表。就此考量，要重視臨床上「精神疾病診斷與統計DSM-IV」的普遍性（及精熟度）。

　　自傳與問卷被認為是蒐集有用資訊的可用技術。評估團體中的行為與角色時，可使用以下之技術：社會計量圖、溝通圖、社會距離量尺與角色扮演。我們也探討了對生態評量的日益重視。接著檢視了記錄在人類評量上的角色，以及記錄保存上的一些法律與倫理考量。不論是標準化或非標準化評量，在生涯規劃及決策上都扮演著重要的角色。

問題討論

1. 如果你有修習社會學、人類學、經濟學、政治科學等等學科課程，你是否覺得它們有助於你更能瞭解他人？這些學科有哪些？它們有何幫助？

2. 你曾否發現你對某一情境、場景、或人物的觀察，有別於同一時間其他人的觀察？你如何說明這些差異？

3. 當你第一次見到某人，你會觀看或觀察些什麼，甚而影響了你的初始印象？

4. 你讀過哪些名人的自傳傳記？是否讓你對該作者有更進一步的瞭解？何以那樣？

5. 你有沒有寫過日記？是什麼動機讓你繼續寫那本日記？那有沒有幫助你更瞭解自己？描述一下你的反應。

6. 在評量時，你喜歡以標準化測驗還是評定量尺來評估自己的特質？為什麼呢？

7. 當你初次遇到某人時，你會觀察他的那些特質或個性？

8. 請舉例說明影響正常與異常行為的風俗、民情、道德、與法律？

9. 如果你要出版一本自傳，你會列出怎樣的書名和章節？

課堂活動

1. 找出班上你較不熟悉的一個人。設計一份觀察工具，以指引你接下來一週所要進行的觀察。在一週結束後，討論你的工具是如何地幫助你增加對另一個人的瞭解。

2.在小組中發展一份檢核表，以評鑑申請進入碩士層級諮商師儲備學程的報名者。再回到班上分享與討論。

3.在小組中設計一份評定量尺，以評估個人的人際關係技巧。分享與討論。

4.在小組中，教導成員去和不同文化的人們工作、互動、與接觸，並從中學習。

可進一步閱讀的文獻

Elliott, T. R. (1993). Training psychology graduate students in assessment for rehabilitation settings. In R. L. Glueckauf, L. B. Sechrest, G. R. Bond, & E. C. McDonel (Eds.), *Improving assessment in rehabilitation and health* (pp.192-211), Newbury Park, CA: Sage.

Ickes, W. J. (Ed.). (1997). *Empathic accuracy*. New York: Guilford Press.

Ivey, A. (1982). Towards less of the same： Rethinking the assessment process. *Measurement and Evaluation in Guidance, 15(1)*, 82-86.

Ponterotto, J. G., & Furlong, M. J. (1985). Evaluating counselor effectiveness: A critical review of rating scale instruments. *Journal of Counseling Psychology, 32(4)*, 597-616.

Sodowsky, G. R., Kuo-Jackson, P. Y., & Loya, G. J. (1997). Outcome of training in the philosophy of assessment: Multicultural counseling competencies. In D. B. Pope-Davis & H. L. K. Coleman (Eds.), *Multicultural counseling competencies: Assessment, education and training and supervision* (pp.3-42). Thousand Oaks, CA: Sage.

Yesseldyke, J., & Marston, D. (1982). Gathering decision-making information through the use of non-test-based methods. *Measurement and Evaluation in Guidance, 15(1)*, 58-69.

第十章

生涯規劃及決策的諮商

李亦欣

如第一章所述,美國諮商運動長久以來與生涯發展(*career development*)及決策(*decision-making*)均有密切的關聯。本章將介紹諮商員在這個傳統領域的活動。本章的目的有三:(a)說明對生涯規劃的重視及其影響;(b)提出目前生涯決策的主流理論;(c)檢視各種情況下的生涯規劃及諮商活動。

早年,有組織性的諮商活動主要是職業輔導(*vocational guidance*)。這個概念最早由*Parsons*提出,是由於職場漸趨複雜及其所導致的生涯規劃上的困難而產生,而此概念仍然適用於現今社會。從*Parsons*和同僚當年的做法開始,根據年輕人與工作本身的特性,將人與工作配對的概念,與諮商活動已有相當久遠的關係。

1920與1930年代,隨著這個概念的擴展與其他基本活動的加入,職業輔導常被視為是一項提供職業及教育資訊的服務。在1950年代末期與1960年代,由於1958年「全國國防教育法案」(*National Defense Education Act*)的推動,安置(*placement*)與追蹤成為諮商方案中,職業與生涯輔導階段最重要的部分。因此,在將近60年的時間裡,美國的學校與職業介紹機構所提供的諮商服務,即是生涯規劃(*career planning*)。

1971年,美國教育部透過當時的教育委員*Sidney P. Marland*,投入超過900萬美元基金在研究與發展計畫上,目的是建立起全面性的生涯教育(*career education*)模式。此項行動將「生涯教育是全校責任」的觀念廣為散播,而諮商員也不再是為學生提供生涯諮商與輔導的唯一專業人員。

到了1990年代,「諮商員為主要提供生涯輔導與諮商之專業人員」的觀念再度成為主流。這項潮流包含了兩個部分,其一是生涯諮商專家的發展與被肯定,其二是建立生涯規劃中心,以服務特定的族群,例如大學生、婦女、少數族裔與退休人員。如同先前所提到的,職場的計畫性改變,在不久的未來將會引發更多對於生涯諮商的需求,此狀況將不只發生於校園中,在校外也是

如此。

定義與分類

隨著對職業需求的日漸注意，以及隨之而來對於生涯諮商與輔導的重視，各種名詞的定義也應運而生。當然，這些名詞有時令人相當困惑，但其目的是為了區分一些看起來很相似的名詞，例如生涯教育、生涯發展、生涯輔導、職業教育以及人力發展等。本章以及本書的其他部分，將採用以下的定義：

- **生涯**（*Career*）：生涯指的是在某個一般性的職業類別上，個人工作經驗的總合。例如教學、會計、醫藥或銷售等。

- **職業**（*Occupation*）：某個特定的職位或工作內容。

- **生涯發展**（*Career development*）：個人在工作領域中的發展，包括獲得與工作有關的資訊、為進入職場作準備、實際進入職場以及工作上的進步與成長。

- **生涯教育**（*Career education*）：指有利於個人生涯發展以及為了進入職場做準備的計劃性教育。學習將工作視為生活的一部分，並為了這個目標做準備，為學校的主要職責，教導學生獲得與職場有關的資訊，並為工作做規劃與準備。

- **生涯輔導**（*Career guidance*）：指諮商員在不同機構中所做的活動，其目的是為了促成與協助個人在其職業生涯中做生涯發展。這些活動包括協助個人做出生涯規劃、決策與調適。

- **職業資訊**（*Occupational information*）：指與訓練、相關教育課程、職業、職業模式、就業趨勢、就業機會等相關的資訊。

- **職業**（*Vocation*）：一種營生或工作。

·**職業教育** （*Vocational education*）：為工作做準備的職業性或技術性教育。

這些相對狹隘的定義或許只是其所有意涵之一。例如，生涯有時候被定義為個人生活經驗或生活方式的總合；而生涯教育則經常被認為是幫助個人為工作而做準備的所有活動與經歷，不論其是否預先規劃。無論如何，儘管這些定義有其限制，直接且簡潔的定義在特定的生涯諮商發展或教育課程規劃時，有其實用價值。

應該注意的是，生涯發展、生涯教育以及生涯諮商雖然定義不同，但它們是彼此相關的。缺少其中任何一者就失去其作用及意義：因為生涯教育促成生涯發展，而生涯諮商為生涯教育及發展提供了方向。

諮商員也必須了解到，生涯教育和生涯諮商的輔助課程應該具有發展性，而不只限於某個特定年齡層。在目前以及可預見的未來，涵蓋個人一生的生涯發展均為值得注意的焦點。

當前對於生涯規劃的興趣

目前大眾對於生涯規劃的高度興趣，起因於*Sidney Marland*於1971年在休士頓所舉辦的「全國中學校長協會」（*National Association of Secondary School Principals*）年會中的演講，他呼籲「生涯教育從現在開始」。從此以後，這個概念就廣泛地為美國的教育機構所接受，每個領域與學科的教育者都參與了這個運動。此外，許多州的議會也通過了生涯教育的法令，而生涯教育於1974年八月 *Ford* 總統簽署「公共法93-380」後，成為美國國會的法令。不到10年，超過十個以上的主要全國性組織承諾要執行生涯教育，發行了數以百計討論生涯教育的出版品，並產生了

許多的支持者與詮釋者，針對生涯教育的觀念提出建言。

人們對生涯輔導以及諮商課程的持續關注，在*Carl D. Perkins*於1984年所提出的「職業教育法案」（公共法98-524條）上顯現出來。該法案允許設立課程以協助個人發展自我評量、生涯規劃、生涯決策擬定與求職技巧。有兩個聯邦法案可以顯示政府持續協助年輕人進入勞動市場的用心：（a）1992年的「職業訓練合作法」（*Job Training Partnerships Act*），由聯邦政府、州政府、地方行政機構與學校、雇主與社區共同合作，協助年輕人獲得進入社會所需要的知識與技巧；（b）1994年的「從學校到工作之轉銜法」（*School-to-Work Transition Act*），提供經費，集合了學校、學生、家長、社區以及企業界，共同塑造美國未來的勞動力。第二項法案將生涯諮商和在校工作許可的法令結合起來，使得學生能夠瞭解從校園轉換到職場的真實面貌。這項法案的主要目的，是將學生在校所學與他們未來要能在社會上順利工作所需要知道的事情，連結在一起。

在1990年，美國國會通過「美國殘障者法案」（*Americans with Disabilities Act*），其中禁止與工作有關的歧視（源起於1973年的「復建法案」（*Rehabilitation Act*））擴大適用於所有雇用十五位以上員工的公司。此外，此法案也使殘障者有同樣的機會獲得諮商服務。

重要的全國性研討會吸引了專業諮商員。例如1987年在華盛頓舉辦的「20/20研討會：建立強有力的學校諮商課程」；1988年1月在佛羅里達州奧蘭多舉辦「全國生涯發展協會25週年紀念研討會」；1988年10月在聖路易斯所舉辦的第一屆「諮商員教育與督導協會」的全國性研討會，這個研討會建立了三個全國性的工作團隊，其中之一由*Kenneth Hoyt*博士擔任主席，其目標是監督全國民眾都關切的職場議題；一系列由「生涯發展學會」所主辦或協辦的全國性研討會，包括1997年的「德通納海灘研討會」，其目的在檢視「生涯與科技」。這些研討會反映出專業諮商團體以持續與

積極的態度，對生涯發展、諮商與輔導的重視與投入。

此外，在1980年代末期到1990年代初期，由於與生涯相關的問題，例如青年失業、就業不足、中年轉業、職場中的差別待遇等，成為主要的社會議題，更加突顯出對諮商的需求。許多校園中的生涯諮商中心、婦女（生涯）中心以及其他因應新世紀，而產生著重於特殊個人職業需求的社區中心等，也進一步反映出對適用於各年齡層的規劃性生涯協助方案之需求。

同樣的，生涯發展已經從1940年代至1970年代早期的階段理論——包括個人的職業探索、職業抉擇、為工作做準備，以及在成年期初期進入職場並待到退休——轉變成近三十年來的概念：涵蓋整個生命歷程的生涯發展。在目前與可預見的未來內，職場對工作的要求，加上個人終身工作的可能性，在越來越健康且壽命越來越長的個人生命中，產生了新的生涯變數，包括工作者必須經歷多種不同的工作與不同的相關教育歷程，個人的生涯發展變成一個持續進行的歷程。因此，生涯諮商與協助方案必須適用於從小學生到老年人所有年紀的人。基於同樣的理由，諮商員可能協助的客戶群涵蓋範圍從小學到老人社區中心，為每個人一輩子的生涯發展提供服務。

職場特性的轉變

前述的需求促成了「生涯教育運動」（*career education morement*），並於近年來再度引發眾人對生涯諮商與輔導的新關注。除此之外，傳統上對職業與工作觀念的重大改變，也引發了其他的需求。這些改變的特點如下：

1. 不再是單一職業──個人終身的工作

在我們的祖先，甚至我們的父母身上，也許還能找出一項他們終身的主要工作，但到了1990年代後期到21世紀前半段，有越來越多進入社會的人，在他們的一生中至少會經歷三至七個重要的工作轉變。就生涯規劃的觀點來說，由於我們活在一個科技日新月異的年代，科技的發展可能在一夜之間就影響了我們所做的事情以及做事的方法。諮商員越來越強烈地意識到，這樣的轉變將會導致有越來越多的成人，不論是出於個人選擇還是被外界環境所逼，在其一生當中都必須不斷地做生涯決策。

2. 僅限男性、女性或白種人的職業已經消失

女性在第二次世界大戰以後大量進入職場，改變的是「誰」在工作的這件事。在最近幾個世代的見證之下，過去曾經在某些職業與工作上對某些種族或性別的限制已然消失，而這些限制的消失也改變了是在「哪裡」工作的這件事。例如，職業的排外性將女性從傳統專屬男性的職業，像是工程師、飛行員、計程車司機和卡車司機等排除在外，而這還只是舉出少數例子。這些曾經由男性所主宰的職業（或有些是專屬於女性的職業，像是護理工作）不僅在法庭上，更重要的是在職場上，受到強烈的挑戰。

此外，反種族歧視與反貧困運動進一步挑戰了某些職業的排外性：有許多職業在過去只限於優勢種族的成員或高社經收入的族群。

所有的數據都顯示，在這個新世紀之初，女性與男性的就業人口比例是相等的。還有，雖然限制女性發展的升遷上限，與限制少數族裔進入管理階層的舊習仍有少數苟延殘喘，但情況會不斷改善，特別是在新興的產業裡。

少數族裔的青年失業問題仍是全國關注的焦點，而我們預測中美洲和南美洲的移民可能會在未來幾年進一步拉高此項失業

率。我們也應該注意到，在成長最快速的產業中，除了女性與少數族裔之外，移民人口的就業比例也偏低。同樣的，少數族裔的青年與單親媽媽常常因為貧窮，而在就業市場中顯得非常弱勢。

因此，雖然情況會不斷改善，但我們還有許多工作要做，以確保不分性別、種族、或社經地位的所有人享有均等的工作機會。這為諮商員與諮商專業帶來了極大的挑戰。

3. 大專畢業生不再吃香

近幾年來有不少研究報告顯示，就業市場對大專畢業生的需求日益下降。雖然這不一定代表大專畢業生在某些領域的就業率下降，但有些人認為，這表示就業機會不再與教育程度有直接相關，而是和所受教育能否與職業結合，以及和不斷變化的就業市場中的工作機會比較有關。

此外，雖然我們預期未來的職場將會需要較多高中學歷以上的工作者，但這個趨勢主要發生於職業高中和專科所授課程相關的專業領域。同樣的，諮商師必須特別注意到少數族裔升學比例偏低（包括四年技職學校與大學）的情況，尤其是在校園的諮商員更須注意。

4. 再也無法由現在準確預測未來

從前，有興趣規劃自己未來的人，可以根據他們對現在或過去的認知，來對未來作適當的準備與預測。然而，不斷改變的科技改變了職場，再加上國際市場的劇烈改變，以及生產力結構的改變，使得想要妥善地根據現在與過去的狀況來預測未來，在近年來成為一件日益困難，甚至是不可能的事。

事實上，小型的家庭經營商店、地區性的街角服務站、由店主親自看店並在玻璃上寫有「送貨到家」的雜貨店，以及兼賣汽

水的社區藥房等，在20世紀後半期逐漸消失。這些都成為老一輩的人所擁有的懷舊回憶，並且已被企業經營的超市、連鎖藥房、與超大型石油公司所取代。許多工作者現在是替高高在上的企業主或是集團的董事會工作，他們對於所屬企業的重要性越來越小。這些現象都在提醒我們，美國人營生方式的改變，已經造成了美國人生活方式的改變：我們生活在一個互動的社會，其中工作影響的不只是我們的謀生方式，還影響了我們的生活方式。

現代社會的快速改變，使我們不能再像過去一樣地假設，未來會和現在差不多。事實上，我們必須認知到，我們現在的計劃，是我們根據預期中的未來所做出來的；這個預測未來的科學已變得越來越精準。而即使沒有科學證據，我們也能準確預測到，未來一定會不同。

5. 人不再是自己命運的主宰

很明顯的，徹底的個人主義——人可以成就他自己的命運——已成為回憶。今日的複雜社會上存在許多相互影響的力量，人們對於會影響自己命運的因素，不是無法掌控，就是渾然不覺。雖然人們可以計畫自己的未來，但他們也必須要考慮到如何應變。國際化的市場已將國家性的人力市場變成全球性的人力市場。全球性的競爭已經嚴重衝擊到美國工作者的薪酬與福利、工作保障及工作地點。這些改變造成企業大量雇用臨時人員（短期雇用的人員，通常不能享有公司的福利），以及工作人口的遷徒。由於這些因素都將降低個人對職業的掌控程度，因此，顯然地，對於合格的生涯諮商員將會有前所未見的大量需求。

生涯發展與決策的理論

不論是正式或非正式的研究，大家對生涯研究的其中一個議題都非常感興趣，而且不斷地追尋答案：「為什麼人最後會在某個職業上安定下來」。歷史告訴我們是什麼原因使羅斯福（*Franklin D. Roosevelt*）決定要終身從政；富蘭克林（*Benjamin Franklin*）、傑佛遜（*Thomas Jefferson*）與*George Washington Carver*等天才如何具有多重職業身份；*O. Henry*如何由牛仔變成一個有名的作家；*Elizabeth Cady Stanton*如何由十九世紀的婦女參政主義者變成引人注目的愛國者與積極份子，以及雷根（*Ronald Reagan*）如何由一個演員變成美國總統。在人生的某些時刻，我們可能會對於週遭親友如何作出生涯決定感到好奇。進一步檢視自己，為什麼現在你在做這份工作？是什麼因素影響你的生涯規劃與決策？

也許以前你曾經被問過這個問題，當你回答時，你也許已經分析出一些與你的決定有關的因素，提出了一些似乎合理的解釋。我們之中有許多人，也曾經根據個人工作經驗或是自己整理出來一套生涯發展理論，來向別人提出建議。即使如此，我們必須要了解，我們個人經驗本身所具有的偏差與限制。要發展出一套可使用的理論，我們必須搜集相關資料，研究這些資料之間的關係，最後再加以解讀。個人的解讀被稱為假設、解釋或是預測，這些可被加以驗證。如果某個理論被證明具有效度，人們就會進一步研究與實際應用，加以延伸與發展。

協助年輕人和成人做生涯發展、規劃與調適的諮商員或其他專業人員，一定對於二十世紀後半期所產生的已被肯定且較嚴謹的生涯發展理論，有某些了解。了解這些理論可以讓諮商員知道，同一個領域的其他專家在進行哪些研究，這些研究提供了諮商員個人經驗與直覺以外的理論基礎。

　　由於許多學科（教育、經濟學、心理學和社會學）都致力於探究各種與生涯有關的議題，許多理論也應運而生。理論和所需進行觀察的龐大數量，使得試圖對主要理論詳盡分析的嘗試注定失敗；同時，潛藏在人類與不斷改變的工作、生活與環境之間的多元性，使得理論的概念更難形成，也更難放諸四海皆準。

　　我們更注意到，近年來已經有許多傳統的職業選擇理論受到進一步檢視：是否適用於1990與2000年代高科技資訊處理產業，以及女性與少數族裔佔大多數的職場；此外，如前所述，未來世代職業穩定性的劇烈改變，亦將不斷挑戰傳統的生涯理論。然而，我們認為，已經被驗證過的理論雖然需要不斷的更新，但仍可以提供方向。因此，接下來我們要探討幾個較受大眾所接受的理論，其目的在於說明，而非建議大家使用。

歷程理論

　　歷程理論主張，個人職業的選擇，從開始選擇到最終的決定，可分為幾個階段，是每個人都必須經歷的歷程。例如40多年前，*Ginzberg, Ginsberg, Axelrad, and Herma*（*1951*）將個人職業決策的歷程分為三個階段：幻想性選擇（*fantasy choices*）、試探性選擇（*tentative choices*）、以及實際的選擇（*realistic choices*）。此理論認為隨著年紀漸增，個人所做的生涯決策會更貼近於現實。

　　1972年，*Ginzberg*修正他原先的理論，認為每個人職業的選擇和發展是終其一生都在調整。在此過程中，當人們在尋找最適合自己的工作時，他們不斷努力以達到最佳狀況。剛開始*Ginzberg*及其同僚主張，職業選擇的歷程無可避免地必須面臨某種程度的妥協；而在其修正理論中，仍然沒有忽略某些重要的影響因素，像是家庭收入和狀況、父母親的態度和價值觀、職場所提供的機會，以及價值取向等。無論是*Ginzberg*的早期理論或是

後來的修正理論，都強調早年學校教育對往後生涯規劃的影響。

Blau, Gustad, Jessor, Parnes and Wilcock（*1956*）認為，個人職業的選擇是在個人偏好與工作要求之間不斷修正的妥協過程。他們為決定從事某種職業的八個要素下了定義，其中四個要素是與職業有關的：需求、技術性（功能性）的能力、個人（非功能性）的能力、以及薪酬；另外四項與個人有關：工作的相關資訊、技能、社會化特質、以及價值取向。

*Ginzberg*的修正理論似乎已經認知到職場所發生的改變（亦即，終其一生的生涯決策，與不斷因應職場變化而重新評估其生涯目標）。

發展理論

與生涯規劃相關的發展理論，將生涯發展視為個人終身發展的一部分。*Donald Super*自1950年代起成為生涯或職業發展理論研究的翹楚。他在1953年建構出的職業發展理論，成為後續其他研究與理論的基礎。

Super（*1975*）指出，就像發展的其他面向一樣，職業發展可視為生命初期到末期的一個連續歷程，經歷了成長、探索、建立、維持以及衰退等階段。在每一個階段，每個人都必須學習並掌控難度愈來愈高的技能。根據*Super*的理論，此種職業發展的概念可引導出職業成熟度的概念，因為後者的發展也是一個連續的歷程。

Super, Starishevsky, Matlin and Jordaan（*1963*）修改*Super*的原始理論，指出個人可透過職業來扮演適合其自我概念的角色。角色扮演受到認同歷程的刺激，可促進年輕人在職業自我概念上的發展。然而這並不表示，只有具某些特殊性格或特質的人，才符合某種職業的要求；相反的，*Super*認為每個人能力的多元性，

使得大多數人在各個職業領域中都能有多方面的機會。

　　Super（*1990*）　基於下列十四項論點，提出一個終身發展理論：

1. 個人依其能力以及人格、需求、價值、興趣、特質、和自我　概念而有所不同。

2. 個人因這些差異而適合從事不同的職業。

3. 每一種職業需要具備某種特別能力與人格特質的人來從事——每個人都可從事某幾種不同的職業，而每個職業也都能接受在某些程度上不相同的個人。

4. 雖然自我概念是社會學習的產物，由青少年到後成熟期的過程中，會變得越來越穩定，並具有選擇與調適上的連續性。但職業偏好與個人的核心能力、生活與工作的大環境，以及自我概念，都仍會隨著時間與經驗的增長而改變。

5. 改變的歷程可用一連串的人生階段（大週期）來說明，包括成長(*growth*)、探索(*exploration*)、建立(*establishment*)、維持(*maintenance*)與衰退(*decline*)。「探索」階段可再區分為「幻想」、「試探」以及「實際」三個階段；「建立」階段可在區分為「嘗試」(*trial*)與「穩定」(*stable*)兩個階段。小週期發生在從一個階段進入另一個階段的轉換時期，或是因人力需求降低、人員需求性質改變、疾病或受傷，或是其他社經事件或私人事務等因素，個人被迫改變時。這樣的不穩定和多重嘗試的生涯會引發新的成長、再次探索、與再次建立（再次循環）的機會。

6. 生涯模式的本質—職業的層級與順序、變換頻率、嘗試與穩定工作期間的長度—是由雙親的社經層級、個人的心理能力、教育、技能、性格特質（需求、價值觀、興趣、特質、與自我概念）與生涯成熟度，以及由個人所能接觸到的機會來決定。

7. 每個生涯階段中，個人是否能成功面對環境與組織的要求，端視個人是否已經做好準備（亦即視個人的生涯成熟度而定）。

8. 生涯成熟度(*career maturity*)是一個假設性的架構。它的操作型定義也許和要定義「智能」一樣困難。但其歷史較短，成就亦尚難確定。

9. 要引導人生各階段的發展，一部分必須促進個人能力和興趣的成熟，另一部分可協助個人測試現實與發展自我概念。

10. 生涯發展的歷程，主要在於發展與實踐職業自我概念(*occupational self-concepts*)。這是一個統合與妥協的歷程，在這歷程中，遺傳的資質、身體的體格、觀察與扮演多種角色的機會，以及自己的角色扮演是否受到具優勢者與同伴的肯定，這些因素互相影響而形成自我概念（互動式學習）。

11. 在個人與社會因素之間，以及在自我概念與現實之間的統合或妥協過程，就是一個角色扮演和從回饋中學習的歷程。無論是在幻想中、在諮商晤談中，或是在課堂、社團、打工和低階工作中，皆有角色扮演的機會。

12. 工作與生活的滿足感(*satisfaction*)，端賴個人在能力、需求、價值、興趣、人格特質與自我概念方面，是否找到適當的發洩管道而定。建立適當的工作型態、工作情境與生活方式，有助於建立滿足感，個人在這些情境中，亦能扮演一個適合其成長與探索的經驗的角色。

13. 個人從工作中獲得滿足感的程度，與他們實現自我概念的程度成正比。

14. 雖然對於某些人來說，工作與職業在生活中是位於邊緣的、偶發的、甚至是不存在的，但它們仍是大多數人的人格組織焦點。其他的焦點，例如休閒活動與家務，也可以是生活的重心。（社會傳統，如性別角色的刻板印象與模仿、種族與民族偏見、機會結構與個別差異等，仍是決定偏好角色——例如工

人、學生、生活玩家、家庭主婦或市民——時的重要因素。）

　另一個廣為人知的經典理論是*Havighurst*的發展任務理論 (*developmental task theory*)。*Havighurst*（*1964*）認為，職業發展 是終身的歷程，從童年到老年可分為六個階段。如果個人能完成 其年齡階段的特定任務，他將可從隨之而來的職業階段中，獲得 快樂與成功。這個發展階段如表10-1所示。

表10-1 職業發展：終身的過程

職業發展的階段	年齡
Ⅰ.認同某個工作者 父親、母親、其他重要人。工作的概念是自我與理想 關係中很重要的一部分。	5-10
Ⅱ.養成基本的勤勉習慣 學習安排分配時間和精力以完成一件工作。如學校的 作業、家事，學習在適當的情況下將工作置於玩樂之 前。	10-15
Ⅲ.在職業結構下獲得身為工作者的認同 選擇某一項職業，並且為其做準備。獲得工作經驗 以作為職業選擇的基礎，並確保經濟獨立。	15-25
Ⅳ.成為一個具生產力的人 掌握個人職業的技能。 隨著職業上的升遷，使社會地位向上攀升。	25-40
Ⅴ.維持一個具生產力的社會 工作者角色的重點從個人觀點轉換至社會層面。個人 將自己視為一個有生產力的社會中的一個負責任的市 民。他會注意到與工作有關的公民責任。個人此時處 於個人職業生涯巔峰，並且有餘力從事多種不同活動 ，也願意引導年輕人進入階段Ⅲ和階段Ⅳ。	40-70

VI.思索一個具生產力與負責任的人生   70－十

個人已從工作退休，或者正慢慢地退出工作者的角色
。他滿意地回顧自己的工作生涯，並且開心地看到自
己對社會作出的貢獻。他也許並未完成所有的志向，
但是他接受自己的生命，並且相信自己是一個有生產
力的人。

資料來源：：Reprinted from R. J. Havighurst, *Youth in Exploration and Man Emergent* (1964), p.216. (c)American Counseling Association.

      另一個經典理論是由*E. H. Erikson*所發展出來的，界定出八個由出生到死亡的心理發展階段。每個階段包含了其必須解決的發展危機，每個危機所產生的衝突，會因每個人的不同反應而以正面或負面的方式解決。早期階段的成功可增進個人解決未來危機的能力，因此，各個階段之間有相互依存的關係。如果心理危機沒有獲得順利的解決，個人可能會終身受到影響。然而，不理想的解決方法，有時也可能會在適當的條件下產生令人滿意的結果。*Erikson*所提出的階段論如表10-2所示。

表10-2　*Erikson*的個人和社會發展階段

根據*Erikson*的說法，個人在成長的過程中必須面臨一連串會影響其人格發展的心理危機。每一個危機會與某些特定的人格特質有關，而且也和個人與他人之間的關係有關。

	概略年齡	心理危機	重要的關係	發展重點
I	出生到18個月	信任 vs. 不信任	擔任母親功能者	獲得 回饋
II	18個月到3歲	自主 vs. 懷疑	擔任雙親功能者	緊抓 放手
III	3到6歲	主動 vs. 內疚	基本家庭成員	追求 扮演
IV	6到12歲	勤勉 vs. 自卑	鄰居、學校	創造 將事物結合在一起
V	12到18歲	自我認同 vs. 角色混淆	同儕團體、 領導楷模	做自己（或不做自己） 與人分享做自己的感覺
VI	青少年時期	親密 vs. 疏離	友誼中的夥伴、 性、競爭、合作	從與他人的互動中 失去且再找回自我
VII	中年時期	具生產力 vs. 自我孤立	分工與分擔家事	關照別人
VIII	晚年	統整 vs. 絕望	人類 我族	完成 未完成

資料來源：From *Educational Psychology, 3rd ed.* (p.40) by R. E. Slavin.

人格理論

　　人格理論(*personality theory*)認為，職業偏好是一種人格的表現。他們主張，生涯追尋是為了要找到與個人特質相符合的特定職場，這個職場所要求的特質與個人的特質相符合。原始的人格理論是由*Frank Parsons*率先提出的特質—因素論（*trait-factor* theory）。這個理論假設，透過客觀的工具來評量個人的特質，如興趣、能力、成就等，再將這結果與某個職業所要求的成功特質作配對，就可作出預測。在諮商師的指導下，這個預測的結果可幫助個人作出適當的職業抉擇。特質—因素論的基本論點至今仍爲主流尤其當必須使用心理測驗工具來進行生涯診斷與規劃時。

另一個更新且廣爲接受的理論是Holland的人格類型與環境模式理論（theory of personality types and environmental models）。這個理論的主要假設是基於人格類型、個人決定，和不同結果與職業選擇之間的關係。換言之，人們透過職業抉擇—工作環境—來表現自我，以及價值和興趣等。構成這個理論的概念及假設如下列所述：

· 職業的選擇是一種人格的表現。

· 興趣的量表等於人格的量表。

· 職業刻板印象具有可信且重要的心理與社會意義。

· 從事同一個職業的人有相似的人格特質，與相似的個人　發展史。

· 由於同一個職業的人有相似的人格特質，因此，他們對不同的狀況與問題會作出相似的反應，並由此產生獨特的人際互動環境。

· 職業滿足感、穩定度和成就，依個人的人格特質與其工作環境（主要是其他人）之間的契合度而定。

下列爲Holland理論（1966, 1973, 1985a）主要假設的歸納：

· 在我們的文化中，大多數的人都可被歸類爲六種類型：實際型、研究型、社會型、傳統型、企業型與藝術型。

· 有六種環境：實際型、研究型、社會型、傳統型、企業型與藝術型。

· 人們尋求可讓其運用自身技能與能力的環境與職業，以表現其
態度與價值觀，承擔可接受的問題與角色，並避免無法接受
的問題與角色。

· 個人的行為可由其人格特質與環境的交互作用來解釋。

表10-3是*Holland*理論的歸納（*1985b*）。表中列出人格特質的
六大類型，以及其相對應的工作環境。*Holland*曾根據自己的理論
發展出一套被廣泛使用的評量工具，「自我導向搜尋」（*Self-Directed Search*）以及配套的「職業索引」（*Occupational Finder*）。*Holland*在「職業索引」中說明，他歸類出來的類型並不
互斥，也就是說，某個工作環境可能是三種工作類型的綜合體；
同樣的，也很少有人能被完全歸類為某一種人格類型。

表10-3　*Holland*的人格類型

實際型　的人喜歡實際的工作，例如修護技師、飛航駕駛員、市調員、
農夫、水電工。具備機械技能，但可能缺乏社交能力。可用下列詞彙形
容之：

不喜社交的	僵化的	實際的
順從的	物質取向的	低調的
率直的	自然的	節儉的
眞誠的	遵守常規的	不具洞際力的
死腦筋的	堅持的	疏離的

研究型　的人喜歡研究調查的工作，例如生物學家、化學家、物理學
家、人類學家、地理學家、藥劑師。具備數學和科學的能力，但通常缺
乏領導能力。可用下列詞彙形容之：

分析的	獨立的	理性的
謹愼的	智力高的	有保留的
複雜的	內省的	隱居的
批判的	悲觀的	客氣的

好奇的	精確的	人緣差的

藝術型 的人喜歡藝術性的工作，像是作曲家、音樂家、舞台劇導演、作家、室內設計師、演員。具有藝術能力：寫作、音樂、藝術創作及鑑賞力，但通常缺乏行政能力。可用下列詞彙形容之：

複雜的	富想像力的	直覺的
混亂的	不切實際的	不順從的
情緒性的	衝動的	開放的
表達性的	依賴的	原創的
理想主義的	內省的	敏感的

社會型 的人喜歡社會性的工作，像是教師、神職人員、諮商員、臨床心理治療工作者、語言治療師。有社交技能和天賦，但通常缺乏機械和科學能力。可用下列詞彙形容之：

優越的	樂於助人的	負責任的
合作的	理想主義的	善交際的
具同理心的	仁慈的	圓滑得體的
友善的	有耐心的	善於理解的
慷慨的	有說服力的	溫暖的

企業型 的人喜歡有企圖心的工作，像是業務員、經理、公司高階主管、電視製作人、運動贊助商、採購商。具有領導以及演說能力，但通常缺乏科學能力。可用下列詞彙形容之：

上進的	精力充沛的	輕浮的
具冒險精神的	追求刺激的	樂觀的
討人喜歡的	充滿自信的	善交際的
有企圖心的	好表現的	多話的
專斷的	外向的	

傳統型 的人喜歡傳統的工作，像是會計師、速記員、財務分析師、銀行家、成本估算師、稅務專家。具備行政以及算數能力，但通常缺乏藝術能力。可用下列詞彙形容之：

小心的	僵化的	堅持的
順從的	自我約束的	實際的
謹慎的	有條不紊的	拘謹的
防衛的	服從的	節儉的
有效率的	有條理的	缺乏想像力的

資料來源： Adapted *The Self-Directed Search Professional Manual*, by John L. Holland, Ph.D. Copyright 1985, 1987, 1994 by PAR, Inc.

另一個廣爲人知的人格理論，由*Anne Roe*(1965) 根據*Maslow*的基本需求階層理論所發展出來的。這些需求依照其重要性由高至低排序如下：

- 生理需求 *(physiological needs)*

- 安全需求 *(safety needs)*

- 歸屬感以及愛的需求 *(need for belongings and love)*

- 自我肯定和尊重的需求 *(need for self-esteem and respect)*

- 對資訊的需求 *(need for information)*

- 被理解的需求 *(need for understanding)*

- 美感的需求 *(need for beauty)*

- 自我實現的需求 *(need for self-actualization)*

這個概念指出，除非重要性高的需求被滿足，否則後續的需求將不會被注意到。舉例來說，在滿足愛與尊重的需求（上述第三和第四項需求）之前，那些基本維持生命的需求（上述第一項和第二項需求）必須先被滿足。

*Roe*相信，個人的需求結構深受童年經驗的影響，而這個需求結構會影響個人選擇的職業類型。*Roe*根據她對職業的廣泛研究發

展出下列八個職業群組（*Roe & Klos, 1972*）：

- 服務 *(Service)*
- 商業接觸 *(Business contact)*
- 組織 *(Organization)*
- 技術 *(Technology)*
- 戶外活動 *(Outdoors)*
- 科學 *(Science)*
- 文化 *(Culture)*
- 藝術與娛樂 *(Arts and entertainment)*

這八個職業群組再細分為六個類別階層，依照所負的責任與所需具備的能力來區分。

- 專業及管理（第一類），責任獨立
- 專業及管理（第二類），責任重要但獨立性較低
- 半專業以及小型企業
- 有技能的
- 半技能的
- 無技能的

*Roe*的分類系統被證明是很有用的架構，可用來以有意義的方式來組織多面向的職業向度，而她的系統對於發展性向測驗與生涯研究有很大的影響。

社會學理論

社會學*(sociology)*對生涯的主流觀點之一，主張人們會從事某

一個職業是由於機運所致,而非刻意規劃或朝著預先設定目標前進的結果。報紙與電視報導不斷地告訴我們,有許多人在天時地利的促成下,從事某個他們從未預期到的職業。廣義來說,我們可以將人們在職業上的機運視為以下種種因素影響的結果:環境、社會階層、文化及其他個人成長的環境條件,受教育的機會,對模仿角色的觀察等。狹義來說,我們無法忽視由於一時衝動或突然的情緒反應而作出職業抉擇的運氣因素,在這種情況下,潛意識的力量似乎決定了個人的行為與職業選擇。例如,有些人顯然是出於衝動,放棄高薪的辦公室工作,而到非洲叢林從事傳教的工作。也許你決定加入諮商領域的原因,有一部分是因為機運或是某些意外因素。不論如何,意外理論(*accident theory*)主張,人們可能由於未預期到或意外的因素而做出決定,所以我們不可能評估到所有的選擇決定因素。

　　Bandura(*1982*)認為,機運(*chance encounters*)在許多人轉換人生跑道時,扮演了很重要的角色。*Herr and Cramer*(*1996*)綜合將*Bandura*的觀點歸納如表10-4所示。

　　社會學的理論也注意到家庭、學校、社會階層、社區與同儕團體的影響。

表10-4　*Bandura*對於影響機運因素的歸納

機運效果的個人決定因素	機運效果的社會決定因素
基礎技能 *(Entry Skills)* 　能讓他人接受自己或維持關係的 　興趣、技能與個人知識。	環境報酬 *(Milieu Rewards)* 　某個機運改變了人生的道路時，個 　人或團體所給予的報酬與鼓勵。
情感的聯繫 *(Emotional Ties)* 　可維繫機運的人際吸引力，特定 　社會決定因子可能因此發生影響	象徵性環境與資訊 *(Symbolic* 　*Enviroment and Information)* 　親身經驗以外的現實樣貌；不同個 　體或團體會構成不同的象徵環境。
價值與個人標準 *(Values and* 　*Personal Standards)* 　如果相關的人有相似的標準與價 　值觀，在無意之間可能產生重大的 　影響。	環境與封閉性*(Milieu Reach and* 　*Closedress)* 　在封閉的環境（例如，宗教團體、 　社區團體中，機運特別容易造成人 　生道路的突然改變。
	心理的封閉 *(Psychological Closedress)* 　信念爲人生提供了架構、方向與目 　的。如果個人由於機運接連到某個 　特殊團體的信念，此信念即可能會 　對個人的發展產生影響，並形成心 　理上封閉的世界，以因應外界。信 　念會形塑社會性互動，並創造自證 　的現實。

資料來源：　From E. L. Herr and S. H. Cramer (1996), *Career Guidance and Counseling Through the Lifespan: Systematic Approaches* (5th ed.), p.208.

經濟學理論

　　經濟學理論*(economic throries)*指出經濟因素對生涯選擇的重要性。主流理論探討市場上的就業機會與符合資格的工作者之間

的關係。同樣的，如同許多研究所指出的，生涯選擇的主要因素是「我能找到什麼樣的工作？」在這種情況下，最重要的考量是至少要能維持個人與家庭的基本生計。在1990年代以後，工作的保障也成為生涯選擇的一項重要考量，醫療保險與退休制度這類的福利，有時也是人們選擇工作的因素。

決策理論起源於經濟學，它認為生涯選擇是依據哪一種選項可以為個人提供最多的報酬或價值而定（不一定是從金錢的角度來看）。

其他理論

許多其他的觀點更進一步闡述影響生涯發展與決策的觀念。例如：

某個探討生涯決策的社會學習理論，首先由*Krumboltz, Mitchell and Gelatt*（1975）所提出，數年後，*Mitchell and Krumboltz*（1990）再提出另一個理論。稍後，*Mitchell and Krumboltz*（1996）擴大先前的社會學習理論，並加入*Krumboltz*的生涯諮商學習理論，現在將整個理論稱之為**生涯諮商學習理論**（*Learning Theory of Career Counseling, LTCC*）。

這個理論試圖簡化生涯選擇的歷程，主要是建立在生命中會影響生涯選擇的事件上。在這個理論中，生涯發展的歷程包含四個因素：(1)基因遺傳與特殊的能力；(2)環境的條件與事件；(3)學習經驗，和(4)與工作有關的技能（*Zunker, 1998, p.58*）。

學習理論認為生涯發展是一種學習的歷程，其中，學校的經驗對生涯決策的影響很大。*Isaacson*(1985)主張一個折衷的理論，這個理論是由主流的職業選擇理論所產生的。他的理論可歸納為

下列八點：

1. 生涯發展的歷程是一個持續進行的、終身的人類存在歷程。

2. 由於這個歷程本身具有發展性，一般來說它可被預測，但也會因應環境的變化而調整，甚至當個人試圖從工作中得到最大利益與滿足感時，也有可能逆轉。

3. 個人由於基因遺傳與環境因素的交互作用，而擁有不同的能力、興趣、與人格模式。

4. 職業也要求或期望其適合的工作者具備不同的特質。

5. 個人發展與應用其特質模式的程度，由其態度、動機、與價值來決定。我們可由基本心理需求或是自我概念的發展來瞭解這些模式。

6. 個人透過不同的來源（如家庭、同儕團體、社區、學校、媒體、預期內與預期外的日常生活經驗）來學習和工作有關的事物，以及工作與個人之間的關係，和工作與社會之間的關係。在童年與青少年的成長、探索與成形時期所發展出來對於工作的態度與知識，對成年期個人與工作的關係有持續性的影響。

7. 個人透過其自身與其所處現實狀況的交互作用，在工作關係中追求卓越。而個人想要從這些交互作用中累積實力的能力與動機，會影響其獲得的結果。

8. 工作者所經歷到的滿足感，主要由個人評估其達成卓越的可能性來決定。

諮商員對生涯理論的應用

回顧以上各種理論，我們可以得到以下結論：生涯發展是做

決定的歷程；個人必須歷經生涯成熟與決策的階段；個人必須在每個階段完成某些特定的工作；人格特質與生涯決策有關。此外，每個人所渴望或認定的生涯也有其環境上的限制，而且再怎麼棒的生涯計畫也有可能由於機運或意外事件而改變。

這些理論的特點在實際進行生涯發展或調適諮商時，具有相當的啟發作用。

· 諮商員必須瞭解人類發展的歷程與特性，包括在各階段的學習能力，以及在某特定發展階段成功完成某特定工作的重要性。

· 諮商員必須瞭解人類的基本需求、每個人的特殊需求，以及這些需求與生涯發展和決策的關係。

· 諮商員必須要能夠評量與解釋個人的特質，並將這些評量結果應用於諮商對象的各種與生涯相關的需求上。

· 諮商員必須幫助諮商對象瞭解，未預期的因素或機運有時可能會改變已擬定好的生涯計畫。

· 諮商員必須瞭解，在這個高科技的時代，現代人的工作與生活方式不斷快速改變，因此，諮商員在進行生涯諮商時，必須時常檢視與更新其所使用的理論與研究。

近幾年，有許多人試圖將不同的主流理論結合在一起，並稱之為「聚合理論」（*convergence theory*）。它不是一個折衷理論，而是檢視主流理論的共通點，並將共通的假設結合成為一個全面性的理論；而到目前為止，這項努力還沒有明顯的進展。

生涯諮商與人類潛能的開發

我們必須瞭解，各種生涯選擇理論均認為，人類發展的每一個面向，不論是社會的、生理的、情緒的、或是教育的發展，只

是個人所有發展的一部分，而各部分之間往往和其他面向的發展密不可分。生涯發展也不例外。瞭解這些面向之間的關係，以及某些基本人類發展原則的應用，對於設計與執行針對開發人類潛能*(human potential)*所提供的終身諮商課程是很重要的。「美國職業輔導協會」（*National Vocational Guidance Association*，現為「美國生涯發展協會」*National Career Development Association*）曾在其刊物中探討過七個發展的向度（*1973*）：

1. 個人一生中的發展。這可以人生所經歷的成熟發展階段，和在每一個階段所獲得的能力來說明。雖然缺乏研究證據，但似乎不太可能以外力介入來縮短此成長歷程。

2. 個人發展受遺傳與環境的雙重影響。心理的、社會的、教育的、政治的、經濟的與生理的因素都會影響發展。針對這些因素所採取的適當介入策略，會影響個人發展的品質。

3. 發展是一個持續性的歷程。可藉由早期開始並持續一生的介入策略，來使個人發展進行得更順利。只針對個人一生中某一個時期或階段的方案，其效果有限。

4. 雖然發展是一個持續性的歷程，不同因素在人生的不同時期有其特殊重要性。為使生涯發展更順利而設計的方案，應該將不同階段的決定性因素考慮在內。

5. 個人發展是自我與其所認知世界漸進式的分化與整合的歷程。介入策略必須在正常的生涯發展成長階段中使用，以協助個人的發展，而不是在個人的發展已經受到損害或延遲時使用，而作為補救的工具。

6. 雖然在童年期與成人期可觀察到具普遍性的發展階段，但在歷經這些階段時仍然會有個別差異。介入方案應考慮到個別差異，並且不應認為發展進度和別人不同就是有問題的。

7. 人類發展某方面的過度剝奪可能不利於個人在其他方面的發展。因此促進發展的方案應該是全面性的，不該僅限於某一

方面。在某方面發展不良的個人需要特別且密集的協助；如果剝奪是長期性的，短期的介入協助可能仍嫌不足（*pp. 3-4*）。

　　當然，我們不需要檢視發展理論就能瞭解既存的人類潛能。人類從發現火的功用到登上月球的成就，即是人類潛能的最佳證明。雖然我們必須假設大多數人的多方面潛能無法完全被啓用，但我們仍然要盡力突破這個挑戰，並將人類的潛能發揮到極致。

　　當世界各國準備在全球市場相互競爭時，爲了促進社會的發展與福祉，有越來越多的人注意到一個最有價值的資源，那就是人類的潛能。同樣的，劣勢族群爲了突破不平等待遇，他們也會在民眾支持下，繼續尋求發展其潛能的平等機會。

　　雖然過去諮商員已有協助少數族群（例如科學與數學天才，或具特殊天賦者）確認及發展其潛能的先例，但現在我們已進入新時代，發展潛能是每個人的權利，也是社會的希望。人類資源發展方案*(human resource development program)*的三個階段爲：

1. 評鑑個人潛能與興趣的方法；

2. 規劃適當經驗，以協助個人發展，並激發潛能；

3. 將個人安置於適當的教育與生涯機構中，使個人能發揮其已開發的潛能，創造個人與社會的福祉。

　　雖然個人潛能的評鑑與發展，應該在其學齡期的早期就開始，但對人類潛能終其一生持續的評量、關注與協助仍是必要的。中等教育以上的教育機構、成人教育課程、生涯中心與就業輔導機構、社區心理衛生中心，以及私人診所等，皆可在這個過程中扮演重要的角色。這些機構必須發揮它們的功能，而社會也需要它們功能的發揮。

　　生涯是提供個人發揮大部分潛能的最佳機會。人類潛能發展

的生涯諮商，可鼓勵個人向其自我概念的極限挑戰，重新澄清其
潛能並刺激其生命力。接下來讓我們來檢視傳統上未被妥善開發
潛能的群體：女性、少數族裔、窮人、殘障者以及雙薪配偶。

女性

人類潛能在職場獲得發展的重要例子，是在第二次世界大戰
期間以及之後，有大量女性進入職場工作。不只有更多的女性進
入職場，而且這些女性進入了新的工作領域。在20世紀初期，女
性的生涯選擇被界定在如護士、教師、餐廳服務員、文書等這類
工作上，這類工作是當時女性唯一能實現夢想的領域。今日，女
性可以在醫療、法律、司法、軍隊、營造、業務與運輸等領域尋
找工作，這些迄今主要仍屬於男性工作領域。此外，有越來越多
的女性開始被指派管理與監督的工作、從事高階的法律工作，以
及在政府與立法機構工作。大致來說，女性在所有工作領域的發
展都有顯著進展。有預測顯示，在2000年代初期，成年女性在職
場工作的比例幾乎和成年男性相同。

儘管上述的樂觀現象顯示出女性職業潛能發展的進展，我們
仍不能否認，在完全發揮女性潛能的路上，仍然存有許多障礙，
其中一個障礙就是長久以來一直存在的偏見。這些偏見可在許多
地方反映出來，有兩個最典型的例子就是薪資與工作機會。

此外，我們也發現，近幾年來有越來越多的媒體注意到，女
性工作者容易遭遇到的性騷擾問題、雙薪配偶雙方都需面臨工作
壓力，但照顧家庭的責任大多仍落在女性身上，以及單親媽媽的
數目與日俱增。今日大多數的女性是為了經濟因素而進入職場——
—其中包含將近60%的單親媽媽。由於這個因素以及其他原因，
女性得到的工資通常比男性低。每一種位階的工作都有很嚴重的
薪資差別待遇；而且在低收入的行業，即使女性具有和男性同樣
的資格能力，女性的就業比例通常仍比男性低很多。

因此，儘管女性潛能的發展有長足進步，但仍有許多亟待改進的地方，而生涯諮商員有機會可以幫助女性更順利發展。他們應該引導女性去尋找刻板印象與限制之外的工作。有些女性可能需要協助，以便能在家庭與工作之間取得平衡，同時讓大眾接受她們有同時成為母親與職業婦女的權利。

1994年，美國的勞工局向25萬名職業婦女進行意見調查，發現在家庭與工作之間取得平衡是她們最大的問題。在美國企業忽略女性需求的情況之下，身為母親的女性無法在家工作，或者必須從事契約性或臨時性的工作。諮商員必須要協助女性瞭解，除了傳統的工作之外她們還有哪些選擇，並幫助她們了解，教育可以讓她們獲得更多的就業機會和更高薪的工作。對有些女性來說，自我果決訓練、求職技巧，以及發展出正向的自我概念，也會有所幫助。

少數族裔

在美國的歷史上，少數族裔極少獲得潛能發展的機會。雖然在最近幾個世代，為少數族裔掃除障礙與開放工作機會已有所進展，但仍有許多有待改進的地方。在美國，專業或管理工作、政府的領導階層、高等教育的預備方案等方面，少數族裔所佔的比例偏低；而在生涯階梯的另一端，低收入與低階的工作、就業率偏低與失業，以及輟學等方面，他們所佔的比例偏高。展望未來，我們發現有較高比例的非裔美國青年正在獄中，有正當的職業僅佔少數。有很高比例的少數族裔女孩是一家之主的單親媽媽，並且生活貧困。顯然的，如果少數族裔的成人發展潛能的機會已被嚴重剝奪，我們社會就不會有健康的未來。少數族裔的確長期受到忽略且未被善待。

展望新的世紀，*Sue and Sue*（1989)評論道：

在加州的學校，有超過半數的學生不是白種人。到2000
年，有半數的工作人口是西班牙裔人、亞洲人、美國原住民
或黑人。到2003年，加州的多數人口將會是由少數族裔所組
成。而這種少數族裔人口劇增的現象不只發生在一個州而
已。美國的種族會變得越來越多樣化。目前有20%的孩童不是
白種人，到2020年，這個比例會增加到38%（美國戶政局1980
年的資料）。非白種人口的劇增，迫使諮商員必須發展出多元
文化的知識與技能，以應付越來越多元的客戶群（p.1）。

諮商員與諮商方案，在協助少數族裔人口得到工作平等以及
發展潛能方面，顯然面臨重大挑戰。為了要有成效，諮商員必須
要確定，他們本身沒有也不會強化對少數族裔在教育或生涯方面
的刻板印象、未使用具有偏見的評量工具，並隨時留意文化差異
且保持敏感。

諮商員要為少數族裔設計生涯協助方案時，應該要注意什麼
事項呢？從社會學的觀點來說，*Hotchkiss and Borow*（1990）指出
諮商員應該做到以下幾件事：第一，他們必須告知諮商對象在就
業市場中少數族裔可能會遭到的阻礙，並協助他們發展出因應的
策略。第二，諮商員必須提供直接的幫助（例如，協助他們填寫
申請方案或工作的表格）。第三，諮商員應致力於降低少數族裔可
能遭遇到的阻礙（例如，在畢業後到開始工作之間的過渡期給予
協助）。最後，諮商員應鼓勵諮商對象繼續進修以增加其就業機
會。*Hawks and Muha*（1991）更提出，諮商員應該要注意到學生擁
有怎樣的知識，並應將學生的語言與文化因素加入方案中。他們
也主張，少數族裔的社區，特別是家長，應該被包含在就業輔導
的計劃中。最後一點，他們建議諮商員應該將問題視為是外在的
或是系統的問題，而不是學生本身的問題，然後以這個觀點來鼓
勵學生克服問題（*Bowman, 1993, p.18*）。

窮人

雖然我們常常聽說美國是世界上最富有的國家，但並不是所有國民都享受到這樣的財富。美國驚人的貧窮人口數字會使其形象黯然失色。全國大約有14%的民眾和11%的家庭的生活水準低於貧窮標準。在少數族裔，這些數字更為驚人。當我們知道，在美國的窮人中，孩童佔了絕大多數時，我們不禁要問，這樣的情形怎麼可能發生在北美洲？還有一群常被忽略或未被列入統計的族群，那就是無家可歸的人，他們的人數超過一百萬，他們是潛能未被開發的極端例子。諮商員與其他的專業協助團體正面臨既複雜又困難挑戰。

另一項驚人的統計數字，與從學齡前到青少年的孩童有關。例如，在1990年代中期，舊金山大約有5000名青少年無家可歸。雖然通過「無家可歸者協助法」（*Homeless Assistance Act, 1987*）是為了協助學校體系發展計劃，將無家可歸的孩童與學校加以串連，但其成效緩慢，且常令人失望，因為學校往往不瞭解街頭生活對無家可歸的孩子有什麼樣的影響。*Gracenin*（*1993*）提到：

> 學校的方案必須要能幫助無家可歸的孩子不受到排擠與污名化。只提供補救教學或基本技巧的方案，往往過於無趣，於是聰明而無家可歸的青少年會因而流失。
>
> 但這樣的方案是個起步—也是今日被放逐的青少年所應得的（*p.28*）。

從方案的觀點而言，有三個重點必須要提出來。首先，在貧民區的學校必須要有很好的諮商方案，並由合格、有愛心且對環境有所認知的諮商員來負責。其次，社區的就業協助計劃必須安排在需求最高的地區—窮人所居住的地方。最後，必須要儘可能地讓這些族群，有機會接觸到具有諮商觀念的成人教育課程。

有關個人諮商方面，*Isaacson and Brown*（*1993*）指出：

　　資源缺乏的人可能需要透過個人諮商來澄清其自我概念，並暸解他們的處境。有多位學者曾強調失業對於個人的自我價值具有致命性的傷害，長期的貧困很可能會造成更沈重的無價值感。我們所謂的美國夢，強調努力工作就能成功——越努力，就能獲得越多的實質報酬、地位與自我滿足感——因此，失業或收入微薄的人常懷有罪惡感與失敗感。*Marshall*(1983)和*Shifron, Dye, and Shifron*(1983) 提出該如何協助人們面對自己的感覺與價值，這些感覺與價值和日常生活息息相關，而且常常是由個人無法控制的外力所導致的。

　　關於職場實際且實用的資訊，可幫助資源缺乏的人找到潛在機會，並突破已被視為沒有希望的困境。與工作者的會談、工作樣本、工廠參觀和模擬的工作情境，都可幫助個人暸解工作，並將工作與自己連結在一起，找出可達成的目標，也許還可找到可仿效的角色模範（*pp.314-315*）。

　　無家可歸的窮人是挑戰性最大的。要處理如此多重的需求，我們需要對於案主的感覺敏感，同時又有技巧的諮商專家。因此，專家的協助策略應以解決無家可歸者立即的需求為主：例如提供交通工具、幫他們找到安全的過夜場所、填寫表格、安排與校方人員的會談、陪同出席安排好的會談，並告訴他們哪裡有免費的食物與沖澡設備。此外，個案管理*(case management)*被認為是最有效的協助方法，它可為無家可歸的人提供全面性、持續性與整合性的服務。個案管理系統的基本功能包括：找出對象並提供外展服務、個人評鑑、服務規劃、連結必要的服務、監督服務的執行狀況，以及為案主代言(*Solomon & Jackson-Jobe, 1992, p.104*)。

身心障礙者

　　另一個在潛能發展上常被忽略的族群是殘障者。「美國身心障礙者法案」（*Americans with Disabilities Act, ADA*）是一個全面性的法案，對身心障礙者的定義如下：

- ·身心障礙者指的是身體或心理受到損傷，而且實際造成從事一個或一個以上的「主要日常活動」的限制，或是曾有這方面的記錄，或是被視爲有這方面損傷的人。

- ·身體或心理損傷的例子包括（但不只限於此）：傳染性與非傳染性的疾病與情況，如外形、視覺、言語或聽覺的損傷；腦性麻痺、癲癇、肌肉萎縮、多發性硬化、癌症、心臟病、糖尿病、智能障礙、情緒上的疾病、特別的學習障礙、*HIV*疾病（不論是否有症狀）、肺結核、毒癮與酒癮。在*ADA*的定義中，同性戀與雙性戀不屬於身體或心理的損傷。

- ·「主要日常活動」包括自我照料、能以手做事、能走路、看得見、聽得見、能說話、能呼吸、能學習，以及能工作。

- ·受到法律調查或制裁的非法毒品使用者，不受到*ADA*的保護。

　　Herr and Cramer（1996）對「身心障礙」的定義如下：

　　身心障礙或多重身心障礙者在職業上並不一定是殘障的。身心障礙可能是身體上的（例如截肢、先天缺陷、癌症、心臟疾病、燒傷、失聰、失明、多發性硬化、肌肉萎縮、畸形、脊椎受傷）、智能上的（智能障礙、學習障礙、腦損傷、說話與語言上的失調）、情緒上的（心理疾病、濫用藥物、酒癮、肥胖症與其他的飲食疾患），或是社會文化上的。不論何者，據估計，全美國有超過百分之十的身心障礙人口，具有長期的身體、心理或情緒狀況，並因爲其病況而無法有效地從事工作（*p.294*）。

政府的復健機構提供個人諮商與其他服務，給符合下述兩點資格的人：(a)個人因身心障礙而無法工作；(b)職業復健服務必須在某種程度上對個人的就業有所幫助《*Texas Rehabilitation Commission, 1984*》。

對身心障礙者提供就業協助時，諮商員必須 (a)瞭解各種身心障礙的狀況，以及其對就業的影響；(b)非常清楚何處有適當的資源、訓練、與就業機會；(c)敏感、支持且實際。諮商員必須要有能力在個人調適、自我概念發展、生涯發展、與工作安置等方面協助身心障礙者，也可能要協助當事人獲得教育、訓練或工作場所。諮商員也可能要協助身心障礙者獲得家人的支持。家庭支持系*(family support system)*統對任何年齡的身心障礙者都很重要，對孩童來說尤其重要，因為這會影響到他們的自尊心。*Gilbride* (*1993, p.149*) 的研究報告顯示，除了父母實際協助能力的範圍大小之外，他們的態度可能會影響對孩子成功所抱持的態度與期望。

諮商員也須協助當事人找到其他身心障礙同儕支持團體。由於可獲得許多其他的服務，少數族裔較不願意尋求復健諮商的協助。*Dziekan and Okocha*（*1993*）評論道：

> 少數族裔對諮商服務接受度較低的原因，可能有幾個因素：首先，符合協助機構資格要求的少數族裔人數較少。其次，由於過程中的諸多步驟與延遲所帶來的挫折感，導致許多少數族裔不願完成整個諮商協助過程。另一方面，復健諮商員在決定案主是否符合服務機構資格要求時所持有的偏見，可能導致評估結果不夠精確，並低估案主重歸社會的潛力（*p.187*）。

儘管立法行動與公眾認知的提升，已使情況有長足的進步，但諮商員在協助身心障礙者發展其潛能上，仍然扮演很重要的角色。

雙生涯配偶

雙生涯配偶*(dual-career couples)*已逐漸成爲社會中的大多數。這個趨勢已影響到家庭生活與企業運作，也引發人們去再度檢視家庭功能與企業政策的運作模式。當然，人類潛能發展的議題也變得更具挑戰性。配偶中哪一方比較重要？雙方能平等發展嗎？小孩的問題要怎麼處理？要如何照料？由誰來照料？當我們進入一個發生劇烈變化的職場並面對新的挑戰時，這些議題就顯得更加重要了。

Stoltz-Loike（1992）提出：

五個主要的生涯難題（*Rapoport & Rapoport, 1976; Sekaran, 1986*）：(1)多重角色的過量負荷；(2)多重社會學習角色之間的身份混淆；(3)家庭與工作角色在不同的時刻有其不同的優先性，造成角色轉換的困境；(4)由於時間有限所導致的社會支持網絡的困境；以及(5)環境限制所帶來的規範性的困境（p.14）。

雙生涯配偶的持續增加，爲諮商員帶來了在生涯、婚姻、與家庭諮商上，從未探索過的新挑戰。明顯的，傳統的生涯諮商理論在發展時並未將雙生涯配偶的狀況考慮在內，必須要研究與發展出新的概念性架構。個人諮商必須和聯合諮商*(cojoint counseling)*結合在一起。同時，也要鼓勵開放態度的溝通與妥協。如何分擔小孩的撫養責任，這個議題也應先做多面向的探討，以免在日後成爲嚴重的問題。

Stoltz-Loike(*1992*)建議，不論是書面的或是口頭上的夫妻平等協議，最好包含以下六個元素：

(1)個人需求；(2)對平衡的偏好；(3)性別議題；(4) 生命階段議題；(5)生涯關注的平衡；(6)持續發展此協議的意

願。這樣的協議可導正個人的表現與夫妻之間的平衡，並在夫妻關係中產生更大的滿足感。此外，它也能擬出具體的方法，來處理關係中的長期壓力與緊張。

透過協調出來的平等協議能使雙方獲得成長，使個人與家庭更能發揮功能，並豐富了配偶的關係。此外，平等的配偶將能追求更多元的職業與個人角色。這樣的平衡，可以透過對於家庭與事業成就的討論、承諾與關心來達成。家庭與事業的平等可能很難協調，但一旦協調出來，就能帶來終身幸福（p.245）。

由於社會將學校視為發展青少年潛能的單位，下一節我們將檢視學校的生涯規劃與決策方案，對於發展人類的潛能有何貢獻。

學校中的生涯規劃與決策

大部分的人都會歷經三種經驗。第一種是發展或成長，從出生開始並一直被照顧到青少年。第二種是教育，一般來說，是從出生開始且終其一生。若個人接受正式的學校教育，學校會在其大部分的青少年時期教導他社會的概念。第三種經驗是工作，從青少年時期開始，並持續到成年期。

這三種經驗都來自於共同的環境—學校。在這裡，個人的發展藉由三種重要的經驗刺激而被塑造出來：學習、與他人共同生活，以及工作。因此，學校對於個人將會如何發展，以及社會未來會演變成什麼樣子，均扮演著關鍵性的角色。諮商員對於學校經驗如何影響其當事人，一直抱著極大的興趣。

學校的諮商方案，必須具有協助學生提高學習、成長與發

展，和為工作做準備的功能。本章中，我們對後者特別有興趣——為了進入職場所做的準備，包括在教育的環境中協助個人的生涯發展、規劃與決策。

　　為了增進學生生涯發展的機會，一般性的學校諮商方案與特定的生涯輔導目標，應符合以下依照發展架構的原則：

1. 所有學生都應有機會建立一個無偏見的思考基礎，以進行生涯決策。學生的職業選擇機會隨著年齡漸長而減少，這是一個教育的悲劇。一年級的學生似乎對大多數的職業都具有正面的態度；但升到七或八年級時，他們已經開始依據一般的職業考量來做決定。許多人已發展出或被教育成具有某些偏見，導致他們自動剔除某些可能性。九年級選讀大學預備課程的學生，有很大的比例後來沒有進入大學，或甚至沒有完成他們的中等教育，就是一個很好的例證。因此，學校的生涯諮商方案要和任課教師合作，幫助學生對所有的正當工作發展出正面的態度與尊重。這是很困難的，因為許多學生無時無刻不接收到成人世界的偏見。如果希望學生能有真正的選擇自由並從中獲得益處，學校的生涯諮商與輔導方案具有很重大的使命。

2. 學生在早期階段以及持續對教育發展出正面的態度是很重要的。僅受過基礎教育的學生，其職業選擇機會的減少是一件不幸的事，但無法讓學生對教育發展保持興趣是一件更悲慘的事。從輟學及有能力的學生卻缺乏動機與成就感的各項研究結果，可以得到印證。簡而言之，若沒有相對應的教育發展，生涯發展的意義就很有限。所有的生涯諮商與輔導方案，都必須以刺激學生的教育發展為首要目標。

3. 由於前述兩點，我們必須教導學生將生涯視為是一種生活方式，以及將教育當成為生活所做的準備。當學生到達做決定的階段時，他們通常只以工作說明來瞭解每一種生涯。教育不只是要擴大，更要發展職業的視野。這個擴大生涯選擇的

觀點是基於一項認知，就是個人的工作方式就是個人的生活方式。同樣的，大家也應注意到教育本身，教育的目的是爲了每個人的人生，而不只是爲了個人後來所選擇的職業。這個觀點：「教育是爲了更豐富的人生」，對於教育界致力於降低輟學率的努力也是很明顯的啓示。

4. 我們必須協助學生發展出對自我的適當瞭解，並將其與社會—個人發展和生涯—教育規劃連結在一起。自我瞭解對於滿足個人自我實現的需求是非常重要的。生涯輔導與學生評量，可協助學生以實際的觀點來檢視自我，包括持續升學、就業資格要求、社會的要求與人際關係等。透過這種方法，可讓學生覺得這些輔導與評量是有意義與價值的。

5. 我們必須教導各個階段學生瞭解教育與職業之間的關係。如果我們希望學生了解教育與生涯是相關的，我們必須讓他們知道它們的關聯在哪裡。學生需要知道每個教育階段與相關的就業機會之間有什麼關係，他們也應該知道每個學科和哪些職業與副業有直接相關。

6. 學生需要瞭解爲何必須在某特定時間點處於某特定教育階段。只是告訴學生，他們今年上三年級，若一切順利的話明年就會上四年級，這樣是不夠的。如果要讓他們充份瞭解目前的教育計劃與未來的教育機會，我們就必須讓學生有機會去瞭解整個教育流程、順序，以及其整合的知識。

7. 各個階段的學生應該獲得與生涯相關的經歷，這些經歷可使他們對就業有所準備，同時提供現實感與意義。這表示學生親身的參與和觀察，會比課堂討論與教師授課更加重要。

8. 學生應該要有機會來測試他們的概念、技能與角色，以發展出與未來生涯有關的價值觀。學校的生涯諮商與輔導課程活動，可利用現成的校內團體提供學生安全的機會，以體驗與發展人際關係，及其他技能、各種角色，和與日常生活息息

相關的價值與觀念。

9. 學校的生涯諮商與輔導活動主要是在班級中進行，同時有學校諮商師的協調與諮詢、家長的參與，以及社區提供的資源。學生的生涯諮商與輔導團體需要所有關心孩子發展的教師、諮商師與家長來共同參與，並扮演重要的角色。

10. 學校的生涯諮商與輔導，需要和現行運作的諮商輔導和整體教育計劃加以整合。個人的完整發展是很重要的，因此生涯範疇不應該被排除在外。事實上，唯有在整體教育計劃的架構中，每一個部分才能被強化，同時各部分之間也能互相強化。

學校諮商員在學生生涯發展上所扮演的角色

如前所述，處於這樣的資訊充斥時代，生涯難以抉擇、人力資源未被充份利用、對所選擇的生涯感到不滿意，以及多年來的長期失業等問題，使得人們對於生涯諮商與輔導的需求越來越明顯。為了因應此需求，配合生涯教育課程的生涯輔導方案因而誕生，而為了設計一個令人滿意、又可增進學生規劃與決策技巧的課程活動，諮商員必須瞭解人們是如何做出生涯選擇的，以及各種選擇所可能帶來的後果。因此，我們必須瞭解與生涯決策相關的理論與研究，以及諮商員在青少年的生涯發展上所能發揮的潛在作用。

由於在學校推行的生涯運動，長久以來被視為具有發展性與教育性的歷程，學校諮商員因此可以發揮發展與預防的功能。雖然教師顯然是生涯教育團隊的主要人物，學校諮商員由於專業知識與技巧，因此亦可以盡一份心力。諮商員可做出的貢獻可被歸類為以下幾種活動：

1.生涯諮商

生涯教育課程活動是為了協助青少年為其生涯選擇作準備而設計的，但若沒有專業諮商員的協助，青少年可能無法適當處理這個重大決定。家長諮商、團體諮商與團體輔導活動，是諮商師能為個人的生涯發展與學校的生涯教育課程作出貢獻的部分。

2.生涯評量

生涯教育課程活動的一個重要部分，是讓學生有機會評量其人格特質和生涯規劃與決策之間的關係。諮商員可利用標準化與非標準化的評量工具，來協助青少年對自我有正確的瞭解。但須注意，這些評量工具不應帶有性別或文化偏差。

3.提供資源與諮詢

學校諮商員在取得有助於生涯決策與規劃的參考資料方面，一直扮演積極的角色。諮商員可使用的數位化與媒體資料等資源，例如影片、幻燈片、錄音帶與錄影帶等。雖然諮商員本身無法取得所有的資料，但至少他們知道可以從何處取得，並可提供資訊給參加生涯教育方案的學校教師。

同時，諮商員也可提供諮詢，他們對學生的瞭解以及所掌握的生涯發展資源與機會的資訊，可以為生涯教育方案提供很大的幫助。

4.連絡窗口

有越來越多的諮商員不只與學校教師及其他校方人員合作，還積極與社區機構與企業界合作。當地的政府就業諮商員 *(employment counselors)* 與就業中心是重要的連絡管道。

諮商員在生涯教育方案中扮演執行與強化計劃的重要角色，

然而，這個角色並不會影響生涯規劃與決策過程中生涯輔導的功能。因此，接下來要探討的是生涯規劃與決策的一些技巧。

生涯規劃與決策的技巧

　　諮商員在為青少年提供生涯發展與就業諮商時，可利用各種方法於下列方面協助個人：自我覺察、教育與生涯覺察、生涯探索，以及生涯的規劃與決策。

1. 自我覺察

　　從很早的時候開始，人們就對自己的獨特之處有所察覺與尊重。得知一個人的資質、興趣、價值觀、人格特質等等，對發展有關自我的概念以及將這些概念利用於生涯探索上，是很重要的。諮商員可使用的方法有：價值澄清練習、團體輔導活動、書面作業（如自傳）、影片、以及標準化的測驗等。如果課程允許的話，最好再加上個人或團體諮商。

2. 教育覺察

　　對於自我、教育機會與職場相互之間關係的覺察，是生涯規劃很重要的部分。諮商員可利用影片與書面資料作為輔助的工具。團體輔導活動（例如新生訓練）、校友的演講，以及使用教育覺察量表也有幫助。能將個人興趣與休閒活動，和課程與生涯連結在一起的遊戲，對中小學生具有刺激的效果。經過設計的活動，也可教導在學青少年瞭解良好的在校習慣（如負責任、準時、努力、正向的人際關係）與良好的工作特質之間的關係。

3.生涯覺察

學校諮商員與諮商活動，應該在每一個教育階段協助學生不斷地擴展對職場的認知與瞭解。這必須包含發展出價值觀、生活方式以及生涯之間關係的認知。有許多很好的影片與書面資料可協助我們達到這個目標，當然，這必須經過規劃，且與適當此年齡的方案結合。如果規劃得好的話，特別的活動（如就業博覽會、生涯見習、較年幼的夥伴、透過視訊系統導覽，與實地參訪）也是很有效的方法。現在已經有很好的電腦軟體（本章稍後會提到）可資運用，而對中學生來說，標準化的興趣量表也可增進學生的生涯覺察。

4.生涯探索

生涯探索代表人們開始利用系統化的問卷，對個人所感興趣的生涯進行分析。做比較、現實檢測以及標準化的測驗，對生涯探索可能有所幫助。電腦軟體也很有用，針對生涯探索與決策所開的課程也很常見。

在學校有許多工具可用於生涯探索。由於學生已越來越清楚在校學習與校外生活之間的關係，因此，將資訊與課堂指導做一整合，可以加強彼此的效果。選修課程與生涯、興趣以及日常生活需求之間的關係，以及知名人士的成就，都是這種整合的範例。市面上也有許多有助於生涯探索的優良出版品。

5.生涯規劃與決策

學生終究要縮小生涯選擇的範圍，並最好儘可能的嚴格檢視與測試這些選項。價值澄清活動、標準化測驗、工作見習、就業博覽會、以及其他的團體輔導活動等，會有所幫助。學生必須學習決策的過程，包括在互相衝突的選項之間做選擇、檢視某個選擇的可能結果、妥協的必要性，以及執行其決定。在當前這個階

段，學生必須認知到他們目前的規劃與決策對自己的未來會有什麼影響。此時，也該協助學生掌控自己的人生，並成為自己未來的主要決定者。

安置與追蹤

生涯安置*(career placement)*與後續追蹤*(follow-up)*在生涯諮商中是很重要的一環。年輕族群的高失業率，反映出我們必須對年輕人的生涯安置花費更大的心力。要幫助年輕人在找工作的過程中避免不必要的困難與挫折，學校與生涯諮商員所能夠提供的協助是很重要的。此外，諮商員也須注意到，不合適的工作對年輕人可能會造成長期的影響。我們要了解，目前的年輕人屬於電視世代，他們對工作機會的期望與對某些職業的觀點，通常是不符合實際情形的。要協助年輕人對職場抱持較實際的看法，就必須進行就業前的諮商。

隨著職場日益複雜且不斷變化，生涯安置服務可以幫助大多數在學校中的年輕人，也要能夠幫助輟學中的青少年與畢業生。這類方案應致力於：

1. 量估學生的需求，包括兼職與全職的工作、訓練、就業技能，與繼續就學的動機。

2. 與工商業界和勞工代表組織建立關係，促使這些團體與學校之間的合作與溝通更加順利。

3. 協助學生找到與他們的能力與志趣相符合的兼職或全職工作。

4. 在學生、工商業界、勞工代表組織、社區領導者、父母、媒體以及學校教職員之間，建立起有效率的溝通－回饋網絡（*Gibson & Mitchell, 1976, p.1*）。

在生涯安置計劃的發展方面,許多社區中已有功效良好、並由地方政府所輔導的就業計劃,這些計劃注意到當地年輕人的需求。學校的生涯輔導活動與地方政府就業輔導員共同合作並互補所長,以提供年輕就業者最好的協助。即使如此,學校的生涯安置計劃中所包含的發展性的部分,是其他機構位所無法照顧到的。因此,學校的生涯安置計劃必須發展與加強和學生求職及就業有關的技能、態度與知識。在1994年的「從學校到工作之轉銜法」通過以後所發展出來的方案,應該都包含了這些部分。

生涯安置計劃包含三方面,主要的活動是學生發展。但如果沒有規劃良好的生涯發展計劃相配合的話,其功效就會降低;而若沒有搭配執行與維護計劃,此二者也將無法發揮其功能。廣義的生涯安置,包含了在不同的情況下(也就是工作、教育、環境),針對輔導對象的需求與利益予以安置。接下來我們將檢視教育與環境的安置。

教育安置

一般來說,教育安置(educational placement)與其他安置計劃不同的地方是,它是將個人的能力、資格和興趣,與學校或課程的要求相配對。專科與中等教育的學校諮商員,提供學生有關大學入學要求、費用、每個學校的特點,以及課程內容等方面的資訊。他們也常常協助學生填寫必要的申請表。諮商員可使用「大學檢核表」(college checklist)來協助對升大學有興趣的高中生(見圖10-1)。

許多學校諮商員也投入教育安置,協助學生安排合適的課表與選修某些特殊課程。然而,以固定的程序為所有學生在短時間內安排課程活動,忽略了個別差異,並不能算盡到輔導的責任,即使有許多諮商員表示他們花了很多時間在這上面。

　　理想上（如果不是實際上的話），在教育體系中的安置不只是生涯、入學與教育的安置。廣義來說，安置是協助個人選擇可讓他們獲得最大益處的場所或環境，他們在這樣的場所或環境中，可以獲得所需的經驗、做良好的調適、獲得有用的資訊，以及得到更好的整體發展。我們來看一個協助個人獲得不同角色與環境經驗的例子。

　　角色安置（*role placement*）假設，對學生的發展而言，經歷不同且重要的角色是很重要的。雖然許多人不必特別規劃就能經歷某些角色，但對大多數的人來說，如果沒有經過特殊安排，他們可能會錯失某些發展的機會。這是另一個學校諮商員與授課教師可以合作的機會，共同規劃有意義的活動，來加強教育性課程與學生個人發展的成效。重要的角色經驗包括在特定時間內充當領導者、被領導者、個人（獨立）工作者、教師、高成就者、負責任的人、社會的成員、能做決策的權威，或是為他人服務的人。角色分派表（如圖10-2所示）是能夠記錄各種角色經驗的方法。

圖10-1　大學檢核表

	大學名稱		大學名稱		大學名稱	
一、入學要求與一般資料	是	否	是	否	是	否
1. 這所學校是否在學生打算專攻的 　領域 _____ 提供準備課程？	___	___	___	___	___	___
2. 如果我完成目前所規劃的所有高 　中課程，我是否符合入學資格？	___	___	___	___	___	___
3. 有沒有入學考試？	___	___	___	___	___	___
4. 我需要做體檢嗎？	___	___	___	___	___	___
5. 有沒有其他的入學資格要求？ 　（若沒有的話，請在Ⅶ附註與意 　見欄標明）	___	___	___	___	___	___
6. 這是一所男女合校的學校嗎？	___	___	___	___	___	___
7. 這是一所公立的學校嗎？	___	___	___	___	___	___
8. 這所學校所提供的課程是經過核 　可的嗎？	___	___	___	___	___	___
9. 這所學校有預備軍官（ROTC） 　課程嗎？	___	___	___	___	___	___
10.這所學校的平均入學率是多少？	___	___	___	___	___	___
二、*費用*（*每學年*）						
11.宿舍費	___	___	___	___	___	___
12.伙食費	___	___	___	___	___	___
13.學費	___	___	___	___	___	___
14.活動費	___	___	___	___	___	___
15.其他的費用	___	___	___	___	___	___
16.每年基本費用總計	___	___	___	___	___	___
三、*膳宿*						
17.宿舍的設備是否男女皆可使用？	___	___	___	___	___	___
18.不需要通勤的新生必須住宿舍嗎 　？	___	___	___	___	___	___
19.是否可以自行選擇室友？	___	___	___	___	___	___
20.有供學生用餐的設施（一天三餐 　）嗎？	___	___	___	___	___	___

四、為學生提供的服務與協助

21. 是否有獎學金？　　　　　　　　　　___ ___ ___ ___ ___

22. 是否有工讀的機會？　　　　　　　　___ ___ ___ ___ ___

23. 是否有輔導的服務？　　　　　　　　___ ___ ___ ___ ___

24. 是否有新生訓練？　　　　　　　　　___ ___ ___ ___ ___

25. 是否為以下的學生提供安置服務

　　（a）即將畢業的學生？　　　　　　___ ___ ___ ___ ___

　　（b）暑期打工的機會？　　　　　　___ ___ ___ ___ ___

26. 是否提供醫療服務

　　（a）保健室？　　　　　　　　　　___ ___ ___ ___ ___

　　（b）牙醫？　　　　　　　　　　　___ ___ ___ ___ ___

　　（c）住院計劃？　　　　　　　　　___ ___ ___ ___ ___

27. 如果有需要，我是否可以獲得課
　　業上的輔導（例如家教）？　　　　___ ___ ___ ___ ___

五、學生活動

28. 兄弟會與姊妹會？　　　　　　　　　___ ___ ___ ___ ___

29. 榮譽社團？　　　　　　　　　　　　___ ___ ___ ___ ___

30. 是否允許舉辦社交舞會？　　　　　　___ ___ ___ ___ ___

31. 校園內是否有娛樂設施？　　　　　　___ ___ ___ ___ ___

32. 是否有校內活動？　　　　　　　　　___ ___ ___ ___ ___

33. 主要代表學校的運動是什麼？　　　　___ ___ ___ ___ ___

34. 是否有學生議會？　　　　　　　　　___ ___ ___ ___ ___

35. 是否有戲劇演出的機會？　　　　　　___ ___ ___ ___ ___

36. 音樂（樂團與合唱團）？　　　　　　___ ___ ___ ___ ___

37. 其他你感興趣的活動？　　　　　　　___ ___ ___ ___ ___

六、任何其他的問題？　　　　　　　　　___ ___ ___ ___ ___

七、附註與意見_____

（學生姓名）_____

圖10-2 角色分派表

年級_____ 班級_____ 實施期間_____ 到 _____								
B. D. Lewis 小學								
角色分派	領導者	小組成員	獨自工作者	成就者	責任承擔者	社會領導者	決策者	服務者
學生姓名								
1. 瑪莉								
2. 亞里莎								
3. 馬克								
4. 契斯特								
5. 查爾斯								
6. 凱瑟琳								
7. 莉歐娜								
8. 阿奇								
9. 保羅								
10.凱薩玲								
11.丹尼爾								
12.馬特								
13.傑克								
14.亞力士								
15.海瑟								

- 當被分派到某個角色時,記下日期
ˇ 表示此學生已扮演或經歷過這個角色,暫時不需要進一步的安排

資料來源:Gibson (1972). *Career development in the elementary school.* Merrill: Columbus, OH.

環境安置

環境安置（*environmental placement*）是另外一項發展性的活動。其重點是提供學生機會，讓他們身處與其自身環境截然不同的環境中。例如，安排在城市長大的孩子參加在農場或鄉村所舉辦的活動，讓他們在鄉下待一段時間，或者城市孩子可與鄉村孩子交換住處幾天或幾星期。另一種方式是結合教育準備與環境安置，讓學生在不同的學校環境中待一段時間。

不管是哪一種安置，都必須要規劃後續的追蹤。接下來，我們將討論案主會受到忽略或沒有被妥善安置的原因。

後續追蹤

為了要評估成效與瞭解需要改進之處，不論是何種安置計劃，都必須要有活動的追蹤記錄。精心規劃的後續追蹤活動，可以確保我們能夠得到許多有關活動成效的支持證據。後續追蹤活動是輔導安置計劃的補充活動，它的重點在於瞭解將個人根據不同目的而安置於不同環境下的成效。這成效不只是從受安置對象的角度來看；若是工作安置，也會從安置對象主管的角度來評估。

追蹤記錄可由問卷、檢核表、晤談與電話訪談來取得。安置的追蹤通常著重於個人對於安置及其過程的滿意度，他們自認為在安置情境中獲得的進步，他們的事前準備是否合適，以及他們對未來的計劃與建議。對於雇主，我們則可詢問他們認為受此員工事先的準備與經歷是否恰當，工作上的適應，此員工與他人共事的能力，雇主所期望的進步，以及雇主對安置活動的建言。

對於大學入學安置，可追蹤學生進入大學前所做的準備是否適切和學生的優缺點，學生適應大學的程度，以及對於改善安置

流程的建言。在蒐集這些追蹤資料的同時，規劃如何系統化地運用這些資料也同等重要。

認知到規劃生涯安置與後續追蹤的重要性之後，我們也必須察覺到其中包含的複雜因素。為了要協助諮商員及受輔者能更有效地面對這些複雜因素，不少電腦系統已經發展出來，同時還有更多系統即將被開發出來。本章稍後將介紹其中某些系統。

非學校場域中的生涯諮商

對許多未在學的年輕人而言，初次生涯接觸是透過地方政府的就業服務站來完成的。這些服務站的生涯輔導活動，主要是根據個人資格與興趣，以及就業市場上的就業機會來進行討論與評估。諮商員可使用評量工具如「一般性向測驗」為案主做生涯規劃。諮商員通常非常瞭解當地的就業機會與其特性，也通常可以取得就業網站的資料。就業服務站的諮商員會和高中校園裡的諮商員密切合作，以協助青少年進行生涯規劃，以及從學校轉換到工作職場。

初次進入職場的年輕人可能會遭遇到以下幾種挑戰：

· 個人會發現他對職場的期望與實際上的狀況有一段差距。這種初次的失望感與幻滅，可能會影響個人起初的態度與成就。

· 自由慣了的年輕學生，在適應主管的監督與指導及公司規定時，可能會感到挫折。

· 如果個人尚未準備好，就必須為自己的人生與生活方式負起全部責任，特別是財務上的責任，這部分對他來說可能是很大的負擔。

· 若在剛開始工作時就結婚，會為剛踏入社會的生活，帶來更多

重大的責任與生活方式的巨大改變。

· 個人可能會突然少了很多自己的時間，以及可能會面臨休閒方
式的改變。

生涯諮商可在顧及現實的情況下，協助個人進入職場，並協
助他們找到與其興趣和期望相符的工作。諮商員也可協助案主適
應來自於職場、婚姻與生活方式改變的需求。年輕人可向社區心
理衛生中心、社區就業服務站、政府就業輔導中心、員工協助方
案（*Employee assistance programs, EAPs*），以及私人就業服務機
構的諮商員尋求協助。

然而，生涯規劃與就業安置不再是專屬於年輕人的活動了，
有許多因素導致成人就業狀況的重大改變。這些改變，反過來影
響公家與私人單位的生涯規劃與就業安置。這些因素包括：科技
與社會變遷所造成的影響、社會與消費者價值觀的改變、人口結
構的老化與就業年限的延長、經濟需要，以及國際市場的影響。

此外，科技的改變導致了相關的社會改變，如人口的遷移、
消費者需求的改變，以及有關醫療、教育、福利等重大新政策的
制定。這些改變也會對沒有直接被新科技影響的行業產生衝擊。
服務業就是一個很好的例子。成千上萬的年輕人進入校園選修與
這些領域相關的課程；數年後，當畢業時，他們常常發現就業市
場已經與他們入學時的市場大不相同，許多人無法找到與他們所
學相關的工作，其他的人則從事資格要求和薪資低於他們能力的
工作。

準備轉業的人也遇到類似的情況。科技與社會的改變越激
烈，要預測職場的狀況就越困難。

在最近幾個世代，社會與文化的變遷，也改變了職場性別刻
板印象的傳統觀念與期望。如本章先前所述，這個情況不僅造就
了更多女性工程師、營造工人、飛行員（以及更多男性護士與小
學老師），也使得許多必須兼顧事業與婚姻的女性，為了養育小孩

而中斷事業，又在小孩長大後回到職場。

簡而言之，不論對男性或對女性來說，中年轉業*(midlife career change)*的情況已經越來越常見。

在每個行業皆可見到，但在某些行業更引人注目。典型的中年轉業的例子，是職業軍人或是公職人員（如消防員與警察）在服務20年之後，以相對年輕的年紀退休，然後去追求生涯的第二春。在1970年代，有數千名工程師與科學家由於政府大幅刪減太空與國防預算而失業。這些衰退產業的工作者常常被迫去尋找不相關的工作，或是在原來的產業從事薪資較低的工作。近年來，教育界也經歷了裁員的衝擊，導致許多教師與其他教育人員必須要轉換職業跑道。不論是出於自願或非自願，中年轉業已成為一個很常見的現象；對許多工作者而言，一生只從事一種職業的模式已不再適用（*Herr and Cramer, 1996, pp.535-536*）。

儘管中年轉業已經是常見的現象，甚至有許多工作者已經做好心理準備，但這樣的轉變仍可能會產生適應與決策的困境。人們必須去適應新的工作方式與技巧、新的同事，以及可能要搬到新的環境開始新的生活方式。甚至有些人認為生涯轉變是必要的而且是好的，這樣可以反映出他們是有價值的，以及他們先前所做的生涯規劃是錯誤的。婚姻關係也可能會受到威脅，即使其中一方並沒有面臨生涯轉變，但現存的問題可能因另一方轉業而更形惡化。

要對這些較為成熟且較具經驗的族群進行諮商，生涯諮商員必須要考慮到下列由*Herr and Cramer*（1996）所列出的諮商目標：

1. 協助案主建立其自身的價值與自我肯定，並維持積極的態度。個人是否將工作角色上的暫時受挫視為對自身存在的否定？過去的工作是否一直都不順利？案主是否表現出沒有希望、

沒有價值、落伍與絕望感？他的自信心是否遭到動搖？

2.為提高就業的可能性，找出可利用的訓練機會與方法。

3.提供地理上的資訊。個人知道最佳的就業市場在哪裡嗎？遷徙是否會造成問題？

4.評估就業困難的真正原因。例如，個人來尋求協助是因為公司裁員、辭職、生病、退休、或是被解雇？

5.協助個人衡量自己目前的就業意願強度、他們對未來工作的期望，以及他們對於工作者身份的自我認知。

6.針對管理性、專業性與技術性的工作，協助個人考量下列因素的相對重要性：薪資、應用的能力、地位、責任大小、工作穩定性、晉升機會、作出貢獻的可能性等。此外，討論降職與降薪的可能性及其結果，也同樣重要。

7.如果有必要，協助其發展出正確的求職方法。

8.如果所在區域沒有合適的工作機會，提供其安置與追蹤的服務；如果有就業的機會，將其轉介到合適的就業輔導中心與機構（*p.546*）。

許多找工作的人會去尋求勞工部就業保障局諮商員的協助。1982年通過的「全面就業與訓練法案」（*Comprehensive Employment and Training Act*）是聯邦政府協助地方政府的例子。由於有這個法案，許多訓練計劃得以進行，以符合當地就業需求。這些計劃包含各種訓練課程，對象是經濟困難的年輕人與成人。

不久前，國會通過「就業機會法案」（*School-to-Work Opportunities Act*），並於1994年5月制訂法律。這個法案由國家就業中心（*National School-to-Work Office*）在美國勞工暨教育部（*U.S. Departments of Labor and Education*）的督導下執行，藉由

各州建立起的企業與教育合作模式，將教育與就業機會開放給所有學生。這些合作關係可幫助學生串連在學校與在工作上所學到的事物，並幫助他們找到好的工作或接受進階的教育與訓練。

其他由州或聯邦政府推動的計劃，包括校園至職場轉換計劃、中年社區服務就業機會、職業團體以及工作激勵計劃等。地方政府的復健機構也向符合資格的人提供生涯諮商與其他服務。

理想上，中年轉業與退休諮商應在職場中進行，但要達到這個目標仍有些阻礙；然而，提供諮商服務的生涯發展計劃已開始出現於在工商業界。

對於機構中的生涯諮商員而言，美國人口老化的現象是另一個越來越重大的挑戰。當我們驚嘆於100歲的摩西祖母 （*Grandma Moses*）和90歲的畢卡索的藝術成就，或*George Burn*以《陽光男孩》（*The Sunshine Boys*）獲得奧斯卡獎時，我們了解到年齡並不一定是生涯成就的阻礙。此外，人類的壽命也隨著人類身體狀況的不斷改善而延長，有越來越多的健康年長者有能力也有意願工作。

較年長的美國工作者也進入一個法定退休年齡被廢除的時代。1967年通過的「受僱年齡歧視法案」（*Age Discrimination in Employment Act*）於1986年做了修正，根據修正後的法案，依據年齡強制退休的制度將全面廢止，只有某些特殊情況除外。雖然表面上看起來，年長的工作者似乎要工作多久都可以，但職場的組織重整與勞力的經濟效益考量，使得年長的工作者被強迫提前退休；再加上現代人的壽命延長，使得員工與雇主越來越關心健康的問題。因此，企業中的員工協助方案諮商員應運而生，其目的是協助年長者為退休與其他的就業機會做好心理上與經濟上的準備。同樣的，非學校場域，包括美國年長者中心、教會、*YWCA*、*YMCA*與老人療養院的諮商師也注意到，許多退休人員想要繼續留在原來工作或重新回到職場。雖然某些人是為了經濟的因素而想繼續工作，但對其他人來說，他們是為了重拾失去的價值或地位，或為了排遣寂寞與增加他人互動的機會（包含歸屬感）。還有

些退休人員表示生活很無聊，或缺少有意義的休閒活動。

　　為了協助這個族群，諮商員必須瞭解他們的期待與願望。某些情況下，諮商員會協助案主尋求兼職或全職的工作機會，或幫助他們瞭解退休的意義，以及退休生活的眞實面貌。

　　某些情況下，尋找有意義的休閒活動和成爲義工，也會有所幫助。年長者支持團體可以協助年長者渡過喪偶之痛，適應好友由於年長與退休而改變的生活方式，或是協助他們做退休規劃與再度回到職場。

電腦化的生涯輔助系統

　　1990年代目睹了電腦的快速發展以及大眾對它的廣泛接受。電腦在工商業界和高等教育界早已普遍使用，近年來在各級學校也很常見，家庭電腦的熱潮也延燒起來。年輕人對這項科技奇蹟的狂熱，不僅反映在他們購買電子遊樂器與電腦網路遊戲上，還反映在他們對相關知識的渴望以及對複雜設備的使用上。事實上，現在的年輕人可能已經成爲最瞭解電腦的族群。

　　電腦對所有年齡層學生的吸引力，爲學校帶來前所未有的機會，運用它來提高學習動機與成效，對學校的諮商活動也是如此，特別是在提供生涯資訊與就業協助方面。

　　在教育環境的諮商活動中使用電腦並不是件新鮮的事。事實上，學校從1960年代就開始使用電腦；1970年代開始使用的微電腦，更開啓了使用電腦輔助生涯輔導系統*(computer-assisted career quidance system)*的新頁。微電腦的經濟與科技優勢，使得學校繼續將它應用在生涯諮商與輔導。

系統的種類

本節將簡要介紹兩類系統：(a)資訊系統；(b)輔導系統。

資訊系統

資訊系統(information system)一般是設計讓使用者能有系統地搜尋職業，以及傳播職業與教育的資訊而設計的。這些有程序性的步驟，可分開使用，也可依照順序使用。若分開使用，則可利用電腦軟體來做練習，或是將代表個人興趣與能力的等級或測驗成績輸入電腦，以搜尋相稱的職業；若依順序使用，則可透過電腦取得某特定職業的一般資訊，也可再加以設計，來回答有關此職業的常見問題。

資訊系統的發展，主要是由勞工局與「國家職業資訊協調委員會」(National Occupational Information Coordinating Committee)的支持所促成的，後者促使各州發展出全州的生涯資訊系統(CIS, Career Information System)，著重於地方性與地區性的資訊。CIS包含一個問卷，稱為QUEST。使用者先輸入性向、興趣、生理限制等方面的自我評量，然後便可以得到一則簡短的說明，列出與其QUEST內容有關的職業。許多職業資訊系統也利用檔案搜尋的方式，來搜尋職業，也以檔案的方式附上每個職業的額外資訊。

另一種系統名為「輔導資訊系統」(GIS, Guidance Information System)，它提供各種有關職業、教育機會、軍職的全國性資料，也提供數種興趣量表。這個系統透過Houghton Mifflin公司的教育軟體部門銷售，據稱，在1990年就有超過4,500個單位使用這個系統。這個系統的資訊，是根據人格特質群組、職業，以及其與各大學的相關性來分類。

另一個很受歡迎的系統，C-LECT，提供三個模組：職業模

組、教育模組、以及財務協助－見習模組。此外，這個系統還提供報告撰寫，使用者可在使用系統過程的任一時刻，得到根據其輸入資料所產出的報告。*C-LECT*由*Chronicle Guidance*出版公司生產上市。

輔導系統

輔導系統*(quidance system)*比資訊系統的範圍更廣，也包含更多指導性的資訊。除了系統搜尋與傳播資訊的功能之外，還提供自我評量、決策的指導原則、對未來的規劃等模組。最受歡迎的兩個系統是：「互動式輔導與資訊系統」（*SIGI, System of Interactive Guidance and Information*）以及*Discover*系統。*SIGI*現在有更新版*SIGI Plus*，它是由位於紐澤西州普林斯頓市的教育測驗服務中心（*Educational Testing Service*）所開發與行銷的。*Discover*是由*JoAnn Harris-Bowlsbey*公司所發展出來的，並由馬里蘭州杭特谷的*Discover*公司與美國大學測驗計劃中心行銷。

*SIGI*起初是爲了協助大學生、預備進入大學的高中生，以及離開校園的成人所設計的，現在也適用於技職生與各種機構內的成人。*SIGI Plus*包含九個模組：(a)介紹（流程的簡介）；(b)自我評量；(c)搜尋（偏好的職業）；(d)資訊（可能的相關職業）；(e)技能；(f)準備；(g)因應（個人能否達到要求）；(h)決定（決策），以及(i)下一步（行動計劃）。

*Discover*系統提供不同的程式給國中、高中、轉業的成人、員工與組織，以及即將退休的人。國中版包含三個模組：(a)你與工作世界；(b)職業探索，和(c)爲高中作準備。受廣泛使用的高中版包含七個模組：

模組1

「開始生涯歷程」

生涯成熟量表的施測與計分，並建議使用*Discover*系統的哪些部分。

模組2

「*認識工作世界*」

協助瞭解美國大學測驗中心的工作世界地圖*(World-of-World Map)*

模組3

「*認識自我*」

評量表的線上施測與計分，也可計算出紙筆測驗的結果。

模組4

「*尋找職業*」

從模組３的結果產生一份職業清單。

模組5

「*認識職業*」

提供全國上百種職業的描述，並包含地方或政府的資訊。

模組6

「*教育選擇*」

協助使用者選擇一條接受訓練的路徑。

模組7

「規劃下一步」

提供關於教育機會的資料，並發展求職技巧（由美國大學測驗協會出版）。

大學版本還包括生涯規劃與轉換的模組，企業組織與退休版本則包含四個模組，分別針對不同的企業環境與退休規劃來設計。

1990年代中期，由於軍隊與供應軍需的產業進行組織精減，產業為了新的產品與生產技術所做的改變，以及大量短期契約或轉型員工的出現，使得成人生涯諮商與安置服務的需求大量增加。

倫理的考量

諮商界對於快速成長且未來還會增加的電腦使用，提出某些倫理上的質疑。潛在的問題包括案主身份與資料的保密，案主對於測驗結果與其他資料的錯誤解讀，以及缺乏與諮商員的適當互動等。針對使用電腦輔助的諮商、測驗與輔導系統的倫理議題，*Sampson and Pyle*(1983) 提出十四項原則：

1. 確定保存於電腦中的機密資料是為了提供服務而取得的，而且只限取得適當且必要的資訊。

2. 確定保存在電腦中的機密資料，在不再需要時務必予以銷毀。

3. 確定保存在電腦中的機密資料是正確且完整的。

4. 確定只有少數的適當人員可以取得機密資料，並必須使用最佳的安全保護系統。

5. 確定保存於電腦資料庫中，但可透過電腦網路取得的機密資料的匿名性。

6. 確定負責蒐集諮商、測驗與輔導電腦輔助系統所產生結果的人員，必須填寫參與研究授權表，保證不洩露其所接觸到的個人資料。

7. 確定電腦控制的測驗計分工具與程式的運作功能正常，以提供受測者正確的測驗結果。

8. 確定由電腦控制的對測驗結果之一般性解讀，能正確地表達出測驗作者所想表達的意見。

9. 在使用諮商、測驗與輔導的電腦輔助系統之前，先評估讓受測者使用某些系統是否恰當。

10. 確定受測者在使用諮商、測驗與輔導的電腦輔助系統之前，已看過系統的介紹，以減低受測者對於系統可能會產生的焦慮感、對電腦功能所產生的錯誤觀念，以及對系統的基本概念或運作的誤解。

11. 確定必須追蹤諮商、測驗與輔導電腦輔助系統使用者的情況，在必要時必須糾正其可能的錯誤觀念、誤解或不當使用，同時評量使用者是否有使用後續模組的需要。

12. 確定保存在諮商、測驗與輔導電腦輔助系統中的資料是正確且最新的。

13. 確定諮商、測驗與輔導電腦輔助系統的設備與程式的功能運作正常。

14. 若使用者所遇到的困難可能會限制系統的效果，或導致使用者的問題惡化時，則諮商員可能需要介入。諮商員要針對每個族群的情況，提供使用者避免上述問題的方法。這些方法有直接的與間接的，包括操作手冊、自我協助手冊、或是其他的練習 *(pp. 285-286)* 。

*Sampson*與其同僚(*1997*)指出：

　　諮商員若對現存的網際網路（*Internet*）上可取得的諮
商工具有深入的瞭解，加上對不斷增加的電腦功能的認識，
就可以在未來資訊高速公路順利運作時，設計與使用更適當
的工具，來爲受輔者提供更有效的服務（*p.203*）。

　　當然，我們希望電腦科技的快速發展，仍不會超出相關道德
議題考量範圍之外。

摘要

　　最近幾十年來，工作世界的劇烈變化以及各個年齡層對於生
涯協助的需求漸增，致使學校與就業輔導中心所提供的生涯諮商
與安置顯得格外重要。生涯諮商是大多數學校諮商方案中既有的
活動，但過去並未強調其於課程中的重要性，因此，生涯諮商在
許多機構中的成效有限。然而，1970年代的生涯教育運動促使學
校認知到，生涯教育和生涯諮商與輔導密不可分。在規劃生涯諮
商方案的活動時，安置與追蹤也是相當重要的一環。這是由於立
法機關認知到沒有安置計劃的生涯發展不夠完全而給予資助，安
置與追蹤的觀念因此獲得重視。在這方面，生涯協助方案的電腦
化已有顯著的發展。

　　在生涯規劃與決策方面，注意的焦點放在是什麼因素導致人
們做出某個決定，以及這個決定所產生的結果。爲了深入瞭解這
個議題，本章檢視了不少傳統理論，但有些學者質疑這些理論已
不適用於今日的族群與生涯特質。

　　就業輔導機構與其他的非學校場域，過去都將注意力放在初
次求職者的生涯安置上，如今它們也注意到中年轉業和退休後再

次就業的可能性，以及許多傳統上對女性、少數族裔與年長者的就業障礙已然消失的重要性。此外，身心障礙者的就業需求與雙生涯配偶的生涯發展也漸受重視。這些因素導致成人生涯規劃與決策所造成的影響，以及年長者與退休人員的特殊生涯協助需求，亦開始受到重視。生命各階段中的生涯諮商已成為一個事實。

　　如前所述，生涯諮商一直是諮商員工作的重點之一。下一章中，我們將討論諮商界的一個新近發展─諮商員的發展性與教育性的諮詢角色。

問題討論

1.生涯教育、職業教育與商業教育有什麼不同？

2.如果我們預期大多數的成人在其一生中將歷經五個重要的生涯轉變，這對於各種機構中的諮商員有何影響？請列出五種你會考慮的不同職業。

3.試討論個人多方面潛能與多重生涯改變，對於生涯規劃與決策所造成的影響。

4.就你的觀察，最近幾個世代的生涯與工作世界發生了哪些重大的改變？在21世紀初期預期又將發生哪些改變？

5.試著在諮商中討論「生涯是一種生活的方式」。

6.你為什麼決定選擇目前的生涯？你預期可從中獲得什麼？

7.試討論在你的生命中，重要的生涯發展經驗所造成的影響。

8.科技的發展如何影響我們的工作方式？

9.試討論休閒時間與工作時間的關係。

10.界定並討論基本需求與生涯決定之間的關係。

課堂活動

1. 每個人試著找出影響自己生涯規劃與決策的重要因素。並以小組方式討論，找出最能解釋自己的生涯發展與抉擇的理論，再根據這些理論比較彼此的影響因素。

2. 畫一個生涯發展圖（利用紙筆，以特定圖形與由左下畫到右上的簡單線條），說明對你的生涯發展與經驗產生影響的重大事件與因素。

3. 小組討論某種職業特質所可能引發的社會問題，並提出全國性或地方性的解決方案。這些問題可能包括某個族群（例如少數族裔、年輕人、女性等）的失業或就業不足狀況、職場中的藥物濫用、雙生涯家庭與鑰匙兒童、輟學與求職挫敗等。

4. 討論你使用生涯評量工具與職業性向測驗的個人經驗，並說出你對測驗結果的看法。

5. 與初次進入職場的人或是即將退休的人晤談，了解他們對於未來一年的看法。

6. 假設你必須轉換生涯跑道，說明你的選擇會是什麼，以及其原因。

7. 討論如何將「生涯是一種生活方式」的看法應用於生涯諮商中。

可進一步閱讀的文獻

Borders, L. D., & Archadel, K. A. (1987). Self-beliefs and career counseling. *Journal of Career Development, 14(2)*, 69-79.

Borgen, F. H., Layton, W. L., Veenhuizen, D. L. & Johnson, D. J.

(1985). Vocational behavior and career development. *Journal of Vocational Behavior, 27 (2)*, 218-269.

Brown, D. (1987). The status of Holland's theory of vocational choice. *The Career Development Quarterly, 36 (1)*, 13-23.

Bundy, M., & Boser, J. (1987). Helping latchkey children: A group guidance approach. *The School Counselor, 35 (1)*, 58-65.

Cochran, L. (1997). *Career counseling: A narrative approach.* Thousand Oaks, CA: Sage.

Feller, R., & Gluckman, N. (1986). The unemployed and counselors: An analysis of responses to a complex social issue. *Counseling and Human Development, 18 (6)*, 1-11.

Gerstein, L., & Bayer, G. (1988). Employee assistance programs: A system's investigation of their use. *Journal of Counsling and Development, 66 (6)*, 294-297.

Gilber, L. A. (Ed.). (1987). Dual-career families in perspective [Special edition]. *The Counseling Psychologist, 15 (1)*, 3-145.

Herr, E. (1987). Comprehensive career guidance and vocational education: Natural allies. *Vocational Education Journal, 62 (6)*, 30-33.

Holland, J. (1987). Current status of Holland's theory of careers: Another perspective. *The Career Development Quarterly, 36 (1)*, 24-30.

Holland, J. L. (1996). Integrating career theory and practice: The current situation and some potential remedies. In M. L. Savickas & W. B. Walsh (Eds.), *Handbook of career counseling theory and practice* (pp.1-11). Palo Alto, CA: Davies-Black.

Johnson, R. (1985). Microcomputer-assisted career exploration. *The Vocational Guidance Quarterly, 33 (4)*, 296-304.

Levinson, E. (1987). Vocational assessment and programming of students with handicaps: A need for school counselor involvement. *The School Counselor, 35 (1)*, 6-8.

Lopez, F., & Andrews, S. (1987). Career indecision: A family systems perspective. *Journal of Counseling and Development, 65 (6)*, 304-307.

Myers, S. L., Jr. (1986). Black unemployment and its link to crime. *Urban League Review, 10 (1)*, 98-105.

Patterson, J. (1985). Career development: Revolution, reform, and renaissance. *Journal of Career Development, 12 (2)*, 129-144.

Perosa, S. L., & Perosa, L. M. (1987). Strategies for counseling midcareer changers: A conceptual framework. *Journal of Counseling and Development, 65 (10)*, 558-561.

Phillips, S. D., & Imhoff, A. R. (1997). Women and career development: A decade of research. *Annual Review of Psychology, 48*, 31-59.

Prediger, D. J., & Sawyer, R. L. (1986). Ten years of career development: A nationwide study of high school students. *Journal of Counseling and Development, 65 (1)*, 45-49.

Raskin, P. M. (1994). Identity and the career counseling of adolescents: The development of vocational identity. In S. L. Archer (Ed.), *Interventions for adolescent identity development* (pp.155-173). Thousand Oaks, CA: Sage.

Repp, A. C., Favell, J., & Munk, D. (1996). Cognitive and vocational interventions for school-age children and adolescents with mental retardation. In J. W. Jacobson & J. A. Mulich (Eds.), *Manual of diagnosisi and professional practice in mental retardation* (pp.265-276). Washington, DC: American Psychological Association.

Wrenn, C. G. (1988). The person in career counseling. *The Career Development Quarterly, 36 (4)*, 337-342.

第十一章

擔任發展與教育諮詢顧問的諮商師

黃俊豪

諮詢歷程
諮詢模式
諮詢技巧
學校場域中的諮詢
社區心理健康場域中的諮詢
工商界中的諮詢

　　某個網路電視新聞節目最近報導，有一群大企業的高級主管正在替小企業提供諮詢服務，以增加他們的生存機會。這些商人被稱之為「諮詢顧問」*(consultant)*，而這個用語是如此常見，以致播報員不需再多加定義。諮詢*(consultation)*成為一種活動，而諮詢顧問成為一種職稱，是在20世紀的最近新生代裡才開始盛行的。雖然一般認為「諮詢」一詞始於19世紀的醫療專業，但今日只有幾個生涯領域的專業會使用這個詞彙。常見的例子有貸款諮詢、園藝景觀諮詢、旅遊諮詢、稅賦諮詢、購車諮詢等等。

　　諮詢顧問通常是某個領域的專家，為別人提供諮詢和自己的專業。事實上，這項服務在商業界是很常見的，以致於我們經常聽到這類對諮詢的幽默定義：「遠來的是專家」、「來匆匆去匆匆的人」。

　　儘管心理健康諮詢在治療技巧上有長遠的傳統，但心理健康和教育事宜的諮詢卻很少被好好地認識和瞭解。此章的目的即在介紹和描述有關諮詢的作業，和扮演諮詢顧問角色的諮商師。

　　諮詢顧問一詞通常是指某個人在某一特定領域擁有較多的專業、知識和技巧。當某些人或組織需要此人的專業時，他就提供諮詢服務，以使別人或組織能夠再去協助其他第三者或組織。

　　諮詢顧問是三人組裡的助人者，另二者則是尋求諮詢的來談者*(consultee)*和諮詢所探討的對象。例如，心理健康諮商師為父母提供諮詢服務，去改善他們小孩的社會技巧，而這就不像諮商裡的治療關係。很重要的是，要記住諮詢顧問的角色是建議和強化，而不是督導。在整個諮詢體驗中也要記得這些特殊的角色，而不混淆或扭曲自己的身份。

　　諮詢在學校心理健康諮商裡的應用，甚至是更少被提及和定位的。1970年代之前，對學校諮商裡的諮詢之關注，大多以為諮詢主要只適合於小學而已。許多這類文章在討論小學輔導計畫裡的諮詢，例如*Abbe*（1961）《學校輔導計畫的諮詢》*(Consultation* *to a SchoolGuidance Program)*、*Crocker*(*1964*)《提供家長的深度諮詢》(*Depth Consultation with Parents*)、*Eckerson*與*Smith*(*1962*)《小學輔導：諮詢》(*Elementary Shool Guidance:The Consultant*)、以及*Faust*(*1967*)《為教師諮詢的諮商師》(*The Counselor as a Consultant to Teachers*)。有些1950和1960年代常用的輔導教科書並未提及諮詢是學校諮商的活動，例如*Jones*(*1963*)《輔導原理》(*Principles of Guidance*)、*Huston*(*1958*)《輔導用於教育》(*The Guidance Function in Education*)、*Crow*與*Crow*(*1960*)《輔導概論》(*An Introduction to Guidance*)、*Ohlsen*(*1955*)《輔導：概論》(*Guidance:An Introduction*)、以及*Froehlich*(*1958*)《學校輔導》(*Guidance Services in Schools made no mention of consultation as a school counseling activity*)。

Faust(*1967*)在他早期重要著作《諮商師–小學的諮詢顧問》*(The Counselor-Consultant in the Elementary School)*裡對諮詢的探討提及

雖然諮商已經有多年的討論和研究，但諮詢則不然。諮詢業務就如諮商一樣多年，甚至更久，但對其治療角色的研究文獻卻少之又少（p.32）。

雖然這些早期對心理健康諮詢的探討都集中在社區中心、工商界與小學之中，但過去十年來，諮詢已發展成為所有諮商情境裡的適切業務，包括中等學校和高等教育機構。例如，美國諮商學會（那時稱為美國人事與輔導學會）的《人事與輔導》期刊（*1978*：*Kurpius*與*Robinson, 1978*；*Kurpius, 1978*）連續兩期特定議題，以及《諮商心理學家》[卷13(13)，*1985*：*Brown*與*Kurpius, 1985*]的特定議題，都認為諮商師的諮詢角色與功能是存在於各種教育層級，就如同在社區與其他心理健康機構一般。較多的教科書也開始探討這個主題。諮商教育與督導學會在*1988*出版的兩篇專題論文（*Kurpius*與*Brown, 1988*；*Brown*、*Kurpius*與

Morris, 1988）都聚焦於諮詢，接著1993美國諮商學會（那時稱為美國諮商與發展學會）再次以兩期《諮商與發展期刊》[*Kurpius* 與*Fuqua, 1993a*，卷71(6)；與*Kurpius*與*Fuqua, 1993b*，卷72(2)]來探討諮詢此特定議題。因此，讓我們開始來瞭解諮詢歷程和諮詢的一些角色和模式。

諮詢歷程

當諮商師要擔任諮詢顧問之時，必須謹記諮詢歷程 *(consultation process)*的基本特殊假定。

· 尋求諮詢的個體或組織無法適當地滿足其原有的需求。

· 諮詢師具備能適切協助求助者的特殊專業。

· 求助者（來談者）有能力執行諮詢顧問的建議。

· 諮詢顧問能瞭解其建議在該組織與環境脈絡裡是可行的，瞭解其問題解決後的可能後果。

Woody、*Hansen*與*Rossberg*(*1989*)在訪問幾位作者之後，將他們對諮詢歷程的概念結合成五個階段：「(1)前置，(2)初次接觸與建立關係，(3)評鑑與診斷，(4)介入，與(5)終結」(*p.179*)。

雖然諮詢歷程起始於來談者求助的需求，但諮詢師必須謹記諮詢本質上主要不是治療性的。換句話說，那些尋求諮詢協助的人們通常不是來做個人諮商的；而是，有一個定義明確的專業問題來求助的。

諮詢模式

對諮詢業務的需求激增，促使各種諮詢歷程的不同模式發展出來。儘管諮詢服務的多種理論或系統之組成或分類，仍存在著重要的差異，但其廣為應用的相似處仍遠多於差異。

傳統著名的模式是*Tharp*與*Wetzel*(*1969*)提出的，強調三角模式*(triadic model)*的諮詢歷程。在此模式裡，諮詢業務係透過一位中間人而間接地提供服務給標的案主。圖11-1說明了這個諮詢三角模式，其間所有施以標的案主的影響，都藉由中間媒介者而進行，諮詢顧問並不直接作用於標的者。這個分析描述的是功能位置，而不是人們所處位置。

圖11-1　諮詢三人組

資料來源：R. G. Tharp and R. Wezel, *Behavioral Modification in the Natural Environment* (1969), p.47 .

四種常用的諮詢模式認為，諮詢諮商師提供直接服務給被認定的案主是有功效的，可對來談者認定的特定問題提出解決辦法，協助他人發展出問題解決的計畫，以及直接主動定義問題，並提出解決辦法。*Kurpius*(*1978*)和*Kurpius*與*Fuqua*(*1993b*)將這些功能組成如下四種諮詢模式。

1、供應模式

諮詢的供應模式(provision mode)常使用的時機是，當諮詢來談者發現所遭遇的問題是自己沒有時間、或沒有客觀釐清能力、或找不到解決辦法、或不會執行與評估問題解決策略之時。因此，諮詢顧問被請求去為案主提供直接的服務，而諮詢來談者在將案主轉介之後即很少再介入。

2、處方模式

來談者有時是遇到不尋常的工作相關問題，因而需要特殊的幫助。雖然有能力和動機去直接解決問題，但來談者可能對自己的處理策略缺乏自信，或缺少執行問題解決計畫的特定知識與能力。

在這類情況下，來談者經常需要一位智謀者（諮詢顧問）來支持他早已想到的診斷與治療計畫，或去探索某一特殊問題的其不同定義與解決方式。

然而有些時候，來談者會要尋求改善某特定問題的正確「處方」。處方模式(prescriptive mode)對很多情境都很管用，而諮詢顧問與來談者應該一起來想想下述四個問題：(a)問題定義與解決所需的所有資訊是否都有被正確地分享出來？(b)諮詢顧問所提出的計畫是否能被來談者所接受，且願意依計行事？(c)誰要對處方計畫的「歷程」與「成果」做出評估，是諮詢顧問?來談者?還是兩者都要？(d)來談者是否需要對處方作適當的調整？

3、合作模式

在合作模式(collabo ration mode)裡，諮詢顧問的目標是催化來談者的自我導向與解決問題的內在能力。因此，諮詢顧問擔任的角色，比較像是一位知識通才者，而非技術專家。他主要是致

力於幫助人們發展出解決問題的計畫。因此，他就像是催化劑與
「現實發報鍵」一般，幫助來談者分享觀察、概念、與有效的實
作。他也幫來談者檢核大環境裡的可能助力。

4、媒介模式

模式*(mediation mode)*是唯一有別於其他三種諮詢模式的，不
是由來談者主動接觸和尋求問題解決的幫助。在媒介模式裡，是
由諮詢師去辨識現有的問題，蒐集、分析、整合既有的資訊，定
義問題，決定最適當的介入，而後召集問題涉及之所有相關人
等，進而盡可能促成適當的改變（*Kurpius, 1978, p.335*）。

Schein(*1978, 1991*)將諮詢歷程組成三種型式。這些型式的假
設如下。

型式1：購買專業知能

此型式的核心特徵是案主已經確定問題所在、需要何種幫
助、以及該找誰幫忙。案主期待以付費方式購買專家的幫助，但
並不想涉入諮詢歷程之中。

然而，為了使此型式運作順暢，就得做到下列假設。

1. 案主已對自身問題做出正確的診斷。

2. 案主已正確認知到諮詢顧問解決問題的能力。

3. 案主已對問題做好正確的溝通。

4. 案主已思慮過所接受幫助的可能後果，並能接受。

簡言之，此種諮詢型式適用於，案主已正確診斷出自己的需
求、已正確認知到諮詢顧問的能力、已清楚正確傳達自己試著要
解決的問題、已思慮過所得幫助的後果。看得出來，這是「以案
主為重」的型式，問題的解決與否很大的責任在於案主能否正確
行事。如果問題複雜而難以診斷，這個型式很可能難以奏效。

型式2：醫生-病人

　　這個型式的核心是案主感到有某些不對勁的症狀，但絲毫沒有頭緒、不知道哪裡出錯、或該如何復原。診斷歷程本身即全權委託諮詢顧問，且賦予其責任要找出治療方法。案主開始依賴諮詢顧問，直到諮詢顧問開立處方，並促使案主更積極投入自己的權益。有幾個必要的假設是醫生-病人型式是否奏效的重要關鍵。

1. 案主已經正確解釋症狀及不舒服的「部位」。

2. 案主能夠信任諮詢顧問所提出的診斷資訊。

3. 「生病的」個人或團體將揭示必要的正確資訊，以達成所需的診斷和治療，亦即能夠相信醫生會「平實地」對待自己。

4. 案主已經思慮過後果，亦即願意接受與執行任何的處方。

5. 醫生／病人將能在醫生／諮詢顧問離開後仍保持健康。

　　簡言之，醫生-病人諮詢型式強調案主對諮詢顧問診斷與處方的依賴，因此病人的重擔是要能正確找到病痛的所在部位、精確表達症狀，以及思慮接受處方的後果。

型式3：歷程諮詢

　　此型式的核心假設是，案主所遭遇到的各種問題，只有一種方式能找到案主願意接受且執行的可行解法，那就是將案主一起帶進問題診斷，並參與找出解決辦法。焦點從問題的內容，轉移到問題解決的歷程，諮詢顧問提供如何幫助與如何解決問題的「歷程專業」*(process expertise)*，而非案主問題的特定內容之專業。諮詢顧問在此型式中並不會將問題扛在自己肩上。「困擾總是還留在案主身上」，而諮詢顧問會與案主一起投入摸索出問題是什麼，為何會是個問題，為何現在成為問題，以及可以做些什麼。這種諮詢型式並不適用於所有問題與所有情境。它也有幾個特殊假定必須遵從，才能適切幫助案主。

1. 此類問題的本質，讓案主的需求不只在於達成初始診斷，還要能使其從參與診斷形成之歷程中有所獲益。

2. 案主有積極的意志與某程度的問題解決能力。

3. 終究只有案主知道，可適用於他所處情境的解決辦法或介入方式。

4. 如果案主能選用自己的解決辦法，那麼案主就增進了未來問題解決的技巧。

　　諮詢顧問要如何進行歷程諮詢型式呢？基本原則是進入案主的世界，並先從案主的觀點來觀看。這通常是指，要關注於「任務歷程」--如何定義問題、如何設定流程、如何蒐集資料、如何做出決策，以及所有構成「問題解決歷程」的作業（*Schein, 1978, pp. 340-342*）。

　　教育與心理學裡早就有這樣的原則，就是幫人解決一個問題不如教他自己成為問題解決者。因此，較有條理組織的諮詢顧問會將組織整理的作業，留給案主已經學到且可獨立執行的型式裡（*Fuqua & Kurpius, 1993, p.607*）。

　　*Faqua*與*Kurpius*（*1993*）接著整理出五種概念模式，並以表11-1呈現。

表11-1　整合概念模式

概念模式	運思架構			
	反應	回應	前置	高度表現
系統理論	哪裡出錯？是什麼次系統引起問題？	誰該負責？	長期來看，我們該如何使系統更完善？	系統如何變得有靈活彈性？
組織文化	誰造成我們痛苦？何以如此？	我們該如何化解衝突？	我們的文化會如何影響我們？	我們如何管理文化以改善生活品質？
策略規劃	短期內，我們該如何減輕疼痛？	需要做些什麼來改善？我們該如何矯正它	我們如何發展出向前進的計畫？	策略規劃會如何成為我們系統的一部份？
組織轉變過程	我們是如何「跌到谷底」的？	我們要如何因應這些情勢？	我們會如何達到發展階段？	我們會如何監控與影響正常的發展過程？
典範轉移思考	我們如何能不改變思考而紓解壓力？	哪些想法需要改變？	我們的想法是否與我們的目標相符合？	我們如何能在變遷的世界中，持續更新知識與想法？

來源：轉印自　D. R. Fuqua & D. K. Kurpius, "Conceptual Models in Organization Consultation," *Journal of Counseling and Development, 71*, 1993, p.617 (c) American Counseling Association.

　　Blocher(*1987*)找出如下七種諮詢模式。

1. 三角諮詢*(Triadic consultation)*-以三個個別的角色形容此種模式。他們是提供專業的諮詢顧問、將諮詢所得加以應用的媒介者、與服務所傳達到的案主。

2. 技術諮詢*(Technical consultation)*-較為狹義與聚焦的介入，是在有特殊相關情況或問題時所尋求的諮詢專業。

3. 合作式諮詢*(Collaborative consultation)*–提出一種共用資訊與智謀的合作關係，諮詢　顧問與來談者在工作歷程中就像是平等的夥伴。

4. 催化式諮詢*(Facilitative consultation)*–諮詢顧問催化來談者去獲取各種不同的資源。雙方在此模式中都知道諮詢顧問明確的關注，在於來談者系統功能的有效廣度。

5. 心理健康諮詢*(Mental health consultation)*–諮詢顧問協助來談者（治療師）能更加瞭解自己與案主的互動，可能方式有分析治療取向、所做回應之考量，以及提供支持。

6. 行為諮詢*(Behavioral consultation)*–聚焦於諮詢顧問所提議或教導給來談者的行為管理技巧之使用，進而以有系統的方式來影響或塑造來談者的個案之行為。

7. 歷程諮詢*(Process consultation)*–諮詢提供服務給某組織，以增進其工作團隊達成目標的有效性。這種諮詢重視團體中每個個體之間的直接關係與互動。

諮詢技巧

　　就如同諮商與輔導活動，機構與學校場域中的諮商師都需要有特定的特殊技巧，才能有效發揮諮詢顧問的功能。這些技巧包括

· 能夠針對已知需求提供有效諮詢的特殊專業。

· 諮詢歷程的知識與經驗。

· 能辨識與瞭解不同環境對各族群與組織所產生的不同衝擊。

　　當然，發揮諮詢功能角色的諮商師，應該具備且應用那些在諮商歷程中的基本技巧。一定程度的溝通及其助人技巧，例如專

注、傾聽、探問、與回饋，都是很重要的。還要表現出應有的尊敬與瞭解。諮詢顧問也應該具備系統化問題解決技巧與評估程序。諮商師催化團體的技巧會是非常有幫助的。諮商師也必須能夠有效擔任諮詢歷程中所需的不同角色。這些角色包括催化者、協調者、媒介者、計畫者、教育者、與激勵者。

學校場域中的諮詢

在學校場域中，擔任諮詢顧問角色的諮商師實際上是提供專業給教師、學校行政人員、及其他適切的人員。這個角色使諮商師變成第三者（通常是學生）相關發展與適應需求的資源專家。諮商師為了要在教育情境裡有效發揮諮詢功能，就必須具備如上述提及適用於諮詢需求的特殊知識與技巧。在許多的相關技巧裡，以下是諮商師能應用於諮詢教師、其他教育提供與計畫者的部分。

1. 能夠瞭解人類成長與發展、調適的問題與歷程，以及個體在經歷那些歷程時的需求。

2. 能夠瞭解班級中的心理學或有效的教育，並深知其重要性。

3. 能夠瞭解並有技巧促進溝通，以及其他適當的人際關係技巧。

4. 受過人格特質評量的訓練，並有技巧將那些評量連結到個人潛能的發展。

5. 具備教育與生涯之發展和機會的特殊知識。

6. 有能力和家長、同儕教育者、及社區進行溝通、諮商、與諮詢。

7. 能夠瞭解團體歷程，且有技巧催化團體動力與改變（*Gibson, 1973, p.51*）。

此外，諮商師若要有效發揮諮詢功能，就必須充分瞭解他所諮詢的個人或團體、諮詢的標的族群，以及諮詢進行所在學校的特色。擔任諮詢顧問的諮商師也應該具備外在環境因素相關考量等知識。

身爲諮詢顧問的學校諮商師，可能有很多機會參與廣泛的活動與角色，我們將在下文討論。

教師的諮詢

如前文所提及的，教師是各級學校體系中的關鍵人物。所以在學校諮詢中，諮商師必須預知他將最常接受教師個人或團體的諮詢。因爲教師是最常與學生接觸的，且經常要在班級團體說明學生的發展與調適需求。諮商師可以有效協助教師，爲其諮詢個別班級教學。

學校諮商師也得蒐集、組織、整合個別學生的資料，並解析這些資訊，以找出個別差異。藉由這些作業，諮詢顧問能夠對個人有更精細的瞭解，並分享這些洞察給來諮詢的班級導師。

此外，諮商師可結合其人類行爲與發展理論的專業與教師教材教法的知識，以進而成爲傑出的團隊合作，營造出有助於學習的環境。

班級教師顯然最知道適合其學科題材的資源所在，但諮商師仍然可以在某些情況下提供諮詢，例如能使班級課程更有意義的特殊生涯與教育訊息。校外資源的尋找與學生學習需求的經驗，也會是諮詢的重點。諮商師對教材與教法的洞察是很有幫助的，能夠使諮商師與教師在教育職校學生的特殊業務上一起合作。

再者，美國公共法94-142的效力，要求將所有身心障礙兒童安置於常規教育課程，以使其能充分發展潛能，致使班級團體的

人格特質與能力出現極大的異質性。諮商師又多一個輔導課程諮詢的重要角色。*Schmidt*(*1993*)認為

　　輔導是每個人的責任，且最好整合到學校課程的基礎部分來進行。輔導並不是在於某單一時刻或獨立事件，不是像老師所謂的「學生放下課本；現在是輔導時間了！」而是要融合到所有的學科題材與所有日常的教學之中。為了要能成功融合，教師與諮商師得規劃適合班級教學的活動。

　　在小學與中學裡的教師，以年級或學科領域分類來規劃教學課程，諮商師要與這些團隊教師諮詢，分享輔導目的，並提出可用於班級教學的活動。在高級中學，諮商師要與學科部門聯繫，以達成相似的目的。這樣的共同規劃歷程使教師能夠在教學課程中同時保持他們的帶領角色，又能善用諮商資源。這些諮詢也使諮商師和教師能夠分享特定困難學生的資訊，以進而給予幫助或課外輔導 (*p.85*)。

　　諮商師在協助特定教師與一般教育系統上，將持續扮演重要的諮詢角色。

　　再次強調，有效諮詢的一個基本原則是，來談者必須相信他們需要諮詢。教師與其他人如果看不到諮詢的價值或意義，就不會尋求或接納諮商師的諮詢服務。因此，諮商師在每個場域中，都必須溝通與證明自己身為有效諮詢顧問的角色。

學校行政人員的諮詢

　　學校諮商師也能對學校的教育領導者與學校系統做出重要的貢獻。諮商師有能力蒐集到學生們個性特質等基本資料及其需求，再提供有用資訊給教育規劃及管理人員。諮商師對人類成長與發展歷程及特徵的瞭解，使其能對學生個人與團體之特殊需求

做好連結與諮商。

諮商師也能在校園環境裡，提供重要的諮詢經驗給學校的行政人員。一個心理健康的學校環境不但能催化學習，還有助於正向的社會互動和良好的品德表現。因為學校生活的這個向度經常遭到忽略（或忽視，由於績效責任模式強調學業成就的標準化測驗），諮商師就得成為學校行政人員推行健康學校環境的擁護者。在此情況下，諮商師要幫助行政人員瞭解，諮商師的角色在規劃與執行各種能培育學校心理環境的全校性計畫。最後，諮商師不會忽略其教師同事的士氣需求。諮商師透過諮詢，可以有幾種方式幫助學校行政人員與學校環境，例如「壓力管理工作坊」可以建立教師與行政人員之間更好且更開放的溝通，或是舉辦「甜心週」（亦即給於讚美的時日）等。

家長的諮詢

諮商師能夠在多種情況下有效為家長提供諮詢服務，幫助其瞭解學童的個性特質及其與學童行為的關係。諮詢能夠協助家長因應或塑造學生的行為，改進人際關係技巧，與調適態度。家長也可能就兒童的學業計畫、進展、或問題而諮詢學校諮商師。高中學校的家長經常因子女生涯規劃的需求來諮詢學校諮商師。諮商師也會提供諮詢服務，來為家長解析學校課程，以及身心障礙學生的主流走向。

大部分家長會期望學校告知其有關子女的需求及在校表現。學校一般的公共關係方案與特定的諮商方案，都可因積極的家長諮詢方案而更加充實。

在進行家長諮詢時，要注意的是

有關不良行為，諮商師最先且最重要的是談到孩子的想法與在校的成功表現。最最重要的是，諮商師與教師都要向家

長清楚地表達，不會將孩子所呈現的問題行為歸咎於父母或
其養育技巧。只要讓家長察覺到所出現的困擾，及其對兒童
在校表現的干擾即可。諮商師就此點可再進一步告知家長，
孩子的特殊行為或態度可能會挫敗其既有的成就。家長在進
入諮詢歷程之前，通常都已察覺到現有問題。來自諮商師的
鼓勵與正向態度，家長往往就會說出相關而有助益的幕後資
料（*Gibson, Mitchell & Basile, 1993, pp.244-245*）。

　　擔任諮詢顧問的學校諮商師必須牢記，許多在學校裡的行為
議題可能源起於其環境，例如家庭。

課程諮詢的諮商師

　　在討論諮商師為班級教師提供諮詢的角色時，曾提到諮商師
在課程諮詢*(curriculum consultation)*部分具有重要的角色。此外，
美國聯邦法案具體指出諮商師在執行生涯教育與身心障礙兒童教
育方面的重要性。就教學而言，學校諮商師當然不是課程專家。
然而，在把課程視為學校所要提供的教育經驗之總和時，諮商師
就應該積極參與課程規劃，因為他們有對每個學生總體發展的專
業投入。

　　為了諮詢學生的生涯興趣與考量，諮商師會對學生的生涯興
趣進行綜合評估，以作為加選相關課程的參考基準。職業興趣的
重要性也不容忽略。教育與職業機會的結合，經常能夠維持學生
的興趣與動機。諮商師應有責任向相關教育人員解說學生的這些
興趣與考量。學生興趣的評量必須轉化為具體行動，然而，現在
很多課程發展機會都胡亂地依學業差異而定。

　　學校諮商師與課程規劃者的共同責任，是要檢視學生總體發
展的這些重要向度，而不是隨機分派的。就此來看，課程諮詢經

常要指出課程改變的需求。因為學校諮商師的責任有涉及到教師與行政人員，諮商師於是要催化他們的合作與互動，以進而促成課程改變。這樣的改變通常得包括幾個必要前提(a)改變需求的確認，(b)涉及改變考量的人們之意願，與(c)改變計畫的發展與接受。

社區心理健康場域中的諮詢

自從1970年代以來，諮詢已逐漸成為心理健康機構信譽卓著的活動與專業。社區心理健康所進行的諮詢之一般目的有：

讓專家提供能夠增進心理健康個人動力的「間接」服務。一般而言，諮詢業務都應用於學校、神職、刑法審判情境、企業、與其人類服務機構...所謂心理健康諮詢的典型是由 *Gerald Caplan*(*1963, 1970*)等人所創立與提出的。他將社區機構的諮詢業務分化成四個主要類別：(1)案主中心案例諮詢，重點在幫助來談者去處理一個特定案例或案主；(2)方案中心管理諮詢，主要目標在幫助來談者管理一項處遇或預防方案；(3)來談者中心案例諮詢，主要目標是幫助來談者處理其與案主互動所產生的一般問題；以及(4)來談者中心管理諮詢，諮詢顧問的目標是協助來談者或來談機構去規劃、執行、與維續其心理健康方案（*Jeger & Slotnick, 1982, p.141*）。

Bloom(*1984*)認為，「心理健康諮詢是社區心理健康運動之間接服務的主要形式」(*p.155*)。他區辨出諮詢

有別於其常混淆且有些重疊的心理健康業務。諮詢與督導的差別在於(1)諮詢顧問可以和來談者分處於不同的專業領

域，(2)諮詢顧問對來談者的工作不帶有行政責任。諮詢與教育的基本差別在於(1)來談者接受或拒絕諮詢顧問想法的相對自由度，(2)缺乏有規劃的課程，與(3)諮詢顧問不對來談者的進展加以評量或評估。諮詢也要與心理治療有所不同。在心理治療中，兩個個體之間有一份明確的契約關係，一位是病人而另一位是治療師。在此種關係裡，病人自知個人既有的問題，而允許自己的隱私被探悉以能解決其問題。這樣的契約關係並不存在於諮詢顧問與來談者之間。諮詢的目的是改善工作表現，而非改善個人的調適。諮詢顧問與來談者是同儕關係，各自期望自己的隱私有所保留。最後，諮詢可由合作而區別。諮詢顧問的諮詢業務並不涵蓋參與來談者在計畫上的執行。諮詢顧問的任務是協助來談者能更有效地達成自己工作的責任（p.156）。

Bloom(1984)也提到

Mannino與MacLennan(1978)為了協助社區心理健康中心評量其諮詢方案，而檢閱了將近80個機構裡的諮詢業務是如何受到監控與評量的。他們發現所蒐集到的資訊可歸類成三群：(1)所服務社區的資訊，例如需求評量、可用資源調查、或族群特徵，(2)諮詢方案的特徵，例如標的團體、接觸頻率、財務狀況、方案說明、進度報告、或進用人員，以及(3)成果資料，例如來談者滿意度測量、諮詢顧問的主觀評論、或目標達成測量（p.177）。

Bloom(1984)推論

諮詢的使用已經成為社區心理健康的技術，並日漸被大眾所肯定。諮詢廣受心理健康專家的大量呼籲，因而社區健康中心的心理健康專家，現在已安排充分的時間來進行此業務

(*pp.186-187*)。

Blocher(*1987*)啟示這樣的觀點

心理健康諮詢不像諮詢的其形式那樣，由一位較高度訓練的專家接管某個案例。心理健康諮詢的主要目標是，幫助來談者或治療師更能瞭解其與案主之間的互動。諮詢顧問幫助來談者分析其治療取向、思慮其對案主所做的回應，並也提供支持關係以使來談者能因應壓力與緊張。諮詢顧問／來談者在心理健康諮詢裡的互動本質，是極度依諮詢顧問的理論導向而定的（*p.268*）。

*Werner*與*Tyler*(*1993*)在討論社區之內的介入時，闡述

社區心理健康中心在幫助社區解決其社會問題上，能夠扮演起寬廣的角色，透過諮詢與教育來創造一種相互依賴的服務傳遞系統。*Jemerin*與*Philips*(*1988*)表示這種協同合作在我們對兒童的協助上是不可或缺的。甚且，這種協同合作最好是發源自某單一的中心場所，那可確保垂直整合，而使兒童進入最小限制的治療環境；也可水平整合，而使兒童能享用寬廣的各種服務。

透過社區諮詢顧問的角色，社區心理健康中心能對社區結構有更寬廣的影響，比只透過直接服務有更多的可能性（*p.690*）。

近年來，諮詢顧問與來談者之間的契約也漸受歡迎。這樣的協定對諮詢顧問與來談者雙方都有好處。*Remley*(*1993*)指出

諮詢顧問在其固定工作場域之外的諮詢作業，每次都要打好法定契約。他們需要瞭解其業務執行的契約之法律脈絡，並辨識書面協定所提供的好處。諮商師經常在其固定工作責任範圍內提供諮詢服務。在這種情況下，所建立的諮詢關係

不必另外成立一個單獨的法定契約。如果不能形成法定契約，一份有關諮詢作業的書面聲明，對諮詢顧問和來談者都是有益的（p.157）。

工商界中的諮詢

　　工商界之員工協助方案（EAPs）中的諮商師，可能是提供諮詢給管理者與其他決策執行者的常駐專家，例如員工關係、壓力管理、環境控制、員工出缺勤等等。諮商師可運用團體技巧，去幫忙管理或幫助帶領總體品質團隊的督導。這類團體是以管理團隊或顧問為基礎的，他們負責對特定特殊問題找出解決辦法與防制，以提升其產品品質及顧客滿意度。在某些情況下，尤其是在較小的組織裡，諮商師可能是從組織外外聘，來提供組織內外所需的諮詢協助。諮商師應該進行的歷程有：問題評估與定義、設定目標、確定作法程序、應用作法程序、與成果評估。

摘要

　　幾乎在所有主要大城市的週日報紙，例如《紐約時報》或《芝加哥論壇報》，商業分類廣告都有聘僱諮詢顧問或行銷其諮詢業務的廣告。通常這些諮詢服務都集中在規劃與策略、獲利與技術探討、市場行銷協助、物質發展與評量。當然，工商界已有使用諮詢服務來從事生產。

　　諮詢被視為心理健康業務已經行之多年，雖然還不像它在商業界那般流行。已經有專門從事教育業務的諮詢公司，而諮詢契約也已經逐漸受到歡迎。

　　然而，諮商師的諮詢業務，已經促成適用於諮詢歷程的各種模式之檢核與調整。*Kurpius*(*1978*)闡述的四種模式有：供應、處方、合作、與媒介。*Schein*(*1978*)將歷程組織成三種型式：購買專業知能、醫生–病人、與歷程諮詢。*Werner*（*1978*）闡述六種可能的機構模式是：案主中心案例諮詢、來談者中心案例諮詢、方案中心管理諮詢、來談者中心管理諮詢、社區中心特別諮詢、與來談者中心特別諮詢。

　　不論選用何種模式，擔任諮詢顧問的諮商師必須知道他們所涉入的歷程，會為他們的諮詢工作提供結構與方向。如果認為知識與經驗就足以使一個人懂得諮詢，那是很天真的想法。對諮詢歷程的瞭解與諮詢技巧的習得，是諮詢顧問能否成功的先決條件。這些通常都要藉由諮詢專門課程來學習。

　　合格的諮商師都有進行諮詢的機會。然而，很重要的是要記得，諮詢必須起始於被需要或請求。即使是在被請求時，擔任諮詢顧問的諮商師也要以機智與理解來進行。畢竟，沒有人會喜歡被指使，即使是被專家指使也會不舒服。

　　諮商師愈來愈常使用諮詢來拓展其提供之服務。我們的專業在1980年代出現另一波漸增的趨勢。預防與健康概念成了大眾的喜愛，大量的工作致力於預防導致個人與社會殘障的疾病。助人專業正積極回應，下一章節將探討諮商專業該如何投入此趨勢。

問題討論

1.依你之見，一般大眾是如何看待「諮詢顧問」這個職稱？

2.討論一次諮詢經驗，可以是你、你的家人、或熟悉的朋友。什麼樣的情況需要請教諮詢顧問？他有何特殊技巧或知識？他是

如何擁有那些特殊技巧或知識的？描述一下那次的諮詢歷程。

3. 描述一下身為執業諮商師的你，在什麼情況下會尋求諮詢顧問的協助。描述一下你想像到的進入場景，以及你會如何利用諮詢服務。

4. 諮商師能夠提供什麼樣的諮詢專業給

　　a. 學校

　　b. 工商界

　　c. 其他機構

5. 說明下列每種諮詢模式可能使用到的例子。

　　a. 購買專業知能

　　b. 醫生-病人

　　c. 歷程諮詢

課堂活動

1. 將全班同學分成三到四人的小組。小組要討論下述情境。假設你是某高級中學新聘的諮商人員。之前被解雇的前輩，是因校長認為他們「做太多治療了-總是把時間花在一對一談話。」早已有人建議你在第一年，最好連那種想法都不要有。學校系統裡的學生事務主任已提出這一年要推行的諮詢取向。試討論並概述一種適合此三年制高級中學的諮詢取向，該校有57位教師與1400位學生，且位於富裕的學區。你的理由是什麼?又何以那樣?你準備在行政會議與家長會中，如何報告來闡述你的模式?請就小組之內的不同取向加以比較與討論。

2.將全班同學分成三組（每組要討論一個主題）。小組要為其所分派到的下述主題之一想出合理的價值。

　　a.諮詢在社區心理健康機構的主要角色。

　　b.大學校園裡的諮詢。

　　c.一個私人執業的心理健康諮詢公司

3.組成三至四人小組。從諮詢團隊的觀點來評估你這組的優點。再向全班報告你這組的特殊諮詢專業（諮商的或非諮商的）。

4.找出你們社區裡的幾位諮詢顧問或諮詢公司，並邀請他們參加班上的座談會，瞭解他們的資格、角色，與諮詢師顧問的功能。

可進一步閱讀的文獻

Aplin, J. (1985). Business realities and organizational consultation. *The Counseling Psychologist, 13 (3)*, 396-402.

Fuqua, D., & Newman, J. (1985). Individual consultation. *The Counseling Psychologist, 13 (3)*, 390-395.

Goodman, R., & Sonaas, D. (1984). Elementary school family counseling: A pilot project. *Journal of Counseling and Development, 63*, 255.

Heller, K. (1985). Consultation to community groups: Some useful discussions between social regulators and indigenous citizen groups. *The Counseling Psychologist, 13 (3)*, 403-409.

Henning-Stout, M. (1993). Theoretical and empirical bases of consultation. In J. E. Zins, T.R. Kratochwill, & S. N. Elliott (Eds.), *Handbook of consultation services for children: Applications in educational and clinical settings* (pp.15-45). San

Francisco: Jossey-Bass.

Kurpius, D., & Brown, D. (Eds.). (1985). Consultation [Special issue]. The Counseling Psychologist, 13 (3), 333-476.

Martin, R. (1983). Consultant, consultee, and client explanations of each other's behavior in consultation. *School Psychology Review, 12 (1)*, 35-41.

Meyer, E. C., DeMasso, D. R., & Koocher, G. P. (1996). Mental health consultation in the pediatric intensive care unit. *Professional Psychology: Research and Practice, 27*, 130-136.

Schmidt, J. J., & Medl, W. A. (1983). Six magic steps of consulting. *The School Counselor, 30 (3)*, 212-216.

Turner, A. (1982). Consulting is more than advice giving. *Harvard business Review*, Sept.-Oct., 120-129.

Ulmansky, D. L., & Holloway, E. L. (1984). The counselor as consultant: From model to practice. *The School Counselor, 31 (4)*, 329-338.

第十二章

預防工作與全人健康

李亦欣

預防
全人健康
壓力管理
娛樂與休閒

俗話說「預防重於治療」，用這句話來描述健康專業似乎特別傳神，但事實上直到近代，健康專業人員（包括心理健康專業人員）才開始實際提供預防服務，這句話終於不再只是口號。近幾個世代的民眾已見證了數百萬美國人，以近似革命的狂熱來追求全人健康(wellness)：全國民眾似乎都熱衷於早晨起床做做爵士操、吞維他命當作速食苗條早餐、在工作時勤練放鬆技巧、下班後慢跑、參加壓力管理工作坊，或遵循Pritikin的節食菜單等。這些時代的跡象顯示出，我們比以往更加重視健康問題（包括心理健康問題）的預防工作；即使這不代表工作重點的轉移，至少象徵了預防工作的重要性逐漸與治療取得平衡。因此本章的目標在於：(1)呈現預防工作在諮商方案中的角色；(2)介紹如何以壓力管理、注重營養，以及善用休閒時間，來做好預防工作。

預防

在心理健康領域中，針對諮商師所提供的預防活動、研究報告，以及專業文獻均明顯增多。研究範圍廣泛的報告出現在各類刊物中，均強調在學校與社區的初級預防工作，例如*Felner, Jason, Moritsugu & Faber*(1983)發表於《預防心理學》(*Preventive Psychology*)的專文；*Barclay*(1984a, 1984b)則發表於《人事與輔導期刊》(*Personnel and Guidance Journal*，現在叫做《諮商與發展期刊》*Journal of Counseling and Development*)。1992年11月與12月號的《諮商與發展期刊》，以專刊形式探討生命各時期的全人健康；*Robinson & Roth*(1992)於《心理健康諮商期刊》(*Journal of Mental Health Counseling*)亦以專文探討女性與健康；《美國心理學家》(*American Psychologist*) 第51卷11期亦刊載了五篇探討預防工作的傑出文章；1997年4月號的《美國社區諮商心理學期刊》(*American Journal of Community Psychology*) 也包含了

五篇有關預防工作的文章。

　　諮商師及其他心理健康工作者所採用的預防模式(*prevention model*)（大致而言就是心理學界所採用的模式），是由公共衛生(*public health*)領域所借來的概念。預防工作可說是為避免發生不想發生的事情所做的努力。在這樣的定義下，預防工作可被分為三個層級：初級(*primary*)、次級(*secondary*)與第三級(*tertiary*)。「初級預防」通常是為防止某特殊且具一定人數的群體，受到某些失序狀況影響而設計的方案。這好比是醫務人員為防止某群人發生疾病，而預先對其施打疫苗。「次級預防」則是對於剛發生失序狀況的人，所進行的確認與介入行動，這是由於早期處遇，會比等到失序狀況惡化後才進行處遇來得明顯有效。「第三級預防」的作用在於防止失序狀況繼續擴大，降低負面影響，以及對個人進行復健。

　　在了解預防是努力避免發生不想發生的事情之後，我們就可以確認必須優先進行的社會預防工作是：(1)防止對生命或健康生活的威脅，以提昇我們的健康水準，例如接種疫苗以防止疾病、締結防止戰爭條約、注重飲食與運動等；(2)防止對人身安全的威脅，例如財物損失保險、工作保障契約、對強化犯罪防治立法的關心等。

　　人們並不樂意花時間去住即使是最好的醫院或最棒的監獄，或裝上最好的假牙；當沒有其他選擇時，我們寧願選擇預防。當生命或安全遭受威脅時，我們就會需要預防方案，我們會去落實它，而且願意付出代價；尤其當已經或可能遭受威脅的受害者為數眾多時，這種需求會更高。當前的社會問題，例如藥物濫用、受虐、*AIDS*、犯罪及偏差行為、青少年懷孕以及中途輟學等，明顯已經達到對民眾生活造成影響與威脅的標準。

　　諮商專業人員必須以預防方案來回應上述問題。諮商師已在學校佔有重要地位，並在社區、醫療機構、工商機構、宗教組織與軍隊中，具有一定的影響力。這也是另一個機會，來發展不同

於其他助人專業的獨特性。

*Schmolling, Youkeles*及*Burger*（*1989, pp.235-237*）提出了爲何必須強調初級預防工作的四點理由：

· 沒有任何疾病或失序狀況是單靠治療就能消除殆盡的。

· 專業服務人力不足以應付必須進行的治療或復健。

· 社會爲了未及時預防的疾患，付出了高昂的成本。

· 情緒與行爲疾患以個人的痛苦爲代價，耗損了難以估計的人類成本。

當然，方案必須先能符合下列條件，才可能有其效用：

1.方案要比出現症狀的先期指標或徵兆更早一步啓動。

2.方案的目標是特定群體，而非個人。

3.方案的設計中必須能辨認出此群體的獨特性與生活環境，包括廣泛地診斷對此目標群體生活造成影響的各種力量。

4.方案規畫者須檢閱適當的研究，以擬訂有效或有希望的預防程序。

5.組織對方案的支持必須夠強，這包括支持長期目標的決心（即使快速見效的方案較易促銷）。

在規劃預防工作時，可看到某些需求特別明顯，例如藥物濫用的預防方案在學校很受歡迎，而婚前諮商亦隨處可見。許多諮商機構也協助夫妻避免預期會出現的婚姻問題，以及適應婚姻生活；然而，預防仍未如治療般的世俗化與普及化。

在生理健康方面，預防已被民眾與醫藥專業人士認可爲最有價值的做法，發展牛痘接種以及其他預防方式已花費了數百萬美元；但在心理健康領域，直到最近，民眾（以及許多專業人士）仍認爲治療的優先性應高於預防。例如民眾一直支持興建更大更好的監獄、藥物濫用的治療方案以及性侵害危機處理中心；但於

此同時，許多地區的民眾卻反對學校推行諸如性別教育與價值澄清技巧等預防性的措施。

雖有這些阻礙，立法機關在某些案例上，卻催促甚至命令諮商師與其他心理健康專業工作者擴大預防活動的範圍，並對面臨危機的大群體進行確認與介入。這樣的做法，對於能正向影響個人調適與發展的重要性而言，是一種肯定。明顯的，就長期而言，家庭、學校、工作場所、教會及社區都是較穩定的機構，並能對許多民眾產生顯著影響，在這些機構中推行的預防方案，應能獲致豐碩成果。

當然，在規劃預防工作時，必須基於有系統的瞭解並確認特殊個案群體的需求，這涉及下列因素的研究：調適、特別易受影響（*susceptible*）民眾的特徵、上述二者間的交互關係、檢驗民眾如何適應既存環境，以及環境中象徵成功或成長結果的重要事件等。

在此必須強調環境的重要性。是否會發展出置某群體於危機的行為，或限制某群體發展出不想要的行為，其主要因素就是環境。環境對行為有重要影響，諮商師與其他助人專業者在從事預防工作時，務必要瞭解它，以預測、控制、調整或預防發生於既存環境下的人類行為。主要環境例如家庭、學校、工作場所與社區，都是行為發生的場域，不僅影響與控制發生於其中的行為，且對發生於其外的行為也會產生制約的作用，這包含了對偏差行為與適應模式的限制架構。

我們也可藉由檢視環境，來判斷是何種特殊因子會將某群體置於特定疾患的危險下。環境不只是物理性的，它還有心理的層面。雖然後者較為複雜且難以界定，但它的影響力絕不容低估；且預防方案要想成功，就一定要考量它的重要性。

個人環境面的轉換在預防方案的成功上，提供了非常重要的線索。專家已有共識，認為田野調查（*field survey*）的環境評量是

最可靠的技巧，而且公共法(*Public Law*)第88-169條也規定，必須對社區心理健康中心進行需求評量。檢查環境以及它對於群體的影響時，必須特別注意(1)具高度影響力的環境，例如家庭、學校及工作場所；(2)發展任務受到環境促成或阻礙的情況有多普遍；(3)環境中主要的生活事件為何；以及(4)環境居民日常生活的品質。諮商師也能藉由環境需求評量來判斷某群體是否已準備好接受特定預防方案。

預防方案通常相當複雜，因為它們是設計來處理多重因子的。有些疾患與許多危險因子有關，而有些危險因子也被認為與許多疾患有關。此外，有些危險因子在個人不同發展階段呈現不同的影響力，而某些特定疾患也可能是某特殊連鎖事件造成的。這些因素可能都會使大眾對於預防方案更加關切。

雖然民眾現在越來越能接受預防方案，但仍有幾個因素可以更提高民眾對於這些方案的支持：

· 民眾越受到威脅，越能準備好支持預防工作。

· 被影響或可能被影響的人越多，支持度就越高。

· 民眾若能瞭解方案的成功機率，支持度也會增加。

雖然第三項指標不一定成立，但諸如相似機構推行類似方案的成功經驗、方案主持人的成功聲望，以及有效的大眾溝通計畫等，都能有助於支持度的提高。

小學是明顯而關鍵的起點，它在任何社區或學校系統的預防工作上，都扮演重要的角色，而證據也顯示各學校正回應這項挑戰。*Gibson*(*1989*)的研究指出，在114所接受調查的小學裡，有85％將預防工作視為諮商與輔導方案的強調重點。這些方案的主要目標如表12-1所示。

表12-1　小學學校諮商與輔導方案的預防工作目標

預防工作目標	百分比%
1.預防兒虐或性虐待	69.7
2.預防物質濫用	64.9
3.促進自我概念的發展	35.8
4.促進個人安全	17.6
5.促進社會技能發展	15.0
6.預防青少年懷孕	6.3
7.預防成熟期前的輟學	4.4
8.預防校園暴力	2.1

資料來源：R. L. Gibson (1989)，"Prevention and the Elementary School Counselor," *Journal of Elementary School Guidance and Counseling, 24, p.34.*

　　小學預防方案中較受歡迎的活動，包括提升自我概念的團體諮商，發展人際與社會關係技巧及避免個人衝突的班級輔導活動，以及促進問題解決與決策等。發展自我概念也可藉由對家長提供諮詢與訓練來強化，導師制（*tutoring*）、生涯輔導及團體輔導活動，則可以提高活動參與率，並防止中途輟學。物質濫用的預防工作是由範圍廣泛的活動來展開的，包括「就說不（*Just Say No*）俱樂部」、同儕介入、行為自我管理團體、藥物教育，以及請當地名人當指導員等。

　　許多學校成功地推動豐富完整的安全方案，以預防性虐待與兒童虐待，並運用演戲、遊戲、電影和班級輔導方案等活動，來促進個人安全。

　　近一二十年來，各類研究回報了許多成功的學校預防方案。這些成功方案似乎有如下的共同特徵：

‧協助發展適應技巧。

· 發展自我肯定與價值。

· 建立支持團體。

· 家長的參與。

· 較年長同儕的參與，做為角色模範與導生。

· 環境面的評量，並設法操控環境。

· 能反映出目標群體、機構與問題的獨特性。

· 基本生活技能的指導，重點在於幫助個人抵擋同儕與社會的壓力。

· 精微教育（*Subtle education*）。

· 能延續到未來，包括對獲得成果所需時間的承諾。

· 能加以評鑑。

· 在規劃方案時，能將諮商師與其他助人專業者、家長、學生、教師，以及社區領袖等一起納入。

· 團體諮商。

· 行為與態度調適教育。

· 個別諮商。

· 教師、家長、諮商師及學校行政人員的訓練課程。

　　*Gelso*及*Fretz*（*1992*）提出對於特定方案的評估研究報告。*Sprinthall*(*1990*)指出：

　　　　初級預防與發展性介入的成效是顯著的。*Baker, Swisher, Nadenichek & Popowicz*(*1984*)曾回顧許多預防策略的實徵評估，並且運用後設分析*(meta-analytic)*技巧來整合這些研究。結論是預防性介入*(preventive intervention)*的處遇效果，比在後設分析中所發現的心理治療的效果更大。除了這類對於初級預防策略的研究外，也有越來越多對於外展努

力（*outreach endeavors*）的各種研究，均能對其目標群體產
生顯著的結果。舉兩個相當不同的例子，*Taylor*與其同事
（*1986*）的研究顯示出癌症患者的社會支持團體可顯著降低患
者的憂鬱症狀；*Burnette, Williams & Law*（*1987*）的研究則
指出，參與討論團體的越戰退役軍人，其自我管理效能增
加，且憤怒表達分數降低（*p.506*）。

　　在1990年代大部分的時間裡，物質濫用（尤其是藥物濫用）
一直是預防方案的重點。統計數字顯示，青少年使用煙草製品的
比例持續增加，因此近年來社會對防制吸煙的興趣急速升高；同
時，預防青少年懷孕與罹患性傳染病，也成為更多學校預防方案
的主題。

非學校場域中的預防工作

　　由於預防活動有防患未然的特質，如果希望絕大部分未成年
群體都能受到影響，那選擇在學校推行是非常合情合理的，但預
防工作並不需要就此受限於學校場域中。非學校場域中的預防方
案大都被歸類為次級或三級預防工作，但也有部分是屬於初級預
防方案。例如在許多社區中所推行的「匿名戒酒會」（*Alcoholics
Anonymous*）與「無尾熊團體」（*Koala*）等方案，不僅包括次級與
三級的處遇，也涵蓋針對青少年的初級預防方案。社區心理健康
機構、私人執業者以及居家與日間處遇中心，都相當積極地投入
預防工作領域，許多員工協助方案（*EAPs*）也包含了預防性的計
畫。在這些方案中，藥物濫用、酗酒以及戒煙等，仍為預防工作
的重點；然而除此之外，處理配偶虐待、兒童虐待、性虐待以及
壓力管理與全人健康等方案，也越來越受到歡迎。

　　當然，要想防杜不樂意見到的心理與生理健康問題，必須對

整體身心健康有所承諾與努力。本章的末兩節中,將會對於身心健康(*wellness*)以及對全人健康有重要影響的兩項因素 壓力管理、愉快且充分地運用休閒時間 進行簡要的了解。

全人健康

　　全人健康及其預防所掀起的風潮,具體展現在健康食品與健康飲食計劃、運動書籍、健身器材以及俱樂部的受歡迎程度的成長上,足以使其他活動相形失色。1990年代美國人消耗苜蓿芽及礦泉水的速度持續增加。諮商師不能且不應該忽略現代人對自己全人健康的關心。諮商師必須覺察到個人經驗與其健康在身心兩方面的關係,並且必須瞭解疾病與意外事件在個人心理層面上所造成的影響。

　　《諮商與發展期刊》(*Myers, Emmerling & Leafgren, 1992*)以專刊探討有關「人生中的全人健康」。*Myers*(*1992*)為此專刊編輯之一,為文指出:

　　Remley(*1991*)認為諮商專業應拒絕以「醫學-疾病導向」(*medical-illness-oriented*)的模式做為我們的服務基礎。在定義如何能將諮商與其他心理健康專業做一明確的區分時,他說:「我們不相信民眾必須先被診斷為有病後,才能接受諮商服務;我們相信所有民眾,包括功能健全但正經歷生活壓力的民眾,以及嚴重的心理疾病患者,都能受到協助,而讓明天過得更好,這是諮商的中心理念。」*Remley*所描述的這種理念,是奠基於注重預防與全人健康的一種發展取向。

　　有越來越多的社區、學校、企業與工業機構的諮商師,投入

促進健康生活型態的方案中。這些方案關切抽煙、酒精、藥物濫用、飲食疾患與性傳染病等，對於健康所造成的影響。不止關切我們的個案，身為功能健全的諮商師，我們也必須關切我們自己的身體健康。

「你就是你吃的東西」這句話相當發人深省，而科學研究也使我們更清楚營養與行為之間，以及情緒與飲食之間的關聯。雖然我們不能期望諮商師同時是營養、飲食與運動方面的專家，但他們仍應了解與案主心理健康可能有關的基本因素。

提倡全人健康的觀念必須儘早開始。例如*Omizo, Omizo & D'Andrea*(1992)曾針對促進國小學童全人健康的方案提出報告。研究的結果

似乎支持利用班級輔導活動來促進國小學童的全人健康。參與輔導活動的孩童，比起未參與的孩童，明顯有較高的自我肯定和全人健康的相關知識。雖然在焦慮程度上並無顯著差別，然而實驗組的孩童在處遇後呈現較低的壓力。這個班級允許孩童參與以預防而非治療為重點的活動，他們有機會分享心得、給予並接受回饋、接受輔導和資訊，以及應用所學。老師是很好的楷模，而且示範良好的健康習慣，也將教材編入其他課程中。

Nelson(1992)是一位抉擇-察覺諮商的理論家，他提出諮商的三個層級：浴療(*spa*)、學習、再學習：

幾乎在每次諮商中都能找到進行浴療的空間。提昇感與正向經驗都在幫助案主感覺自我是良好的。對許多案主而言，晤談的最後幾分鐘可以用來提供正向經驗；對於某些案主而言，某次個別諮商可以完全著重於浴療所帶來的正向經驗。*Nelson*在文章中提到，諮商中所能提供的最簡單的浴療的例

子,是「我所能做的事」活動。諮商師協助案主專注並仔細品味於最常重複的行動中,所能做到的諸如呼吸、走路、講話、吃東西、睡覺、思考等行為。所有的案主都能藉由諮商浴療時所湧現的全人健康感受中獲益。

當我們考慮到諮商跨越生命各歷程時,*Ponzo*(*1992*) 與其他學者鼓勵諮商師更積極地去提倡「成功的老去 (*successful aging*)」概念。他強調:

人們必須知道且相信黃金歲月是有盡期的。實現願景的技能對我們而言實為一大恩賜。我們將發現會有更多的人在他們的黃金歲月時逝去。結果,健康照護的成本將下降,而年長者的生產力將增加。前述條件達成之後,這些即將老去的大量人潮不必再被視為潛在的破壞力量,而是社會上具動態生產力的機會。這些人視自己的年老歲月為持續成長與實踐的時光。諮商師能扮演關鍵角色,協助人們活得更久且更有活力上。很多人會說:「如果我知道我會活這麼久,我會準備得更好。」無論準備的多充分,伍迪艾倫所渴望的永生也不可能實現,但卻肯定能使有限生命中的黃金時期更多。促進成功的老去是一輩子的事,而現在就是開始的時候。

適當的運動、良好的飲食以及無壓力的生活型態,被認為是個案全人健康方案中的重要考量。在預防與全人健康方面,或許尚未廣受肯定的是,以明智而愉快的休閒和娛樂活動,來管理日常生活壓力。

壓力管理

美國的上班族已經察覺到他們之中的數百萬人即將「冒煙當機」，因為「耗竭」（*burndown*）所產生的心理徵狀將癱瘓他們的效率。雖然我們也應該假設數百年來的許多上班族，在其職涯的某段時期中，都曾感受到工作使他們的狀況低落，例如他們所面臨的工作壓力、老闆逼他們喝酒等，然而直到1970年代，「耗竭」這個詞才用來形容與壓力及調適需求相關的各種心理狀況。事實上，我們今天已能肯定，「耗竭」和一種或數種因素的組合有關，心理學家聲稱這些因素會導致個人無法因應日常生活的期望和要求。各種場域中的諮商師都必須準備好，以預防及介入來處理受到壓力威脅，或已經處於壓力之下的個案。

將症狀標籤化和在管理與監督層級上提高警覺，這兩者的意義相似：對於組織效率而言，員工健康和其他與工作相關的問題，以及進一步確認員工的疾病是心理的或身體上的，一樣重要。這導致1980和1990年代一項大規模預防努力：壓力管理運動 *(stress management movement)*。如同預期的，更多諮商師受邀來發展壓力預防與管理的預防，及早期介入方案。由於心理社會壓力會危險地累積，投入這項方案的諮商師很快就肯定了這類預防努力的價值。

雖然耗竭或壓力的根源在各人身上明顯不同，諮商師必須能了解如下所列的一般因素：

· 太多的需求、挫折或其他壓力情境。

· 長期承受超出能力所及的要求。

· 太多耗時卻無酬賞性的工作（例如文書作業）。

· 在時間與工作間，經常有競爭性選擇的衝突（例如家庭與工作）。

・持續地要求超過個人所擁有的技術或知識。

・計劃或預期的活動經常受干擾或打斷。

・缺乏正向回饋、肯定、酬償，或對於成就或努力的注意。

・缺乏對於工作期望的澄清或指引。

・令人沮喪的工作環境。

・人際關係匱乏。

・經常失望或理想幻滅。

・整天工作毫無玩樂，無法達成平衡的生活型態。

　　諮商師也須了解可以依層級、階段或程度，來區辨耗竭的可能人選。例如 *Veninga* 和 *Spradley*（*1981*）提出工作耗竭的五個階段：

階段一蜜月期：狂熱與工作滿意階段，然而已開始消耗儲存　的珍貴能量。

階段二燃料短缺：工作不滿意且無效率；沮喪伴隨著睡眠困擾；逃避行為，例如抽煙、酗酒、嗑藥、狂歡作樂等。

階段三慢性徵狀：慢性耗竭、身體病痛、突發的憤怒和沮喪。

階段四危機：深度悲觀與自我懷疑，各類問題纏身，由不舒適到失能不等的身體病痛，發展出逃避的心態，逃避反應。

階段五撞牆期：危及職業生涯及生命。

以下是另一種耗竭發展過程的觀點：

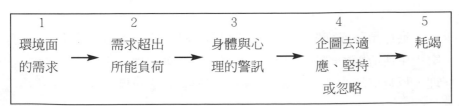

1		2		3		4		5
環境面的需求	→	需求超出所能負荷	→	身體與心理的警訊	→	企圖去適應、堅持或忽略	→	耗竭

在工商業場域工作的諮商師，應該對於場域中壓力的延伸與衝擊有所覺察。

Tableman, Marceniak, Johnson & Rodgers(1982)的研究中描述了壓力管理訓練的前導方案。受到政府協助的女性一般而言較為孤立，且生活中易遭受重大壓力，因此被納入此方案。

這些女性中沒有人處於危機之中，也沒人表現出必須接受治療的不適應行為。她們參與了十次課程，從中學習到可幫助她們改變情境知覺的減低壓力技巧與方法。參與者的生活因這方案而有顯著的改變。她們不再孤立，在壓力下能更有效率地運作，因此預防了先前討論到的行為疾患。這個方案已進一步測試，並運用於遭受壓力的不同群體上(*Schmolling*等人，*1989，pp.242-243*)。

*Fong*與*Amatea*(*1992*)討論壓力與單身專業女性的關係。他們提到：

某些研究將女性的工作壓力視為源自於多重角色的問題，其實忽略了其潛在的壓力源，以及許多女性為單身的事實。有項研究將141位學術界女性的分為四種角色群體：單身、單親、已婚、已婚母親，並探討她們的壓力、生涯滿意度、生涯認同度、個人資源以及適應策略的程度。雖然所有群體都有高度的生涯認同、生涯滿意與個人資源，但單身女性的壓力症狀程度顯著較已婚母親的程度為高($p=.01$)。典型的適應策略與角色群體間的相關性也接近顯著水準($p=.07$)。單身女性則常運用較為消極的適應策略 ($p=.20$)。

進行預防或紓解壓力的工作初期，諮商師及案主必須辨識出案主生活情境中的壓力來源、它們相對的重要性、它們能否被處理，以及可能的預防或適應策略。可能對個案有所幫助的一般策

略如下：

1. 將耗竭攤開來談：談論它，尤其和有相同境遇與擔憂的分享。

2. 與一小群同事（至少包含一位樂觀者）建立支持系統，協助處於壓力中的人，態度正向並相互支持。

3. 強化時間管理：組織你的時間並持之以恆，包含規劃與保護你的空閒與下班時間。

4. 發展閒暇時想做的事情以及興趣。

5. 擺脫所有負擔，尤其當你感覺到壓力開始累積的時候；規律性地真正去度個好假。

6. 保持身體與心理的良好狀況；對自己感到滿意。

　　在壓力管理上，工作狂(*workaholic*)是最可能出現耗竭的主要人選。在當今經常充滿壓力及不確定性的工作場所中，這種人無所不在。工作狂沉溺於他們的工作中，他們的工作型態常反映出下列特性：

1. 為工作早出晚歸。

2. 在辦公桌上邊吃午餐邊工作。

3. 通勤時也在工作，而且為了工作上的聯繫在車上裝電話。

4. 大部分的晚上及週末都把工作帶回家。

5. 很少休假，即使休假也會帶著工作去，並與辦公室保持聯繫。

6. 參與休閒活動（如果有的話）是為了工作上的目的（例如陪客戶打高爾夫球、陪客戶晚餐、到佛羅里達開會等）。

7. 一定要有事才會把時間留給孩子和家庭（藉口是：我要成為稱職的經濟支柱就必須這麼做）。

8. 飲食與睡眠沒什麼規律；只有在威脅到工作進行時，才會注意到身體健康。

9.無法拒絕工作；經常自願負擔額外的任務。

當諮商師遇見已耗竭或即將耗竭的工作狂個案時，重要的是要了解他們的行為原因。通常聽到的原因包括害怕失去工作、無法進步、嘗試掌控他們的生活，或以此彌補自己的缺點等。除了壓力與時間管理之外，更能享受的閒暇時間、自我果決訓練，以及社會性的成長團體也會有所幫助。

娛樂與休閒

假如你有三天可以做任何想做的事，你會選擇怎樣去運用時間？你對今年的休假有什麼規劃？通常你的答案代表了何種休閒娛樂活動對你是重要的。這也提醒了我們，休假對我們有多重要，以及休閒娛樂在美國社會是很重要的活動。我們必須思考我們在這些活動上所花的時間、金錢與精力，以確認它們在我們生活中的重要性，但我們卻沒這樣做。在思考職涯與生活方式之間的關聯時，不能忽略休閒*(leisure)*和娛樂*(recreation)*在生活中的角色。因此諮商師必須對於休閒活動的角色與潛力更敏銳，關心案主的整體身心健康，以促進案主的生活品質，並滿足他們未被完全滿足的需求。

*Tinsley, Hunson, Tinsley*與*Holt*(1993)談到稍早(*Tinsley & Tinsley, 1986*)曾提出的休閒理論，重點為

注重個體的主觀經驗。他們認為休閒經驗可以用兩種特質–認知性的（例如專注於所發生的經驗、渾然忘我，以及對時間的覺察降低）與情感性的（例如感到自由自在、對事情的知覺更豐富，以及對身體感官的情緒與敏感的強度增加）來加以描述。休閒感的強度差異很大，但這種經驗的發生必須有四種條件：個人必須認為休閒活動是(a)可自由選擇的；

(b)自發性的滿足；(c)極大的愉快，以及(d)有承諾的感覺。
休閒經驗在生活的各層面，包含在工作中，都可能發生；但
由於自由選擇的感覺是很重要的，所以在從事休閒活動時最
可能發生（p.447）。

　　在此將自由時間（*free time*）和休閒時間（*leisure time*）分清
楚或許會有幫助：我們或許可以將自由時間定義為個人可以隨心
所欲運用的、尚未安排事情的時間；而休閒時間則是為了感到愉
快，而花費在特定活動上的時間。雖然人人都想要有些自由或未
安排事情的時間，但自由時間太多也可能導致無聊、挫折、憤
怒、低自我肯定、焦慮與壓力。愉快的休閒時間會帶來某些潛在
的好處，例如鼓舞與激勵（通常可以影響到工作）、年輕的感覺
（對工作也很重要）、放鬆與紓壓、個人成長、拓展經驗的機會，
以及發展新的視野。

　　下列五點可當作休閒諮商*(leisure counseling)*合理化的基礎：

1.許多人可用來從事休閒活動的時間逐漸增加；

2.個人工作經驗與其休閒娛樂經驗之間的交互作用，會明顯影
　響其心理健康；

3.自我實現包含了個人潛能的發展，其中有些可能是與工作無
　關的或是在休閒方面的潛能；

4.因此，如果個人想要將其時間運用在值回票價的、豐富的，
　以及能紓解壓力的方式上，就必須以明智的且能自我實現的
　計劃，來運用休閒時間。

5.休閒諮商能協助個人辨識出與其生活型態和興趣一致的可能
　做法，並做出正確的選擇，且於需要時接受必要的教育，以
　促成這項規劃。

　　我們已經更清楚發現到，當今許多階層的年輕人缺乏適當的娛樂設施和有益的休閒活動，特別對於貧困的、都市內的，以及鄉間的年輕族群更是如此。我們也發現他們虛耗光陰的結果會導致混幫派、嗑藥、偏差行為與犯罪。或許學校諮商師應該發展方案，協助年輕人探索與發展職業，以外及職業上的興趣。

　　許多成人族群也需要協助，以發展出探訪親友或看電視之外的休閒活動。著重於探討有意義的娛樂活動之成長團體，可能有所幫助。個人能在特殊興趣團體中探尋，並學習到更多的特殊休閒活動（例如旅遊、交際舞、方塊舞、野餐、打保齡球、打網球、游泳等）；如果能公平地「玩」的話，是能引起興趣的。

　　提供諮商與輔導服務給年長市民的諮商師必須察覺到，許多準備退休的人缺乏足以替代工作的適當活動來填補這空缺。被迫與同事疏離導致許多人感到孤單、消沉，以及身體與心理的不順適。諮商師必須協助這群人找出愉快的、有意義的，以及能力所及的休閒活動，過程中可以運用診斷技巧（包括標準化的興趣量表）、價值澄清技巧、探索與成長團體，以及特殊教育方案等。

　　身為諮商師的我們正試著協助案主提升他們的生活品質，過最豐富的人生，讓他們的人性潛能極致發揮。在此脈絡之下，專業諮商師要察覺到休閒諮商可能在此方面的貢獻，亦即讓他們的案主能達成這樣的結果。藉此，我們試著促使案主的今天比之前更好；諮商不僅是恢復健康（*restorative*）的過程，而是促使個人向其真正的人性潛能前進的經驗。

　　總結本章對休閒諮商簡短的檢視，我們認為此領域的諮商需求在未來幾年將會快速增加。我們也相信對休閒的角色以及它與工作之間關係的持續研究，不僅將提昇生活調適諮商的知識與技術，或許更重要的，也可應用於預防及發展的提昇上。

摘要

　　本章在某種程度上為諮商師及諮商專業呈現出某些重要新方向的開始。這些新的方向能將諮商專業提升到社會服務迄今未被期望達到的高度。愉快地運用休閒時間，比起預防心理疾病和提倡經由全人健康與智慧達到快樂而具生產力的人生，應諮商師所嚮往的更崇高目標。

　　其他助人專業仍致力於補救或療癒（*remedial*），或頂多恢復案主之前的健康狀況。諮商在所有的助人專業中，最有希望促使案主達成他們的最佳狀況。這個可能性並不意味著不再重視前幾章所討論到的傳統技術與知識（例如諮商、診斷、生涯發展等等），而是建議盡可能積極地將這些技術應用於新的機會。

　　預防工作與其他諮商活動方案的成功機率，受到此方案是否能有效地計畫、管理及引導的影響很大。下一章將討論這個部分對於諮商服務施行的貢獻。

問題討論

1. 預防方案最能有效處理的是哪些主要的社會/心理健康困擾？

2. 我們可以在全國推動哪些活動，以更有效地預防當前無法處理的社會疾病，如物質濫用、兒童/配偶暴力、*AIDS*、無家可歸者，以及青少年懷孕？諮商師在當地社區層級能做些什麼？

3. 當前諮商專業對健康與全人健康的興趣有何種含意？

4. 休閒時間對你的生活而言有多重要？試說明之。你喜歡怎樣運用你的休閒時間？（與你的同學討論及比較。）

5. 試討論營養與心理健康的關係。

6.試討論你適應環境的方式。

課堂活動

1. 小組討論並比較班上成員爲健康生活所做的努力。各組推派一位成員對班上報告所討論的內容。

2. 每位班上成員分享（a）二或三項最喜歡在班上從事的休閒或娛樂活動；（b）他們最喜歡的假期；以及/或者（c）一種他們想去嘗試的新的休閒活動。

3. 小組討論，指出某特殊族群的心理健康問題，並爲其設計預防方案或活動。與其他小組成員分享。

4. 閱讀一篇專業期刊上有關預防工作的文獻。摘要並對班上口頭報告。

可進一步閱讀的文獻

Backer, C. (1988). Health professionals and mass media's campaigns to prevent AIDS and drug abuse. *Counseling and Human Development, 20 (7)*, 1-10.

Backer, T., Batchelor, W., Jones, J., & Mays, V. (1988). Psychology and AIDS [Special issue]. *American Psychologist, 43, 835-987.*

Corney, R. (1996). Counseling psychology in the context of health and illness. In R. Woolfe & W. Dryden (Eds.), *Handbook of counseling psychology* (pp.401-418). London: Sage.

Hubbard, G. (1984). Nutrition: A counselor's guide through the maze. *The School Counselor, 31 (5), 422-427.*

Kagan, D., & Squires, R. (1984). Compulsive eating, dieting, stress and hostility among college students. *Journal of College Student Personnel, 25 (3), 213-220.*

Lightsey, O. R. (1996). What leads to wellness? The role of psychological resources in well-being. *Counseling Psychologist, 24, 689-759.*

Nicholson, J. (1986). Risk recreation: A context for developing client potential. *Journal of Counseling and Development, 64 (8), 528-530.*

Paisley, P. (1987). Prevention of child abuse and neglect: A legislative response. *The School Counselor, 24 (3), 226-228.*

Panterotto, J. (1985). A counselor's guide to psychopharmacology. *Journal of Counseling and Development, 64 (2), 109-115.*

School, M., & Johnson, J. (1988). Keeping pregnant teens in school. *Vocational Education Journal, 63 (6), 42-43.*

Shaw, M. (1986). The prevention of learning and interpersonal problems. *Journal of Counseling and Development, 64 (10), 624-627.*

Weber, J. (1988). The relevance of vocational education to dropout prevention. *Vocational Education Journal, 63 (6), 36-38.*

Zarski, J., Bubeuzer, D., & West, J. (1986). Social interest, stress, and the prediction of health status. *Journal of Counseling and Development, 64 (6), 386-389.*

第十三章

方案管理、發展與領導

李亦欣

了解方案管理及發展
資源管理
對方案的發展和改進做出貢獻
方案領導

　　幾世紀以來，已經有很多文獻探討管理*(management)*、發展*(development)*與領導*(leadership)*，在企業界及政府部門所扮演的角色。在企業領域中，管理風格與組織規模常常被拿來解釋公司成功或失敗的原因；此外，在政府效能及財政健全上，管理也相當的重要；在不同國家、地理區域、公司、軍事動員及體育競賽上，發展均扮演重要的角色；領導更是在國家的興起與衰落上，有舉足輕重的地位。即使是在現代的社會，管理與發展仍然是許多政府及國家的重要課題。

　　這個世紀裡，教育系統中的學校管理、醫療系統中的醫院管理、企業界的人事管理，與軍事領域中的戰備服務，都各自發展出獨特的管理模式。從1980年起，許多這方面的相關書籍陸續出版，並且名列各大暢銷書榜上。如*Peters and Waterman*(*1982*)的《追求卓越》(*In Search of Excellence*)，*Blanchard*(*1982*)的《一分鐘經理人》(*The One Minute Manager*)，*Inamori*(*1995*)的《成功的渴望》(*A Passion for Success*)，*Iacocca*和*Novack*(*1984*)的《艾科卡傳》(*Iacocca:An Autobiography*)等。

　　除此之外，1990年代起，納稅大眾對於服務性組織對其服務對象所提供的服務效能及效率，也開始有所要求。由於通貨膨脹影響到個人實質所得，也影響到由稅款所支援的學校單位及心理醫療機構，於是，這些單位被要求提供更高的價值。而所謂「更高的價值」所指的是，諮商方案被期待能夠以最有效能（有結果）及最有效率（以最小成本達到最大服務效果）的方式，去回應個案需求。因此，優秀的諮商員必須了解在諮商方案中如何進行發展、管理及領導。此章的目標就是提供諮商方案在發展、管理及領導這三方面的指導原則及作法。

　　Lewis, Lewis and Souflee, Jr. 在1993年曾指出：

　　在今天這個混亂、貧乏、模糊及不穩定的環境，服務性組織最重要的管理議題，就是如何讓組織能夠存活。對於績效責任的要求、對於資源的有效利用、對於政治及經濟議題輕

重緩急的處理，使當前的管理者及服務性組織增加了更多的挑戰。

即使管理、發展與領導對組織企業的重要性廣受認可，然而，卻很少人注意到如何發展與管理各類機構中的諮商方案。為了達成複雜而多元的目標，目前大部分政府機構、研究單位及學校系統，均更加重視發展與管理諮商方案的需求，以及對民眾的績效責任*(accountability)*。從方案管理角度對於績效責任的解釋，就是諮商師必須成功地以事證來回應之前所確認的需求；也就是能以紀錄、報告或是計算表格來呈現成果。許多預備進入此專業的人，經常天真地誤認治療實務中不必包含一些所謂的「俗務」，例如方案管理及行政作業。這不是說書面工作可以取代人力的投入，而是說兩者應視為同等重要。因此，一個諮商師必須清楚了解其工作責任。我們可用下列三方面加以解釋：

- **管理**：能夠幫助諮商人員完成日常及持續進行中的功能。這包括行政上的工作，例如記錄和書面報告、預算計劃和控制、設施管理及人力資源的運籌等。

- **發展**：包括對於方案計劃、研究、評量，和建立方案績效責任的需求評量，也包括方案改善的計劃。

- **領導**：激勵員工及提供方案改善的方向。最主要但非唯一的責任，是在方案中或辦公室或部門中，擔任起一個領導者的角色。

了解方案管理及發展

初任諮商師一開始會將方案管理及發展視為諮商活動中的行政工作，因而感到陌生及不喜歡。因此，讓我們先說明為何諮商

師必須對管理、發展及領導具有基本的了解。

行政和你的工作的關係

組織中一直以來都會有種普遍的抱怨 非專業和行政上的事務佔用了從事專業的時間。然而，各領域的專業者都有必須面對的行政義務及要求，包括諮商師。諮商師無法避免方案進行中的行政工作及管理責任與發展的要求，因此，如果在開始從事諮商專業時，就能對這些事情有所了解並懂得如何回應，將有助於有心從事此專業的人員。

既然行政責任是不可避免的，我們如何有效且迅速的完成此項工作？以下是一些在不同領域中成功的方案管理者所給予的一些寶貴建議。

1. **要有組織性**（*Be organized*）：有組織性是指每一樣東西都各就其位，這會讓你減少因尋找東西而浪費的時間。有組織性同時代表懂得如何善用時間，這包括維持並安排一個具高效率的日常工作表，以完成每一項所負責的諮商活動。通常我們不可能準確預估晤談所需花費的時間，所以最好在工作表中安排備用時間。組織中有效率的檔案管理和資料保存，可以讓我們迅速找到所需的資料。會用到且相關的資訊必須儲存檔案保管，但亦須定期將無用且過時的資料移除或刪除。雖然整齊的狀態並不能保證一個組織一定有效率，但兩者之間的確存在著正相關。

2. **第一次就做對**（*Do it right the first time*）：行政工作所指的是例如準備報告、維護記錄和整理資訊等。如前所述，對於績效責任的重視和政府部門的要求，諮商機構必須加強資料的蒐集及呈現，以支援諮商工作的進行。花一些時間去了解報告中所需要包含的內容，以及如何去呈現報告內容是很重要

的。如果你不了解，不要遲疑，馬上去找懂的人協助，千萬不要浪費時間在做錯誤的事情。同時，也須自我要求能夠正確無誤的完成報告和資料。冗長且累贅的資料容易讓作答者亂猜，其他具有評量性質的報告則易誘使作答者做假及敷衍。建議你避免此類錯誤，因為這不但有可能讓你被指出錯誤，更危險的是，還有可能因為使用這些不正確且不可信的資料，而做了錯誤的重大決定。

3. **即時完成**（*Do it on time*）：如果你相信有必要準時完成某些報告和資料，千萬不要因為一些行政作業而延誤。通常，某些資料被要求在某個特定時間內完成，以配合做出特殊決定。你的延遲可能會耽誤工作的進行，特別是當你的同事都即時完成了他們的工作而只剩下你的部分。在極少的狀況下，也許你會被一些非常緊急的事情延誤了工作；但在事情過後，就必須優先處理此事，以避免骨牌效應及延誤進度。

4. **規劃個人時間** （*Plan your own time*）：我們每個人都會有時間不夠用的問題。走在公司走廊上，我們常會聽到類似 「我所有的時間都是在會議裡」、「我都在接聽電話」、「大家都沒預約就來找我」，或者「我都沒有自己的時間」。「沒有時間」這回事似乎讓我們每個人都非常沮喪，因此，如何有效率地管理時間，對於每個人是否可以有效率地完成他的任務（包含行政及諮商上的），以及對於個人士氣來說，都是非常重要的。所以懂得運用時間可以避免被時間綁住，還可讓你有效率且有足夠的自由及彈性。為達成此一目標，在此給各位一些建議。首先，選擇對的時間做事情。例如，有些人可能發覺早上準備報告最有效率，有些人可能覺得在開始工作的第一小時喝一杯咖啡讓自己精神振作。除了尋找最佳時間外，我們也需要尋找最佳工作地點，例如避免待在有太多私人事務或行政事務打擾的地方。對於一起工作的同事，我們也可以設立非正式的會議，以增進彼此的互動與了解。為了

有效運用時間，對自身所處環境（時間、地點和人際關係）
的了解是必要的。我們需要讓自己的時間運用方式，能配合
自己的工作型態。

5. **做事整潔俐落**（*Do it neatly*）：即使你準時完成正確的事，
仍可能因為訊息傳達的對方必須進一步轉化你所完成的事
情，而使效果大打折扣。假如你手寫的報告太亂，試著用打
字的；不夠整潔也會減低報告的影響力。一份看起來是重做
很多次的報告，也容易引起主管細究與質疑。

除了以上的建議外，還有以下幾點「不要做的」：

1. **不要讓工作壞了整天的心情**：雖然不是每一個人都喜歡做記錄
或報告等工作，但仍應以一種樂於接受的心情來面對，而不
要時常抱怨。有經驗的行政工作者建議以「做過就忘掉」（*do
it and forget it*）的態度來面對。

2. **不要期望了解製作每一個報告的原因**：沮喪通常來自於我們不
能了解每一項所需資料背後的原因。與此類似的，我們也可
能不了解為何要以他人的方式，而非以我們認為較佳的方式
來作業。當工作要求來自於你的直屬上司時，你比較能夠了
解其原因；但若此要求是來自於更高層主管時則否。但是，
不可避免的，我們總是會遇到這種越級的要求。所以，還是
以「做過就忘掉」的態度來面對。

3. **不要被訓練成為專職行政人員**：在某些機構中，諮商師會因完
成行政責任而得到上級主管的獎賞，這種情況有時會誘導諮
商師過分重視此類行政工作。許多諮商師抱怨花太多時間在
行政工作上，甚至方案作業人員也認為如此。除了方案的領
導者外，諮商師的最主要責任是諮商，諮商活動應該是諮商
師花費最多時間的主要工作。雖然有效完成行政工作對諮商
師是重要的，但這並不表示應該對其本務–諮商師–的角色有

所忽視。

為了減低諮商師抗拒從不具組織性到具組織性的改變,「計分板」(如表13-1)可協助你玩「時間遊戲」(*time game*)。它能夠幫助諮商師建立個人時間管理的風格。

表13-1　時間遊戲計分板(目標:按日、週或月來提昇你的分數)

時間	我做了什麼事	此事是計劃中的嗎?a	我做得如何?b	我做事是否積極?c	對自己的評論 d
8:00上午					
9:00					
10:00					
11:00					
12:00					
1:00下午					
2:00					
3:00					
4:00					
5:00					

a　+5 分　計劃中的事

　　+3 分　計劃中的事,但已經有所延誤

　　 0 分　非計劃中的事

　 – 3 分　非計劃中的事,是非預期中的要求,且比原先計劃中的事來得重要

b　以 0-5 分為自己評分

c　+3　　做事有熱誠

　　+2　　做事積極

　　+1　　事情做完就忘了

　　 0　　事情做完就開始擔心

　 – 1　　以沮喪或憤怒的心情做事

　 – 5　　做事分心

d　+1　　每個具建設性的建議

　 – 1　　每個具批判性的陳述

總分

a+b+c+d

　 – 5　　如果午餐時間沒休息

　 –10　　如果連續第二天午餐時間沒休息

方案管理

Kotter(*1988*)從企業管理的角度出發，指出：

過去50年來現代管理學的發展，可以用很多不同角度或方式去描述，然而都不脫以下四項主要過程：

1. **計劃**(*Planning*)：計劃是指「以邏輯思考刪去達成目標的可能方式」的科學。已經發展出許多技巧來協助完成此過程。

2. **預算**(*Budgeting*)：預算是指與組織財務有關的一種計劃過程。

3. **組織**(*Organizing*)：組織指的是建立一個正式架構，以完成計劃、健全人事、角色清楚分工，提供員工適當的財務與職涯發展上的報酬，並委派適當的權限。也已發展出許多技巧來協助完成此過程。

4. **控制**(*Controlling*)：控制指的是以一種正式的權責架構，來縮小與計劃間可能的差距，通常透過會議檢討來進行。例如財物計劃的控制就會運用管理控制系統（*pp.21-22*）。

方案管理*(program management)*是藉由提供架構與順序，並協調所負責活動的一種過程。這個訊息當然會在不同層級發揮功能。例如，教育系統中的中階管理階層有教育委員會、學校監督學，和各處室主任等；至於方案管理者，例如諮商單位的主管，代表較低的管理階層。下圖13-1 是此一觀念的具體描述。

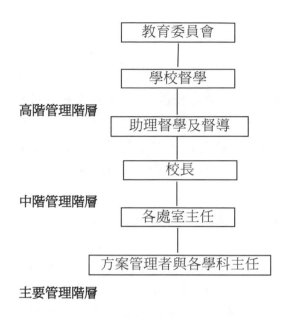

圖13-1　教育管理的層級

　　不管是哪一個層級,他們總體的目標都是相同的,就是幫助組織達成其目標。各機構中的諮商師須注意,諮商方案必須符合且對此機構的大目標有所貢獻。例如,近幾年來諮商師被要求指出對學齡青少年的教育做了哪些貢獻。廣義的教育定義是學習與成長,然而如果某機構僅將教育視為學習的活動,諮商師也許就會面臨困難。

　　在這個講求學校績效責任的時代裡,諮商師必須證明他們能滿足學生案主的需求,並藉此促成學生整體教育的進步。同樣道理,諮商師在企業組織裡提供員工協助方案時,也須具體證實能夠滿足員工的個人調適與發展的需求,對公司而言是值得投資的。

　　雖然在不同的環境和層級,方案管理會有不同的責任和活動,但是卻有兩個基本功能是相同的。第一個是對於資源的管

理,例如人員、預算和設施;另一個是有關組織與促進的行動,例如協調、溝通、合作、決策和評估。在此,我們討論的重點是哪些行動包含於其中,而非如何去做。接下來我們就要給新進諮商師一些有效的建議;當他們要進入管理階層時,亦將會發展出自己的風格和技巧。

資源管理

到目前為止,在所有的資源中,人力資源*(human resources)*對於方案管理者而言是最為重要的。人力資源如何被管理,是方案管理成敗的關鍵因素,也會決定方案管理者是成功的領導者,或僅是方案的行政人員。方案管理者*(program manager)*必須視自身角色為一個協助者,也就是一個能協助下屬以更有效率的方式達成工作目標的領導者;相對而言,方案行政人員如果視自身為監視者、政策宣導者和績效評量者時,就很難對工作績效有所助益。方案管理者一開始要處理的就是有關工作人員的議題,尤其是人員離職與調動的問題。在甄選員工時至少須注意以下三個層面:

資格

了解這個人過去是否曾接受過從事這個工作所需的相關訓練與經驗,這雖然是很重要的,但不是唯一的考量。了解一個人的訓練紀錄,應該注意訓練的時間、地點與特殊專長。學業成就本身雖非判斷工作績效的唯一指標,但也可以作為參考。每個人的工作績效都會有差異,我們不能預期每個人都會有相同的表現。

方案管理者在檢視工作人員的經驗時,會比較過去經驗的種

類、數量和是否成功。許多方案管理者不會只考慮經驗因素,他們也喜歡僱用剛畢業的人,因為他們具有較新的知識、觀念,以及對工作的熱情。

　　Gysbers and Henderson(*1994*)曾說過:在學校場域中

　　某一職務工作者的有效表現,該職務工作者與學區都有責任。諮商工作的申請者必須對自己進行適當的介紹,以便雇主能判斷其是否適合此職位,雇主也必須將工作內容和所須條件定義清楚。達到學區在專業上的期望,是諮商師的責任,亦即,學區以該州的規定與專業標準為依據,制定出對諮商師最基本的要求標準(*p.293*)。

工作人員的多樣性

　　方案管理者在選擇工作人員時,需將工作人員的多樣性(*staff versatility*)納入考量;不同的背景能提供更廣的技能,同時成員的性別、弱勢代表及不同文化背景都能體現多樣性。在學術機構或社區機構中,須將年齡的代表性納入考量;在多樣性的考量下,亦須避免全部選用同一所學校的畢業生。

適應力

　　諮商師對工作及所屬社區環境的適應力常常會被忽略:不只工作人員需要喜歡這個工作,這個工作也需要喜歡這位工作者。也就是說,諮商同事之間,以及工作上所需接觸的人,包括案主,都要能意氣相投,如此可讓諮商師更有效率的完成任務。這並不表示說諮商師必須與案主建立朋友關係,而是須能與案主所屬群體,例如市中心區、郊區、阿帕拉契貧民窟或愛司基摩人等,建立關係。

工作人員亦必須能夠適應工作上所需接觸的社區環境。如果諮商師不喜歡工作上所接觸的社區，他就不太可能喜歡他的工作。適應環境的能力不足，也會對諮商方案的公共關係造成不良影響。

工作人員管理

找到合適的人選後，還有如下重要的後續管理責任：

1. **責任分派**：每個工作人員都應該了解自身特殊的工作，並且能夠回答部分同事所負責的工作範圍。方案管理者會根據每個人的技能、專長和個人特質去指派工作，這包括一些不討人喜歡的工作項目。諮商師必須了解自己的工作會同時包含這些任務。好的方案管理者不會把令人討厭的工作都推給別人，讓自己只做輕鬆愉快的工作，最重要的是讓每個工作人員都有負責到讓他喜悅、具有挑戰性和能夠激勵他的工作。如同諺語所言：「若工作只帶來無聊而無樂趣，會讓人成為缺乏動機的人員。」

2. **對員工的支持**：諮商師平時所從事的就是助人的專業，這並不代表他們就不需他人的支持或協助。方案管理者必須讓諮商師能夠互相協助，同時也能夠從外部資源得到幫助。這些可藉由鼓勵諮商師參與外部具共同興趣的團體或面臨相同問題的委員會來達成。當然，方案管理者與諮商師間良好的互動，也是重要的支持資源之一。

3. **注重工作人員的發展**：有效率的方案管理者會注意工作人員在專業發展上的持續需求。完成學位只是進入專業領域的基礎，絕非諮商師專業職能發展的終點。案主有權力期待他的諮商師具備最新的知識和技能，因此，諮商師終其一生均須充實其專業上的知識。方案領導者有責任提供機會、激勵因

子和資源給諮商師。關於這部分，我們稍後會在另一節「諮
商師的專業發展」中再作討論。

預算

預算*(budget)*和預算管理在任何機構中都是最重要的。預算的
重要性在任何績效責任系統中都是最高的，它讓納稅人或贊助者
了解這些錢是否花得值得。對內部工作人員而言，預算的編列通
常是秘密的、受誤解的、令人抓狂的，以及遙不可及的過程，但
卻會直接影響他們的士氣。因此，讓工作人員清楚知道方案管理
者對預算的涉入程度是非常重要的。

此外，了解與工作人員相關的預算決策也是重要的。在大部
分的機構中，低階主管在預算決策上的權限較小，通常都由中階
或高階主管作重要的預算決策，如薪資、加薪、人員增補和設備
採購。這些做預算決策的管理者負責有關人事（包括諮商專業人
員和支持運作的行政人員）和服務（包括聘請顧問、溝通、供
應、設備和差旅）等項目；至於資產方面的改善，例如蓋新大樓
或重新改建，則須最高階層的主管來決定。

在預算決策上有一個趨勢，就是由低階管理人員參與由州政
府或聯邦政府贊助經費辦理的活動，這些活動與州政府或聯邦政
府規定的方案有關。這些方案都有明確且清楚的目標和程序，並
會編列直接相關的預算。

新手諮商師較可能參與預算開支的編列，而非參與預算管
理。由於不當的管理和支出都將變成你個人的支出，因此以下提
供給大家幾個相關建議：

1.每個預算項目都是跟活動相關的，而每個活動又須符合組織的
目標和宗旨。必須了解每項支出的理由，此項支出最好是已
經列在預算表上的。例如，在預算表上並未列入參與某專業

研討會的差旅費用,即使其他預算項目還有餘額,也不該動用。

2. 只花你手中有的錢。在使用自己的錢時,有時可能過度花費,但通常我們能夠很快彌補調節,以避免產生赤字;但在花他人的錢時,通常會等到事情不可收拾時才會警覺到。記住,當你的支出超出預算時,這些錢可能必須由你自己支付。

3. 避免浪費。有預算不代表你一定要將所有的錢都用完。預算管理者必須是精明的消費者,這並不代表你必須犧牲工作品質,而是要能將錢花在刀口上。例如採購電腦、錄影設備和錄影機時,在決定購買前可以多方比較價格;在差旅費用上,儘可能使用促銷的廉價機票、多坐經濟艙等。使用私人交通工具時,州政府和聯邦政府都有依據里程數補貼的規定。

4. 保存收據。每一項花費,你都須有憑證才能收回墊付的款項。可接受的憑證上必須標明消費的項目或服務。

5. 維持一個即時的流動帳目表。預算管理者有責任隨時了解資金運用的狀況,這代表必須保持一份能涵蓋有關資產負債的詳細會計日報表。

6. 必須明白任何正常或不尋常的法律上和合約上的限制。這項建議特別適用於負責特殊合約或經費補助的預算管理者。在此狀況下,預算管理者在核准任何一筆花費項目時,最好先向法律單位或負責合約的單位諮詢細節。

設施管理

　　每個人清醒時間的最大部分是在工作場所度過,這可以讓我們了解設施管理的重要性。個人是否可將他所從事的工作和職責

做好，和他是否使用合宜的辦公設施息息相關。在龐大且複雜的組織裡，辦公設施通常反映出此人的工作位階。所以，不可避免的，校長的辦公室會比諮商員和教師的還要大且豪華。以下提供方案管理者進行設施管理時的幾個考慮面向：

· **適當性**(*Adequacy*)：除了辦公環境的大小、裝潢和清潔外，對於諮商師來說，隱私性是最須被重視的。這些因素通常決定了工作的氣氛。在最近一次的大學巡訪中，一群學生在參觀某學校的諮商中心後評論道：「這個地方每年付三萬美元給諮商師，但辦公室只有一萬美元的水準，而產值每年只有五千美元。」曾經在髒亂、設備老舊或不足的地方工作的人，都可了解這樣的環境對工作績效會有不良的影響。有時，高階層的方案管理者會以為只要他們本身不會覺得不舒適而且士氣高昂，就可將此心情散播到組織的各個階層，而不必考慮到工作環境條件。

· **可接近性**(*Accessibility*)：不該讓工作人員覺得抵達公司時已經消耗掉大半的工作精力。對案主來說，容易接近也是很重要的。很多的研究發現，當學校諮商中心或社區機構離所服務的案主很遠時，就無法將案主的服務需求具體化。

· **個體化**(*Individuality*)：你是否看過在大的機構或企業中，提供給每個人的工作空間和設施就像機器設備一般制式化？這樣的設施無法提供個人發揮自己特質的機會，這與理論上建議給予諮商師在辦公環境上有表現個人特質的彈性相違背。

· **充足的空間**(*Supplementary space*)：方案管理者須負責安排足夠的空間和設施，例如會議室、辦公室、檔案室（確保檔案的安全在此是很重要的）、儲藏室、接待區和支援工作人員的設施等。

組織並協助基本活動的進行

方案管理者必須指導該組織完成諮商方案中的基本工作。這不是指專業的活動，而是指協助專業服務進行的活動。一般包含以下五項：

- **協調整合**(*Coordination*)：儘管組織通常沒有那麼複雜，某種程度的協調整合仍可以避免工作的重疊或衝突。不管是對內或對外，各個方案間或活動間的相互協調整合都是必要的。

- **協同合作**(*Cooperation*)：在協調整合和公共關係上，協同合作是必要的元素。方案管理者在主要的諮商活動中，如個案討論、研討會、轉介和諮詢中，均須鼓勵各單位協同合作，並表現出合作的意願。如前所述，方案管理者在其他專業諮商員提出要求，或要求人力上的支援時，均必須提供協助。協同合作也是在建立與維持正向的專業連結上的一項重要因素。

- **有效的溝通**(*Effective Communication*)：溝通經常是決定一個方案是否能有效管理的重要因素。諮商師通常都接受過完整的人際溝通課程，但於方案進行中，或與高階主管、外部單位或組織內部合作上，不良的溝通卻仍時有所見。在管理上，有效的溝通可以使用一些間接的溝通方式，如用便條紙、政策或指導來完成。當使用此類溝通時，適當的後續追蹤是必要的，以確保大家都明白。此外，溝通中提供回饋也是必要的。對民眾或眾多工作人員進行面對面的口語溝通時，須證明此類溝通是有意義的，亦即他們的時間沒有白費。

- **評鑑**(*Evaluation*)：方案管理者必須負責使其所蒐集的資料，能夠有系統且持續的提供評鑑之用。方案管理者須協助不論是定期或被委派計劃的進行。在個別工作人員層次，方案管理者須在評鑑他們表現的同時，也負責對工作人員與高層溝

通評鑑的結果。

· **決策(*Decision Making*)**：有效的方案必須有專人來擔任起負責
  人的角色。此人在享有決策權力的同時，亦必須擔負決策成
  敗的責任。其他人或許可以和方案管理者共同參與決策思考
  的過程，卻不能參與所有的決策行為。

*Berk*和*Beek*(1991)曾如此描述方案管理：

既是一種藝術也是一種科學。在科學性上其實是相當直接
的，是有相當的智識程度就可學習如何運作；然而如果你只
對程序和條例有相當的了解，也無法成為一個成功的管理
者，你還需要了解管理規則的藝術面，這也是管理者的工作
中值得我們欣賞的部分：了解所負責的內容、決定最佳的方
法、僱用和發展合適的人員，並協助他們了解自己的潛力
(*p.9*)。

對方案的發展和改進做出貢獻

每個人都希望自己屬於成功團隊的一員。然而我們也承認，
光有才能是不夠的，必須有團隊合作的精神和合適的計劃。當加
入一個諮商團隊時，你扮演的角色不只是成員之一而已，還須投
入持續發展和進步的過程中　　也就是成為計劃執行的一部份。無
論是在何種諮商場域，發展一個有效的諮商方案，最重要的就是
對所服務個案群體的需求作做出正確且持續的評量。這些需求評
量是針對目標所做計劃的成功必要條件。對潛在案主的需求進行
正確的分析，對於建立和維持方案的切題性，以及強化方案績效
責任和評量而言，是非常重要的。不論是簡單或複雜的評量活
動，通常都包含以下兩類資料：

1. **對目標群體的評量**：蒐集這類資料是希望對諮商方案所服務之目標群體的需求，能有確實的認識。這此資料將會影響這些需求的優先次序。

2. **對環境的評量**：蒐集這類資料能夠幫助諮商方案了解其目標群體的環境背景，以及方案即將運作地區的特性。此外，讓諮商師了解目標行為的起源環境也會很有幫助。

目標群體評量為方案目標提供一個事實基礎，環境評估則有利於了解達成方案目標的程序。個人需求是展開、指導和支持方案活動的內部因素，然而環境特性則提供了有效回應需求的深入了解。

*Lewis*和*Lewis*（*1991*）從社區服務單位的角度，認為計劃過程應包含以下幾個步驟：(a)需求評量；(b)界定目標；(c)界定達成目標的各種方法；(d)決策，以及(e)建立執行和評鑑的計劃。「不論是提供服務單位的員工或社區民眾，在各個步驟中都必須投入。前一個步驟有效的完成才能確保下一個步驟的進行，這些均須以需求評量為起點。」（*p.35*）。

需求評量調查

如前所述，目標群體的需求評量是方案的起點（如圖13-2所示）。在此發展過程中，目標群體的發展性、預防性和增補性的需求、實施補救措施和介入的影響，都須納入考慮，這是建立正確的方案目標的技巧。這類評量會跟目標群體及與其有關的群體相關。例如：學校輔導方案不僅須從學生處蒐集資料，也須從與學生有直接或間接接觸的父母、老師或其他人蒐集資料。

步驟 1	步驟 2	步驟 3	步驟 4	步驟 5	步驟 6
藉蒐集資料評量需求	解讀資料	排定需求的優先順序	設定方案目標	擬定方案進程（基於可利用的資源展開活動）	規劃改進方案（基於對成果與程序的評鑑）

圖13-2　發展可靠的諮商輔導方案之順序

資料來源：Gibson, Robert L., Mitchell, Marianne H., and Basile, Shery K., *Counseling in the Elementary School: A Comprehensive Approach*, p.272.

　　通常會經由問卷或訪談形式與上述目標群體接觸。圖13-3是一份評量學生需求的簡單問卷，這份問卷是由學生與其支持群體填寫完成的。

填寫者身分： _____ 學生 _____ 家長 _____ 教師 _____ 業務相關人員	評分：以下各題請擇一反應回答					附加回應
	非常 重要	相當 重要	普通 重要	有些 重要	完全 不重 要	你認為這項服務 有被提供嗎？
1. 學生能夠與學校諮商師討論個人問題，這重不重要？						是___ 否___
2. 學校諮商師能提供職業的資訊，這重不重要？						是___ 否___
3. 學校諮商師能夠提供升學資訊，例如大學、商校或軍校，這重不重要？						是___ 否___
4. 諮商師能夠呈現教育與職業的關係，這重不重要？						是___ 否___
5. 諮商師在學生畢業時能提供就業協助，這重不重要？						是___ 否___
6. 諮商師能與學生討論應該修哪些課程，這重不重要？						是___ 否___
7. 諮商師能協助面臨不及格或退學的學生，這重不重要？						是___ 否___
8. 諮商師能針對當前學生問題帶領小組討論，這重不重要？						是___ 否___
9. 諮商與輔導方案對於高中來說，重不重要？						是___ 否___
10.你認為學校諮商師應該提供哪些其他服務？（請利用底下空白處或背面作答）						是___ 否___

圖 13-3 需求確認問卷

　　除了問卷及訪談蒐集來的資料外，也可從其他地方（如學校或社區）得到幫助，來確認潛在案主的需求。環境評量是藉由了解目標群體的環境特性、經濟地位和地理區位，來建立方案的特性，及設定目標群體。可藉由使用和發展特定的資料規劃工具（如圖13-4和13-5所示），來協助完成社區的評量。圖13-4是典型的資料來源，圖13-5則是為蒐集社區資料而設計的檢核表。這個表不是為了資料記錄，而是提醒可能的資料來源。

社區名稱：_____

調查日期：_____

調查小組：_____

　　1. 政界領導者

　　2. 公務機關（非政界）領導者

　　3. 教育機構領導者（教育委員會成員、督學、校長、教育組織或工會主管）

　　4. 主要宗教教派（僧侶、牧師、猶太教專家）

　　5. 弱勢團體領導者

　　6. 司法系統（警察局長、青少年法官、律師、保護官、觀護人）

　　7. 工商企業界領導者（當地企業總裁、工廠主管，傑出的當地企業業主）

　　8. 勞工組織領導者

　　9. 青少年領導者（學生議會成員、傑出運動員、社團領導者）

　10.民間組織領導者（民間社團幹部、志工組織）

　11.其他（指明位階與代表性）

注意事項：要確定各受訪者必須符合訪談須知上所規定的「重要貢獻者」的標準。盡可能按照結構化的訪談綱要來進行，例外情況必須註明並解釋原因。

圖13-4　社區調查檢核表：訪問時程

社區名稱：＿＿＿＿＿＿＿＿＿＿＿＿＿＿＿＿＿＿＿＿

調查日期：＿＿＿＿＿＿＿＿＿＿＿＿＿＿＿＿＿＿＿＿

調查小組：＿＿＿＿＿＿＿＿＿＿＿＿＿＿＿＿＿＿＿＿

＿＿＿＿＿＿　1. 人口調查資料

＿＿＿＿＿＿　2. 新聞媒體分析

＿＿＿＿＿＿　3. 教育委員會（記錄）會議

＿＿＿＿＿＿　4. 學校的年度報告

＿＿＿＿＿＿　5. 地方政府資料

＿＿＿＿＿＿　6. 市政府資料

＿＿＿＿＿＿　7. 職業介紹所

＿＿＿＿＿＿　8. 教會報告

＿＿＿＿＿＿　9. 財政機關報告

＿＿＿＿＿＿　10.地理資料

＿＿＿＿＿＿　11.生態－環境資料

＿＿＿＿＿＿　12.其他重要資料（列出資料來源）

注意事項：如果資料無法獲取，在該項之前註記 "NA"；否則，當資料蒐
　　　　　集到時，就打勾 "∨"。

圖 13-5　社區調查檢核表：資料蒐集

　　*Brancht*和*Weime*(*1990*)曾經描述過一個位於財務資源不足的
鄉村地區的機構，所進行的一項多重需求評量。在伊利諾州政府
的兒童及家庭服務部門下，有一個與學校合作的青少年服務計劃
單位，他們運用「主要資訊提供者」(*key informant*)來進行需求評
量。這是由所挑選出的社區領袖，根據他們的經驗，以較廣的視
野而非針對細節的方式，所提出的特定群體需求的預測。在
*Braucht*和*Weime*的需求評量中，問卷

　　被寄到主要訊息提供者手中，他們根據與青少年的接觸經
驗，來界定可能發生的問題。這份問卷包含五個項目：

1.在你的社區裡，青少年會遇到的問題有哪些？
2.如果經費不虞匱乏，你希望提供青少年哪些活動？
3.過去一年，你曾經推薦青少年到哪些機構去獲得協　助？
　（如：教堂、諮商機構、調查機構、父母、學校人員、自助
　團體、重要他人、其他–請註明）
4.請從上題所列機構，列舉最常推薦的單位和最少推薦的單
　位各五個。
5.請提供想法、批評或建議。
　他們運用追蹤電話訪問來提升回應的比率(*p.179*)。

確認優先順序與發展方案的切合性

　　量的資料蒐集完成後，就成為確立目標的優先順序，以及發
展和目標群體相關的諮商方案之重要參考。第一個步驟就是列出
對目標群體而言的優先順序和目標。這些順序與目標會和由初級
直接相關群體所提供的資料比較，而做些微的更動；之後再加入
經由次級相關群體所得的資料，可能會再做些微的調整。例如在
學校場域中，學生就是主要的目標群體，老師和家長就是初級相
關群體，社區相關人士和其他學生或資料來源，就屬於補充性的
次級群體。經由這個過程可以訂定出暫時性的優先順序安排，而
後藉由消除不屬於諮商專業的責任或超過可取得資源的可能性，
來完成最終的優先順序安排。這個過程的用意是將所排出的優先
順序納入所訂立的方針和目標之中。

　　必須將優先順序寫出來，並轉化為方案的目標(*goals*)和方針
(*objectives*)。方案目標通常是較為籠統的說明而未明定時間表；
而方案的方針則包含清楚的目的、可衡量的方式及時間表。方針
是指所希望達到的表現，並須能對達成方案目標或需求做出貢
獻。當然，需求評量與建立相關的目標和方針，尚不足以保證方

案整體的切合性*(relevancy)*，需求評量只是讓我們更了解如何規劃諮商方案所可能運用到的資源。衡量方案切合性的標準，應該是諮商工作團隊的了解與重視程度，以及執行和發展行動計劃時的適切性。有效的行動計劃應能反映出下列全部或部分特質：

1. **具發展性**：方案規劃應該是具有發展性的，能表明出短期、中期和長期的計劃目標。開始時也許先擬定一個完美的方案，一旦建立了長期目標與優先順序後，就知道哪些是在未來幾年內須達成的，哪些是最終希望完成的。方案須保持具有成長和進步的空間。

2. **具有合於邏輯且持續性的發展計劃**：進行任何一個計劃時，都必須建立在能持續發展的基礎上。如前所述，適當的規劃進展基礎，指的是需求與妥善性的評量，以及它們與手邊相關資源的關係。

3. **必須有彈性**：諮商方案必須要有彈性，才能因應青少年或其他個案在需求上的改變。這說明方案計劃應從可達成之基礎開始，太具野心的計劃只容許極小的修正空間。計劃的彈性，還在於提供辨識問題，和使用不同方式達成目標。

4. **溝通、協調整合和協同合作是非常重要的。**就像其他方案發展的要素，這些活動不應被忽視。例如，針對學校輔導方案，可以建立一個對學生、家長或學校教職員的溝通計劃，也許是一對一的形式或以小團體的方式進行。如果方案進行中須得到協助，則須能與其他方案和人員進行互惠合作。要想與社區相關群體溝通，必須先能辨識出各個群體的獨特性。例如，與青少年溝通的方式和與成人及其他專業人士就不同。越來越多的諮商方案無法清楚且有效地向外界溝通他們的任務，這會引起許多對於方案的質疑；除此之外，無法協同合作及無法協調整合的狀況，也會影響到諮商方案的形象。

5. **提供運用資源的基礎。**適當的發展計劃須能提供人事任用、預

算發展、資源安排以及運用的基礎。方案和方案目標之間、方案和達成活動的目標之間、方案和指認達成方案所需的人事安排和支援之間,都必須清楚且簡要地加以說明。方案管理者必須扮演資源協調者的角色,因此,方案設計必須將發展方案和達成目標所需資源納入考量。對於可利用資源的調查,是方案發展的重要關鍵。

任何一個計劃的開始和發展都必須涵蓋方案的績效責任和評鑑。發展型計劃中,須有一個對於方案的績效責任、發展和改進的內部評鑑機制。*Gysbers*和*Henderson*(*1994*)提出方案發展和改進的四個階段:

1. **計劃**(*Planning*):這個階段是將所提供的服務有系統地納入方案中,此項服務便將變得具發展性且更完整。這也包含有計劃地將方案朝預定的方向推進。

2. **設計**(*Design*):「一旦蒐集到可描述目前方案的資料,並選定方案模式,方案改進過程的下一步,就是針對學區或學校需求來設計特殊方案。」(*p.135*)。

3. **執行**(*Implementing*):「有組織地面對改變,採取一個完整的方案模型,評鑑目前的方案,並設計一個可行的方案,以及規劃好轉變的過程,身為輔導方案的領導者,你就可以開始推動方案的改進工程。你也需要準備一個機制讓方案能夠持續進行。這是在整個改進過程非常重要的階段。這個階段的活動須能回答以下幾個問題:過渡到完整方案的轉換過程如何進行?有效率地完成方案需要哪些資源?哪些設計可以提供轉變過程所須的動力?我們如何協助各個單位改善他們的方案?」(*p.209*)。

4. **評鑑**(*Evaluating*):持續地使用特殊且相關標準,以協助方案的改進 。

*Gysber*和*Henderson*(*1994*)也提到:

三種系統性的評鑑是達成輔導方案績效責任的必要條件。第一種是有關人事方面的評鑑，也就是一套程序，可以用來評鑑學校諮商師和其他輔佐學區輔導方案進行的人員。第二種是對方案的評鑑，有一套明訂的稽核程序來檢視學區中所執行的輔導方案。第三種稱為對結果的評鑑，強調所執行的輔導與諮商方案，對學區內學生、學校與社區所產生的影響。

方案切合性、發展和改進，除了必須考慮前面曾提及的優先順序之外，還包含以下幾點：

· 須考量服務群體的職涯發展和所需協助。

· 須重視目標群體的預防性與發展性的機會與需求。

· 對特殊群體的認知 （如弱勢群體、窮人、無家可歸者及身心障礙者等）。

諮商師的專業發展

最近幾年，已經有很多關於諮商師專業發展(*professional development*)的文章，然而就我們的觀察，很少諮商機構在這方面有積極的行動。會有越來越多人認可積極發展諮商師專業的必要性，除了能增進諮商師的技能和知識外，對於方案本身也會有所助益。

專業發展包含參與專業性的會議、研討會、工作坊，或加入專業網站交換心得，均為日漸普遍的專業成長途徑；方案間的互訪是較為傳統的方式，但仍廣為接受。

其他活動包括品管圈、研究計劃、交換方案活動、帶薪休假研習，以及參考專業文獻等。即使機構的計劃性發展方案能協助員工成長，諮商師必須了解對自己的專業發展負有最大責任的，

仍是自己。也就是說，諮商師必須負責自身職涯的發展，訂定目標及達成目標的步驟。當然，這些對於你的專業和你所服務的組織都會有所貢獻。

諮商師培養專業發展的第一步，就是參加專業組織，如美國諮商學會和美國心理學會，他們會提供會員發展所需的傑出專業期刊、報紙、研討會與會議。

諮商師不僅須加入適合的專業機構，還須以積極的態度參與相關活動。這是指參與並於會議中發表自己的心得或發現，最好能發表或進行研究。

最後，我們須了解諮商師在專業上的發展不僅限於自身的提昇，雖然這是專業發展目標中的一項；對於組織和諮商專業上有所貢獻，才是最受期待的結果；此外，重點是對你的案主有益。因此，真正的專業人員會在其職涯上有持續且穩定的學習。

方案領導

如前所述，諮商方案要能成功，在諮商師所需具備的專業素質中，方案領導是最重要的。我們期望諮商師至少可以指認出方案領導者的特質，以及分辨方案管理者和方案行政人員的不同之處。真正的領導者以帶領代替指導，且會將方案的整體利益視為第一優先。方案領導的部分特質如下所述：

· **成功經驗*(Is successful)***：方案領導者須有良好的紀錄。成功的經驗會帶出成功的經驗。方案領導者勝出的條件中，包含了被認為是成功的且能提供資源的諮商師；方案領導者是被視為有特殊才能的專業者。方案領導者在方案中會貢獻他們的才能和專業知識，這包含了專業上、道德上和法律上有關專業的指導原則。

・**能引發自信***(Inspires confidence)*：方案領導者可以激勵自己和工作人員的自信。領導者須有一種實際且支持性的態度，對於可能發生與不可能發生的事，不會有不切實際的期望。領導者也會將功勞歸諸於團隊。

・**分享***(Shares)*：方案領導者會讓參與成員對此方案都有「擁有感」（*ownership*）。所謂的擁有感，是指大家有共同分擔經營責任的態度和精神，這種態度可產生歸屬感，有同在一個小組的感覺。真正的領導者不會讓人有被排除在外的感覺。

・**激勵***(Motivates)*：所有關於領導的研究都顯示出，領導者須具有能激勵他人發揮潛力或超越自我的能力。雖然每個領導者都擁有獨特的風格，但事實證明，他們共同具備了勤奮、努力並使員工實現潛力的特質。

・**建立積極正向的氣氛***(Creates a positive atmosphere)*：領導者須了解如何營造一個有助於達成任務的專業氣氛，這包含有效能的方案組織、管理和行政。正如*Ailes*（*1988*）指出，成為成功領導者的秘訣之一，是要能令人喜歡。

・**能被看見***(Is visible)*：沒有人可以在「缺席」狀態下領導。不論是哪一個階層的領導者，都應該讓他的員工隨時可以找到他、看見他，並與之互動。

・**具前瞻性***(Is forward-looking)*：領導者須能夠對未來有所規劃。領導者須對計劃有深入的了解，且以未來為導向。

・**能做決策***(Is a decision maker)*：有效的領導者不僅止於承擔責任並且做出困難的決定，他們還必須能夠做出適當的決定。

　　這些特質可以作為遴選領導者的檢核表。然而，如同*Gibson, Mitchell*與*Higgins*（*1983*）所說的，方案領導者有時並未經過嚴謹的遴選過程，而可能只是高層分配的安慰獎，或是爬向更高職位的踏腳石，或是高階主管政治考量之下所安排的椿腳，或者成為「彼得原則」的另一個證明（由*Peter & Hull*（*1959*）所提

出，這個原則指出，每個人最後都會爬到超過其能力所及的位階）。

摘要

　　諮商方案是否能成功，有賴於方案的管理、發展和領導。教育系統和社區機構的組織與運作架構日趨複雜，資源的管理、活動的協調與促進，以及激勵員工的重要性日趨明顯，方案領導者必須有所準備。身為機構團隊成員，諮商師必須了解其責任，並有足夠的知識來執行他們的工作。

　　下一章將討論一個越來越受到諮商方案領導者和工作人員注意的領域。每個方案都需要績效責任和評鑑，而且諮商師也被要求更加強他們的專業知識。

問題討論

1. 你是否覺得寫信、管理財務和處理個人事項（例如保險、食物準備、學習計劃等）具有挑戰性，或覺得很無聊，或它們是你會想拖延的事？

2. 你認為企業經理人（如車商、雜貨商或保險商）和諮商管理者有何不同？

3. 指出你所欣賞的名人領袖（過去或現在）？你欣賞他們之處為何？

4. 你喜歡與何種方案領導者在一起工作？

5.需求評量和方案切合性有何關聯？

6.如果預算管理在方案管理上成爲一個問題，你有什麼建議？

課堂活動

1.領導特質對成功的諮商而言是很重要的。請對於你的特質與成功的領導特質做比較。你如何判斷？

2.諮商方案領導者的特質和其他領域成功的領導者（如軍隊、工商業界和政治）有何不同。小組討論後再比較答案。

可進一步閱讀的文獻

Cunningham, G. (1994). *Effective employee assistance program: A Guide for EAP counselors and managers*. Thousand Oaks, CA: Sage.

Ebert, M. K., Richardson, W. M., & Stevenson, J. W. (1985). *A study of the guidance program and its management in the Montgomery County Public Schools*. Rockville, MD: Montgomery County Public Schools, Dept. of Educational Accountability.

Hadley, R. G., & Mitchell, L. K. (1995). *Counseling research and program evaluation*. Pacific Grove, CA: Brooks/Cole.

Hannaford, M. J. (1987). Balancing the counseling program to meet school needs. *National Association of Secondary School Principles Bulletin, 71 (499)*, 34, 69.

Kelly, F., & Ferguson, D. (1984). Elementary school guidance needs assessment: A field tested model. *Elementary School Guidance and Counseling, 18 (3)*, 176-180.

Lampe, R. E. (1985). Principals' training in counseling and development: A national survey. *Counselor Education and Supervision, 25*, 44-47.

MacDevitt, M., & MacDevitt, J. (1987). Low cost needs assessment for a rural mental health center. *Journal of Counseling and Development, 65 (9)*, 505-507.

Orzek, A. (1987). Innovations in ecological psychology: Conversations with Roger and Louise Baker. *Journal of Counseling and Development, 65 (5)*, 233-237.

Terri, J. L. (1987). Positive approaches strengthen school and counseling programs. *National Association of Secondary School Principals Bulletin, 71 (499)*, 19-22.

Wampold, B. E. (1997) Methodological Problems in identifying efficacious psychotherapies. *Psychotherapy Research, 7 (1)*, 21-43.

Wilson, N. S., & Remley, T. P, Jr. (1987). Leadership in guidance: A survey of school counseling supervisors. *Counselor Education and Supervision, 26 (3)*, 213-230.

Wysong, H. E. (1983). *Needs assessment in counseling, guidance, and personnel services. Searchlight plus: Relevant resources, in high interest areas*. (Tech. Rep. No. 21+). Ann Arbor: University of Michigan.

第十四章

績效責任、評鑑與研究

李亦欣

定義
績效責任
評鑑
研究

對一位新手諮商師而言，瞭解自己必須獨自負起責任，成爲受信賴、有能力且高效率的諮商師，是很重要的。新手也必須有將會成爲專業評鑑對象，並參與組織評鑑工作的心理準備。由於績效責任與評鑑經常帶來研究的需要，所以瞭解基本的研究設計和研究報告的來源，對於當地關切的議題也能提供新的洞察。因此，本章的目的，就是爲新手諮商師介紹投入方案時，有關於績效責任、評鑑與研究時的觀念與規範。

對於績效責任、評鑑和研究的少數描述，經常爲誠實的從業人員帶來心理上的疑懼。這些疑懼包括：(1)可能被要求對個人活動負起責任，卻無視於潛在變項不可預期的干擾；(2)受到外界標準挑戰，然而對此個人並無法掌控； (3)外界不切實際的期待；(4)被要求於研究中使用這輩子可能再也不會用到的艱深數學公式；(5)被期待能夠理解甚至應用研究成果，以造成其他研究者的深刻印象。當然，對於評鑑的疑懼及成見更不會是正面的。許多這類的恐懼會造成迷思，使得諮商從業人員無法體會績效責任、評鑑與研究的價值和優點。

定義

雖然許多教科書與文獻將績效責任、評鑑與研究分開處理，然而本章嘗試在呈現各自的內容時，強調上述三者間的關係，然後再將這三個名詞加以區別。

Leon Lessinger 在教育局長任內推動績效責任運動，因此被尊稱爲「績效責任之父」。他將「績效責任」 (*accountability*)定義爲「某人對於某事的責任，包括對其想要的或不想要的責任表現的可預期後果」(*Lessinger, Cunninham & Sabine, 1973*)。實際上，績效責任就是「某人 (包括團體或組織) 對其所負責的計

劃、行動與結果的必要掌控」。

評鑑(*evaluation*)這個名詞，對於不同人而言似乎代表不同的意義。評鑑是個名詞也是個過程，表示「決定某過程之目標的價值」。評鑑可以由個人、團體、組織或機構的表現所構成，也通常被視為在一定時間內某個人或組織達成之前所設定目標的程度。

由此觀之，我們認為評鑑過程可說成是「經由對於某方案目標進展的衡量，而提供此方案績效的客觀事證」。經此過程所蒐集的事證，對於方案未來的規劃與決策會有很大的助益。因此，經妥善規劃並謹慎實施的評鑑，對於任何機構諮商方案的改善，都是很重要的。

美國國家心理健康研究院(*National Institute of Mental Health*)很久之前曾對「評鑑」下過一個操作型定義：

方案評鑑是一種資料蒐集與分析活動的系統性模組，用來決定方案的價值，並有助於管理、方案規劃、員工訓練、公眾績效責任與倡導。評鑑有助於判斷努力、效能、適切性、效率與其他方案選擇性的比較性價值(*Hagedon, Beck, Neubert & Werlin, 1976, p.3*)。

一般對於「研究」(*research*)的定義是：「為了知識進步而採取的具組織性的科學努力」。研究代表建立真相的心力與方式，它是驗證或拒絕某項理論性假設（或尚不具體的主張或實務）的過程。當然，研究若要具有價值或效度，就必須對於問題目標相關的各個變項，進行系統性的檢視，以得出其相關性。

績效責任

　　1990年代，納稅人、消費者，以及各組織的管理階層，要求貨物及服務供應者提供更多的證據，來證明大眾所花的錢與所繳的稅是值得的。由於服務成本不斷增加但仍無法符合大眾期待，而且很難證明服務的成效，因此會產生上述要求。1993年11月號的 *Guidepost*（現改名為《今日諮商》（*Counseling Today*），這是美國諮商學會的正式報紙），以「財源減少時，許多學校的諮商方案就被刪除」為標題，描述當學校董事會與民眾認為諮商是附屬服務時，預算就會被刪除的情況。有些例子也指出，當民眾支持時，學校系統就會保留其諮商人員的名額。因此，績效責任似乎可以視為諮商方案證明自己有效的機會，絕不可加以忽視！

　　雖然「績效責任」一詞首先成為教育界的格言，但隨即在其他靠稅金維持的政府單位受到重視，包括精神醫療機構。於是社區與民間贊助的諮商機構也免不了接受檢視，而導致了裁員與預算縮減。

　　在政府出資的健康照護單位工作的諮商師，必須對於他們實務工作因此可能受到的衝擊有所警覺。計劃性照護方案的管理人員，幾乎都是以「省錢」為首要任務的企業人士。調整諮商師的人力與工作時間，當然對於個案有強烈的負面影響，但諮商師的績效責任仍必須受到重視與支持。

　　因此，除了私人執業者外，諮商師有相當大的機會受僱於重視績效責任的機構，所以必須以事實證明他們的績效。

關於績效責任的正面觀點

　　許多助人專業工作者對於績效責任抱持負面態度，在此讓我們注意它正面的一面。20多年以前，*Baker*（*1977*）在所著的《為具

建設性的績效責任辯護》一書中，提出了績效責任的五項正面觀點：

1. **技巧的獲得**：無論所使用何種績效責任系統，都必須具備特殊的技巧，而獲得這些技巧能夠提高我們的滿意度與信心。個人對自己競爭力的滿意度與其擁有特殊技能的知識有關。個人對自己應付新挑戰能力的信心，會隨著獲得新技巧而增加。注意績效責任系統的所能獲得或改進的技巧，主要是構思與發展系統的能力，例如研發資料蒐集的工具、分析資料、回報結果、基於結果做出決策、基於結果擬定未來的行動計劃，以及將這些計劃應用到實際生活中等。

2. **方案的改善**：謹慎的諮商師會持續尋找改善服務的方法。如何搜尋到對改善服務有用的評估訊息是個常見問題。績效評估系統能夠藉由資料的蒐集而提供改進方案的解決方法，因此可以系統性地運用資料。

3. **正面的結果**：從績效責任系統所獲得的結果是值得讚賞的。對此結果的展望應該受到更多的注意...由於知道顧客滿意或方案成功，諮商師會覺得滿意並有成就感，因此這些結果為諮商師提供了內在酬　賞（*intrinsic rewards*）。

4. **是一個過程而非一個事件**：系統性模式以最少的單調工作和最高的效率，將績效責任和其他計劃性的營運活動合併在一起。

5. **是做好工作的獎勵**：績效責任系統的最大成效，是以內在報酬的方式來肯定把工作做的很棒的人...獎勵系統是最大的成效，因為它補足了績效責任系統的不完整（*pp.53-55*）。

從*Baker*與其他人的陳述中，可以清楚看出致力於改善技巧，

並以最快速有效的方式來服務個案的諮商師，不必害怕績效責任系統，反而可從中獲得助力。最後，績效責任系統可以為諮商方案的正面效果，提供最好的證明。

在諮商方案中發展績效責任系統

雖然並沒有所謂發展績效責任系統的最佳模式，大部分方案在方案目標確認與批准之後，似乎著重於評量需求，接著規劃方案的活動，以及預估成果及評鑑。發展此類諮商方案的方法，在前一章討論如何發展有效方案時，已略做說明。在應用於績效責任系統時，讓我們再度檢視這些觀念。

發展可靠方案的第一步，是要獲得建構或調整此方案所須的資料，包括蒐集目標族群的背景資料、需求與其他特性。有助於瞭解個案與組織運作環境面的資料，也必須蒐集。蒐集技術在前一章中已做過說明。第二步是對資料的詮釋，第三步則是確認方案的優先順序及相關目標。第四步是發展能保證達成目標的作業程序。要注意的是，過程中每一步驟均有賴於前一步驟的完成，而且都要回歸到第一步–建立可靠且相關的事實基礎。這四個步驟：(1)評估；(2)詮釋資料；(3)設定目標；(4)達成目標的程序，形成方案資源(包括經費)及方案評鑑與績效責任的基礎。

對諮商而言，重要的是要記得績效責任意味著「責任」，不僅僅要看你「做了什麼」，還要注意到「為什麼」以及「做得多好」。在進入下一節討論評鑑之前，我們應該注意績效責任與評鑑的關係。*Lewis & Lewis(1991)*解釋：

大多數服務方案必須提交年度評鑑報告，以利經費補助單位或政府機關進行審查。而且有許多獲專案資助的方案，必須在經費中撥出特定比例以供進行評鑑。除此之外，社區必須信賴此機構。*Windle & Neigher(1978, p.97)*強調「績效

責任模式」是評鑑的重要成分。績效責任模式的立場是，一個方案必須讓大眾與支持它的人來評鑑。這種評鑑至少有三個目的：(1)讓大眾或支持者有決定與否的依據；(2)激起大眾與支持者更大的支持，投入方案的目標與活動；(3)方案執行人員了解到有人監督自己的活動，會以更高的效率從事更多的公眾服務。

藉由發送描述機構活動與效果的評鑑報告，可幫助強化方案的績效責任。關心機構表現的民眾能因此獲得服務成果的訊息，如此無疑地可提升社區成員在政策與方案上的影響力（*p.235*）。

評鑑

每個人都經常會想辦法為單調的生活做一些改變，例如試試新牙膏，或換不同口味的麥片，或是換走一條新路線去上班。在某種程度上，人們經常對於許多日常的決定和活動打分數，也經常對於諸如當地報紙、電視節目、國會的決議、學童所接觸的教師、課程和教科書等，進行非正式的評鑑。正如這些評鑑是為了改進日常生活，或行使表達個人意見的權利，對於個人專業活動與組織的結構性評鑑，更應該獲得重視。

諮商評論者近年來經常指出，缺乏評鑑的證據與活動，很可能誤導視聽。確實，當諮商服務與方案的範圍因應各種需求而不斷擴充之際，諮商方案所面臨的監督更形嚴密，被賦予的績效責任亦隨之增加。

專業與方案改進的過程

人們常聽說某個公務員、業務員或老師已經有30年的經驗，

但卻未提及他們的經驗的品質。經驗本身並不能保證品質的提昇。專業人員必須有個人倫理目標，做為對其專業表現的重要評鑑標準。缺乏個案服務方面的評鑑，容易讓專業人員的潛力無法完全發揮而導致失敗，因此對各機構諮商師的評鑑，是最重要的專業改進過程。於此過程中，在一個具系統性且無偏誤的基礎上，進行目標及表現相關資料的整合，並持續地利用這些資料來改進及提昇個人的專業表現。

近幾十年來，評鑑的觀念不斷變化，其中有一個評鑑專家最為熟悉的觀點是：「評鑑是一個提供資訊以供決策的過程」。評鑑被視為一個過程，能將有利於判斷何種替代方案相對價值較高的客觀資料，提供給各個層級的決策者，進而大幅提高做出正確決定的機率。

將評鑑視為方案改進的過程，在此脈絡之下，分辨兩種不同的評鑑模式是很重要的。第一種是「形成性評鑑」（*formative evaluation*），著重於評鑑所能達成的主要目的；第二種是「總結性評鑑」（*summative evaluation*），重視的是評鑑者的觀點。

Worthen, White & Borg（*1993*）指出：

正式評鑑的研究可以運用於形成性評鑑（例如幫助改進數學課程），也可以運用於總結性評鑑（例如此課程是否應該繼續）。雖然此二者的區別在實務上可能會有些模糊，但仍是管用的。

形成性評鑑是在學校方案的規劃與運作階段被執行，提供評鑑性資訊給方案參與者，以改進方案。例如，假設某學校的學區嘗試發展一套有關於該學區的歷史課程。在發展新課程單元的過程中，形成性評鑑可以涵括某歷史學者先前對於該學區某校學童所進行的研究，做為內容的審查。每一個步驟均會即時回饋給課程發展委員，他們運用這些資訊以做出必要的調整。

　　總結性評鑑在課程或方案發展完成且準備啓用時登場，提供關於方案價值的證據給潛在顧客。如上例，待當地的歷史課程發展完成後，學區中各校老師和學生可做爲總結性評鑑的樣本，以判斷此方案對於教導當地歷史的效果如何。總結性評鑑的發現，可提供學區中的各校決定是否採用此歷史課程。總結性評鑑也可作爲「做」或「不做」的決策依據，例如是否繼續或終止某個特殊課程。

　　這兩種評鑑都很重要，因爲無論在方案發展早期、方案改進，以及方案穩定之後決定其最終價值方面，都必須持續進行決策（*p*.625）。

評鑑的其他功能

　　評鑑目的範圍相當廣泛，似乎和政黨亂開支票的行爲相似。重要的是要認識評鑑的其他價值。評鑑的附加功能有下列幾項：

- ·藉由評估可行性，來支持或拒絕特定的實務工作，或是決定某活動的有效程度。這可避免隨性的或未經證明實際成效的計劃變更。

- ·藉由提供連續性的資料以改善測量工具，使進步的幅度及程度都可加以確定。

- ·藉由提供相關活動的連續事證，提高成長的可能性。

- ·建立可信度。評鑑的本質就是研究如何改良做事方式、持續追求進步，以及努力想瞭解我們表現得如何的意圖。

- ·察覺增加。藉由審視我們或組織的運作，我們得以更瞭解某項功能和影響因素，以及可能的結果。

- ·提昇參與決策的程度。由於評鑑過程涵括每位組織成員，並依

需要將其納入評鑑結果中，如此將提高每個人在規劃新方向與落實發現時的參與度。

· 責任的分配。藉由確認每件事的負責人和作業時程，評鑑導引出特定人員與特定活動的關聯性，降低「成功時人人宣稱有功，失敗時無人願意負責」的機率。

· 藉由改進整體績效責任，爲機構提供所達成的成就與成長的合理證明。

Lewis, Lewis & Souflee(1993)指出，評鑑者可以運用

研究技術，但他們將它用在特殊機構上。評鑑可被用來幫助營運的決策，以改進目前正在進行的方案、提供績效責任、增加對有效方案的支持，以及，在某些例子中，將特殊活動與效果間的關聯性加以類化(*p.234*)。

評鑑的原則

由於評鑑是評估一個方案或活動效果的過程，所以如果能在某個架構或指導原則下進行評鑑，將會有最大的助益。*Gibson*(1997, *pp.70-72*)擬出下列七項原則：

1.**有效的評鑑需要先確認方案目標**：在開始評鑑之前，必須很清楚方案的目標。這些方案目標必須以清楚且可測量的專有名詞加以陳述。此原則建議諮商方案應該以「預計要做的事做得有多好」爲基礎來評鑑。

2.**有效的評鑑需要具效度的評量標準**：當方案目標有清楚的定義後，針對這些目標，還須定義出具效度的評量標準。發展這些標準有助於評鑑獲得效度與意義。例如，假如某專科諮商方案的年度方案目標，是提供每位新生與諮商師進行三次生涯晤談，則評量標準就可以是一個簡單的數字，顯示有多

少百分比的學生有這樣的機會。但是如果方案目標是讓每位學生更加了解他們的生涯，則評量標準就沒有那麼明顯，且可能有賴於對「了解生涯」的進一步說明。換言之，模糊的目標與模糊的標準會減低方案評鑑的效果。

3. **有效的方案評鑑有賴於評量標準的有效應用**：如前一節所述，有效度的方案目標評量進展必須加以設定。但是僅僅設定標準還不夠，有效應用才能讓這些標準發揮最大效力。評鑑人員在評鑑技巧與對諮商方案的瞭解上，必須具備足夠的專業能力。對諮商方案的角色與功能只有粗淺認識的評鑑者，往往無法有效應用評鑑標準。

4. **評鑑對象應該包括所有受到影響的人**：例如，學校諮商方案的評鑑應該將參與者和被影響者包括進來。除了諮商人員之外，這還包括教師、行政人員、學生及家長，在某些情況下甚至包括社區與支持機構。有效評鑑的主要貢獻必定來自擁有第一手知識與親身參與的人。來自政府機關、有信譽的專業學會或教育機構的外部評鑑者，對於評鑑工作是有幫助的，但不該是評鑑的唯一基礎。

5. **有意義的評鑑需要回饋與追蹤**：評鑑的過程與評鑑報告本身並不具有很大的價值，只有將評鑑結果應用於方案的改善及發展上，評鑑結果才具有意義。這假設方案評鑑的結果，會提供給方案管理者和發展相關人員利用，也假設方案管理者及其下屬在未來規劃、發展和決策時，會運用這些結果。

6. **評鑑若經事先規劃且持續進行，其效果最大**：這種做法使得方案人員在任何時間點均能找出必須立即改善的缺失，或者應該重視的成果。因此對於進行中的方案進度評鑑，或是年度或半年度的審查，都須經過規劃並賦予特殊責任。

7. **評鑑強調正向態度**：如果評鑑的目的在於探出隱藏缺失並彰顯錯誤，就會被視為具有威脅性；但如果方案評鑑是為了得

到有意義的結果，就必須抱持正向態度，強調優點，並將目
標設定爲促進方案的改進。

評鑑的方法

1、前後對照法

此種評鑑法嘗試找出在特定時段中，某個活動方案在發展過
程中改進的程度。例如某學校諮商方案的目標，可能是在學生的
第一個學年裡，提供他們週末打工經驗。在開始推動此方案前
（學年開始時），暫且假設沒有任何學生有這樣的經驗；而在方案
結束後（學年結束時），有多少學生眞的曾經有過在週末打工的經
驗，就能做爲目標達成與否的指標。

2、比較法

「比較法」過程的基礎，是將某一組與另一組或與許多組的常
模進行比較，以此來進行評鑑。縱使是以不同技術來達成相同目
標，也能以比較法來評鑑。例如，在印第安那州布魯明頓市的一
所中學，注意到他們學校諮商師與學生人數的比例是1:258，而其
他200所也是位於中西部的中學的平均數是1:418。這樣的比較顯
示布魯明頓市的學校系統，在中等學校諮商師的比例方面，比大
多數其他中西部學校系統更加適當。

3、效標定位法（The How-Do-We-Stand Method）

此種方法是以「找出所想達到的方案成果，以及其相關特性
與標準」做爲基礎。發展這些標準、評量表、檢核表與問卷並加
以運用，以顯示出某方案在相關量度上的位置。例如，被大多數
具有高信譽的學術機構和政府部門所採用的評鑑性標準或檢核

表，均反映出此種取向。雖然這種評鑑法可能有時會忽略目標與技術的適切性，以及地區性的創新實務做法，但此法確實能讓方案和廣被接受的標準進行比較。

評鑑的程序

評鑑的程序通常包括一系列有次序的活動，大致如下所述：

1. **指出必須達成的目標**：第一步是建立評鑑的變數或限制。評鑑可能針對諮商方案整體，或是某一項或數項目標。這些方案目標應該以清楚、適切、特殊且可測量的語詞加以陳述。概略陳述的目標（例如，促進詹金思高中學生生涯的調適力）比起明確陳述的目標（例如，提供每位詹金思高中學生一年機會與學校諮商師來討論生涯的規劃）要難以測量得多。

2. **發展評鑑計劃**：擬定好評鑑目標之後，接著要訂定有效且能被確認的適當指標，以測量方案在這些目標上的進展。再引上述例子，一個簡單但有效的指標，是詹金思高中的學生中，實際與學校諮商師約時間討論生涯計劃人數的百分比。這個例子也說明了一個原則：測量指標應該以特定及客觀的語詞加以描述。評鑑計劃除了特別說明必須蒐集何種資料外，應該也要特別說明如何、何時以及由誰來蒐集資料。這個計劃也必須特別注意如何整理資料，和向誰報告。最後，這樣的計劃應該以「預備在未來的方案中如何運用這些發現」作為結論。

3. **評鑑計劃的實施**：評鑑計劃的有效性取決於如何被執行。這裡必須再度強調適切規劃、積極取向，以及運用具備必要知識和能力的評鑑人員之重要性。時效也很重要，因爲方案的某些面向可能只適合以「縱貫性」（*longitudinal*）方法來評鑑，但其他特殊活動可能必須在活動結束之後立即評鑑。

4.**評鑑發現的運用**：評鑑本身不具有太高價值，它真正的價值
在於評鑑發現的運用。經由評鑑，方案的優點與缺點得以確
認，這些結果能提供未來改進方案的指南。然而，若要善加
運用這些發現必須有所準備，要指派特定人員負責，並追蹤
評鑑建議事項的落實程度。

*Wothen, White*和*Borg*(*1993*)提到：

如果有更多人知道下列事項的重要性，則學校方案的評鑑工
作就能有所改進：

- ．決定何時進行評鑑。
- ．決定什麼事情需要評鑑。
- ．決定是為了誰而進行評鑑。
- ．決定由誰來進行評鑑。
- ．決定評鑑所關注的問題是什麼。
- ．規劃評鑑研究。
- ．決定如何呈現評鑑的結果。
- ．有效處理評鑑相關的政治、倫理及人際議題。

社區心理健康方案之評鑑

社區心理健康方案面臨實施系統性評鑑的壓力越來越大，部
分原因是有越來越多人，要求提升聯邦政府所認證的社區心理健
康中心方案的效率及有效性。因此，公共法第94-63項（1975年通
過的社區心理健康中心法案）規定社區心理健康中心進行方案評
鑑的預算，不得低於前一年營運經費的2%。法律也規定必須進行
下列三類評鑑：

1. 臨床服務的品質保證*(Quality assurance of clinical services)*。每個中心都必須持續確保其臨床服務的品質。

2. 自我評鑑*(Self-evaluation)*。每個中心必須蒐集資料，並對於方案的目標和價值，以及當地需求和資源進行評鑑。這些資料應該要包括：(a)中心營運的成本；(b)利用服務的模式；(c)服務的可利用程度、被瞭解程度、被接受程度及方便使用程度；(d)服務對於當地居民心理健康的影響；(e)諮詢與教育服務的效果；(f)中心減低不當機構化的影響。

3. 居民的檢視*(Residents' review)*。每個中心至少每年要將上述評鑑資料向當地民眾公開。此外，要提供向公民公開檢視中心服務方案的機會，以確保所提供的服務符合當地民眾的需求*(Hagedorn, Beck, Neubert & Werlin, 1976, pp.6-7)*。

研究

以下幾點是一般民眾對於研究的印象：

· 大部分研究對於一般問題和執業者的日常需求均視而不見。

· 大部分研究報告的撰寫方式，會限制實務工作者如何加以詮釋與應用。

· 研究活動與撰寫研究報告大都是很呆板無聊的。

· 聯邦或州政府研究補助的對象，僅限於大學和私人研究發展機構。

· 對大部分實務工作者而言，研究會耗費許多時間，並且回報通常很低。

要打破上述關於研究的誇大錯誤觀念，有賴於諮商專業與其成員投入研究，或至少要運用研究的發現，來提昇專業知識與實務技巧。研究是一項有價值的工具，諮商師可以運用於提升績效責任，以證明他們能夠幫助個人、團體和組織做出正向轉變。現在讓我們來看看研究所能帶來的幾項正向結果。

研究的正向結果

對一般諮商師及其他專業助人工作者而言，參與實務研究最重要的正面結果，就是促進專業技巧與知識。研究能夠回答專業問題、困境和失敗的原因，也能使實務工作者在專業技巧方面進步。它使我們能夠檢驗何種方法可行，並瞭解其原因，它也能消除許多實務上的猜測與不確定。參與實務研究能增加領悟，並深化對我們自己、對諮商專業，以及對兩者關係的瞭解。自行研究能夠幫助我們在所從事的領域上，成為更佳的專業人員。

實務工作者的研究傾向著重於當地的問題與關注焦點，因此研究結果可以立即應用。此外，即使實務工作者將研究焦點放在當地所關注的議題上，仍可透過與相似的區域性機構或其他相關專業交換想法和發現、在地區或州或全國性的研討會上發表或討論、與其他專業合作拓展研究結果的應用範圍，以及延伸對研究發現的詮釋等方式，而有機會對整個專業做出貢獻。

最後，研究可以是有趣的。任何新的經驗、學習新知識，或發現老問題的新解答，都是振奮人心的。只有在研究的主題或問題對研究者而言是無聊且無意義的時候，研究才會變得無聊且無意義。試著找出你個人有興趣去找出答案的專業問題或關注焦點，你會發現那是個令人興奮的工作，然後你會同意研究是種回饋最大的專業活動。

研究類型的定義

基礎研究

基礎研究*(Basic Research)*的目的是為了發展理論或建立通則。在教育或其他場域中，基礎研究不僅提供理論，也提供解決問題的應用方法。

應用研究

應用研究*(Applied Research)*透過應用或檢測某理論，以提供支持此理論的資料，並且評估它應用於解決問題時的有效性。

行動研究

行動研究*(Action Research)*是透過應用科學方法來解決問題。例如，諮商師可以利用適當的系統性及科學程序，來判斷某個新方法在降低青少年吸煙方面是否有效。

歷史性研究

望文生義，歷史研究*(Historical Research)*包括對過去所發生事件的研讀、瞭解及解釋。歷史研究的目的是想觀察原因、結果，或過去事件的發生趨勢，如此可幫助解釋當前事件，並預測未來。大部分的歷史研究依賴文件，在某些情形下也須參考個人對事件的回憶。

描述性研究

描述性研究*(Descriptive Research)*目的在於測試假設或回答眼前所遭遇的問題。描述性研究可分為兩大類：質性的與量化的。在量化研究中，觀察者

直接觀察或透過符碼架構來觀察事件，而後基於觀察進行

演繹推論。而質性研究者並不依賴外在的觀察架構，嘗試保留被研究者的觀點，通常包含實地或觀察札記的分析，或是錄音或錄影記錄的研究。最後，量化和質性研究者通常會問不同的研究問題。根據Patton的說法，量化研究的目標是對於實體世界因果關係的描述；相對的，質性研究者企圖描述與理解人們賦予自己和他人行為意義的方法（*Patton, 1984, 引自 Heppner, Kivlighan & Wampold, 1992, p.195*）。

實驗性研究

實驗性研究*(Experimental Research)*由具有不同變項的數個實驗所組成，目的在於預測在特定狀況下，未來將會發生什麼事情。

在推論各變項間的因果關係時，實驗性研究比起其他研究更能提供較強的證據。實驗的四項特質如下：
- 所預期達成的任務包含了對於原因的假設。
- 研究者操控一個或多個自變項。
- 測量一個或多個依變項。
- 研究計劃必須控制可能會干擾實驗結果的無關因素，將這些因素的影響降到最低，並且要強化自變項和依變項之間因果關係的推論性。

實驗取向經常應用於諮商研究上，包括類比研究（*analogue research*）、傳統團體實驗，以及時間序列實驗。有時限於環境，控制無關變項的程度無法達到真正實驗的要求，準實驗（*quasi-experiment*）設計可視為在此狀況下的妥協（*Hadley & Mitchell, 1995, p.43*）。

前導性研究

前導性研究*(Pilot Study)*是發展最終研究計劃之前，研究方法

與工具的預備性嘗試。

假設

假設*(Hypothesis)*是對於研究可能結果的預測，是構成目標的基礎，也會決定達成目標的程序。

取樣

取樣*(Sampling)*是一種研究技術，目的在於從目標族群中，挑選特定數目的人做為此族群的代表。

研究過程

無疑的，某些研究需要複雜、精細的研究技術；然而，許多有價值的資訊能經由符合科學論證條件的研究來獲得，並不需要太高的技術條件。因此，檢視下列研究程序並不是實施研究的基礎，其目的在於更瞭解執行研究的相關基本因素。希望它能激勵實務工作者投入研究觀察。

實施研究的第一步是確認研究問題 亦即對於資訊的需求。不管是什麼引起你的興趣或好奇心或質疑，都可以是研究問題的基礎。大多數人在日常工作中，都經常且持續需求資訊。我們對技術的適當性與有效性、個案的各種特質，以及個案需求的本質都會有質疑。假如我們決定開始進行技術領域的研究，或許會直接嘗試去決定何種資訊是必須的，並為實務工作的現況辯護，或去發展更有效且功能更好的新方法。

大多數研究的第二步是檢視或蒐集與可能研究主題相關的既有研究。檢視的目的有三：(1)瞭解是否已有其他研究證實了研究者對於研究問題的假設；(2)對於問題的本質有更多的瞭解；(3)對於如何有效率地獲得所欲求的結果有所洞察。在過去，這一步

對於許多研究者而言是令人氣餒的,然而現在許多圖書館的資訊獲取系統,讓新手研究者能很快就拿到列印出來的相關研究資料,而且通常為了讀者方便而經摘要過的。

第三步是確認所欲獲得資訊的本質,或者是擬定出特定的研究問題。問題陳述要充分而精確,且要以客觀的術語寫成完整正確的句子,讓其他人能夠一目瞭然。新手研究者也要知道,主要問題內可能蘊含邏輯上的子問題,這部分亦須加以確認。

研究過程的第四步是決定何種資訊有助於得出此議題的適當結論。先前所陳述的主要與次要問題,現在要以具邏輯性的概念或問題(稱為「假設」)來加以檢視。假設是對於問題或其解答的假定,能為研究者指出蒐集有用資料的方向。舉例而言,某項研究嘗試找出某校不尋常的高輟學率原因。針對造成高輟學率的原因所形成的可能假設如下:(1) 學生不想上學;(2)學生缺乏持續上學的能力;(3)學生有經濟上的壓力,因而離開學校去工作。每項假設均提供某些澄清事實的方向或基礎,使得研究者得以根據事實來判斷大多數學生輟學的原因。

澄清所須資訊的種類之後,研究者要判斷何種程序較適合資料的蒐集與分析。研究過程的第五步就是要決定所須的母群或樣本、抽樣的方法,以及適合前述研究假設的資料蒐集工具。在這個階段,研究者要決定最適當的抽樣程序,以及蒐集資料最快速有效的工具,以針對研究假設有盡可能完整及有效的回應。

一旦蒐集資訊的種類以及所須的程序和工具決定之後,第六步就是實際去蒐集資料。資料蒐集計畫中要能指明所須的資料、資料可能的來源、資料蒐集的方式(例如問卷、調查、訪談、閱讀文獻等)、資料蒐集者是誰,以及資料蒐集的期限。

第七步是對於所蒐集資料進行系統性的整理與分析。資料分析的方法必須在蒐集資料前就決定,以確保所蒐集到的資料以及整理此資料的方法是適當的。依賴研究過程第五步所發展出來的

研究設計，分析可以只是簡單的數學或因素的統計。

　　新手實務工作者如果能認知到他們在研究設計上的限制，在投入研究活動時就能獲益匪淺。研究的最後一步，就是要詮釋研究的發現，並引導出結論，這可能推導出如何解決或回答研究問題。前述的問題假設在此可能被證實或是被拒絕，但均能促成對研究問題的進一步瞭解。圖14-1描繪了這整個研究過程。

圖14-1　研究的過程

資料來源：Leedy, Paul D. *Practical Research: Planning & Design 6/e,* (c) 1997.

運用研究報告

　　研究的發現對所有場域中的諮商師都是重要的。研究的發現能夠提供具事實根據的資料，以強化或引導諮商師的專業判斷，並改進實務工作。無論個人是否為積極的研究者，諮商專業人員均無法忽視專業領域中的重要研究。舉例而言，我們必須瞭解某特定行為的累積知識，也要瞭解相關的最新研究，以延伸、深化或甚至改變我們對此行為的理解。當研究科技持續改進之際，我們可以預見研究的數量會增加，研究的方法會更精緻，研究結果的效度會提升，研究發現的延伸與應用也會更廣。因此，諮商實務工作者不只要確實瞭解研究的重要性，也要有能力辨識出具有潛在重要性的研究。關於這點，*Gibson, Mitchell*和*Higgins*（1983）指出下列重點：

要瞭解你專業領域中研究報告的一般來源

　　某些一般性的索引或摘要，例如「教育研究評論」（*Review of Educational Research*）、「教育索引（*Education Index*）」、「社會科學索引」（*Social Science Index*）、「社會學索引」（*Sociology Index*）、「醫學索引」（*Index Medicus*）、「心理學摘」要（*Psychological Abstracts*），以及「論文摘要」（*Dissertation Abstracts*）等，對於想廣泛找出近期的研究報告而言，是不錯的起點。諮商及相關領域專業組織具代表性的出版品，也是此領域近期研究的豐富來源。

找出與你自己專業需求相關的研究

　　歷來的豐富研究報告，常會令謹慎的研究者昏頭轉向。研究發現的運用者必須學習如何挑選，以免讓自己淹沒於持續增生的研究報告的波濤之中。因此，我們要盡可能特別去搜尋真正需要的知識種類，並且將搜尋鎖定在相關主題上。

以下列方向來檢視所選擇的研究：

1. 研究設計*(design)*：（在此你可能需要有能力的研究者協助。你可以在大型學校系統、高等教育機構、大型心理健康機構或州政府辦公室裡，找到這樣的研究者。）重要的是，要能判斷出研究發現的正確性、研究是否能類推到你所面臨的情況，以及是否可導出結論或應用方式。

2. 可讀性*(readability)*：某些研究報告是寫給其他研究者看的技術性報告，它們呈現資料所用的詞彙與統計方法可能會令讀者混淆、誤解，甚至太過複雜而看不懂。要瞭解這類報告在講什麼會花費許多力氣。假如你看不懂這類報告，那就挑其他報告來讀，或者找有能力的研究者來為你解釋。

3. 研究的原創性*(originality)*：主要研究者的第一手研究報告，比起其他人第二手的報告、摘要、或引用，是更令人推崇的。第二手資料來源，通常較原始版本來的簡要，而且可能會不小心對研究的發現解讀錯誤。

4. 作者/研究者的聲望*(reputation)*也可加以考慮。知名的作者/研究者先前的研究，在研究設計的嚴謹性、提及相關重要需求和獲致重要發現方面，備受同儕肯定，因此其研究大都會具有一定的水準（*pp.330-331*）。

撰寫研究獎助金申請書

聯邦或州政府和私人基金會，每年均提供數百萬美元給各研究機構或學校系統。這些經費通常註明特殊用途，並透過研究計畫或獎助金申請書審核，來決定經費的分配與獎助對象，競爭大多相當激烈。由於許多申請經費的機會和諮商領域相關，諮商師必須具備必要的申請技巧，以爭取符合自己研究興趣或與機構有關的研究經費。以下建議幾項通用法則：

1. 透過公開聲明和其他資訊，徹底瞭解如何準備與申請獎助金的規則，這將有助於你判斷你的機構是否符合申請資格。

2. 遵照這些規則來準備及提出獎助金申請書，包括適當的申請格式，並要注意申請截止日期。

3. 盡可能多瞭解獎助機構或基金會的性質。

　　親自拜訪或以電話聯繫，對於研究目的、程序和規範的澄清、解釋與說明相當有幫助，某些機構甚至會提供申請計畫的樣本和之前獲得補助的名單。例如「商務企業日報」（*Commerce Business Daily*）、「聯邦登錄」（*Federal Register*）、「今日教育」（*The Education Daily*）和「聯邦獎助金與協約週訊」（*Federal Grants and Contracts Weekly*）等基金會，會將它們的年度報告與出版刊物寄給你。有關私人基金會與其研究優先順序的描述，可以參考「塔夫特基金會報告」（*The Taft Foundation Reporter*）（由位於華盛頓特區的塔夫特集團出版），或是「基金會目錄」（*The Foundation Directory*）（由位於紐約的基金會中心出版）。

　　正如 *Gibson* 等人（*1983*）所指出的，

　　計畫格式中的各章節都是重要的，但下列簡要解釋的四節必須特別注意：

問題陳述
　　本節必須包括關於問題的清楚定義與特別陳述、此研究的必要性（教育上的重要性），以及精確陳述的可測量目標。應該引用相關研究文獻以強調此研究的重要性，但是所引用的文獻要具有特別的關聯性。

研究程序
　　本節必須呈現研究設計，以及完整而詳細地描述將採用的

研究程序。要清楚地讓讀者知道此程序能夠達成計畫的目標。應該描述所採取的樣本及抽樣的方法、蒐集資料的工具或採用的取向、統計處理的方式,以及所應用的評鑑程序。假如研究目標經過明確的陳述,評鑑程序就應該能自目標導出。本節必須是精確而完整的。評鑑大多數計畫的基本標準,就在於其所運用方法的健全性。

人員與設備

這也是最重要的章節之一,尤其在申請聯邦政府的經費時。本節的目的在於使人能夠判斷進行研究的能力,因此必須將研究人員的訓練與經驗仔細地呈現出來,讓人相信他們的確有足夠能力來完成整個計畫。同樣地,研究所須的設備亦必須加以描述,並確保能夠使用。

預算

研究計畫的成本預估必須精確、詳細且合情合理。預期的花費必須與各個研究步驟有清楚的關係(*pp.333-334*)。

報告研究成果

明顯地,光是執行計畫是不夠的,除非你想獨佔研究的成果。提報研究成果能提升你自己和整個專業的水準。可以在專業研討會上口頭報告,或投稿於專業期刊、報章或專題論文等。口頭報告(*oral report*)具有能讓聽眾與報告者直接互動的優勢,而書面報告(*written report*)則可讓更多人接觸到。*Heppner, Kivlighan*和*Wampold*(1992)指出撰寫研究報告的一些通則:(1)要具有教育性;(2)要平鋪直敘;(3)不要誇大;(4)要有邏輯與組織性;(5)要有自己的風格;(6)要一再修改;(7)如果無法確定能做到前述幾項,只管動手去寫就對了!(*p.376*)

這幾位作者還指出，想要投稿出版的話，

依據投稿的目的與研究特性的區別，投稿的對象也有所不同。然而，諮商專業期刊的文章大都呈現出如下的架構：
題目
摘要
緒論
研究方法
・研究對象
・測量工具（或變項）
・研究材料
・研究設計（或設計與分析）
・程序
研究結果
討論（或結論）
參考文獻
表
圖

各部分的性質取決於刊物與讀者群。然而，有些層面仍是一份好研究報告的關鍵（p.376）。

人類研究中的倫理議題

就其本質而言，絕大多數的諮商研究都有「人」的參與。人類受試者的權利受到越來越多的關注，導致包括美國政府在內的各專業組織與研究機構，付出更多努力來保障參與研究者的個人權利與尊嚴。

就此而言，必須要更小心保護受試者的隱私權，判斷是否會

讓受試者承擔任何風險，獲得受試者的正式同意，並且避免進行會挑戰或威脅受試者道德感和價值觀的研究。

摘要

　　績效責任、評鑑與研究是任何機構的諮商專案與諮商師的責任。雖然各有其不同的活動，但其相互間的關聯性是很明顯的，因為它們都有助於方案的改進。此外，此三類活動均承諾要提升專業人員與專業領域的水準。績效責任提供診斷專業成就的模式或方法，評鑑工作有助於蒐集與方案品質有關的證據，研究則促進專業領域的科學知識。因此，諮商師應該要瞭解研究過程、如何評價與閱讀研究報告，以及如何爭取研究經費。績效責任、評鑑與研究，亦經常受到法律或倫理規範的影響，在下一章中將討論這些議題。

問題討論

1. 「績效責任」這個名詞的意思是什麼？為何近年來它在教育界這麼流行？

2. 諮商師如何變得更具績效責任？

3. 績效責任和評鑑有何差異？

4. 你是否曾有喜歡做研究的想法？如果有的話，你曾做些什麼？

5. 評鑑與研究間的關係為何？

6. 你能提供何種客觀證據給可能僱用你的雇主，以證明你具備優越的諮商能力？

7. 在提供足以證明你的諮商是有效的客觀證據方面，你可能會遇見怎樣的困難？

課堂活動

1. 就學至今，在你被評鑑的經驗中，有哪些好的與不好的經驗？分成小組討論之。

2. 學生不斷地接受特定標準（例如測驗、報告、計畫等）的評鑑。假如學生被要求擔負起績效責任的話，這個情況會有怎樣的變化？

3. 閱讀一篇諮商領域中近期的研究報告（期刊文章），並在課堂上報告。討論此研究在實務上的應用。

4. 兩人一組，分享你想在諮商實務工作上，對自己訂出的專業與個人的倫理標準。

可進一步閱讀的文獻

Anderson, W., & Heppner, P. (1986). Counselor application of research finding to practice: Learning to stay current. *Journal of Counseling and Development, 65 (3)*, 152-155.

Barker, C., Pistrang, N., & Elliot, R. (1994). *Research methods in clinical and counseling psychology*. Chichester, England: John Wiley & Sons.

Barkham, M., & Barker, C. (1996). Evaluating counselling psychology practice. In R. Woolfe & W. Dryden (Eds.),

Handbook of counselling psychology (pp. 87-110). London: Sage.

Brown, M. (1988). The mental health counselor and research: And never the twain shall meet? *Journal of Mental Health Counseling, 10,*9-15.

Chamberlain, K., & Borrough, S. (1985). Techniques for teaching critical reading. *Teaching of Psychology, 12 (40)*, 213-215.

Conley, D. (1988). Critical attributes of effective evaluation systems. *Chronicle Guidance* (pp. 88-122). Monrovia, NY: CGP Professional.

Drott, M.C. (1984). How to read research: An approach to the literature for the practitioner. *School Library Media Quarterly, 12*, 445-449.

Fairchild, T. N. (1986). Time analysis: Accountability tool for counselors. *The School Counselor, 34 (1)*, 36-43.

Fish, L. (1988). Why multivariate methods are unusually vital. *Measurement and Evaluation in Counseling and Development, 21*, 130-137.

Gelso, C. J. (1996). Applying theories in research: The interplay of theory and research in science. In F. T. L. Leong & J. T. Austin (Eds.), *The psychology research handbook: A guide for graduate students and research assistants* (pp.359-368). Thousand Oaks, CA: Sage.

Heaney, R. P., & Barger-Lux, M. J. (1986). Priming students to research critically. *Nursing and Health Care, 7 (8)*, 421-424.

Heppner, P. P., Gelso, C. J., & Dolliver, R. H. (1987). Three approaches to research training in counseling. *Journal of Counseling and Development, 66 (1)*, 45-49.

Heppner, P. P., & Neal, G. W. (1983). Holding up the mirror: Research on the roles and functions of counseling centers in higher education. *Counseling Psychologist, 11 (1)*, 81-98.

Mancall, J. C. (1985). Evaluation research: A critical consumer approach. *Top of the News, 42 (1)*, 101-104.

Matthews, B., & Paradise, L. (1988). Toward methodological diversity: Qualitative research approaches. *Journal of Mental Health Counseling, 10 (4)*, 225-234.

Myrick, R. D. (1984). Beyond the issues of school counselor accountability. *Measurement and Evaluation in Guidance, 16 (4)*, 218-222.

Newman, J. & Scott, T. (1988). The construct problem in measuring counseling performance. *Counselor Education and Supervision, 28*, 71-79.

Ponterotta, J. (1988). Racial/ethnic minority research in the Journal of Counseling Psychology: A content analysis and methodological critique. *Journal of Counseling and Development, 35 (4)*, 410-418.

Robinson, S. E. (1986). Counseling research: Ethics and issues. *Journal of Counseling and Development, 64 (5)*, 331-333.

Sapp, M. (1997). *Counseling and psychotherapy: Theories, associated research, and issues*. Lanham, MD: University Press.

Stockton, R., & Hulse, D. (1983). The use of research teams to enhance competence in counseling research. *Counselor Education and Supervision, 22 (4)*, 303-310.

Tait, P. E. (1984). Do-it-yourself evaluation of experimental research. *Journal of Visual Impairment and Blindness, 78 (8)*, 356-363.

Tracey, T. J. (1983). Single case research: An added tool for counselors and supervisors. *Counselor Education and Supervision, 22 (3)*, 185-196.

Vacc, N., & Loesch, C. (1984). Research as an instrument for professional change. *Measurement and Evaluation in Counseling and Development, 17 (3)*, 124-131.

Wampold, B. E. (1996). Designing a research study. In F. T. L. Leong & J. T. Austin (Eds.), *The psychology research handbook: A guide for graduate students and research assistants* (pp.59-72). Thousand Oaks, CA: Sage.

第十五章

倫理與法律規範

李亦欣

倫理的本質
倫理議題
諮商師與法律
諮商師的法律考量

　　最後一章的重點在於說明身為專業諮商師所必須負起的責任，強調必須依據專業協會所制定的倫理規範以及法律相關規定來執業的重要性。事實上，諮商既然被視為助人專業，就表示在提供服務給案主及大眾時，我們所須擔負的責任，包括一定水準的專業能力、可被接受的個人行為準則，以及承諾將大眾福祉擺在諮商師個人的利益之上。

　　諮商專業必須負起責任，確保其成員遵守倫理與法律規範 *(ethical and legal guideline)*，以及訂定法律條文以保障大眾的權益。一個專業是否能承諾遵守適當的倫理與法律規範，正是它能否獲得、維持並值得大眾信賴的關鍵；如果沒有這種信任，則專業就不能成為專業。對於此點，*Biggs & Blocher*(*1987*)指出：

　　倫理問題植基於大眾的信任之上，並可藉以定義任何專業。因此倫理問題是專業團體成員所最重視的。當大眾的觀感因為某成員違反倫理、缺乏專業或理性的行為而改變時，所有其他成員亦受到傷害，且他們專業的執業能力亦將因此受損。

　　提供諮商服務的專業人員必須注意道德問題，因為案主對於諮商師的操控與剝削多半無力抗拒。案主會揭露私密的生活議題，這種冒險應該受到尊重，並保證以專業原則來處理。我們相信合乎倫理的諮商，應該包括瞭解並承諾擔負起維護案主信任的責任。操守良好的諮商師必須對於可能會影響到案主當下與未來狀態的言行保持高度警覺，並且要能對複雜的道德或倫理問題作出明智的判斷(*pp.4-5*)。

倫理的本質

　　倫理守則*(code of ethics)*會呈現出此專業的價值觀，並依此做為成員的行為標準。倫理守則提供其成員在執行專業時的依循與

架構，也爲大衆提供了和此專業及其成員互動時的預期架構。

專業諮商師在工作時，至少有兩套倫理的實務與行爲基本守則：(1)美國諮商學會所制定的「倫理守則與執業標準」*(Code of Ethics and Standards of Practice)*（見附件B）；(2)美國心理學會所制定的「心理師倫理原則與行爲守則」*(Ethical Principles of Psychologists and Code of Conduct)(1992)*（見附件C）。這些學會要求其成員遵守這些倫理與專業標準守則；若不遵守時，將可能會遭到除名。

倫理議題

專業能力

當諮商師認同自己爲專業人員時，專業能力*(competence)*就變成倫理議題。諮商師與雇主都必須以諮商師所具備的訓練與經驗，來判斷其是否符合資格。諮商工作申請者必須具備適當證照，以及可能會影響諮商功能的特殊興趣或價值觀。諮商師顯然從一開始就不應該申請不感興趣或不符合其專業能力的工作。

實務工作上，諮商師必須負起專業責任。雖然專業能力很難明確定義，但訓練與經驗爲「能夠做什麼」提供了有效的指標。督導與資深專業同仁也能協助確認所具專業能力的程度。

學位、執照與證書雖然能做爲諮商師所具備能力程度的初步證明，但實際上我們必須承認，即使擁有相同的書面資格，執業人員間的能力仍有很大的差異。我們必須再度強調，專業諮商師必須持續接受專業訓練和研讀文獻，以提昇自己的能力。

當諮商師研判案主的需求已經超過自己能力所及的時候，必須立即安排適當的轉介，包括協助案主找到合適的專業機構。

保密原則與特許溝通

　　信任是諮商關係中的重要里程碑，而保密(confidentiality)原則是發展與維繫信任的關鍵。然而在諮商關係中，諮商師對於案主的保密不是絕對的，所以諮商師必須對於倫理與法律的依循有所認識。

　　要分辨保密性與特許溝通(privileged communication)，則要牢記保密原則是「道德」概念，而特許溝通則屬於「法律」概念。

　　保密原則的定義為

　　一種道德責任和專業義務，要求與案主在私密互動中所得到的資訊不得向其他人洩漏。專業倫理規範規定如此，除非出現特殊緊急狀況或法律特殊規定，諮商員才能將保密原則暫時放在一邊（Arthur & Swanson, 1993, p.3）。

　　諮商師有時會面對有生命威脅的案主，包括虐待兒童、傷害他人或自殺威脅。法律規定疑似受到虐待的兒童案例必須回報，為了保護第三者的生命安全時，諮商師也必須打破保密原則。美國心理學會和美國諮商學會的倫理規範，也允許諮商師打破保密原則，以保護自殺案主的生命。有關此類的特權溝通在下一節「諮商師的法律考量」中，將進一步詳述。

　　Arthur & Swanson(1993)引述Bissell & Royce(1992)的文章，指出下列可免除保密原則的狀況：

1. 案主對自己或他人有傷害性。法律將人身安全置於保密性與隱私權之上，包括必須進行事前的警告。
2. 案主要求將資訊洩漏出去。隱私權屬於個案，也可由案主放棄。當案主要求洩漏資訊時，諮商師應該遵照其要求。
3. 法院要求洩漏資訊。當法院認為某些資訊必須為法律案件

所用時，諮商師也必須放棄保密原則。

4. 當諮商師接受系統性的臨床督導時。當知道談話內容於督導過程中會被使用時，案主必須放棄保密原則。

5. 當有助理協助處理與案主相關的資訊或文件時。應該告知案主行政人員可能會協助處理例行作業，例如寄帳單和文件歸檔。

6. 法律與臨床的諮詢是必要的。為了有所進展，諮商師有權利獲得其他專業人員的意見，但案主應該被告知這些人的姓名。

7. 當案主的心理健康狀況與正在進行中的訴訟案件有關時。例如在訴訟中，父母親授權讓諮商師提供記錄，以證明他們的心理狀況。

8. 當有第三者在諮商現場時。案主瞭解除了諮商師之外尚有第三者在場，因此放棄隱私權而讓他留在現場。

9. 案主未滿18歲時。父母或監護人有法律上的權利與案主及諮商師溝通。

10. 當治療需要時，機構內部可分享資訊。當對案主有利時，保密資訊可以和專業同僚分享，但必須讓案主了解此事。

11. 在矯正系統中，資訊必須分享。從受刑人所得到的資訊，在有利於矯正系統的運作與案主的處置時，可以在系統內分享。

12. 當案主揭露資訊是想為犯罪或詐欺行為尋求建議時。維護保密原則的義務，在此時必須被制止犯罪行為以維護治安的義務所取代。

13. 當諮商師有理由懷疑有兒童遭到虐待時。政府均立法要求回報疑似虐待的案件（*pp.20-21*）。

與案主的私人關係

在檢視諮商師與案主間的私人關係時，專業組織必須定義專業關係的倫理限制，重點在於諮商師對案主的性剝削。所有的專業組織均明確譴責這類行為。*Herlihy, Healy, Cook & Hudson*（1987）與其他學者，曾特別討論這種衍生的違背道德行為。研究指出，

第二類常被提到的違規，包含與案主的性關係。雖然精神科醫師與心理師在大眾媒體上常受到大量類似的指控；但得知領有執照的諮商師，亦常被揭發對案主有性剝削的行為，仍頗令人困擾（*p.75*）。

諮商師與案主的私人關係不可損及案主對諮商師的信任。私人關係的不當利用可能牽涉到金錢、社會地位、研究資料或其他動機，也包括性的獲得。*Hopkins*和*Anderson*（1990）警告說：

諮商師與案主間的性關係顯然是不道德的，而且可能會成為不當執業與專業疏忽的基礎。這種行為在許多州都被視為犯罪，雖然必須與其他犯行分別起訴。各州的法律對此類犯行有不同的認定，例如在明尼蘇達州，無論案主是否同意，與案主發生性行為均為違法。在某些州則會將此種關係以強姦罪或法定強姦罪起訴。每州均提到罰金，在某些州還必須賠償受害者（*p.52*）。

此外，與案主的私人關係也可能損及諮商師的專業判斷。這表示應該避免與親戚、密友和雇主形成諮商關係。

最後，諮商師必須充分瞭解案主的人權。即使是非常嚴重的心理疾病患者，亦有其倫理與法律上的權利，包括參與如何治療的決定、使用心理測驗，以及參與研究等，諮商師都必須遵循。

諮商師與法律

近幾十年來，有些諮商師的角色和功能表面看來仍與司法和立法活動無關。例如，1980年所通過的「社區心理健康法案」，是以地理性與區域性特色來定義社區，但是所造成的更大的後果，卻是

努力去整合心理與一般健康服務。當前的政策將醫師與醫院和社區心理健康中心連結起來，似乎認定情緒疾患主要是生物性因素，因而要求以藥物治療為主，通常還包括住院。這種認定似乎與大量的證據不一致。然而，政策同時又認定一般醫院才能提供高品質的日常健康照護，導致一般醫院認為它們應該負起更多治療情緒疾患者的責任，即使這些治療基本上不需用藥。換言之，此法案蘊含鼓勵一般醫院擴展其於社區中所扮演角色的意味（Bloom, 1984, p.33）。

諮商師與其他助人專業工作者必須於社區機構中所提供的服務，在法律上均有明文規定，其服務對象包括藥物濫用者、其他慢性心理疾患者，以及受嚴重困擾的兒童與青少年等。大多數州已經開始立法，以提供執業諮商師和社工師法律上的基礎。

越來越多的諮商方案管理者與諮商師，察覺到自己的專業良知與法律規定有所衝突。過去25年來，諮商師介入訴訟和參與立法的機會大幅增加。

諮商師在表現專業職責時，不必讓自己陷於「為市民」或「為罪犯」的兩難中。因此，或許諮商師應善盡正當照護的責任 *(exercise due care)*。

諮商師或許也可能因無法盡到法律規定的職責，而必須面對民事責任。民事責任，簡而言之，意味個人會因為對他人

做錯事，或無法盡到必須盡的職責而被控告，通常會賠償金錢給受傷害的一方，以免除刑責（*Hopkins & Anderson,* *1990, p.23*）。

大多數諮商師並不預期他們的專業會讓他們成為罪行的辯護者。幸運的是，只有很少數必須這麼做，但是諮商師必須了解，他們有時必須負起為罪犯辯護的責任。專業諮商師應該與案主保持一定的距離，如此才能提供案主專業的建議；但偶而諮商師保護案主的程度會比法律明文所規定的更多，或是提供更多的情緒支持與安慰。在這種情況下，諮商師無意間可能就會承擔為罪犯辯護的風險。

為罪犯辯護的責任，是從諮商專業實務中所衍生出來的，可能會導致下列刑責：

- 成為幫兇。
- 未通報疑似虐待兒童的案件。
- 資助輕微的犯行。
- 不當的性行為（*Hopkins & Anderson, 1990*）。

對於實務上有接觸兒童與家庭的諮商師而言，特別要注意資助輕微犯行的可能；所有可能會接觸到青少年案主的諮商師，都必須對可能導致被以「資助輕微犯罪」而起訴的可能性提高警覺。各州都已立法保護兒童遠離可能導致傷害的行為與關係，但是，如同*Hopkins & Anderson*（*1990*）所指出的，

不幸的是，大部分州的立法機構並未定義如何才構成犯罪行為，許多法院也將裁決辯護行為是否違法的權力留給法官。但是對於何謂「違法」，有種廣義的定義包括了任何可能傷害青少年的健康、人格或福祉，或是可能鼓勵青少年參與此類活動的行為。然而，各州對於構成此種違法行為的要件仍莫衷一是（*p.52*）。

　　各場域中的諮商師都不能輕忽法律的規定。他們必須瞭解與自身專業領域相關的法律及其應用，包括可能被視為對個人的歧視與偏見，或是危及憲法和其他法律所保障的人權等。因此，以下將列出與諮商專業相關的部分法律應用，例如，美國憲法第六章修正案、柏克萊修正案（*the Buckley Amendment*），以及身心障礙兒童教育法案。

諮商師與憲法第六章

　　於1972年通過，1975年七月生效的美國憲法第六章教育修正案，主張

　　在任何接受聯邦經費補助的教育方案下，所有人都不應該因為性別而被特別考量，或被排除參與、無法獲益或受到歧視。

　　此法案在諮商實務工作上的可能應用如下：

　　首先，適當的諮商不應該只提供案主所需要、所感興趣或能力所及的服務，也要考量社會變動的本質，以及此種變動會如何影響諮商的進行。諮商師必須協助案主自我覺察，並思考各種可能性，以及其決定會有何影響。

　　其次，諮商師必須了解，性別偏見經常透過媒體文字與意象（例如教科書、報紙、雜誌、電視），而延續其社會化的過程。雖然並非無可矯正，但這些偏見在生涯諮商與其他諮商資料中仍一再出現。

諮商師與柏克萊修正案

　　柏克萊修正案對於諮商實務與記錄保存的影響，很少有其他

法案能相提並論。在1974年通過「家庭教育權利與隱私法案
（*FERPA*）」（普通稱為柏克萊修正案）之前，諮商師大多以專業學
會所提供的倫理守則，做為專業運作的指南。美國諮商學會於
1995年訂定的「倫理守則與執業標準」中，有一整節（*Section B*）
都在討論保密原則，且有一小節提到記錄（*Section B.4*）（見附錄
B）。

雖然倫理守則本身未能完全與法律連結起來，但以1942年
*Cherry*對上紐約州評議委員會的例子為起點，許多案例均建議法
庭應該以專業倫理規範作為審判的依據。而關於記錄的保存與保
密原則方面，柏克萊法案在有關學生記錄與相關活動方面，是最
重要的專業行為規範。

*FERPA*明確規定未脫離弱勢地位學生的家長，有權利檢查
與孩子直接相關的所有的正式記錄、檔案與資料，包括所有
會併入學生檔案夾的累積資料，以及供學校或校外機構使用
的資料。這些資料包括身分資料、學業成績與作業、出勤記
錄、智力測驗和性向測驗分數、興趣量表結果、健康資料、
家庭背景資訊、老師和諮商師的觀察記錄，以及各種重複出
現行為模式的相關報告（*Getson & Schwied, 1976, p.57*）。

在瞭解這些影響後，*Getson & Schweid*（*1976*）建議學校諮商師
採取下列步驟來保護案主與學生：

首先，檢查所有既存記錄，確保*FERPA*通過之前的資料都
保障了孩子的隱私。其次，刪除所有可能不適合給無關人員
使用的資料，只保留能夠以不會被誤解的方式來表達的資
料。第三，訂定政策，只保留能夠給家長看卻不會威脅到案
主福祉的記錄。第四，確定案主瞭解諮商關係所能提供的，
以及與家長檢查正式記錄權利有關的隱私權限制。第五，進
行研究，以完全了解*FERPA*和美國諮商學會的「倫理守則與執

業標準」之間的衝突。在*FERPA*中可能隱含有保護學生隱私權的條文，但因我們不是律師以致尚未發現。第六，假如發現上述二者間有明顯的衝突，就應該發起行動，以改變該法案或該守則，或二者。除了經授權的調查機構外，法案中的各條款至少必須受到大家的遵守（*pp.57-58*）。

由於學校諮商師和其他教育機構中的諮商師，經常受請託撰寫大學入學或工作申請的推薦函，應該注意柏克萊修正案裡有清楚的規定：

除非經過特別告知，否則教師或學校應該假設學生是可以決定如何使用推薦函的。學生可能被要求簽名放棄這項權利，但是除非學生已經簽了名，否則在實務上或專業上學生都能保有這項權利。只要符合下列情形，寫推薦函一般是相當安全的：

1. 推薦函是屬於個人正常職責的一部分。
2. 推薦函直接寄給第二者，其對請託者有合理的興趣與關切。
3. 推薦函是基於事實、無敵意且相當客觀的。
4. 推薦函是基於請託而寫的（*St. John & Walden, 1976, p.683*）。

St. John & Walden（*1976*）建議三件事：

首先，建議專業教育者找精通教育事務的律師，諮詢有關保密溝通的所有議題。其次，建議學區與州教育部門合作，發展出詳盡的規則，以協助學校教職員遵守州與聯邦的條例，保障學生的隱私，並尊重溝通的保密性。第三，建議各專業組織發展出特殊且最新的相關倫理規範(*p.683*)。

學校諮商師與公共法第94-142條

對學校很重要的另一個法案，是1975年11月通過的「身心障礙兒童教育法案(*PL 94-142*)」。這項法律確保兒童受適當教育的權利，無論其身心障礙的程度為何。基於接受特殊教育與相關服務的身心障礙兒童數量，它也建立了進一步的制度，對各州與當地學區提供財務補助。前述所謂的「相關服務」，包括接受領有執照的諮商師之諮商。*Humes* (*1978*)注意到此法案對於諮商師的影響，建議：

諮商師執行公共法94-142時的角色，在各學區會有所差別。而且，在無法找到其他專業人士配合，或者當諮商師被分配到小學或中學的情形下，這些角色可能會變成暫時性的；但很難想像諮商師在哪些情況下會沒有角色可扮演。諮商師可能的責任範圍包括

1. 參與團隊會議。
2. 發展「個別教育計劃」(*IEP*的核心概念是，它必須每年接受審查，且必須照顧到每一位身心障礙兒童。*IEP*的內容包括評量目前身心功能狀況、年度目標、短期可衡量的目標，以及兒童所需的特殊教育服務。
3. 監控其進展。
4. 對家長的諮商。

   (這項法案的某一節–「家長接受諮商的必要性」–被忽略了，部分是因為傳統上美國社會教育常受到忽視，以及條例本身使用語言的曖昧。家長諮商具有各種意義：它的服務範圍可能從心理方面的協助，到學習內容的建議，這些可以由校外或校內的機構提供。保守的做法，會建議家長諮商應於校內進行，而且應該要符合諮商的定義。如果接受這樣的假設，則諮商師將是符合此種需求的人選。)
5. 規劃課外活動。

6.課堂諮詢。

7.實務訓練。

（在初期階段，諮商師與其他服務工作的實習生一起接受實
務訓練是合理的；到了中後期階段，諮商師將成為實務訓
練的提供者。）

8.保存記錄。

Jenkins(1985)特別指出小學諮商師所需具備的技巧如下：

1.鼓勵非身心障礙的小學兒童接受個別差異。

2.協助身心障礙兒童瞭解其優勢與劣勢，並且在未為身心障
礙者設計的環境中善用既有技能，以發揮功能。

3.為所有小學兒童，包括有特殊需求者，發展諮商活動。

4.設計活動，協助有特殊需求的兒童發展出正向的自我概
念。

5.組成包括教師、家長、和學校職員的團體，討論對於有特
殊需求學生的態度與情感（p.203）。

諮商師與美國身心障礙者法案

雖然在第十章中曾經提及，此處仍須進一步討論1990年所通
過的美國身心障礙者法案。此法案禁止對身心障礙者的歧視，條
文涵蓋下列五方面：(1)聘僱，(2)生活便利性，(3)公共設施的設
備，(4)電信通訊，以及(5)其餘條文。此法案也規定諮商師應該
在下列各方面協助身心障礙個案：

· 各階層及各機構的諮商師均應熟悉此法案的內容。

· 諮商師應該與當地企業合作，促進身心障礙者的就業機會。

· 諮商師應該協助身心障礙個案，了解法案中特別列出的自身

權利。

· 對身心障礙者諮商時，焦點應該放在他們能做什麼，以及他們具有哪些潛力方面，而非他們所受的限制。因此，諮商師必須檢視自己的態度，確定不帶任何歧視。

· 諮商師的辦公室與機構的設施，必須符合無障礙空間設計。

諮商師的法律考量

保密原則

本章稍早曾討論到諮商員的保密原則和特許溝通，對於諮商專業而言，這仍是最主要的倫理議題。調查發現美國50州與哥倫比亞特區都有特許溝通的條例與規定，*Herlihy & Sheeley*(*1987*)發現（見表15-1），在各種助人專業中，心理師最常受到保護，其次是社會工作師；而有27州授與學校諮商員特許溝通的全部或部份權限。

表15-1 各州法規中有關特定助人專業的特許溝通規定

	州別												
	AL	AK	AZ	AR	CA	CO	CT	DE	FL	GA	HI	ID	IL
合格的學校諮商師	無	無	無	無	無	無	有	無	無	無	無	有	無
領有執照的專業諮商師	有	—	—	有	—	—	—	—	無	無b	—	有	—
婚姻與家庭治療師	—	—	—	—	有	—	無	—	無	無	—	—	—
心理師	有	無	有	有	有	有	有	有	無	有	無	有	有
社會工作師	無	—	—	有	有	有	—	有	無	無b	—	有	有

	州別												
	IN	IA	KS	KY	LA	ME	MD	MA	MI	MN	MS	MO	MT
合格的學校諮商師	有	有	無	有	無	有a	有	無	有	無	無	無	有
領有執照的專業諮商師	–	–	–	–	–	–	無	–	–	–	有	有	有
婚姻與家庭治療師	–	–	–	–	–	–	–	–	有	–	–	–	–
心理師	有	有	有	有	有	有	有	有	有	有	有	有	有
社會工作師	–	有	有	有	有	有	有	有	有	–	–	–	有

	州別											
	NE	NV	NH	NJ	NM	NY	NC	ND	OH	OK	OR	PA
合格的學校諮商師	無	有	無	無	無	無	有	有	有b	有	有	有
領有執照的專業諮商師	有	–	–	–	–	–	有	–	有	有	–	–
婚姻與家庭治療師	–	無	–	有	–	–	有	–	–	–	–	–
心理師	無	有	有	有	有	有	有		有b	有	有	
社會工作師	–	–	有	–	–	有	無	無	有b	有	有	–

	州別											
	RI	SC	SD	TN	TX	UT	VT	VA	WA	WV	WI	WY
合格的學校諮商師	無	有b	有	無	無	無	無	無	有a	無	有a	無
領有執照的專業諮商師	無	無b	–	無b	無	–	–	有	–	有	–	–
婚姻與家庭治療師	–	無b	–	無b	–	有	–	–	–	–	–	–
心理師	無	無	有	有	有	有	無	有	有	無	有	有
社會工作師	無	無	有	有	有	有	–	有	–	有	–	–

註: "–" 表示該州並未針對此專業特別規定

"a" 表示特例限定為學生吸毒與酗酒問題

"b" 表示該州以同一個法案對這些專業做出相同的規定

Herlihy & Glosoff(*1998*)與我們在一次私人會談中，曾提及

目前有44州及哥倫比亞特區通用相同的諮商師執照、登記和證書。對這些資料進行初步審查後發現下列事項：

1. 在合格諮商師與其案主間設立特權溝通的法律條文，存在於44州及哥倫比亞特區，其餘8州（*AK, CA, CT, HI, MN, NV, NY, PA*）並沒有設立這樣的條文。

   （註：這些州是有特權溝通條文的，但條文中並未提到諮商師和案主之間的溝通問題。）

2. 雖然有人呼籲要立法統一規定，但現行各州法律中的特權溝通條文呈現相當大的差異。最常見的限制與除外狀況，包括了下列項目的各種排列組合：

   a. 當案主或其法律代表簽名同意透露某些資訊或自願作證時。

   b. 當諮商師懷疑有兒童受到虐待或故意忽視時。

   c. 當案主的狀況使自己或特定第三者處於明顯而迫切的危險時。

   d. 當案主向州評議會或法院提出對諮商師的指控時。

   e. 當案主的身體或心理狀況與審理中的案件有關時。

   f. 當諮商師被法院要求對案主進行診斷時。

   g. 當出現強制住院的需要時。

   h. 當案主的心智能力與審理中的民事或刑事案件有關時。

   i. 當有刑法上的例外時（暴行或當案主為刑案的受害者時，特別當受害者為弱勢族群時）。（註：當受害者為弱勢族群時，只有少數幾州不將此狀況視為特例，大部分仍視為除外情形。）

   j. 其他一體適用的情形，例如「為了正義而必須揭露時」、「受法庭命令時」，以及「其他法律所規定的情況下」。

Fischer & Sorenson(*1996*)引用美國法學權威*Wigmore* 的話，

指出四種要件：

1. 溝通必源自於不擔心被揭露的信心。
2. 保密原對於維繫雙方完整與滿意的關係是最重要的。
3. 以公眾的觀點而言，應該被努力強化的關係。
4. 不當揭露所導致的關係損害，將大於訴訟過程所得到的利益。

現代法律學者通常會同意，這些準則是檢驗特權溝通的準。

特權的賦予及認可時機是很難判斷的，要將它延伸至新的關係則更形困難。即使長久以來被認可的除外情形，例如律師與當事人之間的關係，法庭都曾要求必須符合特定的條件（*p.19-20*）。

專業能力與不當執業

如前所述，諮商師被要求在其專業能力範圍內執行職責。這不僅合乎倫理，也是法律所規定的。助人專業不當執業的訴訟案件的激增，顯示我們的專業似乎經不起法律的嚴格把關。在此情形下，*Fischer & Sorenson*（*1996*）提出如下的法律控管原則：

當個人提供服務給他認為需要保護的對象時，無論是有意或無意的，在下列兩種情形之下，對於對方所受的傷害均應負起責任：

a. 因無法提供此種關照而增加對方受傷害的風險；
b. 這個傷害是因為對方信任此人所提供的服務所導致的（*p.42*）。

他們也指出，最常引發法律問題的情境如下：

- ·　供應藥物
- ·　建議節育
- ·　建議墮胎
- ·　做出可能帶有誹謗意味的評論
- ·　協助搜查學生的置物櫃
- ·　違反保密原則和記錄的隱私權（*p.51*）

諮商師做為專家見證人

　　諮商師越來越常以專家見證人的身分出庭。根據諮商師的工作性質，他們可能被傳喚出庭，以做為諸如虐待或忽視兒童、性虐待、兒童監護權、離婚或成癮問題等案件的證人。身為專家見證人的舉止不可隨便，必須保持專業形象。因此我們建議執業的諮商師詳讀美國諮商學會的法律系列專刊，由*William Weikel*和*Paula Hughes*執筆，*Theodore P. Remley, Jr.* 編輯的《諮商師作為專家見證人》一書（*1993*）。此外，如果諮商機構聘有律師，也建議向他尋求諮詢。

第三者付費

　　對於許多諮商師而言，特別是私人執業者或受雇於向案主收費的機構，第三者付費確實是個法律議題。諮商師（第二者）提供服務給案主（第一者），而第三者，通常是保險公司，付款給諮商師。「在1993年，有九個州（包括加州、科羅拉多州、康乃迪克州、佛羅里達州、馬里蘭州、新罕不什爾州、密西西比州、德州與維吉尼亞州）規定保險給付項目必須涵蓋專業諮商師的服務」（*Strosnider & Grad, 1993, p.15*）。

摘要

　　本章旨在提醒讀者諮商專業相關的倫理守則。特別討論到專業能力、保密性以及與個案的私人關係等議題。

　　本章也提到諮商師該注意到與專業活動相關的法律適用與限制範圍。

　　諮商專業是否能進步且達成崇高的目標，不是靠教科書的作者，也不是靠過去與現在，而是靠你，讀者們。你們就是我們專業未來的代表；你們就是我們的未來。謹祝你們一切順利。

問題討論

1. 指出在業務、廣告、政治及政府部門等方面，違反倫理或道德上有爭議的活動，並加以討論。

2. 道德與價值觀有何相同與相異之處？

3. 為什麼倫理守則對於諮商專業是重要的？

4. 產品保證書是製造商對於顧客的道德表現嗎？

5. 如果身為執業諮商師，你會有法律上的疑慮嗎？

6. 你知道最近有哪些法院裁決或立法延宕可能會影響到學校諮商師？對於在非學校場域中的諮商師呢？

7. 你該如何加快腳步，以跟上可能會影響到諮商專業的立法或法院裁決的速度？

課堂活動

1. 從報章雜誌中找出一些違反倫理及法律，且背叛大眾信任的例子。與全班或小組分享。

2. 在小組中分享及討論在何種情況下，你會覺得受到不道德地對待。

3. 邀請當地律師以「不當執業」為主題，對班上進行演講。

可進一步閱讀的文獻

Aiello, H., & Humes, C. (1987). Counselor contact of the noncustodial parent: A point of law. *Elementary School Guidance and Counseling, 21*, 177-182.

Caublin, L., & Prout, H. (1983). School counselors and the reporting of child abuse: A survey of state laws and practices. *The School Counselor, 30 (5)*, 358-367.

Dellinger, A. M. (1983). Legal issues in school health: Part II. *School Law Bulletin, 14 (3)*, 1, 9-15.

Ethics Committee of APA. (1988). Trends in ethics cases: Common pitfalls and published resources. *American Psychologist, 43 (7)*, 564-572.

Herlihy, B., Healy, M., Cook, E., & Hudson, P. (1987). Ethical practices of licensed professional counselors: A survey of state licensing boards. *Counselor Education and Supervision, 27 (1)*, 69-76.

Herlihy, B., & Sheeley, V. (1988). Counselor liability and the duty to warn: Selected cases, standards, trends, and implications for practice. *Counselor Education and Supervision, 27*, 69-76.

Hinkeldey, N., & Spokane, A. (1985). Effects of pressure and legal guideline clarity on counselor decision making in legal and ethical conflict situations. *Journal of Counseling and Development, 64 (4)*, 240-245.

Huey, W. (1987). Ethical standards for school counselors: Test your knowledge. *The School Counselor, 34 (5)*, 331-335.

Hummel, D. L. (1985). Law and ethics for practitioners in counseling and guidance. *Educational Perspectives, 23 (3)*, 3-12.

Ibrahim, F. A. (1996). A multicultural perpective on principle and virtue ethics. *Counseling Psychologist, 24*, 78-85.

Kitchener, K. S. (Ed.). (1984). Ethical decision making in counseling psychology [Special issue]. *Counseling Psychologist, 12 (3)*, 19-98.

Kitchener, K. S. (1996). There is more to ethics than principles. *Counseling Psychologist, 24*, 92-97.

Krieshok, T. (1987). Psychologists and counselors in the legal system: A dialogue with Theodore Blau. *Jounal of Counseling and Development, 66 (2)*, 69-72.

Mabe, A. R., & Rollin, S. A. (1986). The role of a code of ethical standards in counseling. *Journal of Counseling and Development, 64*, 294-297.

Mappes, D., Robb, G., & Engels, D. (1985). Conflicts between ethics and law in counseling and psychotherapy. *Journal of Counseling and Development, 64 (4)*, 246-252.

Monahan, J., & Walker, L. (1988). Social science research in law: A new paradigm. *American Psychologist, 43 (6)*, 465-472.

Neukrug, E., Lovell, C., & Parker, R. J. (1996). Employing ethical codes and decision-making models: A developmental process.

Counseling and Values, 40, 98-106.

Remley, T. (1988). More explanation needed in ethical and legal topics. *Mental Health Counseling, 10 (3)*, 167-170.

Robinsion, S. (1988). Counselor competence and malpratice suits: Opposite sides of the same coin. *Counseling and Human Development, 20 (9)*, 1-7.

Shilloto-Clarke, C. (1996). Ethical issues in counseling psychology. In R. Woolfe & W. Dryden (Eds.), *Handbook of counseling psychology* (pp. 555-580). London: Sage.

VanderCreek, L., & Knapp, S. (1984). Counselors, confidentiality and life-endangering clients. *Counselor Educaton and Supervision, 24 (1)*, 51-57.

Welfel, E. R., & Lipsitz, N. E. (1983). Wanted: A comprehensive approach to ethics research and education. *Counselor Education and Supervision, 22 (4)*, 320-332.

Wilcoxon, S. A. (1987). Client consent in departures from customary and suggested treatment formats. *American Mental Health Counselors Association Journal, 9 (2)*, 77-83.

索引

A

Index

索引

Index

索引

Index

索引

Index

索引

Index

索引

Index

索引

Index

索引

Index

索引

Index

Index

索引

Index

索引

輔導與諮商概論
Introduction to Counseling and Guidance

....

原　　　著：Robert L. Gibson/Marianne H. Mitchell
譯　　　者：李亦欣、吳芝儀、許維素、黃俊豪、趙祥和、李素芬
校　　　閱：吳芝儀、許維素
出　版　者：濤石文化事業有限公司
責 任 編 輯：徐淑霞
封 面 設 計：白金廣告設計 梁淑媛
地　　　址：嘉義市台斗街57-11號3F-1
登　記　證：嘉市府建商登字第08900830號
電　　　話：(05)271-4478
傳　　　真：(05)271-4479
戶　　　名：濤石文化事業有限公司
郵 撥 帳 號：31442485
印　　　刷：鼎易印刷事業有限公司
初 版 一 刷：2005年10月(1-1000)
I　S　B　N　：　986-81049-3-9
總　經　銷：揚智文化事業股份有限公司
定　　　價：新台幣 700元
E-mail　　　：waterstone@giga.com.tw
http://home.kimo.com.tw/tw_waterstone

濤石文化

濤石文化